하나님의 시선

일러두기

• 특별한 표기가 없는 모든 성경 구절은 개역개정성경을 인용한 것입니다.
• 본문 중 별색으로 표시된 부분은 「주님은 나의 최고봉」에서 인용한 것입니다.

최상의 하나님께 나의 최선을 드리기 위한
매일만나 365

하나님의 시선

김병삼 지음

토기장이

「주님은 나의 최고봉」 저자 소개

오스왈드 챔버스
(Oswald Chambers, 1874-1917)

　20세기의 뛰어난 목사이며 교사였던 오스왈드 챔버스는 1874년 7월 24일 스코틀랜드 애버딘에서 태어나 1917년 11월 15일 이집트에서 43세의 나이로 하나님의 부르심을 받았다.
　그의 부모는 독실한 침례교 신자로서 그에게 많은 영향을 주었으며, 찰스 스펄전의 설교는 그가 참 그리스도인이 되는 계기를 마련해 주었다. 그는 자신의 아버지에게 "찰스 스펄전을 좀 더 빨리 만났더라면 더 일찍 그리스도인이 되었을 것"이라고 말하며 안타까움을 표현했다고 한다. 그의 믿음은 아주 빠르게 자라났지만, 그는 자신이 사역자가 되리라고는 상상조차 하지 못했다.
　그는 캔싱톤예술학교와 에딘버러(Edinburgh)대학에서 예술과 고고학을 공부하였다. 그러나 에딘버러에서 공부하던 중 그는 사역을 향한 강한 부르심을 느끼며 더눈(Dunoon)대학으로 편입하였다. 그는 비상한 재능으로 배우는 동시에 그곳에서 강의하기 시작했고, 자신이 가장 좋아하는 시인 로버트 브라우닝을 위한 작은 지역동호회를 만들기도 했다. 하지만 당시에 그는 신앙에서 참된 만족을 얻지 못하였으며 성경은 아주 따분하고 고리타분하다고 생각했다.
　이런 4년간의 신앙 휴면상태를 지난 후에 오스왈드 챔버스는 자기 스스로는 절대로 거룩해질 수 없다는 결론을 내리게 되었다. 어느 날 갑자기 그가 그토록 찾던 힘과 평안이 바로 예수 그리스도께 있음을 깨달았을 때, 그리고 자신의 죄를 위하여 그리스도께서 보혈을 흘리셨음을 깨달았을 때, 그는 엄청난 변화를 체험하게 되었다. 후에 그는 그때를 회상하며 "말로 형언할 수 없는 빛나는 자유함을 얻는 순간"이었다고 전했다.
　새롭게 발견된 힘을 가지고 오스왈드 챔버스는 전 세계를 다니며 복음을 선포했다. 특히 이집트, 일본, 미국 등지를 다녔는데, 미국 방문 중에 거트루드 홉스(Gertrude Hobbs)를 만나 1910년 결혼했다. 그는 늘 그녀를 '비디'(B.D. Beloved Disciple의 약자)라고 사랑스럽게 불렀다. 그리고 1913년 5월 24일 그들의 유일한 자녀인 딸 캐스린을 낳았다.

1911년 오스왈드 챔버스는 런던 클래펌에 성경훈련대학(the Bible College)을 설립하고 총장이 되었다. 후에 1차 세계대전 중인 1915년 강한 부르심에 이끌려 YMCA 소속 목사가 되었다. 그러나 1차 세계대전으로 인해 어쩔 수 없이 성경대학을 휴교시키고 이집트 자이툰에 군목으로 지원했다. 그곳에서 그는 호주와 뉴질랜드 군사들을 섬겼다.

오스왈드 챔버스는 지금 구 카이로의 대영연방묘지에 묻혀있는데 오늘날까지도 그의 묘지는 그곳에서 가장 많은 방문을 받고 있다. 그의 이름으로 된 책은 현재 40권 정도가 있는데, 사실 그가 실제로 쓴 책은 「오스왈드 챔버스의 욥기」(Baffled to Fight Better)라는 단 한 권뿐이다. 나머지 책들은 속기사였던 그의 아내 비디가 남편이 성경대학과 이집트에서 가르치고 설교했던 녹음테이프와 속기록을 풀어서 50년 동안 재편집하여 출간한 것이다.

서문

세밀하신 하나님의 시선 아래
언제나 최선의 순종을!

 육체적으로 참 힘든 시간을 지날 때, 우연히 '순종'의 주인공 챔버스를 만났습니다. 마침 그 즈음 저는 그가 죽음을 맞이했을 때와 비슷한 나이를 지나고 있었습니다. 그의 죽음에 대한 이야기를 접한 뒤, 챔버스가 참 치열한 인생을 살았으며 세상을 떠나기에는 아쉬운 나이였다는 생각이 들었습니다.

 그러나 하나님은 우리가 살아 있을 때에만 우리를 사용하시는 분이 아닙니다. 챔버스가 죽은 후, 그의 아내 비디가 남편의 글을 골라 엮은 「주님은 나의 최고봉」은 묵상의 고전으로 자리매김하여 현재까지 큰 영적 유익을 주고 있습니다. 저 역시 그의 영적 유산을 따라가며, 그가 죽어서도 큰 영향력을 발휘할 수 있었던 이유는 언제나 우리를 바라보시는 하나님의 시선 아래 도전적이고 치열하게 인생을 살아냈기 때문임을 깨달았습니다.

 우리는 자꾸만 하나님을 위해 '헌신'하려고 합니다. 하지만 챔버스가 살아낸 신앙의 여정은 열심 너머를 향합니다. 챔버스는 우리를 지으시고 구원하셨으나 결코 우리에게 강요하시지 않는 하나님의 마음을 헤아렸습니다. 그의 묵상은 우리와 인격적이고도 친밀한 '관계'를 맺고 싶어 하시는 하나님의 진심으로 우리를 이끕니다.

 피조물인 우리를 위대하신 창조주와의 깊은 관계로 친히 초청하시는 하나님의 부르심 앞에 우리가 보여야 할 태도는 오로지 '자발적인 순종'입니다. 손수 우리를 빚어 숨결을 불어넣으신 하나님의 시선은 언제나 우리를 향해 있습니다. 챔버스는 하나님의 존전 앞에 내 스스로 엎드려 순복하기를 택할 때, 영원하고 완전한 사귐으로 들어갈 수 있음을 삶으로 보여주며 권면합니다.

그의 치열하고 영적인 삶의 여정을 교인들과 함께 나누고 싶었습니다. 그러나 「주님은 나의 최고봉」 묵상을 시작했지만 중도에 포기한 사람이 많다는 사실을 알게 되었습니다. 챔버스의 모든 글이 모든 상황에서 모든 사람에게 다 맞을 수는 없겠지만, 그래도 지금 이 묵상이 필요한 누군가에게 챔버스의 치열한 신앙의 여정이 도움이 되었으면 좋겠다고 생각했습니다.

"하나님의 마음은 무엇일까", "이 글을 쓴 챔버스의 마음은 어떠했을까?", "이 글을 읽을 성도의 마음은 어떠할까?"를 고민하며 조금이라도 더 쉽게 설명하고자 노력했습니다. 아침에 들었던 음악이 하루 종일 귀에 맴돌 듯, 이 글을 통한 묵상의 감동이 하루의 울림으로 나타나길 바라는 마음을 담았습니다. 많은 사람의 노고가 활자화되는 일이 괜한 수고로 그치지 않고, 챔버스의 신앙을 닮고자 하는 이들에게 좋은 길라잡이가 되기를 바랍니다. 치열하게 순종의 삶을 살아가십시오, 하나님과 더 깊은 친밀한 관계를 맺으십시오, "최상의 주님께 당신의 최선을 드리십시오!"

2024년 11월 목양실에서
김병삼 목사

차례

1월 하나님보다 앞서지 마십시오!
　　하나님의 뜻인지 분별하기 힘들 때 … 11

2월 주님을 사랑하고 있습니까?
　　나 자신의 의무감이나 유익에 매일 때 … 45

3월 사명에 충실하십시오!
　　주님을 개인의 구주로 아는 단계를 넘어설 때 … 77

4월 모든 짐을 주님께 맡기십시오!
　　감당할 수 없는 책임감에 짓눌릴 때 … 111

5월 기분에 굴복하지 마십시오!
　　매 순간 '하고 싶지 않다'는 기분에 빠져들 때 … 143

6월 지금 주님 안에 거하십시오!
　　그리스도 안에 거하지 못하게 하는 것들이 생길 때 … 177

7월　구름 속에서 무엇을 봅니까?
　　　슬픔, 고통, 궁핍의 상황들에 휩싸일 때 … 209

8월　성령을 소멸하지 마십시오!
　　　주님의 징계와 꾸지람을 듣게 될 때 … 243

9월　예수님과 동행하고 있습니까?
　　　크고 작은 시험들 가운데 숨고 싶을 때 … 277

10월　오직 예수님께만 집중하십시오!
　　　삶에서 내려오는 방법을 알아야 할 때 … 309

11월　복음의 진리에 반응하십시오!
　　　이 세상을 지배하는 사탄의 세력과 맞설 때 … 343

12월　하나님의 평강이 임하십니까?
　　　의심과 불안으로 성령을 따르기 힘들 때 … 375

1월

하나님보다
앞서지 마십시오!

하나님의 뜻인지 분별하기 힘들 때

Jan. 01 신앙의 중심을 지키십시오!

빌 1:20

「주님은 나의 최고봉」을 한마디로 요약한다면 "최상의 하나님께 당신의 최선을!"이라 말할 수 있습니다. 하나님을 떠난 모든 외적인 선행은 오히려 예수님을 영적으로 경험할 수 없게 우리를 방해합니다. 성경은 이를 '죽은 행실'이라 부릅니다. 영적으로 죽은 행실은 우리를 부끄럽게 만듭니다.

최상의 주님께 나의 최선을 드림 "최선을 드리는 것은 논쟁을 하거나 이치를 따지는 문제가 아닙니다. 의지의 항복입니다. 다른 사람을 고려한다고 말은 하지만 실제로는 자기 자신을 지나치게 생각하는 마음이 의지의 항복을 가로막습니다." 이치와 논쟁을 따지는 우리는 종종 우리의 순종이 남에게 피해를 줄지 모른다는 핑계를 댑니다. 또 순종이 얼마나 힘든지에 대해 불평합니다. 그러나 한 가지만 생각하십시오. "최상의 주님께 나의 최선을 드리리라." 온전히 그분을 위해, 오직 그분을 위해 살기로 단호하게 결심하는 것입니다. 사도 바울은 주님께 최상의 것을 드리기 위해 아무것도 부끄러워하지 않기로 결심했습니다(빌 1:20). 챔버스 역시 사도 바울의 고백을 묵상하며 43년의 삶을 최선을 다해 주님께 드렸습니다.

한 줄 노트 주님이 나의 최고가 되는 것은 논증과 이해가 아닌 '의지'의 문제입니다.

주님의 거룩을 위해 아무것도 주저하지 않음 최상의 주님께 우리의 최선을 드리기 위해 주저하지 말아야 합니다. 이 최선은 우리 삶의 위기에서 명확하게 드러납니다. "하나님께서 우리를 부드럽게 다루시면 우리는 별로 주의하지 않기 때문에 하나님께서는 우리의 삶에 위기를 가져오기도 하십니다. 하나님은 우리가 최선의 것을 주께 전부 드리는 자리까지 우리를 이끄십니다." 하나님께서 우리를 위기로 이끄실 때가 바로 '결정의 순간'입니다. 주님을 위할 것인지, 대적할 것인지 택해야 할 이때를 챔버스는 '가장 큰 분기점'이 시작되는 지점이라 말합니다. 이때 우리의 의지를 번복할 수 없도록 주님께 완전히 항복해야 합니다.

한 줄 노트 하나님이 위기를 조성하시는 목적이 있습니다. 위기 가운데서 주님의 뜻에 초점을 맞추는 것이 성도에게 '축복'입니다.

묵상 질문 오늘 당신이 하나님께 드릴 수 있는 최선은 무엇입니까?

Jan. 02 갈 바를 알지 못하고 나아가겠습니까?

히 11:8

믿음은 앞으로 나아가는 것입니다 "우리는 뭘 하려고 하는지 알지 못하지만 하나님은 자신이 무슨 일을 하시는지 알고 계시다는 사실을 알 뿐입니다. … 우리는 하나님께서 다음 단계에 무엇을 하실지 전혀 알지 못합니다. 그러나 매일 아침마다 깨어서 하나님을 신뢰하는 믿음을 세워가며 앞으로 나아갑니다." 지금은 왜 해야 하는지 알 수 없어도 하나님을 신뢰하기 때문에 해야 하는 일들이 있습니다. 하나님을 신뢰하며 한 걸음 내딛는 순간 우리의 믿음이 자랍니다. 우리는 10년 후를 알지 못합니다. 알고자 하지도 않습니다. 오늘 우리가 무엇을 해야 하는지 보여주시는 하나님을 믿고 순종하면, 하나님께서 내일도 인도하십니다. 그렇게 순종하다 보면 하나님이 약속하시고 계획하신 곳에 도달합니다. 이것이 갈 바를 알지 못하고 나아가는 믿음입니다.

> **한 줄 노트** 하나님을 믿을 때, 우리는 매일 매일 한 걸음씩 앞으로 나아갑니다.

믿음은 하나님을 의지하며 순종하는 것입니다 갈 바를 알지 못할 때 우리는 하나님께 묻습니다. 그러나 하나님께서는 대답하지 않으실 때가 많습니다. 단지 '염려하지 말라'라고 말씀하실 뿐입니다(눅 12:22). 챔버스는 하나님 앞에서의 걱정이 무례하고 부적절하다고 말합니다. "당신은 하나님께 다음에 무엇을 하실지 여쭤본 적이 있습니까? 주님은 결코 대답하지 않으실 것입니다. 대신 주님이 누구신지 볼 수 있도록 당신의 눈을 열어주실 것입니다. 기적을 행하시는 하나님을 믿습니까? 하나님이 하시는 어떤 일에도 전혀 놀라지 않을 만큼 주님만을 온전히 믿음으로 순복하며 나아가겠습니까?" 우리에게는 걱정이 아니라 순종하며 앞으로 나아가는 결단이 필요합니다. 하나님께 가까이 나아갈수록 염려와 걱정은 줄어듭니다. 참된 믿음은 결국 하나님을 얼마나 신뢰하느냐에 있습니다. 챔버스의 멋진 고백입니다. "주님께 가장 가까이 있을 때 느꼈던 그 하나님이 바로 당신이 아는 하나님이십니다."

> **한 줄 노트** 염려하기보다는 하나님께 나아가는 법을 배우십시오!

묵상 질문 지금 당신은 무엇을 걱정하며, 하나님께 무엇을 묻고 있습니까?

Jan. 03 구름과 흑암

시 97:2

구름과 흑암 속에서 희미하지만 "예수 그리스도의 가르침을 가까이 대하게 되면 처음에는 마치 흑암과 같습니다. 이때 예수님의 가르침을 이해할 수 있는 유일한 방법은, 우리 안에 계신 성령님의 조명을 따르는 것입니다. … 예수 그리스도가 하신 일을 깨달음으로 놀라운 환희와 자유함을 맛본 후에는 그분을 깊이 알기 원하지만 정작 그때부터 깊은 흑암이 몰려옵니다." 중생하지 못한 우리의 신앙은 온전하게 주님을 이해하지 못합니다. 그러나 성령께서 우리 속에 들어오실 때, 비로소 깨닫게 되는 것이 있습니다. 신앙생활에 '구름과 흑암'이 찾아와도 너무 염려할 필요가 없습니다. 누구나 이런 과정을 지납니다. 예수님의 부르심을 받았던 제자들도 주님의 말씀을 잘 이해하지 못했습니다. 그러나 어느 날, 생명 되시는 주님을 알게 되고 고백한 후에는 이렇게 말합니다. "영생의 말씀이 주님께 있는데 우리가 누구에게 가겠습니까"(요 6:68).

[한 줄 노트] 구름과 흑암은 절망이 아니라 신앙의 출발점입니다.

'하나님'은 어떤 특별한 상황에서 명확해집니다 구름과 흑암 속에 있는 것처럼 느낄 때도 있지만, 하나님이 우리에게 말씀하시는 때도 있습니다. 챔버스는 이 순간을 '특별한 상황'이라 말합니다. 우리 인생에는 하나님의 말씀을 명확하게 깨닫는 '카이로스'의 시간이 있습니다. "예수님께서 우리의 특별한 상황에서 그 말씀들을 다시 하실 때 갑자기 말씀들이 영이 되고 생명이 됩니다. 우리가 하나님께 나아가게 되는 가장 단순한 방법은 언제나 살아 있는 말씀을 통해서입니다." 하나님이 어떤 분이신지 깨닫게 되는 순간 마음에서 흑암이 물러갑니다. 우리는 염려하지 말아야 합니다. 그분이 어떤 분이신지 확실히 알게 되면, 그분이 하시는 일도 확실히 알게 되기 때문입니다.

[한 줄 노트] 우리의 이해가 아닌 하나님이 어떤 분이신지 알게 되는 때 '주님은 나의 최고'임을 고백하게 될 것입니다.

[묵상 질문] 혹시 우리 주님이 구름과 흑암 가운데 있다고 느끼시나요? 괜찮습니다.

Jan. 04 하나님보다 앞서지 마십시오!

요 13:37

이해할 수 없는 기다림의 시간이 찾아왔다면 우리가 서두르는 이유는 하나님의 응답이나 인도하심이 분명하지 않음에도 불구하고 자꾸 하나님보다 앞서 나가려고 하는 경향이 있기 때문입니다. "당신이 원하는 것을 왜 할 수 없는지 이해할 수 없는 때가 있습니다. 하나님께서 이러한 공백 기간을 허락하신다면 그 공백을 스스로 채우려 하지 말고 기다리십시오. 결코 하나님의 인도하심보다 앞서 달리지 마십시오! 만일 아주 작은 의심이라도 생기면 하나님께서 인도하시는 것이 아닙니다. 의심이 생길 때마다 멈추십시오." 하나님보다 앞서지 않고 기다리는 것은 우리 인생의 공백이 아닌 축복입니다. 기다림의 시간을 통해 우리는 거룩해집니다. 주님이 허락하시지 않는 열정은 자기자랑과 교만에 빠지게 합니다. 하나님을 향한 열정이 하나님과 원수가 되게 할 수 있습니다. "그러므로 하나님의 섭리에 관해 의문이 있을 때는, 하나님께서 친히 역사하실 때까지 기다리십시오."

> **한 줄 노트** 서두르는 나의 열정보다 하나님의 인도하심을 기다리는 공백이 더욱 복됩니다.

서두름이 낳은 결과 "우리는 예수님의 매력에 빠져서 얼마든지 인간적인 충성을 맹세할 수 있습니다. 그러나 그 매력과 환상이 우리를 예수 그리스도의 제자로 만드는 것은 아닙니다. 인간적인 헌신은 어떤 때와 장소에서 예수님을 부인할 수 있습니다." 성령께서 붙들어주시지 않는다면 인간적인 헌신은 순식간에 무너져 내리는 신기루와 같습니다. 예수님의 열두 제자는 기적을 행하시는 예수님을 보고 충성을 맹세했지만, 십자가의 자리를 지키지 못하고 흩어졌습니다. 그럼에도 불구하고 예수님은 그들을 만나주셨습니다. 부활하시고 승천하신 예수님을 본 제자들의 마음이 얼마나 뜨거웠을까요? 하지만 주님은 뜨거운 가슴을 가진 제자들을 세상에 보내지 않으셨습니다. 오히려 예루살렘에서 하나님께서 약속하신 보혜사 성령님을 기다리라고 명령하셨습니다. 그 결과, 오순절 다락방에서 성령을 체험한 제자들은 '육적 헌신'이 아닌 '영적 헌신'을 따르게 되었습니다. 그리고 제자들은 끝내 순교의 열매를 맺습니다.

> **한 줄 노트** 충동적인 '육적 헌신'은 시험과 수치를 낳고, 성령이 인도하시는 '영적 헌신'은 열매를 맺습니다.

묵상 질문 우리는 어떤 예수님의 모습을 바라보고 있습니까? 팬입니까, 제자입니까?

Jan. 05 자신을 포기할 때 성령을 받습니다

요 13:36

외적인 따름의 허상 베드로에게는 두 번의 부르심이 있었습니다. 첫 번째는 갈릴리 호수에서 고기를 잡던 베드로에게 하신 '나를 따르라'(마 4:19)는 말씀입니다. 챔버스는 이 사건을 '인간적 헌신'이라 말합니다. 성령의 도우심이 없어도 기적을 보이신 예수님의 매력적인 모습을 보고 순종할 수 있었으니 말입니다. 두 번째는 부활하신 예수님이 옛 생활로 돌아가 있던 베드로에게 찾아오신 사건입니다. 이 두 번째 부르심이 있기 전, 부활하신 예수님은 제자들에게 나타나셔서 "그들을 향하사 숨을 내쉬며 이르시되 성령을 받으라"(요 20:22)고 말씀하셨습니다. "이 두 부르심의 사이에는 베드로가 저주 및 맹세로 예수 그리스도를 부인하는 사건이 있었습니다. 이 사건으로 베드로는 결국 자신에 대해 포기하게 되었고 자신 안에는 의지할 것이 없음을 발견했습니다. 그리고 절망 가운데서 부활하신 주로부터 능력을 받기에 합당한 상태가 되었습니다." 자신 있게 주님을 따르겠다던 베드로의 고백과 '성령을 받으라'는 말씀 후에 일어난 부르심은 차이가 있습니다. 첫 번째 부르심에서 자신 있게 고백했던 베드로의 자아가 깨어진 곳에서 또 한 번의 진정한 부르심이 시작되었습니다.

한 줄 노트 깨어짐의 순간이 하나님의 인도하심을 받기에 합당한 때입니다.

능력은 '성령'으로부터 나옵니다 베드로에게 있었던 두 번의 부르심을 통해 깨닫는 것이 있습니다. 자의적 헌신은 처참하게 깨어지지만, 성령의 인도하심은 우리를 끝까지 인도하신다는 것입니다. 그러므로 우리는 늘 성령의 인도하심을 받기 위해 깨어 있어야 합니다. "우리의 모든 맹세와 결심은 결국 실패하게 됩니다. 왜냐하면 우리에게는 그것들을 수행할 만한 능력이 없기 때문입니다. 우리 자신을 포기할 때, 우리는 성령을 받을 수 있게 됩니다. '성령을 받으라.' 이는 성령께서 외부에서 들어오신다는 뜻입니다. 성령이 우리 안에 오신 이후로 우리 인생에는 오직 한 가지 지표가 생깁니다. 바로 주 예수 그리스도입니다."

한 줄 노트 성령께서 우리 속에 들어오시면 비로소 오직 한 분 예수 그리스도가 보입니다.

묵상 질문 나의 부르심은 어디에서 온 것입니까?

Jan. 06 예배의 의미

창 12:8

예배는 받은 축복을 하나님께 돌려드리는 것 "예배란 하나님께서 우리에게 주신 가장 좋은 것을 다시 하나님께 드리는 것입니다." '드림'은 하나님께서 우리에게 주신 축복을 가장 잘 사용하는 방법입니다. 축복을 쌓아놓는다면 마치 쌓아놓은 만나가 썩었듯이 우리 영이 메마르고 썩게 될 것입니다. "하나님께서는 당신 자신만을 위해 영적 축복들을 붙들고 있는 것을 허락하지 않으십니다. 주께서 다른 사람들에게 그 축복을 또 다른 축복으로 만드시도록 그 축복은 주님께 예배로 드려져야 합니다." 우리의 삶을 하나님께 맡기고 하나님께서 주신 것을 다시 드릴 때, 그분이 사용하십니다.

> 한 줄 노트 우리 인생에서 하나님께 드리는 '최상의 것'이 '최고의 축복'이 됩니다.

예배는 세상 한가운데서 하나님과 교제하는 것 '벧엘'은 하나님과의 교제를 상징하는 지명입니다. 아브라함은 하나님을 예배하는 벧엘과 세상의 성읍 아이 사이에 예배를 위한 단을 쌓았습니다. 이는 분주한 삶의 현장에서 하나님을 예배하라는 의미입니다. "조급함은 잘못된 것이며, 누구든지 하나님을 예배할 충분한 시간이 있습니다. 하나님과의 교제가 없는 하루하루는 그 자체가 삶의 덫이 됩니다. 세상으로 인해 우리의 삶이 아무리 잡음이 많고 복잡하더라도 하나님과 친밀하고 조용한 시간을 가질 수 있도록 언제나 예배의 장막을 치십시오." 예배는 특정한 장소, 시간, 행동을 필요로 하지 않습니다. 예배는 분주한 삶 속에서 하나님과 깊은 교제를 가지는 것입니다. 하나님을 향한 예배(worship), 하나님을 기다림(wait), 하나님의 일(work)을 하는 것은 단계적 사건이 아니라, 예배자의 삶에서 동시에 나타나는 현상입니다. 예배의 제단을 쌓고, 서두르지 않으며 기다리는 자가 하나님의 일을 감당하게 됩니다. 이스라엘의 초대 왕 사울은 하나님과의 교제가 끊어지자 서두르게 되었고, 결국 그 인생을 망치게 되었다는 것을 기억하십시오.

> 한 줄 노트 하나님과 교제하는 만큼 우리의 믿음이 깊어집니다.

묵상 질문 지금 하나님께 어떻게 예배하고 있습니까?

Jan. 07 하나님과 친밀하게 지내십시오!

요 14:9

진정한 친밀함이란? 주님의 능력을 체험하는 것과 '친밀한 관계'로 들어가는 것은 다른 차원의 문제입니다. 요한복음 14장의 예수님은 얼핏 하나님을 보여달라는 빌립을 꾸짖으시는 것처럼 보입니다. 하지만 실상은 빌립을 친밀함으로 인도하시는 말씀입니다. 예수님께서는 곧이어 15장의 포도나무 비유를 통해 우리와의 관계를 비유적으로 표현해 주십니다. "나는 너희를 친구라 하리라(요 15:15). 진정한 친구 관계는 이 땅에 흔치 않습니다. 진정한 우정이란 생각과 마음과 영이 같아지는 것을 의미합니다. 제자의 삶이란 예수 그리스도와 가장 친밀한 관계로 들어가는 것을 말합니다." 단순히 주님께 능력과 축복을 받는 것을 친밀함이라 말하지 않습니다. 주님과 종의 관계로 사명을 감당하는 것 역시 친밀함이 아닙니다. 주님은 우리의 '친구'가 되기를 원하시는 분입니다.

[한 줄 노트] 주님은 우리가 능력을 행하는 사람보다 당신의 친구가 되기를 원하십니다.

친밀함이 주는 유익 주님과의 친밀함이 주는 유익은 무엇보다도 '열매 맺는 삶'입니다. 챔버스는 예수님이 하나님 우편으로 떠나신 이유는 제자들과 더 깊은 교제를 갖기 위함이라 말합니다(요 16:7). 그 후 영적으로 예수님을 충만하게 증거하시는 보혜사 성령님이 오셨습니다. 성령께서 우리에게 오셔서 우리 마음에 거하시면, 우리 몸은 하나님의 영이 거하시는 성전이 됩니다. 단순히 능력을 주시는 데서 끝나지 않고 우리와 늘 동행하십니다. 이것이 바로 친밀함이 주는 영적 유익입니다. "예수 그리스도와 친밀한 관계를 맺으면 우리는 결코 외롭지 않습니다. 또한 누군가로부터 동정을 받을 필요도 없습니다. 비통한 마음이 전혀 없이 언제나 넘치는 삶을 살 수 있습니다. 또한 예수님과 긴밀한 관계를 갖는 사람은 자신의 이미지를 남기는 대신 예수 그리스도를 남깁니다. 그 이유는 모든 인간의 가장 깊은 곳은 오직 예수님만이 만족시킬 수 있기 때문입니다. 예수님과 친밀한 관계를 유지하는 사람에게 주님은 말로 다할 수 없는 평강을 주십니다."

[한 줄 노트] 주님이 나의 친구가 되어 주시니 참 평안합니다.

[묵상 질문] 주님께 능력을 받고 싶습니까, 주님의 친구가 되고 싶습니까?

Jan. 08 나의 희생제물은 살아 있습니까?

창 22:9

순종을 요구하시는 이유는 무엇일까요? "하나님은 죽음을 '통한' 희생으로써 우리가 예수님께서 하신 일을 할 수 있도록 만들기 원하십니다." 하나님께서 진정으로 원하셨던 것은 이삭의 죽음이 아닌, 이삭의 죽음조차도 불사하지 않는 아브라함의 '희생'이었습니다. 하나님은 하나님을 향한 사랑 때문에 아들까지도 바칠 수 있는 아브라함의 마음을 산 제물로 받으셨습니다. "주님은 어느 곳에서도 모든 것을 버리기 위해 포기하라고 말씀하지 않으십니다. 가장 가치 있는 단 한 가지, 곧 주님과 함께하는 삶을 위해 모든 것을 포기하라는 것입니다." 나의 가장 소중한 것을 포기해 하나님께 드릴 때, 하나님은 결코 그것을 무용하게 하시거나 버리지 않으시고 도리어 후하게 넘치도록 돌려주시는 분입니다.

[한 줄 노트] 순종을 요구하시는 이유는 단순한 포기가 아닌 '주님과 함께하는 삶'을 위한 것입니다.

순종으로 우리는 '산 제물'이 됩니다 '죽으면 사는 진리'의 비밀을 알 때, 기독교를 잘 이해하게 됩니다. 하나님의 최종적인 뜻은 우리가 그리스도와 함께 십자가에 못 박혀 죽는 것이 아니라, 십자가에서 죽은 우리가 주님 안에서 다시 사는 것입니다(갈 2:20). "죽음을 위해 당신의 삶을 주께 드리는 것은 아무 가치가 없습니다. 하나님이 원하시는 것은 당신의 '산 제사'입니다. 예수님을 통해 구원 받고 거룩하게 된 당신의 모든 능력을 하나님께서 사용하게 하십시오. 이러한 제사가 하나님께서 받으시는 산 제사입니다." 우리의 포기가 순종에서 나오는 포기가 될 때, 비로소 '산 제물'이 됩니다. '산 제사'를 드리는 사람만이 하나님의 뜻대로 살 수 있습니다. 아브라함 역시 모리아 산에서 드린 '산 제사'로 "내가 이제야 네가 하나님을 경외하는 줄을 아노라"(창 22:12)라는 말을 듣게 됩니다. 성도가 져야 할 십자가는 이렇게 사랑의 고백을 받으시려는 하나님의 '애절한 초청'에 순종으로 응답하는 것입니다.

[한 줄 노트] 주님이 진정 원하시는 것은 '죽음의 제사'가 아니라 우리가 '산 제물'이 되는 것입니다.

[묵상 질문] 당신은 포기하는 것으로 만족합니까, 포기함으로 쓰임 받기를 원하십니까?

초월적인 하나님의 보호

Jan. 09

살전 5:23

성령의 신비로운 사역 위대한 신앙인들은 한결같이 스스로가 자신을 잘 모른다는 고백을 합니다. 챔버스 또한 성령님의 사역은 인간이 닿을 수 없는 깊은 '인격적 본성'에서 이루어진다고 말합니다. 챔버스가 쓴 오늘자 묵상의 반은 시편 139편의 말씀으로 채워져 있습니다. "내가 주의 영을 떠나 어디로 가며 주의 앞에서 어디로 피하리이까 … 내 형질이 이루어지기 전에 주의 눈이 보셨으며 나를 위해 정한 날이 하루도 되기 전에 주의 책에 다 기록이 되었나이다"(시 139:7-16). 챔버스는 '4년간의 영적 암흑기'라 고백한 갈등의 시기 동안 겉은 그럴싸하지만 속은 썩어 있던 자신의 모습을 보았습니다. 이때 그를 정화시켜준 것이 '성령님의 신비로운 사역'이었습니다. 이를 깨닫는 순간 전적으로 성령님을 의지하는 단계로 나아가게 됩니다. 성령님의 신비로운 사역은 '성령님과의 친밀함'에서 시작됩니다.

[한 줄 노트] 성령님은 내가 나를 아는 것보다, 나를 더 잘 아시는 분이십니다.

성령 안에 거할 때 우리 인간은 죄에 아주 둔감해 '의식하지 못하는 죄'가 훨씬 많습니다. 우리의 본성과 능력으로는 스스로를 제대로 알 수 없으며, 성령 안에 거할 때에야 진정한 자신의 모습을 발견할 수 있습니다. 진정한 '성화'는 우리의 죄를 다루고 내면을 만지시는 성령님의 역사가 임할 때 시작됩니다. "죄로부터 정결하게 된다는 것은 우리의 영혼 자체만큼이나 깊고 높은 차원입니다. 하나님께서 빛 가운데 계심같이 우리가 온전히 빛에 거할 때 죄에 대한 온전한 의식이 가능합니다. 이러한 일이 가능하려면, 예수 그리스도를 채우신 바로 그 성령께서 우리 영혼을 충만하게 채우셔야 합니다. 따라서 예수님께서 다시 오실 그때까지 우리는 성령이 거룩하게 하시는 강한 역사 가운데 하나님에 의해 보호를 받아야 합니다. 그래야 우리의 영과 혼과 육이 하나님이 보시기에 흠 없이 정결하게 유지될 수 있습니다." 우리가 성령님 안에 거할 때, 초월적인 하나님의 보호하심 아래 있는 것입니다.

[한 줄 노트] 우리는 나 자신을 알면 알수록 하나님의 은혜가 필요한 존재임을 깨닫게 됩니다.

[묵상 질문] 성령님의 도우심 없이, 스스로를 얼마나 잘 알고 있다고 자신하십니까?

Jan. 10 열린 시야

행 26:18

구원의 단계: 죄악을 사함 받는 것에서 "사람이 거듭나는 것은 자신이 결단했기 때문이 아니라 전능하신 하나님께로부터 뭔가를 선물로 받았기 때문입니다. 사람들은 맹세를 하고 결심을 하지만, 이것이 곧 구원은 아닙니다. 구원이란 우리가 어떤 곳까지 이끌려 그곳에서 주 예수 그리스도의 권세로 인해 하나님께로부터 '죄 사함' 받는 것입니다." 구원의 단계 중 눈을 뜨는 단계에서는 새로운 삶을 살겠다는 의지가 생깁니다. 그러나 그것이 구원은 아닙니다. 진정한 구원은 그리스도로 말미암아 '죄 사함'을 받았다는 확신에서 일어납니다. '구원을 받는 것'과 '마음의 결심'은 다른 차원의 문제입니다. 자극을 받은 인간이 자신의 노력으로 명목상의 그리스도인이 되는 것은 구원이 아닌 개종입니다. 누가복음 17장에 나오는 열 명의 나병 환자는 모두 나음을 얻었습니다. 그러나 이들 모두가 구원을 받지는 못했습니다. 오직 한 사람만이 치유와 더불어 죄 사함을 경험했습니다. 우리 역시 신앙생활을 하며 얼마든지 주님의 도우심을 받을 수 있으나 그 자체가 구원은 아닙니다. 이는 단지 눈이 열린 경험일 뿐입니다.

`한 줄 노트` 눈이 열려 '결심'했다면 이제 진정한 '거듭남'의 은혜를 경험할 때입니다.

구원의 단계: 거룩한 자의 기업으로 "은혜의 두 번째 위대한 역사는 '거룩하게 된 자 가운데 임하는 기업'입니다. 거듭난 영혼은 성화 과정을 겪으며 자신에 대한 권리를 신중히 예수 그리스도께 양도합니다. 아울러 타인에 대한 하나님의 관심을 자신의 관심과 완전히 일치시킵니다." 챔버스의 첫사랑 크리시 브레인은 챔버스에 관해 이렇게 말합니다. "그는 '결점이 없는' 사람이 아니라 '비난할 점이 없는' 사람이었다."(『주님은 나의 최고봉 스터디 가이드』) 챔버스는 자신의 노력이 아닌 하나님께로부터 오는 '전적인 구원의 은혜'를 끊임없이 붙들었습니다. 이때 구원받은 백성은 철저하게 자신의 권리를 하나님께 양도하고 성화의 과정을 걷게 되며 거룩한 기업을 받게 됩니다. 챔버스는 결점이 없는 사람이 아니라, 성화의 과정을 통해 비난받을 것이 없는 사람으로 변화되었습니다.

`한 줄 노트` 구원받은 자의 '거듭남'은 자신의 권리를 하나님께 양도해 거룩한 자의 기업을 받습니다.

`묵상 질문` 회심, 구원 그리고 성화 중 지금 당신은 어느 단계에 있습니까?

Jan. 11 나의 순종이 다른 사람을 희생시킵니까?

눅 23:26

순종으로 인한 긴장관계 순종은 개인의 차원에 머무르지 않고 주변에 영향을 줍니다. 만일 우리의 순종이 누군가에게 피해를 주게 된다면, 그 순간 순종을 거둬들여야 할까요? "주님을 깊게 사랑하면 그분을 향한 순종은 그렇게 어려운 것이 아닙니다. 오히려 기쁨입니다. 그러나 그분을 사랑하지 않는 사람에게 순종이란 희생일 뿐입니다. … 하나님보다 다른 사람을 생각한다면 오직 하나님께 불순종하는 길밖에 없습니다. 우리는 주님과의 관계보다 다른 그 어떤 관계를 더 고려해서는 안 됩니다." 챔버스는 단호하게 주님과의 관계에서는 그 어떤 것도 고려의 대상이 되지 않는다고 말합니다. 우리는 여기서 순종으로 인한 긴장관계를 경험합니다. 그러나 이것은 우리 신앙에 있어 한 번은 다뤄야 할 중요한 문제입니다.

`한 줄 노트` 순종한다고 해서 모든 사람을 만족시킬 결과를 얻는 것은 아닙니다.

순종하고 하나님께 맡기기 '구레네 사람 시몬' 하면 '억지로 진 십자가'가 생각납니다. 하지만 그는 원치 않던 십자가를 지는 것에서 끝나지 않고 주님의 종으로 쓰임 받는 신비를 경험합니다. 억지로 십자가를 졌던 시몬의 가정은 초대교회 신앙의 명문가가 되기까지 합니다. "불순종을 택할 경우 우리는 잠깐 그 불편한 상황을 피할 수는 있어도 하나님께는 근심 덩어리가 될 것입니다. 그러나 하나님께 순종하면, 우리의 순종으로 인해 마음에 부담을 느끼는 사람들을 주님께서 친히 돌보실 것입니다. 주님께 순종함으로 인해 발생될 결과에 대해 주님께 이런저런 요구를 하지 마십시오." 챔버스의 가정도 그의 순종으로 인해 경제적 어려움을 겪는 듯했습니다. 그러나 놀랍게도 하나님은 그의 가정을 믿음의 가문으로 만들어주셨고 세상에서도 인정받게 하셨습니다. 모든 영역에서 최고이신 하나님을 드러냈기 때문입니다.

`한 줄 노트` 하나님께 온전히 맡기는 순종은 친히 돌보시는 하나님의 손길을 경험하게 합니다.

묵상 질문 혹시 '순종'으로 인해 염려하는 것이 있습니까?

Jan. 12 주님과만 홀로 있기

막 4:34

하나님께서 우리를 가르치시는 방법 하나님께서는 모든 것을 다 설명해 주시지 않습니다. 우리에게 일어나는 일이라고 해서 우리가 다 이해할 수 없기 때문입니다. 주님 또한 제자들을 이해시키기 위해 가장 적절한 시점에 말씀하셨습니다. "우리가 하나님께 쓰임 받는 유일한 비결은, 우리 성품의 못나고 연약한 부분들을 하나님께서 만지시도록 하는 것입니다. 우리는 자신에 대해 얼마나 무지합니까? … 예수님께서는 은혜의 역사를 베푸시기 전에 우리 안에 자리 잡은 잘못된 성품들을 보여주십니다. 우리 중 몇 명이나 용기 있게 자신을 들여다보겠습니까?" 우리는 순종의 길로 깊이 들어갈수록 더욱 깊은 주님의 뜻을 발견합니다. 이 깊이에 들어가기 위해 우리는 정직하게 우리 상태를 들여다보고 인정해야 합니다. 이때 '깨어짐의 영성'을 경험합니다. 깨어지는 고통 속에서도 하나님의 기쁨이 되기를 청하며 일어나는 사람이 결국 믿음의 사람, 인내의 사람, 지혜의 사람으로 서게 될 것입니다.

[한 줄 노트] 주님 앞에서 정직하게 자신을 돌아보기 위해서는 깨어짐의 용기가 필요합니다.

우리의 자긍심을 깨뜨리시는 하나님 우리가 끝까지 버리지 못하는 헛된 생각 중 하나는 스스로를 이해하고 있다는 생각입니다. 우리를 가장 정확하게 이해하시는 분은 오로지 하나님밖에 없습니다. 하나님은 우리를 깨뜨리기 위해 고통의 시간을 갖게 하십니다. 챔버스는 이때를 '오직 하나님과 나 자신만이 남아 있는 홀로 섬의 시간'이라고 말합니다. "주님은 우리의 지적 교만에 상처를 허락하셔서 지식에 실망케 하실 것이며 좌절감을 느끼게 하실 것입니다. … 오직 하나님께서 우리를 홀로 있게 하셔서 설명해 주실 때 비로소 배우고 들은 것을 이해하게 됩니다." 우리는 때로 자신이 원하는 대로 온유하고 선하고 능력 있는 성품 구조를 만들려고 합니다. 그러나 예수님이 우리에게 주신 기쁜 소식은 스스로 깨끗해지고 경건해지려는 노력과 추구가 이제는 끝났다는 것입니다. 우리는 '홀로 섬'의 시간을 통해 주님 안에서 다듬어질 수 있습니다.

[한 줄 노트] 깨어짐은 하나님께서 우리를 다루시는 가장 효과적인 교육방법입니다.

[묵상 질문] 일상에서 주님과 오롯이 마주하는 '홀로 있는 시간'을 만들어보는 것은 어떨까요?

Jan. 13 주님께서 나를 홀로 다루실 때

막 4:10

'홀로'에서 시작하는 가르침 우리 인생에서 홀로라고 느끼는 순간들이 있습니다. 제자들 역시 주님과 함께 동행하고 있었지만 홀로라고 느끼는 당황스러운 순간들이 있었습니다. 그때 주님은 설명하기 시작하십니다. 가만히 생각해 보면 우리가 '스스로' 할 수 있다고 생각하는 때에는 누구의 소리도 잘 들리지 않습니다. '홀로'라는 생각이 들기 시작할 때 주님의 가르침이 시작됩니다. "사실 십자가 사건으로 난처함에 빠진 사람들은 주변의 군중들이 아니라 예수님의 제자들이었습니다. 그래서 그들은 계속 예수님께 질문을 하게 되었고 그때 예수님께서는 그들에게 설명을 해주셨습니다. 그럼에도 불구하고 그들은 성령을 받은 후에야 모든 것을 제대로 이해할 수 있었습니다." "보혜사 곧 아버지께서 내 이름으로 보내실 성령 그가 너희에게 모든 것을 가르치고 내가 너희에게 말한 모든 것을 생각나게 하리라"(요 14:26).

[한 줄 노트] '홀로 섬'은 혼자라는 의미가 아니라 성령님의 인도하심을 받을 순간을 맞이했다는 뜻입니다.

'홀로'에서 얻는 영적 유익 "지금 당신은 주님과 홀로 있습니까? 아니면 쓸데없는 생각들과 주를 섬기는 데 방해되는 복잡한 친구관계, 외모에 대한 자질구레한 생각에 집착하고 있습니까? 우리의 머릿속에서 이러한 모든 시끄러운 질문이 잠잠해지고 오직 주님과만 단둘이 있을 때까지 주님은 아무것도 설명할 수 없으십니다." 우리가 홀로 있는 그때부터 주님은 우리가 이해하지 못했던 상황들을 설명하기 시작하실 것입니다. 또한 주님은 아무리 설명해도 깨닫지 못하는 것을 우리에게 가르치지 않으실 겁니다. 보혜사 성령님이 오셔서 우리를 깨닫게 하시고 알게 하시는 일도 있을 것입니다. 인생의 어려운 문제 가운데 번잡하게 묻거나 쓸데없는 생각을 하는 것보다 주님과 홀로 있으므로 영적 유익을 얻으려는 노력이 필요합니다. 그러니 주님께서 우리를 홀로 다루실 때, 우리를 고독한 광야로 인도하실 때 두려워하지 말고 오히려 기뻐하십시오. 수많은 영적 유익이 우리를 기다리고 있습니다.

[한 줄 노트] 홀로 있는 시간이 주님이 일하시기 가장 좋은 때입니다.

[묵상 질문] 진정 고독함의 유익을 믿고 있습니까?

Jan. 14 하나님의 부르심을 듣는 귀

사 6:8

부르심을 듣는 귀 챔버스는 이사야의 소명장으로 흔히 알려진 이사야 6장을 하나님이 이사야를 부르신 것이 아니라, 이사야가 하나님의 음성을 들었다고 해석합니다. 이 해석은 하나님께서 어떤 특별한 사람을 부르시는 것이 아니라, 우리의 귀가 열려 있을 때 하나님의 부르심을 들을 수 있다는 관점을 도출해 냅니다. "무엇을 듣게 될지는 자신의 성향에 좌우됩니다. '청함을 받은 자는 많되 택함을 입은 자는 적으니라'(마 22:14). 오직 소수의 사람만이 택함 받는 자임을 입증합니다. 택함 받은 자는 다름 아닌 예수 그리스도를 통해 하나님과의 관계 속에 들어가 그들의 성향이 바뀌고 귀가 열리며 언제나 들려오는 아주 조용하고 작은 소리인 '누가 우리를 위해 갈꼬'라는 주의 음성을 들은 자들입니다." 기도의 사람 챔버스에게도 부르심을 분별하는 일은 쉽지 않았습니다. 중요한 것은 부르심을 듣는 귀뿐만 아니라, 분별하는 지혜도 있어야 한다는 것입니다.

> **한 줄 노트** 이 세상의 많은 소리 가운데 주님의 음성을 구별하는 사람은 복이 있습니다.

부르심은 강압적이지 않습니다 신앙생활을 하면서 잘못 생각하는 것이 있습니다. 하나님께서 우리를 '강압적'으로 부르시거나 우리에게 '부탁'하시리라는 생각입니다. 부르심은 우리 삶의 특별한 때에 들리는 것이 아니라 늘 음성을 듣는 우리가 하나님 앞에서 삶을 결단할 때 일어납니다. "하나님께서 당신에게 따로 찾아와 강요하거나 부탁할 것이라는 생각을 버리십시오. 주께서 제자들을 부르실 때도 그들이 거부할 수 없도록 강요하신 적이 없습니다. '나를 따라오라'는 조용하지만 적극적인 주의 음성은 오직 매순간 깨어 있는 영혼에게만 들렸던 음성입니다. 우리가 성령을 통해 하나님을 가까이 뵙는다면 우리도 이사야가 들었던 아주 작은 하나님의 음성을 듣게 될 것입니다. 그때 우리도 완전한 자유함 가운데 '내가 여기 있습니다. 나를 보내주소서'라고 말하게 될 것입니다."

> **한 줄 노트** 하나님을 찾는 자가 하나님의 세미한 음성을 듣습니다.

묵상 질문 우리는 어떤 방식으로 말씀하시는 하나님의 음성에 익숙해져 있습니까?

Jan. 15 당신에게는 당신의 '무덤'이 있습니까?

롬 6:4

죽어야 합니다   "그 누구도 '옛사람이 죽는 무덤'을 지나지 않으면 온전한 거룩의 체험에 들어가지 못합니다. 죽음의 위기가 없다면 거룩은 단지 환상일 뿐입니다. 그러므로 반드시 '무덤'이 있어야 합니다. 이 무덤만이 부활로 이어집니다. 그것은 주 예수 그리스도의 생명으로 나아가는 부활입니다. 부활 생명을 흔들 수 있는 것은 아무것도 없습니다." 챔버스는 우리가 그리스도인이 되려는 노력조차도 죽어야 한다고 말합니다. 여기서 죽음은 '주의 죽으심과 합하여 세례를 받는' 죽음입니다. 이때 우리는 자신에게서 난 모든 것을 부인하고 정욕과 욕심을 십자가에 못 박게 됩니다. 진정한 자기부인은 자신 안의 선한 의지 또한 부인하는 것입니다. 하나님께 쓰임 받는 것이 나의 선함 때문이 아님을 잊지 않을 때, 참다운 자기부인을 할 수 있습니다. 진정한 죽음은 노력이 아닌 "우리가 그의 죽으심과 합하여 세례를 받음으로"(롬 6:4) 이뤄집니다. 진정으로 하나님을 만난 사람은 자신의 생각, 감정, 뜻을 따라 살지 않으며 계획 또한 오로지 주인에게 달려 있음을 믿게 됩니다.

[한 줄 노트] 주의 죽으심과 합하여 죽지 않는 신앙은 단지 허상일 뿐입니다.

무덤이 있습니까   거룩해지려는 노력은 우리를 거룩하게 만들 수 없습니다. 동기가 중요합니다. 그러니 전적으로 하나님께 항복해야 합니다. 진정한 하나님의 뜻이 이해될 때, 자연스럽게 살아지는 삶이 진정한 성화의 단계로 우리를 인도할 것입니다. 우리가 주님께 항복하고 갈보리 십자가 앞에서 우리 자아가 죽을 때, 비로소 우리의 의지가 거룩해집니다. 그래서 챔버스는 우리에게 확실한 무덤이 있는지 묻습니다. "하나님의 뜻이 무엇인지 깨달을 때 당신은 자연스럽게 거룩에 입문하게 됩니다. 하나님의 뜻은 '무덤'입니다. 지금 그 '무덤'을 지날 의향이 있습니까?"

[한 줄 노트] 무덤에 들어갈 의향만 있다면, 우리의 의지는 자연스럽게 하나님의 뜻을 향해 가고 있을 것입니다.

묵상 질문 의지를 내려놓고 항복하는 것의 실제적인 의미는 무엇일까요?

Jan. 16 하나님의 속성을 드러내는 부르심

사 6:8

우리를 부르시는 분 "또한 하나님의 부르심에는 그분의 완전하신 섭리 가운데 다른 사람이 아닌 오직 우리만 인식할 수 있는 음성이 있습니다. 아주 특별한 사건 속에서 주님의 음성이 들리기 시작합니다. 다른 사람과 그 음성에 관해 자문해도 아무 소용이 없습니다. 우리 영혼이 하나님과 깊은 관계를 유지할 때 우리에게만 들리는 하나님의 음성이 있습니다." 하나님이 부르시는 음성에 귀를 기울이는 일은 라디오의 주파수를 맞추는 것과 같습니다. 그러나 주파수를 맞추려면 나 자신의 근본적인 변화가 필요합니다. 부르시는 분이 누구인지 알고, 우리 속에 그분이 계실 때 그 소리가 들립니다. 우리를 부르시는 분이 우리 안에 계신지 점검해 보십시오. 부르심은 철저하게 부르시는 분과 나 자신의 관계입니다.

[한 줄 노트] 하나님을 잘 알면 알수록 우리 속에서 부르심이 명확해집니다.

부르심을 들으려면 하나님이 우리를 부르실 때, 우리 기질과 취향보다 하나의 성품에 순종하려는 마음이 더 중요합니다. 챔버스에게 부르심은 오로지 하나님만 드러나야 한다는 철저한 자기 항복에서 나오는 순종 훈련이었습니다. "우리 대부분은 자신의 음성만을 들을 귀가 있기에 하나님의 음성을 듣지 못합니다. 하나님의 부르심의 영역 속에 들어가려면, 우리에게 근본적인 깊은 변화가 있어야 합니다." 부르심을 듣지 못하는 이유는 우리 내면 깊은 곳에서 변화가 일어나지 않기 때문입니다. 순종 없는 따름은 존재하지 않습니다. 힘들더라도 계속 순종하며 따라간다면 하나님이 이끄시는 곳에 있게 될 것입니다. 이것이 우리가 추구해야 하는 '순종의 길'입니다. 끊임없이 항복하는 훈련은 우리의 의지가 아닌 하나님의 성품을 따르기 위한 훈련입니다.

[한 줄 노트] 진정으로 하나님의 부르심을 듣기 원한다면, 나 자신이 부르심을 듣기에 합당한지 생각해 보아야 합니다.

[묵상 질문] 하나님의 부르심을 따를 순종의 준비가 되어 있습니까?

Jan. 17 일상적인 삶의 사명

갈 1:15-16

섬김과 부르심은 무엇이 다를까요? "하나님의 부르심은 어떤 특별한 봉사를 위한 부르심이 아닙니다." 우리가 하나님의 속성인 '부르심'을 접할 때, 자연스럽게 주를 위해 무언가를 해야 한다고 생각합니다. 반면 '봉사'는 하나님께 부르심을 받은 우리가 자신의 성향에 따라 자연스럽게 표출하는 행동입니다. "봉사는 헌신된 마음이 흘러넘치는 것입니다. 엄밀히 말한다면, 봉사는 부르심이 아니라 하나님의 속성과 나의 속성이 일치된 모습이 현실 속에서 드러나는 것입니다. … 하나님을 섬긴다는 것은 주님의 부르심을 듣고 마음을 다해 사랑의 표현을 하는 것입니다. 봉사는 내 속성에 맞는 것이 표현된 것인 반면 하나님의 부르심은 그분의 속성이 표현된 것입니다."

한 줄 노트 하나님의 부르심을 입은 자들에게 '섬김과 봉사'는 하나님의 속성을 표현하는 자연스러운 방식입니다.

일상에서의 부르심으로 하나님의 속성인 은혜로 부르심을 입은 자들에게는 자연스럽게 '거듭남'이 나타나야 합니다. "거듭남을 통해 내가 주님의 속성을 받고 그분의 부르심을 들을 때, 그 신성한 부름은 놀랍게도 내 속에 임한 주님의 속성을 부르게 됩니다. 그래서 이 둘이 함께 일하는 것입니다." 챔버스가 말하는 '일상적인 삶의 사명'은 우리를 부르신 사명과 삶에서 섬기는 봉사가 자연스럽게 일치되는 상태입니다. "하나님의 아들이 자신을 내 안에서 나타내십니다. 그러면 나는 주님을 향한 사랑의 마음 가운데 나의 일상적인 삶에서 그분을 섬기게 됩니다." 주님을 닮아가는 것은 하나님의 부르심과 우리 응답의 조화입니다. 주님을 향한 사랑을 표현하는 사람에게 주님이 모습을 드러내시면, 우리는 그리스도의 성품을 닮아가며 몸에 밴 듯 그분의 선한 일을 일상에서 행할 수 있습니다. 하나님의 은혜와 부르심을 따르는 사람의 '선한 의지'는 절대로 충돌하지 않고, 자연스러운 인과관계로 나타납니다.

한 줄 노트 일상적 섬김은 신비한 부르심이 아니라 하나님과의 친밀한 사랑에서 자연스럽게 흘러나옵니다.

묵상 질문 당신이 섬기는 현장에서 하나님의 속성과 그리스도의 사랑이 보입니까?

Jan. 18 주님을 만족시키는 삶

요 20:28

뒤바뀐 순서 우리는 종종 어떻게 해서든지 주님을 만족시키려고 노력합니다. 그래서 우리의 재능으로 하나님의 일을 할 수 있는 최선의 방법을 찾습니다. 그러나 하나님은 이러한 우리의 노력보다도 '순종'을 원하시는 분입니다. 하나님을 위해 무엇을 하는 것보다, 하나님이 우리의 목표가 되는 것을 원하십니다. 하나님은 당신을 섬기는 우리의 귀한 마음을 기뻐하시지만, 우리가 아니어도 하나님은 얼마든지 일하실 수 있는 분임을 잊지 말아야 합니다. 우리 인생에서 가장 가치 있는 일은 하나님이 쓰시는 인생이 되는 것입니다. 재능으로 하나님께 충성하는 것은 귀한 일입니다. 하지만 그 일로 인해 온전히 하나님께 집중하지 못한다면, 그 사역이 오히려 온전한 순종을 가로막을 수 있습니다. 주님은 너희가 '나를 위해서' 무엇을 하라고 말씀하시는 것이 아니라, "너희는 내 증인이 되라"(행 1:8)고 말씀하십니다. "이는 주님께 투정하거나 다른 것과 타협하지 않는 가운데 순수한 동기로 주님께 헌신하는 삶을 의미합니다. 즉, 주님이 우리를 어디에 두시든 그곳에서 주님께 만족이 되는 삶을 뜻합니다."

[한 줄 노트] 주님을 위하여 하는 일이 동기가 될 때 '나의 만족'을 추구하지 않을 것입니다.

주님을 향한 충성을 가로막는 것 종종 우리의 열심이 끝나는 지점에서 사역이 끝나는 것을 봅니다. '하나님을 위한' 열심이라고 하지만, 결국 '나를 위한 사역의 열매'가 없을 때 일어나는 현상입니다. "우리는 아무도 알아주지 않는 가장 낮은 자리에서 희생하는 것보다 주를 위한다는 명분으로 사람들에게 보이도록 '봉사'하는 것을 더 좋아합니다. 하나님의 부르심의 한 가지 목표는 하나님의 만족입니다. 주를 위해 뭔가를 하라고 부르신 것이 아닙니다. 우리는 하나님을 위해 싸우라고 보냄을 받은 자가 아니라 단지 하나님이 친히 싸우시는 전쟁에서 도구가 되라고 부름을 받은 자입니다." 진정한 헌신은 주님을 위해 우리가 하는 '무엇'이 아니라, 주님이 하시는 일에 도구로 쓰임 받는 것에 대한 만족입니다. 단지 도구로 쓰임 받는 일에 대한 감사가 있다면 교만도 실족도 없을 것입니다.

[한 줄 노트] 주님을 만족시키는 일이란 주님이 하시는 일이라면 무엇이든지 '도구'로 쓰임 받는 것입니다.

묵상 질문 지금 맡겨진 일에 만족과 감사가 있습니까?

비전과 어둠

Jan. 19

창 15:12

어둠의 시간에 기다리기   아브라함은 그로 큰 백성을 이루게 하신다는 하나님의 약속을 받았습니다. 그러나 13년 동안 하나님의 침묵을 경험해야 했습니다. 하나님의 비전 이후에 찾아온 '어둠의 시간'이었습니다. "아브라함은 13년간의 침묵의 기간을 지냈으며 그동안 스스로 할 수 있는 것이 아무것도 없음을 깨달았습니다. 상식적인 방법으로는 하나님의 약속을 이룰 가능성이 전혀 없었습니다. 아브라함에게 이 침묵의 기간은 불쾌한 기간이라기보다 훈련의 기간이었습니다. 절대로 기쁨과 확신으로 들뜨지 마십시오. 가만히 주님을 기다리십시오." 하나님이 비전을 주시고 어둠의 시간을 지나게 하실 때는 훈련의 시간입니다. 하나님의 침묵은 우리에게 최고의 훈련이 됩니다. 어둠의 시간 동안 타인의 충고를 듣거나 세상 지식을 의지하는 일은 하나님을 전적으로 의지하는 데 방해가 될 뿐입니다. 이때 성도의 의무는 가만히 듣는 것입니다.

한 줄 노트 어둠의 시간을 지날 때 잠잠히 하나님을 기다리는 것이 훌륭한 믿음입니다.

어둠의 시간에 하나님 신뢰하기   "나의 확신은 (하나님의 축복에 있는 것이 아니라) 오직 하나님 그분께만 있어야 합니다. … 우리가 철저하게 훈련받아야 하는 것은, 하나님은 실재라는 사실을 아는 것(to know that God is real)입니다." 우리는 어둠 속에서 가장 분명하게 실재이신 하나님을 바라보며 의지하게 됩니다. 우리가 가지고 있는 확신, 우리가 읽은 훌륭한 책, 기도하면서 경험한 영적 체험, 그리고 하나님이 우리에게 주신 축복도 실재가 아닙니다. "우리가 철저하게 훈련받아야 하는 것은, 하나님은 실재라는 사실을 아는 것입니다. 하나님이 당신에게 실재가 되실 때 사람들은 그림자가 됩니다. 하나님만 의지하여 서 있는 성도는 그 누가 어떤 말과 행동을 해도 전혀 요동하지 않습니다." 어둠의 시간 동안 우리는 이 훈련을 받습니다. 어둠과 비전은 따로 떨어진 것이 아니라 함께하는 것입니다. 이 기다림의 시간을 통해 우리는 '성화'의 시간을 갖게 되며, 하나님이 어떤 분이신지 알게 됩니다. 하나님의 침묵은 우리의 연단을 위한 필수적인 코스입니다.

한 줄 노트 하나님을 신뢰하는 사람들은 어둠의 시간을 지날 때 실망하거나 요동하지 않습니다.

묵상 질문 하나님의 약속의 말씀에도 불구하고 어둠의 시간을 지나고 있다면, 그것이 나에게 필요한 기다림의 시간은 아닌지 생각해 보십시오.

Jan. 20 모든 것에 대해 항상 새롭습니까?

요 3:3

거듭남과 새로움 "우리는 거듭남이 언제 시작되는지 알지 못하며 그것은 우리 삶 깊이 숨겨져 있습니다. 거듭난 생명은 거듭난 순간부터 언제나 영원합니다." '진정한 거듭남'은 우리를 늘 '새로움'으로 인도합니다. 우리 삶에 새로움이 사라지고 지루함과 강박관념이 찾아왔다면, 영적 침체의 첫 번째 표식입니다. 하나님과의 관계가 멀어졌다는 증거입니다. "지금 이 순간 당신의 영혼은 새롭습니까? 아니면 마음이 나누어진 가운데 뭔가 해야 한다는 부담 때문에 의기소침합니까? 신선함이란 순종에서가 아니라 성령으로부터 옵니다. 한편 순종은 하나님께서 빛 가운데 계심같이 우리도 성령의 빛 가운데 머물게 합니다." 성령의 거듭남, 즉 '신선함'은 우리의 의지가 아닌 성령님의 전적인 역사입니다. 이 새로움의 유지는 순종으로부터 시작됩니다. 거듭남으로 빛 가운데 서게 되었다면 순종으로 계속 빛에 머물게 되는 것입니다.

> 한 줄 노트 성령으로 거듭난 자의 지속적인 순종이 늘 '새로움'을 유지하는 비결입니다.

'체'하지 마십시오 예수님께서 이 땅에서 공생애를 지나시며 하나님 아버지와 하나이셨던 것처럼, 우리도 예수님과 하나가 되어야 합니다(요 17:22). "하나가 되기 위해서 그 둘 사이에 아무것도 없어야 합니다. 언제나 예수 그리스도께 모든 삶을 열어놓으십시오." 우리 신앙의 문제는 '체'하는 것입니다. 마치 예수님과 우리 사이에 아무 문제가 없는 것처럼 생각하는 것입니다. '체'하는 것은 하나님 아닌 다른 것에 삶을 의존하려는 시도입니다. 우리가 하나님이 아닌 것을 의지할 때 성령님은 우리를 떠나가십니다. 성령으로 거듭나는 것은 큰 축복입니다. 성령님은 우리에게 새로운 비전을 주시고, 모든 일에 완벽한 생기를 유지시켜 주시며, 우리를 인도하셔서 하나님과 연결되는 완벽한 통로를 가지게 하십니다. 그러니 성도는 성령님을 소중히 여겨야 합니다. 성도가 영혼을 늘 새롭게 하는 일은 우리 안에 부어주신 하나님의 생명을 소중히 여기는 것입니다.

> 한 줄 노트 성령으로 거듭난다는 것은 하나님과 우리 사이에 통로가 열려 있다는 의미입니다.

묵상 질문 지금 나와 주님 사이를 가로막고 있는 것, 내 안에서 주님과 다투고 있는 것은 무엇입니까?

Jan. 21 처음 그 사랑처럼 사랑하십니까?

렘 2:2

얼마나 주님께 친절하셨습니까? "예전처럼 여전히 하나님께 적극적으로 친절합니까? 아니면 하나님께서 나에게 친절하시기만을 기대하고 있습니까? 주님의 마음을 어떻게 기쁘게 할 수 있을까 고민하고 있습니까? 아니면 모든 일들이 내 마음대로 되지 않기에 불평하고 있습니까?" 우리는 '여전히', '적극적으로' 하나님께 순종하고 있습니까? 여호와께서는 "네 청년 때의 인애와 네 신혼 때의 사랑"(렘 2:2)을 기억하십니다. 순결한 사랑에는 어떠한 계산도 없습니다. 사랑하기 때문에 무조건 행할 수 있습니다. 사랑의 관계 가운데 있을 때는 무의식중에서도 상대에게 친절합니다(『주님은 나의 최고봉 스터디 가이드』). 그러니 우리가 주님께 친절한지 아닌지를 보면 우리의 사랑이 뜨거운지 아닌지를 알 수 있을 것입니다.

한 줄 노트 하나님을 향하여 더 이상 친절하지 않다면 순결한 사랑을 잃어버렸다는 증거입니다.

첫사랑을 회복하십시오 우리의 사랑이 과거가 되어버리지는 않았는지 점검하라며 챔버스는 폭풍 같은 질문을 쏟아냅니다. "처음에 가졌던 그 사랑처럼 지금도 주 예수님을 향해 차고 넘치도록 사랑합니까? 예전처럼 주님을 향한 나의 헌신을 계속 유지하고 있습니까? 과거에 오직 주님 외에는 아무것도 신경 쓰지 않던 시절을 기억합니까? 지금 그때와 같습니까? 아니면 마음이 간교해져서 주님보다 더 사랑하는 것이 생겼습니까? 주님을 너무나 사랑하기에 당신이 어디로 가든 걱정이 되지 않습니까? 아니면 내가 받아야 할 존경과 영광을 기다리고 있습니까? 얼마만큼 봉사해야 하는지 저울질하고 있습니까?" 챔버스의 말처럼 하나님이 우리에게 베푸실 친절만을 기대하고 있다면 첫사랑을 잃었음이 분명합니다. 처음에는 감격하며 하나님을 중심으로 모셨지만 점차 자아, 전통, 재물, 명예, 권력이 드러납니다. 결국 하나님이 점점 사라지고 끝내 귀찮은 존재가 되는 데까지 이르게 됩니다. 지금 하나님을 향한 첫사랑을 잃었다면, 어디서 사랑이 떨어졌는지를 생각하고 회개하여 처음 사랑을 회복하십시오(계 2:5).

한 줄 노트 하나님의 사랑이 과거가 되어버린 사람에게 하나님은 단지 귀찮은 존재일 뿐입니다.

묵상 질문 첫사랑을 잃어버린 나의 영혼에 '거룩한 슬픔'이 있습니까?

Jan. 22 나는 무엇을 바라봅니까?

사 45:22

축복과 구원 사이에서 "영적으로 가장 어려운 것은 하나님께 집중하는 것입니다. 그런데 이를 어렵게 하는 것은 축복입니다. 고난은 거의 언제나 우리로 하여금 하나님을 보게 합니다. 반면 축복은 우리로 하여금 다른 것을 보게 하기 쉽습니다." 우리는 주님께서 축복도 주시고 구원도 베푸시기를 기대합니다. 그러나 축복이 올 때 영적으로 하나님께 집중하는 것은 쉽지 않습니다. 산상수훈을 살펴보면 예수님께서는 세상에서 복을 받는 방법이 아니라 하나님께 집중하는 법을 가르치셨습니다. 영어성경은 본문의 '구원을 받으라'를 'be saved', 현재시제로 표기합니다(ESV). 미래에 이루어질 기대가 아니라 지금 이루어지는 것, 하나님을 바라보는 것이 구원입니다. 챔버스는 축복을 기대하는 우리 태도를 지적합니다. 우리에게 필요한 것은 축복을 구하는 마음이 아니라 그분을 향한 '신뢰'입니다.

[한 줄 노트] 어쩌면 우리는 '축복'과 '구원' 중 하나만 선택해야 하는 순간에 서 있을지 모릅니다.

구원은 주를 바라보는 것으로 충분합니다 "주님은 말씀하십니다. '내게로 돌이켜 구원을 받으라.' 우리가 추구하는 것은 우리가 오직 주만 앙망할 때 얻게 될 것입니다." 범죄한 이스라엘 백성이 광야에서 불뱀에 물려 죽게 되었을 때, 그들이 살 수 있는 방법은 '장대에 걸린 놋뱀을 바라보는 것'이었습니다(민 21:8-9). 성경은 그들에게 놋뱀을 만지라고 하지 않았습니다. 대신 '바라만 보면 구원을 받는다'라고 했습니다. 그러나 이를 못마땅하게 여긴 사람들은 텐트 안에서 죽어 갔습니다. 이들에게 좀 더 오묘한 비법을 알려주었더라면 따랐을 텐데 말입니다. 우리의 구원은 오로지 주님을 바라보는 데서 시작됩니다.

[한 줄 노트] 구원받는 삶을 위한 특별한 비법은 존재하지 않습니다. 주를 바라보고 주님께 소망을 두는 것으로 충분합니다.

[묵상 질문] 당신의 삶에서 주님을 바라보는 데 방해가 되는 것은 무엇인가요? 혹시 그 방해물이 당신에게 주신 하나님의 축복은 아닌가요?

Jan. 23 거울을 더럽히지 마십시오!

고후 3:18

'거울'이라는 이미지   "그리스도인의 가장 두드러진 특징은 하나님 앞에서 조금도 숨김없이 정직한 것입니다. … 어떤 사람이 하나님의 영광을 계속 보아왔다면, 그는 거울처럼 하나님의 성품을 반사할 수밖에 없기 때문에 누구든지 그를 보면 자신의 깊은 영혼 속에서 그를 통한 하나님의 영광을 인정할 수밖에 없습니다. 그러므로 우리 영혼 안의 거울을 더럽히는 것들을 주의하십시오. 가끔 최선의 것이 아닌 차선의 것들이 우리 영혼을 더럽힐 때가 많습니다." 우리를 통해 하나님의 성품이 비춰지고, 사람들은 이를 통해 하나님의 모습을 봅니다. 그러니 우리 영혼이 더럽혀지지 않도록 해야 합니다. 그런데 이 거울을 더럽히는 것이 있습니다. 바로 최선이 아닌 차선입니다. 차선은 늘 최상, 최고, 최선을 방해합니다. 어느 순간 최선을 택하지 못한 삶은 일그러진 거울이 되어 하나님의 모습을 비추지 못합니다. 일부러 악한 길을 택하는 사람은 거의 없습니다. 자꾸 최선을 외면하고 차선을 택하려는 우리 본성에 민감해야 합니다.

`한 줄 노트` '차선'을 선택함으로 '최선'을 더럽히지 않도록 해야 합니다.

집중의 원리   순종의 길은 오로지 하나님께 집중할 때 가능합니다. 챔버스의 묵상에는 "concentrated keeping of the life open towards God"이라는 표현이 있습니다. 우리 삶에 '지속적인 집중'과 '하나님께 열림'이 필요하다는 말입니다. "조급함 때문에 주님 안에 거하는 관계에서 벗어나서는 안 됩니다. 가끔 소란한 일들이 발생해도 그 소란이 마음을 동요케 해서도 안 됩니다. 그리스도인의 가장 어려운 훈련은 우리 마음의 거울을 통해 주님의 영광을 계속 바라보는 훈련입니다." 우리는 조급함 때문에 최선이 아닌 차선을 선택할 때가 많습니다. 집중력을 잃어서는 안 됩니다. 소란한 세상의 소리에 마음이 흔들리면, 미세한 하나님의 소리가 들리지 않기 때문입니다. 그래서 '훈련'이 필요합니다. 하나님을 바라보는 훈련, 하나님께 순종하기 위한 훈련, 하나님을 신뢰하기 위한 훈련은 늘 우리의 영을 새롭게 합니다.

`한 줄 노트` 하나님을 신뢰하는 영적 훈련만이 우리를 지속적인 순종으로 이끌어줍니다.

`묵상 질문` 중요한 결정의 순간에 하나님 대신 선택하려던 '차선'이 있었는지 생각해 봅시다.

Jan. 24 주의 비전에 순종하십시오!

행 26:16

부르심에 대한 합당한 반응 "거듭날 때 우리는 모두 비전을 갖게 됩니다. 또한 성령으로 충만하면 예수님께서 원하시는 주의 비전을 받게 됩니다. 중요한 것은 비전을 받았을 때 그 비전에 불순종해서는 안 된다는 점입니다. 또한 그 비전을 이루는 것이 불가능하다고 말해서도 안 됩니다." 바울은 "하늘에서 보이신 것을 내가 거스르지 아니하였다"(행 28:19)라고 고백합니다. 바울은 자신의 꿈과 계획을 하나님 앞에 내려놓았습니다. 부르심을 받았다고 하면서 여전히 우리의 계획을 붙들고 있다면 하나님께서 우리를 쓰실 수 없습니다. 부르심을 받는 순간, 우리는 주님의 것이 됩니다. 바울은 다메섹에서 부르심을 받은 후, 주님과 '개인적 관계'로 들어갔습니다. 주님께서는 어떤 메시지나 설교가 아닌 깊은 교제 속에서 그를 인도하셨습니다. 부르심에서 가장 중요한 것은 '깊은 교제' 속으로 들어가는 것입니다. 하나님께서 우리를 부르시는 사역의 비전은 '어떤 일'이 아니라 '예수 그리스도'입니다. "내가 너희 중에서 예수 그리스도와 그가 십자가에 못 박히신 것 외에는 아무것도 알지 아니하기로 작정하였음이라"(고전 2:2).

[한 줄 노트] 하나님의 부르심 앞에서 전적으로 순종하며 그분과 친밀한 관계 속으로 들어가야 합니다.

인격적인 관계에 대하여 "'내가 너로 종과 증인을 삼으니라.' 이 명령은 주님과의 인격적 관계 없이는 아무 의미가 없습니다. 바울은 주님께 인격적으로 헌신한 것이지 어떤 명분에 헌신한 것이 아닙니다. 그는 완벽하게 주님의 것이었습니다." 인격적으로 헌신한다는 말은 전적으로 하나님을 신뢰하는 것입니다. 하나님을 신뢰하는 순간, 바울은 하나님의 인도하심에 순종하는 사람이 되었습니다. 이제 바울은 명분이 아니라 하나님과의 인격적 관계를 중요시하게 되었습니다. 누군가와 시간을 많이 보내면 그 사람의 꿈을 알 수 있습니다. 우리는 매일 하나님과 대화하며 우리를 향한 하나님의 뜻을 이해하기 시작합니다. 우리가 주님과 인격적인 관계를 맺고 순종하기 시작할 때, 우리의 계획, 의지, 비전은 순종하는 삶에 장애가 될 뿐입니다.

[한 줄 노트] 주님과 인격적인 관계 속으로 들어가 순종하기 시작하면, 우리의 계획과 의지, 비전은 순종하는 삶에 걸림돌이 될 수도 있습니다.

[묵상 질문] 주님이 주시는 비전이 있습니까? 그 비전을 이루기 위해 내려놓은 나의 계획은 무엇입니까?

우리의 삶을 양보하십시오!

갈 1:16

양보하는 법! 챔버스는 하나님께 우리의 안방을 내어드리라고 말합니다. 안방은 가장 내밀하고 깊은 곳에 있는 방으로, 손님에게 쉽게 내어주지 않습니다. 그 사람이 나의 가장 귀한 것을 차지할 가치가 있다고 인정할 때, 겸손히 무릎 꿇을 마음의 준비가 되었을 때 안방을 내어줍니다. 이는 '전적인 위임'입니다. 하나님이 일하시는 방식에 함부로 간섭하지 않겠다는 뜻으로, 전적으로 그분의 방식을 신뢰하고 기대하는 것입니다. 이 전적인 위임에는 내 생각과 달라도 기꺼이 순종하겠다는 의지가 포함되어 있습니다.

"우리가 예상한 특별한 방법으로 주님께서 오실 것이라고 기대하지 마십시오. 단지 주님을 앙망하십시오. 그러한 자세가 곧 주님께 우리의 삶을 양보하는 것입니다. 그분이 오시기를 기대하되 내 생각대로 오실 것이라고 확신하지 마십시오. 우리가 아무리 하나님을 많이 알아도 주님은 어느 때나 상관없이 우리를 간섭하실 수 있음을 기억하십시오." 우리 신앙의 오류는 하나님과 관계를 유지하지 않으면서 안방을 내어드렸다고 착각하는 것입니다. 아무리 안방을 내어드려도 친밀한 관계가 없다면 그분은 우리에게 들어오지 않으십니다.

챔버스는 하나님이 사용하실 수 있도록 자신을 양보하는 방법을 제안합니다. "항상 하나님과 긴밀한 관계를 유지함으로써 그분의 놀라운 능력이 당신 삶의 모든 영역에 침투하도록 하십시오. 언제나 기대에 찬 상태에 계십시오. 하나님께서 원하시는 대로 하시도록 우리의 삶을 양보하십시오." 하나님께 우리 삶을 양보하면 기대가 생깁니다. 일상에서 하나님이 언제든 일하실 수 있도록 공간을 내어드리기 때문입니다. 하나님과 가장 친밀할 때, 성령님의 역사를 경험합니다. 성령님이 우리를 인도하실 때 '샘솟는 자유'와 '생명력 있는 진리'를 알게 됩니다.

한 줄 노트 우리의 삶을 양보하며 전적으로 하나님께 내어드릴 때 자유로운 성령님의 역사를 체험하게 됩니다.

묵상 질문 오늘 당신의 삶에서 일하실 하나님을 기대하고 있습니까? 내 생각, 내 방법을 내려놓고 우리 인생에 개입하시는 하나님을 경험해 봅시다.

Jan. 26 하나님을 불신하면 염려가 들어옵니다

마 6:30

하물며 너희일까 보냐 염려는 불신의 이면입니다. 성령님을 따르는 삶은 점점 단순해집니다. 진실하게 성령님을 의지해 말씀에 순종하게 되기 때문입니다. "주님은 '나와 주님과의 관계'를 중요하게 여기십니다. 무례하게 예수님보다 더 잘 알고 있다고 생각할 때마다 우리는 영적으로 뒤로 물러나게 됩니다. … 당신이 당신 안에 계신 성령을 순종하는 가운데 주님과 바른 관계를 유지하고 있으면, 하나님께서 당신의 '깃털들'을 보살피실 것입니다." 하나님과의 친밀함은 하나님을 의지하도록 우리를 인도합니다. 이 친밀함이 있으면 하나님과의 관계가 아주 단순해집니다. 순종은 하나님께서 우리를 인도하실 때, 단순하게 믿으며 '예'라고 대답하는 것입니다. 공중에 새를, 들의 백합화를 보십시오. 이 모든 것을 돌보시는 하나님께서 '하물며' 우리를 돌보시지 않으시겠습니까?

[한 줄 노트] 전적으로 하나님을 믿을 때, 우리 삶은 아주 단순해집니다.

공중의 새를 보고 들의 백합화를 보십시오 우리가 순종하지 못하는 이유는 하나님이 정해 주신 곳에서 자라기를 싫어하기 때문입니다. "우리 중 많은 사람들은 심기운 곳에서 자라나는 것을 거부합니다. 결과적으로 아무 곳에도 뿌리를 내리지 못합니다. 예수님은 우리가 하나님이 우리에게 주신 새 생명에 순종하면 하나님께서 다른 모든 것을 해결해 주실 것이라고 말씀하십니다. 예수님의 말씀을 믿을 수 없습니까?" 불순종은 하나님을 믿지 못해 우리가 지금 '있는' 자리에서 느끼는 불안함에 근거를 둡니다. 챔버스는 오늘 묵상에서 순종과 성결을 절묘하게 연결시킵니다. "성결이란 어떤 특별한 한 가지를 향해 끊임없이 자신을 구별해 드리는 것입니다. 우리는 단 한 번의 결심을 통해 영원토록 성결할 수 없습니다. 매일 자신을 성결케 해야 합니다." 단순하게 하나님께 순종하지 못하는 이유는 걱정과 복잡한 생각 때문입니다. 성결한 삶은 단순한 부르심을 향해 가며, 끊임없이 걱정과 염려를 뿌리치는 것입니다. 성화란 이 부르심이 한 번의 결심에 그치지 않고 삶에서 지속적으로 일어나는 것입니다.

[한 줄 노트] 믿음이 생기면 염려가 끝납니다. 믿음으로 순종하다 보면 성화된 자신을 발견하게 될 것입니다.

[묵상 질문] 지금 염려가 찾아왔다면 그것은 환경의 문제인가요, 믿음의 문제인가요?

Jan. 27 세상 염려와 주님 사이의 경쟁

마 6:25

주님과의 관계가 더 중요합니다 세상을 살며 마주하는 염려로부터 자유할 수 있는 법은 영적으로 분별하는 지혜를 가지는 것입니다. "우리가 성령으로 대항해 높은 방패막을 쌓지 않으면 이러한 것들은 홍수처럼 우리 안에 들어올 것입니다. '목숨을 위해 염려하지 말라', '오직 한 가지만 생각하라'고 주께서 말씀하십니다. 그 한 가지는 '주님과 나의 관계'입니다." 우리에게는 선택의 자유가 있습니다. 염려를 선택해 염려의 결과를 얻든지, 주님을 온전히 의지해 보호를 받든지 결과는 명확합니다. 사람이 무엇을 심든지 그대로 거두게 됩니다.

근심과 걱정은 주님과 우리 사이 '경쟁'이 될 뿐 아니라 우리의 뼈를 마르게 합니다. 그렇다고 해서 성도들이 염려 없이 세상을 살 수 있다는 것은 아닙니다. 주님은 우리 삶을 우리보다 더 잘 아십니다. 그러니 세상의 염려와 주님에 대한 생각이 경쟁할 때, '하나님과의 관계'를 최우선으로 두어야 합니다.

우리 앞에는 괴로운 일, 우리를 위협하는 일이 많습니다. 그러나 주님은 우리에게 말씀하십니다. "아무것도 염려하지 말아라. 그리고 주님을 바라보아라! 하물며 너희일까 보냐"(마 6:30). 결국 선택과 믿음의 문제입니다. 세상의 염려보다 '주님과의 관계'에 집중하기를 결심한다면 다른 것을 보게 될 것입니다. '지금' '주님을 붙들고 사는 사람'은 항상 함께하시는 주님의 능력을 체험하며 살 것입니다.

한 줄 노트 당신 안에서 염려가 고개를 들 때마다 주님과의 관계를 우선순위에 두십시오!

묵상 질문 지금 마음속에 있는 염려들을 다 꺼내봅시다. 그 하나하나가 주님보다 큰지, 주님과의 관계보다 중요한지 생각해 봅시다.

Jan. 28 예수님의 마음을 아프게 하지는 않습니까?

행 26:14

고집과 자기 권리를 주장할 때 주님의 마음을 아프게 합니다 누구에게나 고집과 자기주장이 있습니다. 하나님을 위한다고 하면서도 고집스럽게 자신의 방법과 계획을 포기하지 않습니다. 이것이 다른 사람들에게는 피해를 주지 않을지 모르지만, 성령님을 근심케 할 수 있습니다. "고집을 부리며 자기주장대로 하면서 자신의 야망을 이루려고 할 때마다, 우리는 예수님의 마음을 아프게 합니다. 자기 권리를 주장하며 자신의 의도를 관철시키려고 할 때마다, 우리는 예수님을 핍박하는 것입니다. 자기 존중을 주장할 때마다 우리는 체계적으로 주의 성령을 힘들게 하는 것입니다." 고집과 자기주장은 예수님의 마음을 아프게 할 뿐만 아니라, 스스로의 영적 생활에도 상처를 입힙니다. 창세기 13장에는 갈등으로 헤어져야 했던 아브라함과 조카 롯의 이야기가 나옵니다. 자기 권리를 주장하며 선택했던 땅 소돔과 고모라에서 롯은 결국 영적 상처를 받습니다.

> **한 줄 노트** 과도한 우리의 열정과 자기주장이 주님의 마음을 아프게 할 수 있습니다.

주님의 마음을 아프지 않게 하려면 스스로 무언가를 하려는 시도는 늘 주님의 마음을 아프게 합니다. 스스로 거룩해지려는 시도조차 내려놓아야 합니다. 주님의 마음을 아프게 하지 않는 유일한 시도는 '아버지와 하나 됨'입니다. "예수님의 영은 오직 한 가지만 의식합니다. 곧 아버지 하나님과의 완전한 하나 됨입니다. 주님께서는 '나는 마음이 온유하고 겸손하니 나의 멍에를 메고 내게 배우라'(마 11:29)고 말씀하십니다. 내가 하는 모든 일들은 오직 주님과 완전한 하나 됨에 바탕을 두어야 합니다." 우리가 온전히 하나님과 하나 되어 자신의 의지를 버릴 때, 세상 사람들로부터 짓밟히고 무시를 당할 수 있습니다. 하지만 이 길만이 주님께서 핍박받는 것을 막는 일입니다. 아브라함은 롯과 정반대의 길을 갔습니다. 세상 사람들의 조롱거리가 될 만한 선택을 했습니다. 하지만 아브라함은 거기에 하나님의 마음이 있으며, 그곳이 하나님이 원하시는 자리임을 알고 있었습니다. 우리 인생의 문제 해결은 내 마음대로 환경을 조정하는 것이 아니라, 하나님이 원하시는 자리에 서는 것입니다.

> **한 줄 노트** 주님의 마음을 아프지 않게 하려면 우리가 그분이 원하시는 자리에 서 있어야 합니다.

묵상 질문 지금 서 있는 자리는 자기 주장의 자리입니까, 하나님의 마음이 있음을 확신하는 자리입니까?

Jan. 29 겸손과 온유로 섬깁니까?

행 26:15

신앙의 오류: 주님을 내 방식대로 섬기겠다고… 우리 신앙의 오류 중 하나는 '자신의 신념' 혹은 '내 방식'으로 주님을 섬기려는 마음입니다. 주님이 어떤 분이신지 묻는 물음에서 우리는 비로소 '무지와 교만'을 벗어날 수 있습니다. "주님을 내 방식대로 섬기겠다고 할 때, 주님을 향한 우리의 무지가 드러날 뿐입니다. 우리는 예수님의 영이 아닌 다른 영으로 주를 섬기려고 합니다. 주님을 돕겠다고 나서지만 주님께 상처를 드립니다." 이제는 주님을 내 방식대로 섬기겠다는 무지에서 벗어나야 합니다.

한 줄 노트 주님을 위한다고 하는 말인데, 주님의 마음을 모르니 누군가에게 무서운 복수의 칼이 되어 버렸습니다.

신앙의 올바른 방식 "진정 주께서 맡기신 의무라면, 자신의 만족을 위해 수고할 것이 아니라 오직 겸손과 온유한 마음으로 섬겨야 할 것입니다." 진정으로 주님께서 우리에게 주신 의무라면 결코 우리의 만족을 위해 수고하지 않을 것입니다. 또 우리 만족이 채워지지 않는다고 실망하지도 않을 것입니다. 하나님께서 영으로 우리에게 말씀하시는 것을 '겸손과 온유'로 섬긴다면, 당연히 주의 뜻을 행함으로 기쁨이 찾아올 것입니다. 그리스도인이 스스로의 만족을 위해 수고하지 않는 이유는 그리스도 안에서 모든 것을 소유하고 있기 때문입니다. 하나님과 이웃을 사랑하는 일은 희생과 자아의 제한을 필요로 합니다. 그러나 동시에 더없이 즐겁고 한없는 자유를 누리는 일입니다. 예수님의 제자가 되는 데 희생과 제한이 따른다는 사실을 안다면, 예수님을 본받아 겸손하고 온유한 자세를 가질 수밖에 없을 것입니다.

한 줄 노트 주님의 일을 하면서 기쁨이 있는가는 올바른 신앙의 방식으로 일하고 있는지를 판별하는 척도가 됩니다.

묵상 질문 오늘 주님이 환경을 통해 당신에게 말씀하시는 것은 무엇입니까? 혹시 주님의 마음을 아프게 하는 일에 무감각하지 않습니까?

Jan. 30 주님, 말씀하소서

삼상 3:15

음성 듣기 "하나님은 깜짝 놀랄 만한 방법이 아니라 오해하기 쉬운 방법으로 말씀하십니다." 사무엘이 하나님의 음성을 처음 들었을 때, 그 음성을 오해했습니다. 그 음성이 엘리 제사장의 것인지, 하나님의 음성인지 구분하지 못했기 때문입니다. 하나님의 음성은 엄청난 방법 대신 가까운 주변에서 들리기도 합니다. 문제는 그 음성을 구별하지 못하는 것입니다. "주의 음성을 들으면서 우리의 귀는 예민해집니다. 그리고 예수님처럼 하나님의 음성을 항상 들을 수 있게 됩니다." 사무엘에게 하나님의 음성은 '오해하기 쉬운 방식'으로 들렸습니다. 그래서 우리는 "주님 말씀하소서"라고 말하는 습관을 가져야 합니다. 말씀이 우리에게 익숙해질 수 있도록 들어야 합니다. 주님의 음성을 들어야 주님과 동행하는 삶을 살 수 있기 때문입니다.

[한 줄 노트] 하나님의 음성이 없는 것이 아니라, 우리에게 들리지 않는 것이 문제입니다.

순종의 딜레마 우리는 종종 하나님의 말씀을 전함으로 누군가에게 상처를 주지 않을까 염려합니다. 문제는 이런 고민이 우리를 불순종으로 인도하는 순종의 딜레마가 됩니다. 이런 상황에서 우리는 누구의 조언이 필요하지 않습니다. 이는 하나님 앞에서 우리가 결정해야 할 '순종의 문제'입니다. "하나님께서는 사무엘에게 엘리의 조언을 들으라고 하지는 않으셨습니다. 그러므로 사무엘은 그 문제를 스스로 결정해야 했습니다. 당신을 향한 하나님의 부르심은 어쩌면 당신의 '엘리 제사장'에게 아픔을 줄지도 모릅니다. 그러나 다른 사람의 삶의 고통을 막으려다가 당신과 하나님 사이에 방해물을 놓을 수도 있습니다." 하나님 말씀에 순종하기를 원한다면 하나님 앞에서 결단해야 합니다. 순종에는 고통과 갈등이 따릅니다. 순종하지 않는다면 하나님과의 사이에 문제가 생기게 됩니다. 신앙적 결단을 내려야 하는 순간이 오면 '사람의 조언'에 의지하지 않도록 하십시오. 누군가에게 상처를 주지 않기 위해, 갈등을 유발하지 않기 위해 하나님의 말씀을 분명히 듣고도 전하지 않는다면 엄연한 불순종입니다.

[한 줄 노트] 진정 우리가 두려워해야 하는 것은, 하나님의 음성에 불순종함으로 인해 하나님과의 사이에 문제가 생길 수 있다는 것입니다.

[묵상 질문] 혹시 누군가에게 상처를 주지 않으려고 하나님의 말씀을 전하는 것에 주저하며 고민하고 있지는 않습니까?

복음 전파의 소명

Jan. 31

롬 1:1

부르심의 이유 챔버스는 일상에서 어떻게 복음을 전할지 고민했던 사람입니다. '지금 복음이 필요한 삶의 현장은 어디일까?' 이런 고민을 하는 사람이었습니다. 우리가 기억해야 하는 것은, '부르심'이란 늘 삶의 한복판에서 일어나는 하나님의 명령이라는 사실입니다. 부르심의 실체는 '복음을 선포하는 것'입니다. "우리의 거룩은 우리 안에 원인이 있는 것이 아니라 구속의 결과입니다. 우리의 믿음을 구속의 결과로 나타나는 인간의 선함에 둔다면, 시험이 올 때 그 믿음은 무너집니다." 바울이 그랬듯이 우리의 소명은 스스로 구별되는 것이 아니라, 하나님의 택함에서 비롯됩니다(롬 1:1). 우리를 부르신 이유는 '거룩한 삶'이 아니라, 복음을 전파하는 데 있습니다. 부르심의 자격이 철저하게 구속의 은혜에 있다면, 부르심의 이유 역시 구속의 은혜를 선포하는 것에 있습니다.

한 줄 노트 하나님의 부르심은 우리를 삶의 현장 한가운데로 인도합니다.

왜 넘어질까요? 부르심을 입은 사람들이 착각하고 넘어지는 이유는 하나님을 더 알리는 노력보다 자신들의 거룩함을 위해 열정을 쏟기 때문일 것입니다. 챔버스는 기도하는 사람들 안에 내재된 위험성을 보았습니다. 기도하고 거룩하게 살려는 노력으로 뭔가 자격을 얻을 수 있다고 생각하는 교만함 같은 것입니다. 그래서 챔버스는 우리가 넘어지지 않고 사역을 할 수 있는 것은 끝까지 '하나님의 은혜를 붙드는 것'이라고 말합니다. "사역자들이 실패해서 쓰러지는 이유는 그들의 관심이 하나님께 있지 않고 자신의 의로움을 보이려는 데 있기 때문입니다." 사도 바울을 보면 자신의 거룩함을 위하여 살지 않았던 것 같습니다. 사도 바울은 주님과의 관계가 친밀해질수록 자신의 내면에 있는 더러움을 보았습니다. 그는 '죄인 중에 괴수'라고 고백합니다. 하나님의 은혜가 필요하다는 것을 깨달았습니다. 자신을 의식하는 것은 영적 상태가 '자기중심적'이라는 반증입니다.

한 줄 노트 소명자는 자신의 거룩함이 아니라 나를 통해 그리스도가 증거되는 것이 목적입니다.

묵상 질문 오늘 당신의 삶의 목적은 자신의 '선함'을 이루는 것입니까, 아니면 구속의 은혜로 주님의 사명을 감당하는 것입니까?

2월

주님을 사랑하고 있습니까?

나 자신의 의무감이나 유익에 매일 때

Feb. 01 하나님의 부르심

고전 1:17

진정한 부르심은 무엇일까요? 챔버스에게 계속되는 고민이 있었습니다. 바로 자신의 '거룩함'의 문제였습니다. 하나님의 일을 하면서 해결되지 않는 거룩함의 문제는 그에게 늘 부담이 되었습니다. 그런데 사도 바울은 이 문제를 오늘의 본문으로 명확하게 설명합니다. 아마 챔버스도 여기서 해답을 얻었을 것입니다. "우리는 어디에서도 자신의 구원이나 거룩을 선포하도록 의탁 받은 적이 없습니다. 우리가 의탁 받은 것은 오직 예수 그리스도를 높이는 것입니다(요 12:32)." 하나님의 부르심은 전적으로 어떤 사역을 수행하거나 개인의 성화를 이루는 데 있는 게 아니라, '복음을 전하는 것'에 있습니다. 전자가 '자신의 성취'에 초점을 맞추고 있다면 후자는 '그리스도 중심적인 일'입니다. 만일 우리가 노력으로 거룩을 이루었다면 아름다운 그리스도의 구속보다는 자신의 성취를 드러내지 않을까요?

[한 줄 노트] 그리스도를 높이는 사람이 되면 다른 것을 높이려는 유혹에서 자유로워집니다.

구속의 이유를 아는 것이 중요합니다 챔버스는 예수 그리스도께서 고난을 당하신 이유는 나를 성자로 만들기 위해서가 아니라 온 세상을 구속하기 위해서라는 사도 바울의 고백에서 해답을 얻었습니다. 이 구속은 누구나 예외 없이 체험할 수 있다는 점에서 복음이요, '구속의 능력'이 확실합니다. 그런데 이러한 '체험'이 우리의 목적이 될 수는 없습니다. "바울의 인생 속에서 한 가지 열정은 하나님의 복음을 전파하는 것이었습니다. 이를 위해 그는 마음의 고통과 환멸과 환난을 환영했습니다." 사도 바울은 복음을 전하는 열정으로 인해, 온전하지 못한 자신의 문제를 개의치 않았습니다. 그는 죄에 대하여 연약하고 무너지는 자신의 모습 속에서 하나님의 은혜를 구하는 사람이 되었습니다(고후 4:8-10). 사도 바울은 자신에게 찾아오는 문제를 어떤 체험이나 기적을 구하며 해결하기보다, 기꺼이 고난을 감수하며 '예수의 흔적'을 전하기 위해 살았습니다.

[한 줄 노트] 복음의 실체를 알면 사소한 일로 하나님을 귀찮게 하지 않을 것입니다.

[묵상 질문] 혹시 우리의 기도가 하나님을 귀찮게 하고 있지는 않습니까?

Feb. 02 강권하시는 부르심

고전 9:16

복음을 전하는 것은 단순한 간증이 아닙니다 사도 바울에게는 복음을 전해야 한다는 심적 부담이 있었습니다(고전 9:16). 챔버스는 이 심적 부담에 대한 구별이 필요하다고 말합니다. 바로 자신이 구원받은 증거인 '간증'과 우리를 구원하시는 주님을 전하는 '복음 전함'의 구별입니다. 구원하시는 부르심에 부담을 가질 사람은 없습니다. 그러나 복음을 전하는 일은 쉽지 않습니다. 구원을 받았지만 제자가 되지 못하는 이유는 하나님의 부르심에 귀를 막고 있기 때문입니다. 복음을 전하는 일의 가치를 모르기에 귀를 막고 있는 것입니다. 사도 바울은 복음을 전하기로 마음먹은 후, 세상의 자랑거리를 '배설물'이라 말합니다. 우리가 귀를 막고 있는 이유는 이 '배설물'을 버리지 못하기 때문입니다. 세상의 영광, 사람의 칭찬과 인정은 그리스도를 아는 지식을 가로막는 장애물입니다.

[한 줄 노트] 세상의 것을 배설물로 여기지 않으면 하나님의 부르심을 따라 살 수 없습니다.

부르심에 합당한 자가 되는 것 사도 바울은 진정한 부르심과 '그리스도의 종'이 되는 것을 연관 짓습니다. 종은 무엇을 할지, 어디로 갈지 스스로 결정하지 않습니다. 우리가 육신의 자랑거리를 버리지 못하는 한, 주님께 순종하는 종의 모습을 가지지 못합니다. 주님을 따른다고 하면서 자기의 방식을 고집합니다. 그러나 종은 주인이 원하는 대로 행해야 합니다. "하나님께서는 자기를 기쁘시게 하기 위해 우리를 '찢겨진 빵과 부어지는 포도주'(주님의 찢겨진 살과 쏟으신 피를 의미)로 만드십니다." 복음을 위한 구별은 모든 야망은 꺾이고, 인생의 욕망은 잠들게 되며, 외적인 자랑들은 철저하게 제거되고 사그라지는 상태입니다. 여기서 진정한 부르심의 상태에 이릅니다. 이 부르심을 건성으로 듣는 것을 사도 바울은 '화'라고 말합니다. "주님께로부터 부르심을 받았는데도 다른 방향으로 자신의 발을 옮기려는 자들에게 얼마나 불행한 일들이 발생합니까? 하나님께서 당신을 주의 복음의 종으로 부르시는지 확인하십시오. 주께서 당신을 부르실 때 그 부름을 방해하는 것들을 주의하십시오."

[한 줄 노트] 부르심에 합당한 자가 된다는 것은 기꺼이 '찢겨진 빵과 부어진 포도주'가 될 각오가 되어 있다는 의미입니다.

[묵상 질문] 부르심을 따라 살지 못하는 것이 당신에게 두려움으로 다가옵니까?

Feb. 03 세상의 찌꺼기 같은 우리

고전 4:13

구별된 자의 몫이 있습니다 바울은 복음을 전하기 위해 살았던 자신의 삶을 "세상의 더러운 것과 만물의 찌꺼기같이 되었다"고 말합니다. 세상을 향한 애착은 '만물의 찌꺼기가 되는 것'을 거절하게 만들지만, 구별된 사람은 '복음이 증거된다면 이 땅에서 찌꺼기같이 대우받아도 상관없다'고 말해야 합니다. "거듭나서 거룩하게 될 때 누구나 '그리스도의 남은 고난을 채우는' 것은 아닙니다. 오직 '복음을 위해 따로 구별된 자'가 그리스도의 남은 고난을 채우게 됩니다." 우리가 고난을 이상하게 여긴다면, 우리는 고난이 올 때마다 고난을 피해 가려고 하지 않을까요? 복음 때문에 부끄러움을 당할 마음이 추호도 없다면, 그렇게 살다가 '부끄러운 구원'을 받게 될 것입니다(골 1:24). '남은 고난'은 추상적인 것이 아닙니다. 그리스도를 위하여 제자의 삶을 살 때, 실제적으로 우리 삶에 찾아오는 고난입니다. 구별된 자는 주님의 고난을 마땅히 같이 당할 각오가 되어 있는 사람입니다.

한 줄 노트 그리스도를 위해 받는 고난은 결코 낭만적이지 않습니다.

세상의 찌꺼기 같은 우리 사도 바울은 어떻게 만물의 찌꺼기같이 됨을 마땅히 여기게 되었을까요? 복음이 전파된다면 이 땅에서 어떤 대우를 받아도 상관없다는 마음이야말로 참된 '종'의 모습이 아닐까요? 이러한 신앙은 단순히 '도덕적 신앙'에 머무르려는 사람들과 확연하게 구분됩니다. 도덕적 신앙에 머무르는 사람들은 늘 사람들의 평판에 행동이 좌우됩니다. "바울은 하나님께서 그를 얼마나 훌륭한 사람으로 만들 수 있는지를 보여주시기 위해 자신을 구별했다고 말하지 않습니다. 단지 '내 안에 계신 하나님의 아들을 보여주기 위해' 구별되었다고 말합니다." '그리스도의 남은 고난'의 몫은 이제 우리에게 넘겨졌습니다. 가까스로 구원받은 부끄러운 성도가 될지, 하나님이 원하시는 제자가 되어 기꺼이 세상의 찌꺼기 같은 존재가 될지 선택은 우리에게 달렸습니다. 즐거이 세상의 찌꺼기 같은 존재가 될 때, 우리는 비로소 '복음을 위해 구별된 자'가 됩니다.

한 줄 노트 '만물의 찌꺼기'같이 되라고 우리를 부르셨다는 것을 잊지 않는다면, 우리도 기꺼이 부르심에 합당한 삶을 살 수 있을 것입니다.

묵상 질문 우리에게 주어진 몫의 고난은 무엇입니까?

Feb. 04 무엇에 사로잡혀 있습니까?

고후 5:14

증거하는 것과 증인되는 것의 차이 거듭난 사람들은 '하나님께서 나를 위해 하신 일'을 간증합니다. 여기서 간증은 자신에게 일어난 개인적인 사건에 대해 말하는 것입니다. 그러나 성령 세례를 받고 나면 '간증'이 아니라, 하나님을 증거하는 '증인'이 됩니다(행 1:8). 제자들은 십자가에서 죽으시고 부활하신 예수님을 믿는 사람들이었습니다. 그들에게 성령이 임하시면 '그 주님'을 증거하는 증인이 될 것입니다. 챔버스는 이러한 성령의 사람을 가리켜 '그리스도의 사랑에 의해 강권함을 받는 사람'이라고 말합니다. 이들에게는 특징이 있습니다. "예수님께서 하실 수 있는 일을 증거하는 초보적인 것이 아니라 '예수님 그분의 증인'이 됩니다. 이후 우리는 우리에게 발생하는 모든 일들을, 영광이든 비난이든 핍박이든 칭찬이든 예수님께 친히 발생하는 일처럼 받아들이게 됩니다." 진정한 증인이 되면, 우리가 핍박을 받을 때 예수님이 핍박을 받으시고, 우리가 칭찬을 들을 때 예수님이 칭찬을 들으십니다.

[한 줄 노트] 참된 증인이 된다는 것은 단순히 그분이 하신 일을 말하는 것이 아니라, 그분에 대하여 증거하는 것입니다.

사랑에 사로잡히면 이러한 상태를 챔버스는 그리스도의 '사랑에 사로잡혔다'고 말합니다. 우리가 그리스도의 사랑에 항복하는 순간, 사람들은 우리의 모습 속에서 그리스도의 모습을 보게 됩니다. 그리스도의 사랑에 사로잡히면 사람들의 소리를 신경 쓰지 않게 됩니다. 우리가 해야 할 일은 오로지 하나님의 심판과 예수 그리스도의 사랑을 알리는 일이기 때문입니다. "그리스도의 사랑에 자신을 완전하게 내어 맡기는 것만이 우리의 삶에 성령의 열매를 맺게 하는 비결입니다. 이러한 삶은 내가 얼마나 거룩한 사람인지를 드러내는 것이 아니라 하나님의 능력과 주의 거룩함을 드러내는 것입니다." 사랑에 빠지면 합리적 계산을 하지 않습니다. 주님과 사랑에 빠지면 세상에 대해 바보 같은 사람이 되고, 이 세상을 향한 하나님의 마음을 품는 사랑 속으로 들어갑니다. 그때 우리는 더 이상 자신의 거룩함이 아니라 주님의 사랑에 온전히 헌신하게 됩니다.

[한 줄 노트] 사랑에 빠지면 더 이상 논리와 계산이 우리를 지배하지 않습니다. 사랑의 논리에 따라 삶이 변해 갑니다.

묵상 질문 당신은 무엇에 눈이 멀어 있습니까? 무엇에 사로잡혀 있습니까?

Feb. 05 낮아지고 닳아질 수 있습니까?

빌 2:17

진정한 낮아짐의 의미

사도 바울은 '전제로 드려짐'을 기뻐한다고 말합니다. '전제'는 '부음' 혹은 '쏟음'이라는 뜻을 가진 단어입니다. 예수님께서 하나님을 위해 '생명을 바쳐 충성하셨다'고 할 때 사용될 수 있는 말입니다. 전제로 나를 드린다는 뜻은 나를 '부어', '쏟아' 내어 드린다는 뜻입니다. '전제로 나를 드린다'는 것은 완전히 버려지는 겸손입니다.

진정으로 낮아지는 섬김의 자리는 어디일까요? "당신의 생명의 피를 다른 사람의 믿음을 위한 전제로 부을 수 있느냐는 것입니다. 그럴 수 없다면 당신은 이렇게 말할 것입니다. '나는 아직 나 자신을 다 드릴 수 없어요. … 내가 어떤 희생을 할 수 있는지 내가 결정하기를 원합니다.'" 온전히 제단에 피를 쏟을 준비가 되어 있지 않다면, 아직도 내 자아가 살아 있는 것입니다. 진정 낮아지는 것은 내가 드러나든지 낮아지든지 상관없이 '섬김의 결정'까지도 하나님께 주도권을 양도하겠다는 의미입니다.

"영웅심에 빠져 외로운 길을 걷는 것과, 하나님에 의해 정해진 삶을 살기 위해 다른 사람의 '신발털이개'가 되는 것은 완전히 다릅니다. 하나님께서 '남에게 천시받고 낮아지는 비결'을 가르치신다면 당신은 그 가르침대로 바쳐질 준비가 되어 있습니까?" '영웅심에 빠져 걷는 외로운 길'은 스스로 낮아졌다는 자만심으로 뻐기는 상태입니다. 아무리 겸손한 자리에 있어도 성령님과 동행할 수 없는 사람입니다. 주님과 같이 걷고 있으나 주님과 동행하지 않는 모습입니다.

챔버스는 겸손만이 주님께 순종하는 길이라고 말하며 이렇게 묻습니다. "섬김을 받지 않고 오직 섬기기 위해 당신의 삶을 바치며 그 삶이 다 닳아지기를 원할 수 있습니까?" 우리 또한 스스로 성도임을 자처하면서도 천하고 궂은일은 섬기기 싫어하지 않습니까? 진정 낮아진다는 것은 타인을 섬길 때 다른 사람이 알아주기를 기대하지 않는 것입니다.

> **한 줄 노트** 낮은 자리에 있는 것이 겸손이 아닙니다. 그 자리로 보내신 이가 누구인지, 그 자리에서 누구와 함께 있는지가 겸손을 결정합니다.

묵상 질문 진정 낮은 자리에 있기를 원하십니까? 당신을 그 자리에 있게 하신 이가 누구입니까?

Feb. 06 제물로 드려질 준비

딤후 4:6

의지의 문제 오늘 묵상은 우리의 마음가짐, 즉 '준비'에 초점을 맞추고 있습니다. 나를 제물로 드리는 것은 의지의 문제입니다. "만일 하나님께 의지를 드리지 않았다면 당신은 자기 연민에 빠지게 될 것입니다." '의지의 드림'과 '자기 연민'은 어떤 관계가 있을까요? 챔버스는 우리가 선택한 의지로 해결할 수 없는 상황에서 자기 자신의 비참함으로 인해 '자기 연민'에 빠질 수 있다고 말합니다. 그러므로 우리가 하나님께 드려지는 삶을 살기 원한다면 우리의 의지도 드려야 합니다. 본문 속 바울은 차가운 감옥에서 말년을 맞이하고 있었지만, 그 모습에서 '자기 연민'은 보이지 않습니다. 인생을 치열하게 산 사람들은 죽음을 의식하며 남겨진 삶을 더욱 값지게 살려고 노력합니다. 사도 바울은 단순히 죽음을 예견한 것이 아니라, 준비하고 있었습니다. 자신의 의지로 죽음을 좌지우지할 사람은 없습니다. 챔버스는 이 죽음 앞에서 우리의 의지가 어디에 있는지 묻습니다. "하나님은 당신으로 하여금 위기를 지나게 하십니다. 아무도 당신을 도울 수 없습니다."

> **한 줄 노트** 의지조차 하나님께 맡기는 사람은 쉽게 자기 연민에 빠지지 않습니다.

제물이 되면 구별됩니다 "당신이 해야 하는 일은 단지 제물을 제단 뿔에 묶는 것입니다. 이제 그 제물에 불이 붙기 시작합니다. 이때 자기 연민에 빠지지 않도록 주의하십시오." 제단 뿔에 우리를 제물로 '묶는' 일이 우리가 해야 할 의지의 표현입니다. 또 제단 뿔에 손을 묶는다는 것은 강한 의지를 가지고 이 세상에서 만나는 수많은 유혹에서 이겨나가겠다는 결단이기도 합니다. 제단에 드려진 제물은 불로 태워집니다. 의지를 주님께 맡겼어도 태워지는 고통은 사라지지 않습니다. 그러니 마지막 고비에서 '자기 연민'에 빠지지 않도록 주의해야 합니다. "제단은 … 하나님과 관련되지 않은 모든 것과 하나님께 나아가는 것을 방해하는 모든 것을 소멸시킵니다." 우리가 기꺼이 제물이 되겠다고 의지적 결단을 하면, 그다음 구별을 가능케 하는 것은 하나님께서 하시는 일입니다. '이 불이 다 타오른 후에는' 더 이상 고민하지 않아도 될 것입니다. 제단에서 태워진 나는 온전히 구별된 자가 될 것이기 때문입니다.

> **한 줄 노트** 결단이 쉽지 않지만 온전한 제물이 되어 태워지는 순간, 우리는 완전하게 구별됩니다.

묵상 질문 당신의 손을 묶어 온전히 구별된 제물이 될 준비가 되어 있습니까?

Feb. 07 낙심의 훈련

눅 24:21

낙심의 이유   십자가 사건과 그 결과를 추론하는 제자들의 생각은 주님과 달랐습니다. 이로 인해 제자들은 '낙심'했고, 엠마오로 가는 길에 들어선 것입니다. 제자들의 '낙심'은 자신들의 기대가 충족되지 못했다는 이유로 찾아왔습니다. 챔버스는 낙심의 이유를 '정욕(lust)'에서 찾습니다. 정욕에는 두 가지가 있습니다. 하나는 자신이 원하는 것을 지금 취하려는 육신의 정욕이고, 다른 하나는 기도에 응답하시는 하나님이 아닌 기도의 응답만을 요구하는 영적 정욕입니다. 주목할 것은 육신의 정욕보다는 '영적 정욕'의 문제입니다. 우리의 기도에도 불구하고 하나님께서 아무것도 행하시지 않으실 때 '낙심'이 찾아옵니다. 그러나 "하나님께서 내 기도에 응답하셔야 한다는 고집은 정도에서 벗어난 것입니다. 기도의 의미는 기도의 응답이 아니라 하나님을 붙드는 것입니다." 하나님은 우리가 알 수 없는 방식으로 일하시는 분입니다. 하나님의 길과 생각은 우리의 것보다 높습니다(사 55:8-9).

한 줄 노트 기도의 응답이 없을 때 낙심하지 말고, 우리가 기도하는 그분께 집중하고 그분을 붙들어야 합니다.

우리가 보아야 할 것   챔버스는 '하늘로부터 내려오는 환상을 기다리는 것 혹은 하나님의 능력의 증거인 것처럼 지진과 천둥을 기다리는 것'은 잘못된 간구라고 말합니다. 우리가 하나님을 믿으면서 기적을 기대하는 것이 잘못은 아닙니다. 하지만 우리가 원하는 대로 기적을 구하는 것은 잘못된 믿음의 방식입니다. 진정한 믿음은 그분이 행하심을 믿는 것입니다. 챔버스는 우리가 하나님을 진정으로 믿을 때, 우리의 평범한 일상과 우리가 만나는 평범한 사람들 가운데서 하나님이 행하시는 일을 볼 수 있다고 말합니다. "가까이 있는 책임을 다할 때 우리는 주님을 보게 될 것입니다. 가장 놀라운 하나님의 계시는 예수 그리스도의 신성이 평범한 것들 속에서 나타난다는 점입니다." 우리에게 필요한 것은 '하나님을 아는 것', '하나님이 일하시는 방식을 신뢰하는 것'입니다. 그때 우리는 낙심에서 헤어 나와 우리 일상 가운데서 하나님을 경험하고 찬양할 수 있습니다.

한 줄 노트 하나님이 일상 속에 가까이 계시니, 그분이 행하시는 일을 보고 느껴야 합니다. 보이지 않고 모르는 것으로 인해 낙심하지 말아야 합니다.

묵상 질문 평범한 일상과 늘 만나는 사람들 가운데서 하나님의 일하심을 느끼고 있습니까?

Feb. 08 하나님의 관점에서의 거룩

살전 5:23

거룩이란 구원은 전적인 하나님의 은혜이지만, 구원받은 자로 쓰임 받는 것은 우리의 선택과 의지에 달려 있습니다. 그런데 오늘 본문은 거룩하게 하시는 분이 하나님이시라고 말하고 있습니다. 거룩을 향한 우리 의지가 중요하다고 했는데, 거룩함이 하나님께로부터 온다는 말이 무슨 뜻일까요? 우리는 '자의적 의지'와 '순종의 의지'를 구별해야 합니다. 의지의 목적이 자신의 거룩이 아니라, 거룩하신 하나님께 '순종'하는 데 있어야 합니다. '순종의 의지'는 하나님께로부터 옵니다. 그렇다면 거룩은 "하나님의 관점을 향한 집중을 의미합니다." "거룩을 위해 대가를 치를 준비가 되어 있습니까? 치러야 할 대가란 이 땅에서의 관심을 지극히 줄이고 하나님을 향한 관심을 무한히 넓히는 것입니다." 하나님을 향해 온전하게 관심을 넓히는 것이 우리를 거룩으로 이끌어갑니다. 우리 삶에서 거룩을 위해 마땅히 치러야 하는 대가를 지불한다면, 주님과 함께 한가한 시간을 보낼 수 있습니다. 이 시간은 가장 적극적으로 우리 삶을 거룩하게 만드는 시간입니다. 챔버스가 강조하는 '친밀한 관계'가 핵심입니다.

[한 줄 노트] 거룩해지는 것은 하나님을 향한 우리의 관심을 무한히 넓혀나가는 것입니다.

거룩의 여정으로 왜 챔버스는 우리에게 '거룩을 위해 기꺼이 대가를 지불할 준비가 되었는지' 묻고 있을까요? 진정한 경건과 거룩의 의미를 제대로 알 때, 우리에게서 '거룩한 여정'이 의미를 가지기 시작합니다. 진정한 거룩은 "예수 그리스도와 하나가 됨으로 예수님을 다스렸던 성향이 우리를 다스리게 하는 것입니다. … 우리 안에 하나님께 속하지 않은 모든 것을 희생해야 합니다." 결국 모든 것이 우리를 '순종의 길'로 인도합니다. 우리가 거룩해지려는 의지가 '나'를 드러내는 것이 아니라, 하나님의 인도하심에 순종하며 따를 준비가 되어 있을 때, 성화의 길로 들어섭니다. "성령의 역사에서 가장 뚜렷하고 유일한 특징은 우리를 예수 그리스도와 닮게 만들면서 예수님과 관계없는 모든 것으로부터 자유하게 하신다는 점입니다." 진정한 거룩은 예수님과 관계없는 모든 것에서 자유로워지고, 예수님의 성품이 나타나는 것입니다.

[한 줄 노트] 기꺼이 거룩의 여정에 뛰어들면 성령께서 우리를 그리스도의 성품을 닮은 자로 빚어가십니다.

묵상 질문 지금 당신이 거룩하다고 생각하는 것이 진정 예수님의 성품과 관계가 있습니까?

Feb. 09 영적으로 곤비합니까?

사 40:28

탈진의 이유   '영적 탈진'은 죄의 문제가 아니라, 우리의 섬김 때문에 옵니다. 챔버스는 예수님이 베드로에게 말씀하신 '내 양을 먹이라'(요 21:17)는 명령을 아주 흥미롭게 해석합니다. "주님은 베드로에게 양들을 먹일 아무 음식도 주지 않으셨습니다. 다른 사람을 위해 '찢겨진 빵이 되고 부어지는 포도주'가 된다는 뜻은, 그들이 영적으로 자라나 하나님으로부터 직접 양식을 공급받을 수 있을 때까지 당신이 그들에게 영적 영양분을 주어야 한다는 뜻입니다. 이때 그들은 당신을 밑바닥까지 고갈시킬 것입니다." 챔버스가 말하는 '영적 탈진'은 죄의 결과가 아닙니다. 하나님을 섬기는 자에게 올 수 있는 자연스러운 결과입니다. 영적 탈진이 왔다고 염려하지 마십시오. 우리가 하나님의 일에 최선을 다했다는 증거입니다. 문제는 '그 탈진에서 어떻게 헤어 나오는가'입니다.

[한 줄 노트] '영적 탈진'이 왔다면 최선을 다해 주님의 일을 했다는 증거입니다.

탈진하지 않으려면   영적 탈진에서 헤어 나오는 길은 생수를 공급받는 것입니다. 챔버스는 하나님을 섬기다 영적 고갈이 왔을 때, 자신을 점검해 보라고 말합니다. 어떤 마음으로 봉사를 시작했는지, 애착과 생명력의 근원이 무엇인지 기억해 보라는 것입니다. "(의역) 당신은 어떤 상황에서도 이렇게 말할 권리가 없습니다. '오, 주님! 제가 지쳤습니다.' 주님이 당신을 구원하시고 거룩하게 하신 이유는 당신을 지치도록 사용하시기 위함이기 때문입니다. 오직 하나님을 위하여 고갈되도록 하십시오." 하나님께서 우리를 부르신 이유는 그분을 위해 사명자가 되어 '고갈되도록' 하기 위함이니, 우리가 영적으로 침체되는 것이 당연합니다. 그러나 고갈에서 끝나지 않고 다시 그분에게 영적 공급을 받아야 합니다. 모든 공급은 하나님께로부터 온다는 사실을 기억해야 합니다. 영적 배터리를 방전시키지 않고 사용하려면 늘 전원을 유지하십시오. 우리를 창조하신, 피곤하지 않으시고 곤비하지 않으신 분(사 40:28)께 충분히 공급받으십시오.

[한 줄 노트] 하나님을 위한 탈진은 영광스러운 일입니다. 단지 생명의 근원이신 그분께 다시 공급받아야 함을 잊지 마십시오.

묵상 질문 영적 탈진으로 인해 고민하고 있습니까? 빨리 충전기의 전원을 찾아 연결하십시오.

Feb. 10 우상에 빠진 것은 아닙니까?

사 40:26

우상에 빠지는 이유   '우상숭배'는 마음이 하나님께 향하지 않은 상태입니다. 마음이 이곳저곳으로 분산되면 영적 집중력이 떨어져 하나님을 잃어버리게 됩니다. 챔버스는 우리의 상태에 대해 묻습니다. "당신 자신이 우상은 아닙니까? 당신의 일이 우상입니까? '사역은 어떠해야 한다'는 사상적 우상에 빠진 것은 아닙니까? 당신의 구원과 거룩의 경험이 우상은 아닙니까?" 우상숭배가 무서운 이유는 하나님에 대한 마음을 잃게 하기 때문입니다. 우상숭배는 챔버스의 물음처럼, '사역'이 우상이 되어 하나님을 앞설 때 일어나는 현상입니다. 하나님과 우리 사이에 '신념'이 있으면, 그것이 우상이 됩니다. 하나님과 우리 사이에 돈과 명예와 정욕이 있으면 그것 또한 우상이 됩니다. 신념 자체가 악이 아니듯 돈과 명예도 그 자체가 악은 아닙니다. 단지 하나님의 자리를 대신하는 것이 악입니다. 우리가 하나님께 순종하며, 진정으로 하나님의 뜻을 물을 때 잘못된 우상숭배에서 벗어날 수 있음을 기억해야 합니다.

한 줄 노트 마음속의 우상을 제거하지 않은 채 응답받았다면 마귀에게 속은 것입니다.

기도가 방법입니다   우상으로부터 자유로워지는 방법은 하나님과 우리 사이를 가로막고 있는 우상에서 눈을 돌려 천지를 지으신 하나님을 바라보는 것입니다. 우리가 기도할 수 없을 때, 영적 상상력을 발휘해 위대하신 하나님을 바라보는 것입니다. 영적 상상력은 단지 상상이 아니라 위대하신 하나님을 마음속에 그려보는 일입니다. "하나님의 자녀들에게 자연이란, 말로 다 표현할 수 없는 엄청난 보화입니다. … 우리가 자연을 바라보며 마음을 열면 하나님께서 친히 우리에게 다가오시는 것을 체험할 수 있습니다." 기도는 현실 한가운데서 하나님의 능력을 보는 것입니다. 우리 소원을 구하는 것이 아닌 그분의 능력을 기대하는 일입니다. 영적 상상력을 가지고 기도할 때 하나님께서는 우리에게 강한 마음을 주시고 완전히 새롭게 하나님과의 인격적 관계로 우리를 이끄십니다.

한 줄 노트 영적 상상력을 높이는 기도를 드린다면 우리의 마음이 하나님을 향하게 될 것입니다.

묵상 질문 기도가 막혔습니까? 그렇다면 영적 상상력을 발휘해 지금도 우리 가운데 역사하시는 하나님을 볼 수 있기를 바랍니다.

Feb. 11 마음이 기갈될 때

사 26:3

마음이 기갈될 때 우리에게 이따금씩 찾아오는 영적인 번아웃(burnout)은 마음의 기갈에서 비롯됩니다. 그러니 우리 마음이 온전히 주님을 향하고 있는지, 영적으로 고갈된 상태에 있는지 진단해 보아야 합니다. "만일 당신의 마음을 주 앞에서 세우지 못했다면 지금 당장 세우십시오. 주님께서 임하실 때까지 기다리지 마십시오. 당신의 마음을 우상으로부터 멀리하고 주님을 바라보아야 합니다. … 당신의 모든 생각을 사로잡아 그리스도께 순종시키십시오." 우리 신앙의 문제는 '게으름'입니다. '주님의 때에' '주님이 하십니다'라는 말은 적극적으로 순종하는 삶을 살지 않는 자들에게 핑계일 뿐입니다. 중요한 것은 아무것도 하지 않고 기다리는 것이 아니라, 모든 생각을 사로잡아 그리스도에게 순종하는 것입니다. 이러한 우리 믿음에 성령이 함께 역사하실 때 인도하심을 따라갈 힘을 얻게 될 것입니다.

[한 줄 노트] 영적 고갈이 올 때 '단순한 기다림'은 영적 게으름일 수 있습니다.

마음이 온전히 주님을 향하도록 '심지가 견고한 자'는 온전히 하나님을 신뢰하는 사람입니다. 우리의 영이 기갈될 때, 우리는 하나님을 신뢰하는 마음을 다시 일으켜야 합니다. "그렇다면 잠이 들었던 그 장소에 당신을 찌를 수 있는 송곳을 두십시오. '주님께서 이제는 나에게 말씀하지 않으시는 것 같아.' 아닙니다. 지금 이 시간에도 주님은 분명하게 말씀하고 계십니다." 우리가 누구인지, 누구를 섬기고 있는지, 누구에게 속한 존재인지 기억해야 합니다. 두려움이 찾아올 때, 우리의 최선은 하나님을 바라보는 것입니다. 아니, 하나님을 바라보는 것이 무엇인지 분명하게 아는 것입니다. 우리 영혼을 침체와 두려움에서 벗어나게 하는 방법은 우리의 능력이나 신념이 아니라, 하나님을 향한 집중입니다. 하나님을 '기억(remember)'하는 일은 우리에게 행하신 하나님의 역사를 잊지 않는 일입니다. 마음이 기갈될 때, 우리의 마음이 다시 온전히 하나님께 향하면 소망의 불빛이 우리를 다시 비추게 될 것입니다.

[한 줄 노트] 하나님을 기억하는 것이 우리 인생의 최선입니다.

[묵상 질문] 두려움이 찾아왔습니까? 영적으로 기갈되어 있습니까? 그렇다면 당신은 지금 무엇을 바라보고 있습니까?

Feb. 12 주님의 음성을 직접 들으십시오!

출 20:19

무의식적 불순종　챔버스는 그의 영적 암흑기에 성령의 능력을 구했지만, 성령님께 쓰임 받기보다는 자신이 성령님을 마음대로 부리기 원했음을 고백했습니다. 우리 역시 하나님께 기도하지만 성령님을 향하여 의식적으로 귀를 기울이지 않으면 그분을 무시할 수 있다는 것을 기억해야 합니다. "우리는 의식적으로 하나님을 불순종하지는 않습니다. 단지 그분께 신경을 쓰지 않을 뿐입니다." '칵테일파티 효과'라는 말이 있습니다. 많은 사람들의 목소리가 섞여 있어도 자신이 관심을 가진 주제나 이야기는 귀에 쏙 들어온다는 이론입니다. 이 이론에 의하면, 우리가 하나님의 음성을 듣지 못하는 이유는 하나님께 집중하지 않기 때문입니다. "너희가 나를 사랑하면 나의 계명을 지키리라"(요 14:15). 하나님께서 주신 명령은 늘 우리와 함께 있습니다. 문제는 의도적으로 불순종하는 것이 아니라, 하나님을 신경 쓰지 않으므로 '하나님의 말씀'을 존중하지 않는다는 것입니다.

`한 줄 노트` 하나님의 음성을 듣지 못하고 있다면, 하나님을 신경 쓰지 않고 살아간다는 증거입니다.

음성을 직접 들어야 하는 이유　출애굽기 20장은 모세가 시내산에서 들은 하나님의 음성과 율법을 백성들에게 전하는 장면입니다. 그들은 모세를 통해 하나님의 말씀 듣기를 원했습니다. 그들의 태도는 오늘날 우리 그리스도인들의 모습과 다르지 않습니다. "우리는 주의 종의 음성은 듣고 싶어 하지만 하나님의 음성은 거부합니다. … 하나님께서 말씀하시면 그 말씀에 순종하든지 불순종하든지 양자택일을 해야 하기 때문입니다." 우리는 하나님의 음성을 거부하는 것이 얼마나 무서운 죄인지를 알고 있습니다. 그러나 주의 종을 통해 듣는다면 교묘히 빠져나갈 핑계를 댈 수 있다고 생각하는 건 아닐까요? "아, 그것은 비록 하나님의 진리처럼 들리기는 해도 아마 당신의 생각이겠지요." 우리가 아침마다 챔버스의 책을 가지고 묵상을 하지만, 성경을 손에 들고 같이 보아야 합니다. 우리에게 중요한 것은 챔버스의 묵상이나 누군가의 간증을 듣는 것이 아니라, 하나님의 음성을 듣는 일이기 때문입니다. 주님의 음성으로 인해 찔림과 부끄러움이 왔다면 기뻐하십시오. 주님의 말씀이 진정 우리 안에서 역사하고 계시기 때문입니다.

`한 줄 노트` 하나님의 음성으로 인해 부끄러운 마음이 들었다면 기뻐하십시오!

`묵상 질문` 혹시 다른 사람을 통하여 하나님의 음성을 들으려고 하지는 않습니까?

Feb. 13 주님의 음성이 들립니까?

삼상 3:10

하나님을 무시하니   우리가 하나님의 음성을 듣지 못하는 이유는 그분을 무시하기 때문입니다. "(의역) 하나님으로부터 어떤 한 가지 음성을 확실하게 들었다고 해서 그분이 말씀하시는 모든 것을 다 듣게 될 것이라고 생각하지 마십시오." 또 다른 이유는 우리의 마음이 무디어져서 그분을 존중하지도 사랑하지도 않기 때문입니다. 우리가 만일 누군가를 사랑한다면 그 사람이 원하는 것을 알 수 있지 않을까요? 우리가 주님이 원하시는 것을 아는 것이 당연하고 알면 순종하는 것이 마땅합니다. 그러나 우리는 종종 주님의 명령에 불순종합니다. 불순종은 하나님을 무시하는 행위입니다. 우리가 주님을 친구로 대하지 않았다는 증거입니다. 하나님과의 지속적인 교제를 위해서는 지속적으로 듣는 훈련이 필요합니다. 일단 듣고 순종하면 더 깊은 영적 교제의 단계로 들어갑니다. 듣고 순종하는 것이 반복되면서 우리는 지속적으로 영적 성장을 경험합니다.

> **한 줄 노트** 음성을 듣고 순종해야 또 듣고 또 순종하게 됩니다.

들으려는 자세   우리 영적 삶의 목표는 하나님의 음성을 듣는 것입니다. 하나님께서는 무언가를 통해, 누군가를 통해 우리에게 끊임없이 말씀하고 계십니다. 그런데 그 말씀이 들리지 않는 이유는 무엇일까요? "하나님의 음성을 안 들으려고 하기보다는 나의 마음이 다른 곳에 빼앗겨 있는 것입니다. 따라서 하나님께서 원하는 바를 말씀하시더라도 우리는 세상의 일들과 봉사 활동 및 자기 확신 등에 사로잡혀 그분의 음성을 듣지 못합니다." 챔버스는 하나님의 음성을 듣기 위해서 올바른 자세가 필요하다고 말합니다. 사무엘처럼 "주여, 말씀하소서. 주의 종이 듣겠나이다"라고 기도해야 합니다. 사무엘의 기도는 복잡하게 생각하지 않고 주님의 음성을 듣겠다는 단순한 태도입니다. 하나님의 음성을 듣고자 기도한다고 하면서 우리의 마음속에는 자기의 신념으로 가득 차 있다면 어떻게 들을 수 있겠습니까? 하나님 앞에 늘 헌신되어 있지 않으면, 우리는 자기가 중요하게 생각하는 것들에 마음이 사로잡혀 하나님의 음성을 듣지 못합니다.

> **한 줄 노트** 우리의 신념과 계산을 내려놓고 단순한 마음으로 하나님의 음성을 구할 때, 그분의 음성을 듣습니다.

묵상 질문 우리는 하나님의 음성을 듣기 위해 얼마나 헌신되어 있습니까?

Feb. 14 집중하는 훈련

마 10:27

들어야 할 때 하나님은 우리에게 그분의 음성을 듣는 자세를 가르치시기 위해 어둠이란 과정을 지나가게 하십니다. 그러니 어둠이 찾아올 때는 잠잠히 귀 기울여 음성을 들어야 합니다. "지금 어두운 상황 가운데 있습니까? 하나님과의 관계가 어둡습니까? 그렇다면 잠잠하십시오. 만일 당신이 어둠 속에서 입을 열면 잘못된 기분 속에서 말하게 될 것입니다. 어두운 때는 우리가 들어야 할 시간입니다." 어둠 속에서 아무것도 보이지 않는다면, 시각 외의 다른 감각을 주님께 열어두십시오. 어둠은 보이지 않을 뿐 아니라 들리지 않는 고요함을 의미할 수도 있습니다. 고요함 속에서 듣는 주님의 음성은 더욱 선명합니다. 하나님께서 우리를 어두움에 두셔서 고요함 가운데 거하게 하셨다면 하나님의 음성을 들을 수 있는 절호의 기회입니다.

한 줄 노트 하나님께서 우리를 어두움으로 인도하실 때, 가장 선명하게 그분의 음성을 들을 수 있는 기회가 찾아옵니다.

부끄러움이 찾아올 때 하나님께서 우리를 어둠으로 인도하시는 목적은 보다 확실하게 '빛'으로 보내시기 위함입니다. 제자들은 지금은 드러나지 않는 어두움 가운데서 주님의 말씀을 들었지만, 곧 광명한 데서 모든 사람이 듣도록 그 말씀을 전하게 될 것입니다. 그때가 되면 기쁨이 충만할 것입니다. 그런데 기쁨과 더불어 '부끄러움'이 찾아옵니다. "그렇게 오랫동안 주의 음성을 들었는데 어찌 그렇게 우둔하여 아무것도 깨닫지 못했던고! 하나님께서는 여러 날 동안 계속 내게 말씀하고 계셨구나!" 기쁨의 크기만큼이나 그 기쁨을 깨닫지 못했던 시간들로 인해 부끄러워하게 됩니다. 부끄러움의 과정을 통해, 우리는 지금까지 생각해왔던 '내 모습'이 아니라 전혀 새로운 차원의 '나'가 존재함을 알게 됩니다. 하나님의 음성을 들은 사람은 그 큰 기쁨 속에서 자연스럽게 '겸손'으로 인도함을 받습니다. 이 겸손은 우리로 하여금 '지금' 하나님의 음성을 듣게 만듭니다.

한 줄 노트 주님 앞에서 부끄러운 마음이 들 때, 우리는 비로소 겸손해집니다. 겸손은 지금 주님의 음성을 듣는 열쇠입니다.

묵상 질문 하나님 앞에서 내 모습이 부끄러웠던 경험이 있습니까? 그래서 하나님 앞에 한없이 겸손하게 엎드렸던 때가 있습니까?

Feb. 15 주님의 증인과 일꾼 되기

롬 14:7

타인에 대한 책임과 부르심에 합당한 삶　"하나님 앞에서 다른 영혼들에 대해 당신에게 책임이 있다는 사실을 깨달은 적이 있습니까?" 고린도전서 12장에는 '지체의 비유'가 나옵니다. 우리 모든 지체가 그리스도의 한 몸에 참예하고 있기 때문에 한 지체가 고통을 받으면 다른 지체도 고통을 당하게 되어 있습니다. 사실 이 질문은 우리를 무척 당혹스럽게 합니다. 자신의 신앙을 지키기도 버거운데, 어떻게 다른 사람들까지 고려할 수 있단 말입니까? 그런데 챔버스는 우리가 '오직 하나님으로 인해' 그렇게 할 수 있다고 말합니다. 주님은 우리를 부르실 때 "내 증인이 되라"(행 1:8)고 말씀하셨습니다.

챔버스는 하나님이 우리를 부르신 이유가 단지 구원받고 거룩한 자가 되라는 것이 아니라, 증인으로서의 사명을 주신 것이라고 말합니다. "주님께서 우리를 주의 뜻대로 마음껏 사용하시기 위함입니다. 진심으로 주를 위해 '찢겨진 빵과 부어지는 포도주'가 될 수 있습니까? 사람들을 주 예수 그리스도의 제자로 만들 수만 있다면 이 세상의 온갖 천시와 멸시를 받아도 좋다고 말할 수 있습니까?"

부르심의 이유는 '증인'이 되라는 것입니다. 챔버스는 증인이 되기까지 오랜 시간이 걸린다고 말합니다. 챔버스는 온 삶을 치열하게 복종시키며 증인으로서의 사명을 감당한 사도 바울을 본받고 싶었습니다. 사도 바울은 이렇게 고백합니다. "내가 내 몸을 쳐 복종하게 함은 내가 남에게 전파한 후에 자신이 도리어 버림을 당할까 두려워함이로다"(고전 9:27).

「주님은 나의 최고봉」을 묵상할 때면 종종 '치열함'이라는 단어가 떠오릅니다. 챔버스는 하나님께 쓰임 받기 위해 치열하게 순종했고, 끊임없이 자신을 채찍질하며 하나님께 복종하는 삶을 살았습니다. 그에게는 분명한 부르심의 이유가 있었습니다. 자신에게 주어진 사람들을 그리스도의 제자로 만드는 일이었습니다. 챔버스는 이를 위해서라면 세상의 온갖 천시와 멸시를 받아도 좋다고 생각했습니다.

한 줄 노트　증인의 삶은 남김없이, 후퇴 없이 그리고 후회 없이 하나님께 인생을 드리는 것입니다.

묵상 질문　지금 우리의 삶을 돌아보며 하나님 앞에서 남김없이, 후퇴 없이 그리고 후회 없이 살고 있다고 말할 수 있습니까?

영적 회복

Feb. 16

엡 5:14

주님의 손을 잡으십시오 "모든 시발점(initiative)마다 성령의 영감이 있는 것이 아닙니다." 여기서 '시발점'이란 우리가 행하는 일, 우리의 사명의 동기를 말하는 듯합니다. 생각해 보면 우리의 신앙적인 행동에도 '인간적인 면'이 있는 것을 부인하지 못합니다. 베드로는 예수님의 매력에 빠져 인간적 동기로 주님을 따르다 배신하기도 했지만, 성령을 받은 후에는 끝까지 쓰임 받는 사람이 되었습니다.

챔버스는 본문 속 '일어나라'는 단어에 주목합니다. 이전에는 죽은 자들 가운데 있었으나, 성령께서 함께하시면 우리의 '시발점'이 영적으로 변할 것입니다. 우리가 시작했던 꿈과 소망들은 깨어졌습니다. 그런데 이런 '죽은 자들 가운데' 있는 것 같은 우리의 절망이 새로운 '시발점'이 됩니다. "일어나라!" 죽은 자들 가운데서 주님이 명령하십니다. 이 명령을 따라 우리에게 생명이 찾아옵니다. "즉, '죽은 자들 가운데서 일어나라'고 주께서 말씀하실 때 우리가 일어나면 하나님의 영감이 임합니다."

주님께서 명령하실 때, 그 명령에 순종해야 합니다. 챔버스는 주님께서 손 마른 자를 고치셨던 기적의 사건(막 3:5)을 인용합니다. 주님께서 "손을 내밀라"라고 말씀하셨을 때, 그 환자는 순종해 손을 내밀었고 주님이 그의 손을 온전케 하셨습니다. 그때 그 환자가 손을 내밀었다는 사실을 주목하십시오. 마찬가지로 주님께서는 우리를 찾아와 '영적 동기'를 부여해 주십니다. 일어나라고, 손을 내밀라고, 하나님의 말씀에 순종하며 발을 내디디라고 말씀하십니다.

주님께서 영적 동기로 말씀하실 때, 우리가 순종해 움직이면 '영적 회복'이 일어납니다. 우리가 일어나면 주님께서 우리에게 생명을 주실 것입니다. 그때 우리는 하나님의 영으로 충만하게 될 것입니다. 영적 암흑기에서 챔버스를 회복시키신 하나님께서 왜 우리를 회복시키시지 않겠습니까? 혹시 '일어나라'는 하나님의 말씀에 무감각하게 반응하고 있지는 않습니까?

[한 줄 노트] 회복이 필요하신가요? 말씀을 의지해 손을 내밀면, 주님께서 그 손을 반드시 잡아주실 것입니다.

[묵상 질문] 우리는 무작정 구하는 자입니까, 아니면 주님이 내미시는 손을 붙잡고 일어서는 자입니까? 혹시 우리 가까이에 주님이 내미시는 손이 있지는 않습니까?

Feb. 17 우울증에 대항하는 첫걸음

왕상 19:5

누구에게나 찾아오는 우울증 열왕기상 18장에서 엘리야는 엄청난 영적 승리를 경험했습니다. 그러나 기적을 체험했음에도 그가 기대하고 원했던 결과가 나타나지 않았습니다. 엘리야는 죽고 싶었고, 현실을 외면하고 멀리 도망갔습니다. 그리고 그곳에서 죽고 싶으니 생명을 거두어달라고 기도합니다. 하나님께서는 아주 일상적인 일을 통해 엘리야의 우울증을 치료하셨습니다. 천사를 보내 말씀하신 것입니다. "일어나서 먹으라." 챔버스는 더넌에서 터무니없는 오해로 거짓고소를 당했고, 우울증을 겪었습니다. 하나님 앞에서 잘못하지 않으려고 그렇게 노력을 했는데도 외부에서 오는 거짓과 공격을 피해갈 방법이 없었습니다. 챔버스의 사례처럼 우리에게 찾아오는 우울증도 우리 자신의 잘못이 아닐 때가 많습니다.

> **한 줄 노트** 우울감은 하나님의 사람들에게도 찾아오는 자연적인 감정입니다.

우울의 극복: 성령님을 따라 행할 때 우울증은 평범한 일상을 통해 극복할 수 있습니다. "우울증은 하나님께서 창조하신 가장 평범한 것으로부터 우리를 멀어지게 합니다. 그러나 하나님의 영감이 우리에게 임하면 우리는 가장 간단하고 평범한 일을 하게 됩니다." 우울증에 빠지면 가장 평범한 일들로부터 멀어집니다. 그러니 우울할 때에는 먼저 일상적이고 평범한 일로 우리를 부르시는 성령님의 음성에 순종해야 합니다. 챔버스는 참 쉬운 듯, 어려운 듯한 처방을 소개합니다. "우울증을 극복하기 위해 뭔가를 하면 이는 우울증을 더 심각하게 만들 뿐입니다. 그러나 하나님의 영이 우리에게 무엇인가를 해야 한다는 직관적인 느낌을 줄 때 그것을 하면 우울증은 사라집니다." 우리가 성령님께 민감하게 반응하면, 우리의 생각이 아닌 직관적으로 주시는 '느낌'이 있습니다. 이때 우리는 순종해야 합니다. 성령님께서 우리를 인도하실 때는 '진리'로 이끄십니다. 성령님이 우리를 인도하실 때는 '평안'을 허락하십니다.

> **한 줄 노트** 우울증을 이기는 최선의 방법은 평범한 일상에서 일하시는 성령님의 음성을 듣고 순종하는 것입니다.

> **묵상 질문** 우울한 감정으로 인해 무언가 잘못됐다는 생각이 들거나 일상을 벗어나 있습니까? 삶에서 성령님의 인도하심을 직관적으로 느끼고 있습니까?

Feb. 18 절망에 대항하는 첫걸음

마 26:46

절망의 이유 챔버스는 본문을 통해 절망의 이유를 찾습니다. 깨어야 할 시간에 깨어 있지 못하고 잠들어 있었던 것이 절망의 원인입니다. 제자들은 예수님과 함께 기도할 수 있는 영적 기회를 놓쳤습니다. 절망은 기회를 놓쳤을 때 찾아옵니다. 하지만 절망의 이유를 알면 해결의 실마리를 찾을 수 있습니다. 우리는 육신의 욕망을 거스르고 영적 소욕이 이기도록 해야 합니다(갈 5:17). 우리는 신앙생활을 하면서 공동체에서 자주 절망감을 느낍니다. 이런 모습이 하나님 앞에 선 우리의 본연의 모습임을 아는 순간 진심으로 하나님을 바라보게 됩니다. 그러니 이런 환멸과 절망의 순간이 빨리 찾아올수록 그것이 유익이 됨을 믿어야 합니다.

> **한 줄 노트** 절망은 기회를 놓쳤다는 후회의 감정입니다. 그러나 그 감정에 머물러 있어서는 안 됩니다.

일어나라 절망했던 제자들에게 예수님이 찾아오셔서 말씀하셨습니다. "'지금 자느냐. 그 기회를 영원히 잃어버렸구나. 네가 다시 바꿀 수 없는 것으로구나. 그러나 일어나라, 함께 다음 단계로 가자.' … 과거가 예수님의 품 안에서 잠들게 하십시오. 그리고 주님과 함께 다가오는 미래로 들어가십시오." '일어나라, 함께 가자'의 의미가 무엇일까요? 과거를 돌아보지 말고 앞을 보자는 의미요, 지금은 기도할 때가 아니라 주님과 움직일 때라는 의미입니다. 절망에서 빠져나오기 위해서는 주님께서 친히 찾아오셔서 '영적 동기'를 부여해 주셔야 합니다. '일어나라, 함께 가자'는 말씀은 더 이상 과거의 상처 속에 머물지 말고 미래를 향해 나아가자는 말씀입니다. "'일어나라. 다음 단계로 가자.' 만일 우리가 하나님의 영으로 힘을 얻었다면 그다음 단계는 무엇이겠습니까? 오직 주님을 온전히 의지하고 주의 구속을 바탕으로 기도하는 것입니다." 주님께서 가자고 하시면 일어나 다음 단계로 나아가야 합니다. 우리를 부르시고 사명을 주셨으니 '구속의 은혜'를 힘입어 기도해야 합니다. 실패 의식이 우리의 발목을 잡지 않도록 일어나 주님과 함께 나아가야 합니다.

> **한 줄 노트** 모든 기도가 동일하지는 않습니다. 침체된 기도가 아닌, 힘차게 앞으로 나아가는 기도가 절망을 이기는 첫걸음입니다.

묵상 질문 혹시 우리의 발목을 잡고 있는 과거의 기억이 있습니까? 회복의 하나님을 붙드십시오.

Feb. 19 — 지겨움에 대항하는 첫걸음

사 60:1

삶의 태도   '지루함'(drudgery)은 우리 신앙에서 자주 경험하는 상태 중 하나입니다. 하나님의 도움을 바라며 아무것도 하지 않는 태도는 우리를 나태하게 만듭니다. 본문은 오랜 포로생활로 지쳐 있을 이스라엘을 향해 기다리지 말고 '일어나 빛을 발하라'는 선지자의 권면입니다. "아무것도 하지 않으면서 하나님께서 돕기만을 기다리는 것은 소용없는 일입니다. 이러한 경우 하나님께서도 돕지 않으십니다. 물론 일어나는 즉시 우리는 하나님께서 그 자리에 계신 것을 발견하게 됩니다." 아직 하나님의 손길이 보이지 않을 때, 하찮게 보이는 일일지라도 믿음으로 첫발을 떼는 것이 진정한 믿음의 행동입니다. "작은 일의 날이라고 멸시하는 자가 누구냐?"(슥 4:10). 하나님은 온 세상을 두루두루 살펴보십니다. 우리는 지극히 평범한 일상에서 하나님이 보이지 않는다고 나태하거나 침체되어 있지 않은지 생각해 보아야 합니다.

[한 줄 노트] 아무것도 하지 않는 사람에게는 하나님이 보이지 않지만, 믿음으로 첫걸음을 내딛는 사람 곁에는 하나님이 계십니다.

'지루함'이 영적 시금석입니다   시금석은 금과 같은 귀금속의 순도를 측정하는 암석입니다. 가치 없는 시금석이 귀금속의 가치를 드러냅니다. "지겨운 일은 어떤 사람의 인격의 고상함을 가장 확실히 드러내는 시금석입니다." '지겨운 일'이란 어쩌면 자신이 꿈꾸는 이상적인 일과는 거리가 먼, 하찮고 사소한 일이 아닐까요? 성육신하신 예수님께서 어부들의 발을 씻기셨던 것과 같은 일들은 주님이 어떤 분이신지 보여줍니다. 주님이 하신 하찮은 일들이 시금석이 된 것입니다. 지금 우리가 하는 일의 이유를 잘 모른다 할지라도, 주님이 주시는 영감을 가지고 그 일을 대한다면 변화가 생깁니다. "하나님의 영으로 충만한 사람들이 보잘것없고 지겨운 일을 하면 신기하게도 그 일들이 거룩해집니다. … 주님께서 우리를 통해 보잘것없고 지겨운 일들을 하시면 그 모든 일들이 승화됩니다." 지혜로운 사람은 지금 눈앞에 주어진 삶을 가장 충실하게 사는 사람입니다. 지금 있는 그 자리에서 '일어나 빛을 발하는' 순간 그 일은 거룩해집니다.

[한 줄 노트] 주님의 이름으로 하는 하찮은 일이 우리를 거룩하게 만드는 시금석입니다.

묵상 질문 지금 우리 주변에 영적 시금석이 될 만한 하찮은 일은 무엇입니까?

Feb. 20 몽상에서 벗어나십시오!

요 14:31

꿈이 몽상이 되지 않도록 일상에서 찾아오는 절망과 지루함뿐 아니라 '몽상' 역시 우리 사명의 발목을 잡는 치명적 유혹입니다. '꿈'과 '몽상'의 차이는 무엇일까요? "주께서 원하시는 바를 알기 위해 하나님께 나아갈 때 '꿈'은 유익합니다. 그러나 이미 주께서 우리에게 무엇을 해야 하는지 분명히 알려주셨음에도 불구하고 계속 꿈만 꾸고 있다면 이는 악한 것입니다." 꿈이 몽상이 되는 것을 주의하십시오. 하나님께서 우리에게 주신 꿈을 몽상으로 만드는 것은 사탄의 계략일 수 있습니다. 하나님께서 우리에게 주시는 꿈을 가슴에 품고 묵상하지만 행동하지 않을 때, 그 꿈은 몽상으로 변질됩니다. 신앙생활에는 하나님의 음성을 듣기 위해 묵상해야 하는 때가 있고, 그 말씀을 듣고 행동해야 할 때도 있습니다. 하나님의 꿈을 가슴에 품은 사람들에게 찌르는 가시가 찾아왔다면 우리에게 움직이라고 명령하시는 주님의 신호가 아닌지 깊이 생각해 보아야 합니다.

[한 줄 노트] 음성을 듣고도 행동하지 않는 이유는 하나님이 주신 꿈을 몽상으로 만드는 사탄의 무서운 전략 때문입니다.

순종이 필요합니다 챔버스가 견지하는 신앙의 태도이자 우리의 꿈이 몽상이 되지 않도록 하는 제일 좋은 방법은 순종입니다. "만일 당신이 사랑에 빠져 있다면 가만히 앉아서 그 사람과 사랑하는 꿈만 꾸지는 않을 것입니다. 밖으로 나아가 그 사람을 위해 뭔가를 하게 될 것입니다. … 하나님께서 말씀하신 후에도 계속 몽상만 하고 있다면, 이는 하나님을 신뢰하지 않고 있다는 증거입니다." 우리가 원하는 마음인 '욕망'과 하나님이 우리에게 주시는 소리를 구별해야 합니다. 하나님의 음성은 늘 우리와 함께하지만, 모든 사람이 그 음성을 듣는 것은 아닙니다. 하나님의 음성에 귀를 기울여야 합니다. 우리에게 들리는 하나님의 음성이 분명하다는 확신이 들 때는 순종하며 움직여야 합니다. 예수님은 제자들에게 '일어나서 여기를 떠나자'라고 말씀하십니다. 제자로 부름 받은 우리는 사명을 감당할 곳을 향해 움직여 나아가야 합니다.

[한 줄 노트] '여기를 떠나자'라고 말씀하실 때 순종하십시오. 순종은 하나님의 손을 붙잡는 열쇠입니다.

[묵상 질문] 꿈을 꾸고 있는 당신에게 이제는 '떠나라'는 음성이 들립니까? 그렇다면 주저 없이 떠날 용기를 달라고 기도하십시오.

Feb. 21 주님을 사랑하고 있습니까?

막 14:6

사랑에 빠져 있다는 증거 주님을 사랑한다고 하면서 주님을 위해 무언가 하지 않는다면 그 사랑은 거짓입니다. 챔버스는 예수님을 감동시켰던 베다니의 마리아처럼 우리도 하나님을 감동시킬 수 있을 정도의 사랑을 가져야 한다고 말합니다. 값비싼 향유옥합을 깬 사건보다 마리아가 푹 빠져 있던 주님을 향한 사랑이 더 중요합니다. 하나님을 사랑한다는 것은 그저 그 감동에 푹 빠져 있는 상태입니다. 그런 우리의 모습이 하나님을 감동시킵니다. 이러한 사랑의 표현을 위해 우리가 특별히 할 일은 없습니다. "내가 하나님과 사랑에 빠져 있는 증거는, 성스럽고 놀라운 일들이 아니라 일상적이고 단순한 인간적인 일들 가운데서 나타납니다." 사랑에 빠지면 그저 자연스럽게 무언가를 하게 됩니다. 주님은 마리아의 사랑에 감동하셨고, 이 일이 사람들에게 기념이 되어야 한다고 하셨습니다(막 14:9). 이러한 사랑은 '의무감'에서 나오는 것이 아닙니다. 주님을 사랑한다면 그분을 위해 기꺼이 무언가를 하게 됩니다. "주님을 사랑하면 지금 그분을 위해 할 수 있는 일들이 너무나 많은데, 당신은 그저 주님의 구속의 위대함만 묵상하고 있습니까?" 우리의 마음을 아프게 찌르는 지적입니다.

> **한 줄 노트** 주님을 사랑한다고 하면서 아무것도 하지 않고 있다면, 교묘한 방식으로 주님을 속이고 자신을 기만하는 것입니다.

가치 있는 사랑 우리는 종종 나에게 가치 있는 일이 무엇인지 생각합니다. 그러나 우리는 '하나님께 가치 있는 일이 무엇인가'를 고민해야 합니다. 이는 하나님과 사랑에 빠진 자만이 할 수 있는 일이요, 이러한 사람들은 모든 것을 주님께 맡기게 됩니다. 하나님과 사랑에 빠지면 하나님께서 우리를 가치 있게 만드십니다. "유용한 사람이 되는 것이 중요한 것이 아니라 하나님과 사랑에 빠진 귀한 존재가 되는 것이 중요합니다. 오직 우리가 하나님께 완전하게 드려질 때 주님은 우리를 귀하게 여기셔서 언제나 우리를 통해 일하실 것입니다." 거짓된 사랑의 증거는 '변덕스러운 방법'으로 하는 섬김입니다. 우리는 종종 우리 기분에 따라 섬기기도 합니다. 그러나 진정한 사랑의 섬김은 '감동의 유무'에 따라서가 아니라, 참 섬김이 필요한 때 나타납니다.

> **한 줄 노트** 유용한 사람이 되는 것보다 하나님과 사랑에 빠진 귀한 존재가 되는 일이 더 중요합니다.

묵상 질문 지금 나의 삶에서 주님과 진정한 사랑에 푹 빠져 있다는 증거는 무엇입니까?

Feb. 22 영적 불굴의 자세

시 46:10

인내와 불굴의 차이   챔버스는 '인내'와 '불굴'이라는 단어의 차이를 통해 우리가 견지해야 하는 신앙의 태도에 대하여 말하고 있습니다. '인내'가 두려움과 고통 가운데서 참고 견디는 것이라면, '불굴'은 절대적인 확신과 소망을 가지고 인내하는 것입니다. 예수님께서 십자가를 지실 때, 제자들에게 찾아온 두려움은 예수 그리스도께서 패하실지도 모른다는 것이었습니다. '불굴'은 이런 두려움 가운데서 하나님의 음성을 들을 때 찾아옵니다. "그 음성은 아무것도 하지 않으면서 그냥 견디라는 음성이 아니라 하나님께서 결코 패배하지 않으신다는 확신 가운데 구체적으로 일을 진행시켜 나가라는 음성입니다." 인내가 정적이라면, 불굴은 동적입니다. 출애굽한 이스라엘 백성들은 앞으로는 홍해, 뒤로는 애굽 군사를 마주한 진퇴양난의 상황에 있었습니다. 이 순간 이스라엘 백성의 최선은 가만히 서서 일하시는 하나님을 바라보는 것이었습니다. 언제나 승리하시는 능력의 하나님을 묵상하는 일, 이것이 '불굴'입니다.

한 줄 노트 인내가 그저 참아 고통을 감내하는 것이라면, 불굴은 패배하지 않으리라는 굳은 믿음으로 소망을 붙잡고 앞으로 나아가는 것입니다.

'불굴'에도 불구하고 고난이 찾아왔다면   아무리 불굴의 의지를 가지고 있어도 고난이 찾아오면 힘들고 아픕니다. 신앙생활에서 가장 힘든 일은 고난의 시간을 참고 '기다리는 것'입니다. "만일 당신의 소망이 지금 난관을 겪고 있다면, 이는 그 소망이 정결케 되고 있다는 뜻입니다. 고결한 꿈과 소망은 반드시 실현됩니다." '소망이 정결케 된다'는 의미는 고난을 통해 우리 소망의 진위가 드러난다는 뜻이 아닐까요? 하나님은 절대로 우리를 실망시키시는 분이 아닙니다. 고난이 우리의 소망을 정결케 한다는 말은 '기다림의 시간'을 통해 소망이 완성되어 간다는 의미입니다.

한 줄 노트 기다림의 시간을 통해 우리 소망의 정체가 분명해집니다. 하나님이 하셨습니다!

묵상 질문 지금 당하는 고난이 있습니까? 그 고난이 소망을 향해 나아가고 있습니까?

Feb. 23 섬김의 결단

마 20:28

섬김의 각오   좋은 의도로 시작한 섬김이지만 사람들로 인해 쉽게 상처를 받을 때가 있습니다. 그래서 섬김에 '각오'가 필요한지도 모릅니다. 그러나 주의 부르심은 우리로 하여금 기꺼이 다른 사람들의 '신발털이개'가 되라는 초청입니다. 사도 바울은 "예수를 위해 우리가 너희의 종 된 것을"(고후 4:5)이라고 말합니다. 종이 되려고 생각하니 모든 것이 가능합니다. 사도 바울의 각오는 바로 '종 됨'에서 출발합니다. "나는 당신을 위해 나의 마지막 힘까지 다 사용할 것입니다. … 예수 그리스도를 모르는 단 한 사람이라도 있는 한, 나는 그가 예수님을 믿을 때까지 그를 섬겨야 하는 빚진 자입니다." 우리 주님 역시 "나는 섬기는 자로 너희 중에 있노라"(눅 22:27)라고 하셨습니다. 종이 될 각오가 되어 있지 않은 사람이 어떻게 남을 섬길 수 있겠습니까?

한 줄 노트 종이 될 각오가 되어 있지 않다면 섬긴다는 말을 할 필요가 없습니다.

섬김의 동기   사도 바울이 섬김의 각오를 하게 된 동기는 빚진 자의 심정입니다(딤전 1:13). 늘 빚진 자의 심정으로 살았던 사도 바울은 사람을 향한 사랑이 아니라, 예수 그리스도를 향한 사랑에서 섬김의 동기를 찾았습니다. "만일 우리가 인류를 위해 헌신한다면 배은망덕한 사람들 때문에 우리의 가슴은 곧 멍이 들고 찢어질 것입니다. 그러나 우리의 동기가 하나님을 사랑하는 것이면 아무리 배은망덕한 사람들을 경험하게 될지라도 우리는 여전히 그들을 섬길 수 있습니다." 섬김의 가장 큰 장애는 사람에게서 받는 상처입니다. '빚진 자'의 심정으로 섬기기를 각오했던 사도 바울의 고백을 기억하십시오. 우리가 다른 사람들보다 우월하다고 여기며 '내가 참아줘야지'라고 생각한다면, 이것 역시 희생을 가장한 영적 교만이자 거짓 섬김이 될 수 있습니다. 우리의 무례함과 이기심, 죄악에도 불구하고 주님께서는 십자가에서 우리를 섬겨주셨습니다. 주님께서 보여주신 십자가 사랑이 '섬김의 동기'가 될 때, 우리는 기꺼이 다른 사람들의 '신발털이개'가 되어 섬길 수 있습니다.

한 줄 노트 한없이 베풀어주신 주님의 사랑을 기억할 때 섬김을 배신하거나 포기하지 않을 수 있습니다.

묵상 질문 마음 깊은 곳에 빚진 자의 심정이 있습니까? 기꺼이 그 사랑에 감격하며 행해야 할 일이 무엇인지 떠올리고 있습니까?

Feb. 24 희생의 즐거움

고후 12:15

일치된 관심 "하나님의 영이 하나님의 사랑을 우리 안에 부으실 때 우리 마음은 다른 사람을 향한 예수 그리스도의 관심과 일치하게 됩니다." 우리 사역이 하나님으로부터 나오지 않았다면 '육적 동기'에서 비롯되었다는 사실을 알아야 합니다. 주님을 사랑하는 마음으로 하지 않는 섬김이 얼마나 이기적인지 알아야 합니다. 하나님의 영이 하나님의 사랑을 우리 안에 부으실 때, 그리스도와 동일한 관심을 가지게 됩니다. 이 일치된 관심에서 우리는 '자신의 애착'의 시험을 극복합니다. "희생의 즐거움이란 나의 '친구'(예수님)를 위해 나의 목숨을 내려놓는 것입니다." 사람들로 하여금 주님을 믿게 하는 것이 그의 사역의 유일한 목적이 될 때, 사도 바울은 자신의 방법, 자기 애착, 그리고 다른 사람들에 대한 자신의 생각을 내려놓을 수 있었습니다. 주님과 일치된 관심을 가지기 시작할 때, 우리는 훨씬 더 유연해지며, 더 크고 깊고 넓은 것을 보게 됩니다.

> **한 줄 노트** 자기 애착을 가진 사람은 하나님이 쓰실 수 없습니다.

사랑에 빠질 때 "예수 그리스도는 자신의 유익을 추구하는 사람을 쓰실 수 없습니다. 전적으로 예수님께 헌신되었다는 것은 자신의 유익을 위해 섬기지 않는다는 뜻입니다." 하나님을 사랑한다고 하면서 '자신의 거룩'을 위해 세상과 멀리 떨어져 있다면, 하나님의 마음이 무엇인지 모르는 것입니다. 세상과 떨어져 있는 사람을 하나님께서 어떻게 '세상을 구원하는 도구'로 사용하실 수 있겠습니까? 챔버스는 섬김과 희생의 즐거움을 이야기하며 '신발털이개(door-mat)'라는 단어를 사용합니다. 사람들이 집에 드나들 때 밟고 다니는 신발털이개로 사용되는 것이 즐겁다는 고백이 어떻게 가능할까요? 하나님과 사랑에 빠질 때, 우리는 자신의 유익을 구하지 않는 사람이 됩니다. 사랑에 빠졌다는 증거는 사랑하는 사람을 위한 온전한 헌신입니다. 사랑에 빠진 사람은 헌신의 즐거움을 압니다. 사랑하는 사람을 위해 온전히 자신의 몸을 내어놓는 즐거움은 결코 과장이 아닙니다.

> **한 줄 노트** 사랑에 빠졌다는 증거는 기꺼이 신발털이개가 되어도 괜찮다는 마음입니다.

묵상 질문 나는 하나님께서 사용하실 수 있는 유용한 도구입니까? 누구에게 기꺼이 '신발털이개'가 되고 있습니까?

Feb. 25 — 섬김을 위한 궁핍

고후 12:15

섬김의 기준 "우리 주 예수 그리스도의 은혜를 너희가 알거니와 부요하신 이로서 너희를 위하여 가난하게 되심은"(고후 8:9). 이 말씀은 사도 바울이 가진 섬김의 기준입니다. "나는 나 자신을 얼마나 분에 넘치도록 내어주는가에 대해 관심이 없습니다. 나는 그 일을 즐겁게 할 것입니다. 섬김은 바울에게 기쁨이었습니다." 챔버스는 자신이 섬기는 사람들을 위해 기꺼이 자신이 받아야 할 몫을 덜 받으려 했습니다. 챔버스가 가진 섬김의 기준은 주님을 닮으려고 했던 사도 바울의 모습이었습니다. 십자가에서 죽기까지 우리를 위해 섬기셨던 주님의 모습이 그에게 있었습니다. 기꺼이 '찢겨진 빵과 부어지는 포도주'가 되는 모습입니다. 섬김은 한 생명이라도 더 얻기 위해 스스로 궁핍을 자처하는 것입니다. 성도의 진정한 섬김은 생명을 얻는 것입니다.

[한 줄 노트] 챔버스가 닮고 싶었던 종의 모습은 기꺼이 '찢겨지는 빵과 부어지는 포도주'가 되는 것이었습니다.

섬김이란? 예수님이 제자들에게 가르쳐주신 섬김의 도가 있습니다. 하나님의 나라에서는 가장 위대한 사람이 모든 사람을 섬기는 종이 되어야 한다는 것이었습니다. "성도의 진가는 복음을 가르치는 것이 아니라 제자들의 발을 씻는 것입니다. 즉, 사람들에게는 중요하지 않지만 하나님께서 중요하게 여기시는 것을 행하는 것입니다." 섬김은 자신이 치러야 하는 희생이나, 다른 사람들에게 받아야 하는 대우를 생각하는 것이 아닙니다. 진정한 섬김은 '다른 사람에 대한 하나님의 관심이 무엇인지' 생각하며 즐겁게 자신을 소모하는 것입니다. 이때 우리는 '찢겨진 빵과 부어지는 포도주'가 됩니다. 하나님의 관심에 집중할 때, 우리는 더 이상 경제적인 것을 계산하지 않게 됩니다. 우리가 하나님의 관심에 집중할 때, 어떤 대우를 받을 수 있는 상황인지를 고려하지 않게 됩니다. 하나님을 섬기는 데 있어서 어떤 '조건'도 붙일 필요가 없습니다. "단지 복음만 전하는 자가 아니라 주님의 손에 붙들린 바 되어 다른 영혼들을 위해 찢겨진 빵과 부어지는 포도주가 될 것입니다."

[한 줄 노트] 하나님의 종은 주님을 섬기기 위해 기꺼이 다른 사람의 종이 됩니다.

[묵상 질문] 우리가 기꺼이 종이 되지 못하는 이유는 무엇입니까? 혹시 경제적 보상이나 환경을 고려하고 있기 때문은 아닙니까?

Feb. 26 예수님에 대한 의심

요 4:11

주님에 대한 의심 사마리아 우물가에서 예수님이 영원히 목마르지 않을 생수에 대하여 말씀하시자 여인은 불신합니다. '물 길을 그릇도 없으면서' 무슨 생수를 주신다는 것인지, 주님에 대한 불신으로 여인이 던진 말입니다. 주님에 대한 의심은 우리에게 나타나는 신앙의 문제 중 하나입니다. "이러한 의심은, 우리의 상황이 주님마저도 해결하실 수 없을 만큼 어려운 것이라는 생각에서 시작됩니다." 주님을 향한 우리의 의심은 '상식'에서 출발합니다. 의심에는 두 가지 이유가 있습니다. 하나는 다른 사람이 던지는 먹고, 입고, 사는 문제에 대한 질문입니다. 다른 하나는, 우리 자신이 스스로에게 던지는 질문입니다. 주님을 의지한다는 것이 말로는 쉽지만, 자신의 능력과 형편을 보면 출구가 보이지 않습니다. 자신의 능력에 빗대어, 자신의 상식의 기준에 맞추어 주님을 생각하니 답이 보이지 않는 것입니다.

> **한 줄 노트** 의심은 주님을 향해 열려야 할 눈이 자신이 가지고 있는 능력을 바라볼 때 찾아옵니다.

속지 마십시오 챔버스가 지적하는 '경건한 속임수'는 "나는 예수님을 의심하지 않지만 나 자신에 대해 의심스럽다"라고 말하는 것입니다. 자신을 믿지 못한다고 말하지만 실상은 예수님을 믿지 못해 의심하고 있는 것입니다. "의심은 주께서 내 문제를 어떻게 해결하실지를 스스로 고민하게 되면서 생겨납니다." 주님의 대한 의심은 자신의 '열등의식'에서 출발합니다. 깊은 자기 연민에 빠지면, 예수님조차도 이러한 일을 해결할 수 없다고 생각합니다. 결국은 주님을 불신하는 '거짓 경건'입니다. 이러한 의심이 들 때, 우리가 해야 하는 가장 적절한 행동은 마음속 깊은 곳에 있는 의심을 빛 가운데로 끄집어내 고백하는 것입니다. "주님, 당신에 대해 제가 의심했습니다. 주님의 지혜를 믿지 않고 제 능력만 믿었습니다. 제 이해의 한계를 초월하시는 주님의 전능하신 능력을 믿지 못했습니다." 의심을 해결하는 방법은 우리의 믿음 없음을 감추는 것이 아니라, 정직하게 가지고 나오는 것입니다.

> **한 줄 노트** 의심이 고개를 들 때는 주님을 향해 도움을 요청해야 합니다. "주님 저를 도와주세요!"

묵상 질문 나의 믿음 없음을 경건으로 포장하고 있지는 않습니까? 솔직하게 자신을 돌아봅시다.

Feb. 27 예수님의 빈곤한 사역

요 4:11

빈곤함 "주께서 전능한 분이심을 망각하는 순간, 우리는 주님의 사역을 빈곤하게 하는 것입니다. 주의 사역이 빈곤하게 되는 이유는 우리의 불신 때문입니다. 우리는 주님으로부터 위로와 동정을 원할 뿐, 그분을 전능자로 믿으려고 하지 않습니다." 우물가에서 만난 여인은 예수님을 바라보며 생수를 가져다줄 능력이 없어 보인다고 말합니다. 주님의 능력을 믿지 못하는 그녀에게 바로 옆에 계시는 주님은 어떤 힘과 위로도 되지 못합니다. 주님은 하늘에서 내려오는 생수를 말씀하고 계신데, 이 여인은 자신이 길을 수 있는 우물물을 생각하니 도대체 답이 보이지 않았습니다. 주님의 사역이 빈곤한 까닭은 우리가 주님의 능력을 제한하고 있기 때문입니다. 주님의 거룩하심과 전능하심을 믿지 않고 있기 때문입니다. 부활이 없는 우리의 믿음은 예수님의 사역을 빈곤하게 만들 뿐입니다.

한 줄 노트 그분을 전능자로 믿지 못하는 신앙은 늘 빈곤에서 허덕입니다.

그분을 빈곤함에 가두지 말라 전능하신 주님을 알지 못하면 우리는 주님을 빈곤하게 만듭니다. 우리의 힘으로 깊은 우물에서 물을 길어 올리려 하지만, 가능하지 않습니다. 결국 우리의 노력이 끝나는 곳에서 '체념'하게 되고, 체념에 안주하면 '불신앙'의 자리에 머물게 됩니다. 이때 빈곤함에서 벗어나는 방법이 있습니다 "주님을 바라보면서 그 일이 이루어질 수 있다는 것을 믿으십시오. 분명히 당신의 미완성의 우물은 깊습니다. 그러나 우물을 보지 말고 주님을 바라볼 수 있도록 노력하십시오." 주님을 빈곤함에 가두지 않기 위해서는 성령의 은사를 가지고 사역하는 것으로 만족하지 않아야 합니다. 'God in a Box'(상자 안의 하나님)이라는 말이 있습니다. 인간이 하나님의 능력이나 범위를 임의로 제한할 때 사용하는 표현입니다. 내 사고와 인식의 범위 안에 하나님을 가둔다면 마치 내가 들 수 있을 법한 박스에 하나님을 넣고 다니는 것과 같습니다. 하나님은 우리가 아는 것보다 훨씬 크십니다. 하나님을 제한하는 것은 불신앙입니다.

한 줄 노트 하나님을 우리 사고의 틀에 가두는 것은 무서운 불신앙입니다. 하나님은 우리의 생각보다 훨씬 크신 분입니다.

묵상 질문 우리 마음속에 하나님은 어떤 분이십니까? 마음을 활짝 열고 위대하신 하나님을 바라보십시오.

Feb. 28 의무나 판단에 따른 사역

요 16:30-31

주님을 홀로두기 vs. 주님과 동행하기 "많은 사역자들이 예수 그리스도를 홀로 내버려두고 의무감이나 자신의 특별한 판단에 따라 일합니다." 먼저 예수님을 홀로 둔다는 것의 의미를 알아야 합니다. 많은 사역자들이 하나님의 일을 한다고 하면서 자신의 '종교적 이해'를 의지합니다. 그러나 종교적인 일과 신앙적인 일 사이에는 분명한 차이가 있습니다.

하나님의 일을 한다고는 하지만 하나님과 관계없는 일이라면 하나님을 홀로 두는 행위입니다. 종교적 열심에 참다운 신앙이 없을 때, 하나님의 역사를 경험하지 못합니다. 주님을 홀로 둔다면, 주님이 없는 사역이 됩니다. "예수께서 대답하시되 이제는 너희가 믿느냐"(요 16:31). 예수님께서 공생애를 마치시기 전 다락방에서 제자들에게 하신 설교에 대한 물음입니다. 십자가를 지시고 죽으실 것과 부활하실 것을 말씀하셨지만 제자들은 다 이해하지 못했습니다.

주님과 연결된다는 것, 부활하신 주님과 깊이 연결되어 의지하는 것은 어떤 의미일까요? 챔버스는 의무나 판단에 따른 사역은 우리의 상식적인 결정에 속한 것이기에 영적 실체와는 거리가 멀다고 말합니다. 또 우리의 상식에 기초한 사역을 하면서 하나님의 도우심과 축복을 간구하지만 거기에 하나님의 임재는 없다고 말합니다. "우리가 의무감으로 뭔가를 할 때는 그 일을 왜 해야 하는지 따질 수 있습니다. 그러나 주께 순종하기 위해 무엇을 할 때는 논쟁하는 것이 불가능합니다. 바로 이러한 이유 때문에 성도들은 쉽게 조롱을 받습니다."

주님께 순종하면 세상이 우리를 조롱할 수 있습니다. 순종을 가능케 하는 것은 우리의 믿음입니다. 순종이 주님을 좇아 빛 가운데 행하는 것임을 믿습니다. "아버지께서 일하시니 나도 일한다"(요 5:17). 주님과 함께 일하는 것은 우리보다 앞서서 일하신 주님을 좇아가는 것입니다. 순종하는 자는 주님과 동행하는 사람입니다. 주님의 능력을 경험하며 살아가는 사람입니다.

> **한 줄 노트** 우리의 부르심은 이해할 수 있는 '의무감'에 있는 것이 아니라, 설명할 수 없을지라도 빛 가운데서 하는 순종에 있습니다.

묵상 질문 나는 주님을 홀로 두고 있습니까, 동행하고 있습니까?

Feb. 29 주께서 무엇을 해주시기를 원합니까?

눅 18:41

우리 주님이 어떤 분이신지를 기억하십시오 "(의역) 당신을 혼란스럽게 할 뿐 아니라 다른 사람에 방해가 되는 일이 무엇일까요? 그것은 우리가 스스로 해결할 수 없는 문제들입니다." 날 때부터 맹인이었던 바디매오에게 눈을 뜨는 일은 자신이 해결할 수 없는 문제였습니다. 진짜 문제는 그의 등장으로 인해 예수님 주변에 있던 사람들이 방해를 받았다는 것입니다. '자신이 해결할 수 없는 문제'는 스스로에게 걸림돌이 될 뿐만 아니라 다른 사람들에게도 방해가 될 수 있습니다.

그러나 바디매오는 주님께 소리를 지릅니다(눅 18:39). 날 때부터 맹인 된 자는 소망이 없다는 '보편적 상식'에 안주하지 않았기 때문입니다. 그리고 이러한 그의 부르짖음에 주님께서는 "무엇을 해주기를 원하느냐?"라고 물으셨습니다. 주님께서 우리에게도 이렇게 물으신다면, 주님은 상식의 틀을 깨고 초월적인 일을 행하실 분이라는 것을 기억해야 합니다.

우리는 과거에 실패했던 기억으로 인해 주님의 능력을 제한하려 합니다. 그러나 오히려 불가능한 일이기 때문에 주님께 부탁해야 합니다. 당시 맹인이 눈을 뜨는 건 불가능한 일이었지만, 주님과 완전히 일치된 바디매오에게는 옛 삶의 흔적이 남지 않게 되었습니다. 중요한 사실은 그분의 전능하심을 믿고 나아온 바디매오의 기도를 들어주셨다는 것입니다. 바디매오의 믿음과 주님의 능력이 만나 맹인이 눈을 뜨게 되었습니다. "믿음이란 주님께서 하신 말씀의 내용만을 믿기보다 주님 그분을 믿는 것입니다."

"우리가 주님을 알기만 하면 주님은 숨을 쉬는 것처럼 자연스럽게 불가능한 일을 해내실 것입니다. 우리의 고통은 마음의 완고함과 어리석음을 통해 옵니다." 주님께서 우리에게 무엇을 해주시기를 원한다면, 그분을 믿어야 합니다. 우리의 생각이 주님의 능력을 제한하지 않을 때, 주님께서는 우리 속에서 불가능하게 생각되었던 일들을 깨뜨리시고 역사하십니다.

한 줄 노트 불가능한 일이야말로 주님께 믿음으로 맡겨드려야 합니다.

묵상 질문 내 믿음이 주님의 능력을 제한하고 있지는 않습니까? 꼭 필요한 일이라면 누군가의 삶에 파장을 일으키는 믿음의 행동을 시작하십시오.

3월

사명에
충실하십시오!

주님을 개인의 구주로 아는 단계를 넘어설 때

Mar. 01 핵심을 찌르는 질문

요 21:17

피상적인 사랑 고백 챔버스는 "네가 나를 사랑하느냐"는 주님의 물음을 통해 참된 고백이 무엇인지 설명합니다. 그는 주님의 물음에 호언장담하던 베드로의 이전 고백이 '인간적 특성'에 기인했다고 말합니다. 이와 대조되는 개념은 '영적 인격'입니다. 참된 고백은 본래적 인간의 특성이 아닌, 영적인 단계에서 주님을 향한 사랑을 고백하는 것입니다. 영적 통찰력은 자연적 인격이 영적 인격이 되어 주님을 만나는 순간에 이루어집니다. "참된 사랑은 결코 큰소리치지 않습니다. 예수님께서 '사람 앞에서 나를 시인하는 자마다…'라고 말씀하셨는데, 이는 말로만 사랑을 고백하지 말고 모든 행위로 고백하라는 뜻입니다." 주님을 사랑한다는 고백은 삶을 통해 모두에게 증명되어야 하는 무게가 동반됩니다. 우리가 주님을 향해 사랑을 고백할 때면 우리의 삶을 함께 드리는 것입니다.

[한 줄 노트] 진정한 사랑은 큰소리치는 '선언'이 아니라, 전 인격적인 삶을 통한 '고백'입니다.

아프니까 복음이다 주님께서 베드로의 심령 깊은 곳에 질문을 던지실 때, 베드로는 두려운 마음으로 주님과 마주 서야 했습니다. 마찬가지로 폐부를 찌르는 주님의 질문은 우리 마음을 아프게 합니다. 하지만 그 질문에서 나의 아픔보다 주님의 마음을 아프게 했던 나의 모습이 생각날 것입니다. 주님의 질문은 우리를 영적으로 예민하게 만듭니다. "주님의 말씀은 양심적인 차원뿐만 아니라 가장 깊은 인격적 차원까지 우리를 아프게 합니다. 그 말씀은 심지어 혼과 영을 찔러 쪼개기까지 하므로 거짓이란 있을 곳이 없습니다." 아프지만 핵심을 찌르는 주님의 질문은 분명히 우리에게 축복입니다. 주님께서 우리에게 찾아오셔서 "네가 나를 사랑하느냐"고 물으시는 순간에, 주님의 자녀들이 아파하고 고통을 당하는 것은 당연한 일입니다. 챔버스는 이 아픔의 순간을 '위대한 계시의 순간'이라고 표현합니다.

[한 줄 노트] 하나님께서 우리를 다루기 위해 날카로운 질문을 하실 때에는 아무리 감추려 해도 숨길 수 없습니다. 그때에는 두 손 들고 하나님 앞에 나와야 합니다.

묵상 질문 주님께서 "네가 나를 사랑하느냐"라고 물으실 때 마음이 아픕니까, 아니면 아무런 느낌도 없습니까?

Mar. 02 주님의 아픔을 느낀 적이 있습니까?

요 21:17

아픈 사랑 "당신의 내면 가장 깊숙한 곳까지 주님의 아픔을 느낀 적이 있습니까? 마귀도 결코 그곳까지는 아픔을 줄 수 없습니다. 물론 죄나 사람 사이의 애정도 마찬가지입니다. 오직 하나님의 말씀만이 그곳까지 들어갈 수 있습니다." 주님께서 하시는 질문은 우리에게 '새로운 관점'을 주시기 위함입니다. 주님의 질문은 우리를 사명으로 이끄시는 필연적인 과정입니다. '아픈 만큼 성숙해진다'는 말은 신앙에 있어서도 변하지 않는 진리입니다.

하나님의 질문에는 하나님의 마음이 숨겨져 있습니다. 세 번째로 "요한의 아들 시몬아 네가 나를 사랑하느냐"라고 물으셨을 때, '베드로가 근심하여' 말을 합니다. 근심의 이유는 아마 피상적이었던 관계, 즉 '자연적 인격'의 관계가 아닌 영적 관계로 깊이 들어가게 되었기 때문입니다.

주님의 질문이 베드로에게 아프게 다가왔을 때, 베드로는 비로소 주님을 얼마나 사랑하는지 알게 되었습니다. 베드로의 최선은 "주님이 아시잖아요"라는 대답이었습니다. 이 고백으로 인해 주님과 베드로 사이에 깊은 인격적 관계가 형성되었습니다. 혹시 우리의 삶에서도 아프게 질문하고 계시는 주님을 느낀다면, 주님의 사랑을 깨닫게 하시는 순간이 찾아온 것입니다.

"거의 드물게, 아마도 한 번, 주님은 우리를 피할 수 없는 곳에 데리고 가셔서 꿰뚫는 직선적인 질문으로 우리에게 고통을 가하십니다. 그러면 우리는 그 어떤 고백보다 훨씬 더 깊이 주님을 사랑하는 자신을 깨닫게 될 것입니다." 주님의 질문이 아프게 우리 삶에 파고들 때, 진정한 회개의 열매와 깊은 소명이 찾아옵니다. 하나님께서 우리를 찾아와 주시는 아픔은 큰 선물입니다. 우리는 주님의 뼈아픈 질문을 통해 주님을 깊이 사랑하는 자신을 깨닫게 됩니다. 그리스도인으로 철이 든 우리는 "주여 주께서 모든 것을 아십니다"라고 고백할 것입니다.

한 줄 노트 주님의 사랑이 아프게 느껴질 때 비로소 우리는 깊은 사랑의 관계 속으로 들어갑니다.

묵상 질문 "주님, 사랑합니다"라는 우리의 고백이 너무 가볍지는 않았습니까? 당신의 사랑으로 인해 오히려 주님께 상처를 드리지는 않았습니까?

Mar. 03 소모될 수 없는 사랑

요 21:17

하나 됨의 의미 "(의역) 양을 먹이라는 명령은 사랑을 만들어가라는 것입니다. 하나님의 사랑은 'un-made'(한 번으로 완성되는 것이 아닙니다)입니다. … 성령께서 우리 안에 내주하시면 우리 영혼이 하나님과 연합되는데, 그것이 끝이 아닙니다. 최종 목표는 예수님처럼 우리도 아버지 하나님과 하나가 되는 것입니다." 성령을 받으면 하나님과 연합됩니다. 하나님 아버지께서 우리를 위해 희생하도록 당신의 아들을 보내시며 하나 되셨던 것처럼, 우리도 이 세상에 보내심을 받는 것으로 주님과 하나 되어야 합니다. '하나 되신' 아버지의 사랑으로 보내심을 받은 예수님께서는 십자가에서 죽기까지 아버지와 하나가 되셨습니다. 한마디로 '끝까지 사랑하심'입니다. 예수님은 도저히 사랑할 수 없는 베드로에게 찾아오셔서 더 큰 사랑으로 만나주시고, "내 양을 먹이라"는 사명을 주셨습니다. 예수님께서는 하나님 아버지와 완전하게 연합하시므로 하나님의 무한한 사랑으로 우리를 사랑하셨습니다.

[한 줄 노트] 하나님 아버지와 연합되었다는 명확한 증거는 지금보다 더 사랑하게 되었다는 것입니다.

피할 수 없는 사명 주님의 "내 양을 먹이라"라는 명령은 일회적인 것이 아니라, 끊임없이 계속되는 명령입니다. "지금 베드로는 '나를 사랑하느냐'는 주님의 뼈아픈 질문의 의미를 깨닫기 시작합니다. 그것을 '다 소모하거라'는 의미입니다. … 그저 '나의 양을 먹이라'는 것입니다. 주님의 양 중에서는 … 그리고 다른 길로 헤매는 양들이 있는데, 이들을 다 사랑하며 자신을 다 소모하기까지 먹이라는 것입니다." 주님께서 끝까지 자신을 내어주심으로 하나님 아버지와 하나 되셨듯, 우리도 끝까지 자신을 내어주어 주님께서 맡겨주신 양을 돌봐야 합니다. 주님께서 우리에게 말씀하시는 "내 양을 먹이라"는 명령은 우리의 '자연적 개별성'이 아닌 하나님의 속성에 근거합니다. 주님을 사랑한다고 고백하면 더 이상 자연적 본성에 이끌려 살지 않습니다. 끊이지 않는 하나님의 요구는 하나님 사랑의 본성에 기초하고 있습니다.

[한 줄 노트] 우리 안에 하나님의 사랑이 있으면, 그 사랑은 소모되어 없어지지 않습니다.

[묵상 질문] 혹시 내 안에 하나님의 사랑이 바닥나지는 않았습니까? 더 이상 사랑에 순종할 힘이 없습니까? 그렇다면 그 사랑은 가짜임에 틀림이 없습니다.

Mar. 04 유용성을 고려하지 마십시오!

행 20:24

상식과 소명의 다른 점 챔버스는 '상식'과 '소명'의 차이를 들어 올바른 신앙의 기준을 설명합니다. "비전 없이 하나님을 섬기는 것은 쉽습니다. 소명 없이 주를 위해 일하는 것도 쉽습니다. 그 이유는 하나님의 요청에 의해 간섭을 받지 않아도 되기 때문입니다." 챔버스는 무엇을 하든 소명과 관계된 삶을 살라고 말합니다. 우리는 하나님이 주신 소명 안에서 얼마든지 여유로운 시간을 보낼 수 있습니다. 또한 하나님께서 허락하시는 관계 안에는 따뜻한 우정 및 삶을 풍성하게 하는 요소들도 있습니다. 다만 챔버스는 우리가 하는 일이 소명이 아닌 인간적 상식에 기초할 때를 지적합니다. 인간적 상식으로 원하는 성공과 여유가 소명과 관계없을 때, 우리는 세속적으로 타락하게 됩니다. 하나님께서 주신 사명은 늘 우리의 기억 속에서 '찌르는 막대기'가 되어야 합니다. 그때 우리가 하는 일들은 더 이상 상식에 근거하지 않고 주님을 위한 일이 됩니다.

[한 줄 노트] 같은 일을 해도 그것이 소명에 근거하는지, 상식에 기초하는지 구별할 줄 알아야 합니다.

유용함은 우리의 고려 대상이 아니다 사도 바울은 자신이 받은 사명을 위해서만 생명을 귀중히 여긴다고 말합니다(행 20:24). 그러나 우리가 하나님이 주신 '사명'과 '사역 자체'를 구별하지 못한다면 심각한 문제가 발생합니다. 사역 자체를 사명으로 혼동하기 시작할 때, 우리 안에서 '유용성'이라는 논리가 고개를 들기 시작합니다. '사역'은 사명을 위한 '도구'가 되어야지, 사역 자체가 '목적'이 되어서는 안 된다는 사실을 명심해야 합니다. "당신이 유용한가 아닌가를 절대로 고려하지 마십시오. 다만 당신은 자신의 것이 아니라 주님의 것임을 언제나 잊지 마십시오." 우리가 '유용성'에 초점을 둘 때, 하나님을 섬기는 데 '허비되는' 시간을 참지 못합니다. 하지만 하나님께서 우리를 택하셨다는 사실을 생각해 보십시오. 하나님은 우리가 '유용한' 존재이기 때문이 아니라, 우리를 사랑하기 때문에 선택하셨습니다.

[한 줄 노트] 주님이 우리의 헌신을 귀하게 여기시는 이유는 우리가 유용하기 때문이 아니라, 그저 우리를 사랑하시기 때문입니다.

[묵상 질문] 나는 주님께 반드시 필요한 존재입니까? 주님께서 우리의 헌신을 받으시는 이유는 무엇입니까?

Mar. 05 사명에 충성하십시오!

행 20:24

기쁨의 정체 "'기쁨'이란 내가 창조되고 거듭난 목적을 온전히 이루는 것이지 어떤 일을 성공적으로 이루어낸다는 것을 의미하지 않습니다. 주님께서 누리셨던 '기쁨'은 아버지께서 그분을 보내신 뜻을 이루는 데 있었습니다." 예수님께서 누리셨던 기쁨이 '아버지께서 보내신 사명'을 이루는 데 있었다면, 우리의 기쁨 역시 '주님이 주신 사명'을 감당하는 데 있어야 하지 않겠습니까? 충성된 종이 되기 위해서는 자신에게 가장 잘 맞는 사명을 찾아야 합니다. 챔버스는 주님께 영적으로 받는 사역이야말로 우리에게 가장 잘 맞는 사역이라고 말합니다. 주님께서 우리에게 주신 영적인 사역이 나에게 가장 잘 맞는 사역이라는 확신이 있다면, 그 사역을 통해 주신 '사명'을 이루기 위해 주님과 동행해야 합니다. 주님의 사역을 감당하는 사람은 단순히 주님을 개인적인 구주로 아는 단계를 뛰어넘은 사람입니다. 이때 우리에게 참 기쁨이 찾아옵니다.

[한 줄 노트] 주신 사역을 감당할 때 오는 만족감이 진정한 기쁨입니다.

사명은 선택이 아니다 주님이 베드로에게 사명을 주실 때 "내 양을 먹이라"(요 21:17)고 하였습니다. 이때 주님은 베드로에게 선택권을 주신 것이 아닙니다. 이러한 명령에 베드로가 할 수 있는 일은 오로지 절대적인 충성뿐입니다. "(의역) 당신이 하나님과 가장 가까운 관계에 있을 때 주님이 주신 사역(사명)에 충성하십시오. 만일 주님께 받은 사역이 있다면 당신에게는 더 이상의 '소명'(call)이 필요하지 않습니다. 이제는 오직 사역을 감당할 기회만이 주어졌을 뿐입니다." 사명은 주님과의 친밀함 가운데 찾아옵니다. 이 사명에 충성하는 것이 부르심에 합당한 삶을 사는 방법입니다. 우리에게 주어진 직분이 분명하다면 이제는 그 직분을 어떻게 잘 감당하며 충성을 다할지의 여부만 남습니다. 충성은 죽음 앞에서도 자신의 책임을 잃어버리지 않고 최선을 다하여 감당하는 것입니다. 그리고 그렇게 사명을 이루어가는 우리에게 주시는 참 기쁨을 소유하는 것입니다.

[한 줄 노트] 충성은 하나님께서 사명을 이루기 위해 우리를 부르신 직책에 기쁨으로 헌신하는 것입니다.

묵상 질문 당신은 소명자입니까? 그렇다면 하나님이 당신에게 주신 사명은 무엇입니까? 그 사명을 이루기 위해 하나님께서 주신 사역은 무엇입니까?

Mar. 06 끝없이 지루하고 힘든 상황 가운데

고후 6:4

일상에서 필요한 은혜 "더 이상 비전이나 소망이 없는 가운데 그다음 난계를 향해 나아가기 위해서는 전능자의 은혜가 필요합니다." 일상적인 일에서 비전을 발견하지 못하고 누구도 알아봐주는 이가 없을 때, 그 시간을 견뎌내기 힘듭니다. 이런 지루한 일상들을 견뎌내기 위해서는 복음을 전할 때보다 훨씬 더 많은 은혜가 필요합니다. 챔버스는 '성육신의 본질'에 참여하는 것이 하나님의 은혜를 받는 방법이라고 말합니다. 성육신의 본질은 하늘에 계신 하늘 아버지께서 기꺼이 종의 몸을 입고 우리에게 오셔서 '죽기까지 우리를 섬겨주신 것'입니다. 지루함의 일상을 이겨내는 방법은 바로 이 성육신의 모습이 우리 삶의 전 영역에서 나타나도록 하는 것입니다. 우리의 일상이 아무리 하찮고 지루하게 느껴지더라도 주님의 은혜를 생각하며 할 수 있는 일을 해나가야 합니다. "결국 하나님과 사람을 위해 의미 있는 삶을 사는 것은 보이지 않는 곳에서도 꾸준하게 인내하는 것입니다."

[한 줄 노트] 성육신의 본질은 종으로 찾아오신 주님으로 인해 우리도 기꺼이 종이 되어 섬기는 것입니다.

하나님께 시선을 지루하고 힘든 일상에서 승리하는 비결은 하나님께 시선을 고정하는 것입니다. 챔버스는 이를 그리스도의 성육신에 참여하는 것이라고 말합니다. "당신의 눈이 부활하신 예수님께 언제나 고정될 수 있도록 기도하십시오." 하나님은 가장 하찮은 일을 거룩하고 위대하게 만드시는 분입니다. 종의 모습으로 우리에게 오셔서 가장 하찮은 모습으로 우리를 섬겨주신 주님께 우리의 시선을 고정하십시오. 지루하고 힘든 일상 가운데서 우리를 이끌어 다음 단계로 나아가게 하는 시금석은 성육신하신 주님을 바라보며 우리도 종의 모습으로 하찮은 자리에서 섬기는 것입니다. 하나님께 시선을 고정시키면, 지금 하나님께서 우리에게 주신 일들이 특별한 의미를 가지게 됩니다. 하나님이 주신 의미 있는 일에 우리가 어떻게 게으를 수 있겠습니까? 게으름은 우리의 삶이 다음 단계로 나아가는 데 가장 큰 적임을 기억하십시오.

[한 줄 노트] 더 이상의 비전과 소망이 보이지 않을 때, 그다음 단계로 나아가기 위해서는 은혜 주시는 하나님께 시선을 두어야 합니다.

묵상 질문 지금 당신에게 가장 하찮게 느껴지는 일은 무엇입니까? 혹시 그것들을 회피하면서 주님의 성육신에 참여할 기회를 잃고 있는 것은 아닙니까?

Mar. 07 쇠하지 않는 광채

롬 8:37

상황보다 큰 사랑 그 어떤 것도 우리와 하나님 사이를 분열시킬 수 없습니다(롬 8:35). 그 어떤 장애물도 하나님과 우리 사이에 잠시 방해가 될 수는 있으나 결코 갈라놓을 수는 없습니다. 사도 바울은 갈라놓지 못하는 정도가 아니라, 우리를 사랑하시는 이로 말미암아 이와 같은 것들을 넉넉히 이길 수 있다고 말합니다. 승리의 열쇠는 바로 '그 사랑'입니다. "그리스도인의 믿음의 밑바닥에는 갈보리 십자가상에서 보여진 무한한 하나님의 은혜와 사랑이 있습니다. 우리가 그 사랑을 받을 만한 자격이 있거나 어떤 존재가 되었기 때문에 받는 것이 아닙니다. 단지 하나님의 무한한 은혜 때문에 사랑을 받습니다." 역설적이게도 당하는 고통과 닥치는 환난이 크면 클수록 더 큰 하나님의 은혜와 사랑을 입습니다. 하나님께서 우리에게 보여주신 사랑이 십자가에서 찢겨진 살과 흐르는 피를 통해 우리에게 전달된 것입니다. 우리는 고난의 크기가 더할수록 더 큰 사랑을 말할 수 있습니다.

한 줄 노트 하나님의 사랑은 고난의 크기와 깊이에 비례해 더욱 빛나고 커짐을 믿습니다.

오히려 기쁨을 우리 삶은 주어진 상황에 지배를 받느냐, 상황을 지배하느냐에 따라 달라집니다. "환난, 고난, 압박은 우리가 싸워야 하는 것들이 아니라 우리 안에 엄청난 기쁨을 주는 요소입니다." 이는 챔버스가 그의 묵상을 통해 일관성 있게 견지하는 믿음의 태도입니다. 하나님께서 우리를 어둠에 두실 때는 빛으로 인도하기 위함이요, 삶에 부끄러움이 찾아오는 것은 참 기쁨을 알기 위해서라고 말했던 것처럼 말입니다. 우리에게 환난이 없다면 주님께서 주시는 기쁨을 제대로 알 수 없을 것입니다. 그리스도인이란 그리스도의 남은 고난에 기꺼이 동참하는 사람들입니다. 하나님께서 우리에게 주시는 기쁨과 평안은 그리스도의 고난에 동참하는 사람들에게 주어지는 특권입니다. 챔버스가 말하는 '쇠하지 않는 광채'란 잠깐 있다 사라지는 것이 아닙니다. 그 찬란한 기쁨은 영원하신 하나님의 사랑으로부터 나옵니다. 그리스도의 사랑 안에 분명히 거한다면, 그 무엇도 우리를 무기력하게 만들 수 없습니다.

한 줄 노트 그리스도의 남은 고난에 기꺼이 동참한다면, 쇠하지 않는 찬란한 광채 가운데 잃어버리지 않는 기쁨을 소유하게 될 것입니다.

묵상 질문 지금 피하고 싶은 고난과 기꺼이 동참할 수 있는 고난은 무엇입니까?

Mar. 08 제거된 생명

갈 2:20

진정한 거듭남 "죄를 멀리할 뿐만 아니라 사물을 보는 전반적인 견해가 바뀔 때까지는, 우리는 예수 그리스도와 연합한 사람이라고 말할 수 없습니다." 이를 오늘날 우리의 언어로 말하자면 '세계관의 변화'입니다. 하나님 앞에서 가장 정직하게 우리의 모습을 보고, 하나님의 관점으로 세상을 보는 것입니다. 이러한 변화는 우리가 십자가에서 죽지 않는 한 불가능합니다. 거듭남은 우리의 모든 위선을 제거하는 것입니다. 거듭남의 단계에서 우리의 선행이나 정직, 노력이 아니라 '지독한 우리의 죄성'이 드러나야 합니다. 거듭남은 주님께서 우리의 죄를 '완전한 의'로 바꿔주시는 것입니다. 하나님의 완전한 '의' 앞에서 스스로 하나님께 쓸모 있는 존재라고 착각했던 위선이 제거됩니다. 따라서 거듭남은 '완전한 죽음'이 아닐까요?

[한 줄 노트] 거듭난다는 것은 우리의 선행이나 노력, 정직을 내세우는 것이 아니라, 지독한 죄성을 주님 앞에 내려놓는 것입니다.

거듭난 후에는 거듭난 우리는 자신의 '주장과 권한'을 포기할 준비가 되어 있어야 합니다. 챔버스는 묻습니다. "내가 소유한 모든 것을 포기할 의사가 있습니까? 내가 사랑하는 모든 것들을 오직 주 예수님의 죽음과 하나 되기 위해 내려놓을 수 있습니까?" 이러한 포기는 참 아프고 힘든 과정입니다. 자신을 내어놓는 것은 십자가에서 죽는 고통을 동반하기 때문입니다. "주께서 나를 보시는 관점으로 나 자신을 보게 될 때 우리에게 충격을 주는 것은 내 육체의 징그러운 죄악들이 아니라 내 마음속에 예수 그리스도께 대항하는 무서운 교만입니다." 죄보다 더 무서운 것이 '교만'입니다. '교만'은 적극적으로 그리스도께 대항하는 행위입니다. 거듭난 우리에게 이 사실이 보이기 시작할 때 무척 고통스러운 체험을 하게 됩니다. 이 고통을 챔버스는 '부끄러움', '공포', '처절한 비참' 등으로 표현합니다. 그러니 우리는 이렇게 기도해야 합니다. "주님, 우리가 완전히 죽기를 원합니다!"

[한 줄 노트] 거듭난 자들이 가슴에 품고 살아야 하는 핵심 단어는 '포기'와 '양도'입니다.

묵상 질문 주님 앞에서 당신은 무엇을 제거하고, 무엇을 꺾겠습니까?

Mar. 09 물러가는 시간

요 6:67

'물러남', 즉 주님과 동행하지 않음 주님은 오병이어 기적 후, 생명의 떡에 대해 설교하셨습니다. 그러나 그 말씀을 잘 이해하지 못한 사람들이 주님을 떠나기 시작합니다. "너희도 가려느냐." 주님께서 열두 제자에게 하신 이 짧은 말씀이 제자들의 마음을 강하고 깊게 찔렀습니다. 이 말씀은 단순히 제자들의 선택을 묻는 것이 아니라, 떠나지 말고 굳건하게 말씀을 붙들라는 권면의 의미가 더 강하게 실려 있습니다. 챔버스는 이 말씀을 흥미롭게 해석합니다. "그들은 주님과의 동행을 멈춘 것이지 죄에 빠진 것은 아닙니다. 단지 주님으로부터 물러간 것입니다."

챔버스가 계속해서 강조합니다. '우리의 열심보다 더 중요한 것은 주와 동행하는 것이다!' 주님의 "너희도 가려느냐?"라는 물음에는 제자들이 주님과 언제나 하나 되기를 원하시는 주님의 소원이 담겨 있습니다. '하나 됨'은 거듭나서 거룩하게 된 성도들이 애써야 하는 영적 훈련입니다. 거듭남이 '출생'이라면, '하나 됨'은 영적으로 성숙해 가는 과정입니다.

문제는 어떻게 이 '하나 됨'을 유지하느냐는 것입니다. "하나님께서 말씀하신 방법 외에 다른 방법으로 하나님과 함께하는 삶을 살려고 하지 마십시오. 오직 주님께만 철저하게 헌신하십시오. 자신이 무지하다는 것을 분명히 아는 것이 예수님과 동행하는 비결입니다." 동행의 비결은 '자신의 무지'를 분명하게 아는 것입니다. 자신이 무지하다는 사실을 아는 순간, 주님을 바라보며 더 의지하지 않겠습니까?

주님은 베드로가 실패하고 실수하고 배신할 것을 아셨습니다. 그러나 동시에 끝까지 주님과 함께하려는 마음도 아셨을 것입니다. 주님과의 동행은 우리의 실력이나 완전함에 있지 않습니다. 베드로의 문제는 답을 알지 못하는 것이 아니라, 아는 대로 살 수 있는 능력이 없는 것이었습니다. 베드로가 성령 충만을 받은 후에는 끝까지 주님과 동행했음을 기억하십시오. 주님을 떠나지 않는다는 것은 주님과 함께 멍에를 메고 사는 것입니다.

한 줄 노트 주님과 '하나 됨'은 주님과 함께 멍에를 메고 살겠다는 고백이며, 어떠한 상황에서도 주님을 붙들고 물러나지 않겠다는 다짐입니다.

묵상 질문 지금 주님과 동행하고 있습니까? 아니면 혼자 열심히 걷고 있습니까? 주님은 빨리 걷는 걸음보다 그분과 같이 걷는 걸음을 원하십니다.

Mar. 10   말씀과 하나가 되십시오!

딤후 4:2

메시지를 담는 그릇이 되는 것   그리스도인은 단순한 '구원의 통로'가 아닌, '하나님의 자녀'로 살아가기 위해 구원받은 존재입니다. 메시지를 전하는 통로가 되는 것과 '메시지 자체'가 되는 것은 다릅니다. 예수 그리스도는 스스로 메시지가 되셨습니다. 그분의 삶이 영생의 말씀이고 생명이셨습니다. 그러니 우리의 삶도 '메시지를 담는 성찬'이 되어야 합니다. 우리가 성찬이 된다면 우리를 통해 다른 이들이 주님의 살과 피를 먹고 마시게 됩니다. 성찬은 십자가에 달려서 찢기신 살과 흘리신 피를 기념하는 일입니다. 떡을 떼고 포도주를 마시며, 주님의 살과 피를 우리의 몸속에 모시는 일입니다. 삶이 메시지를 담는 성찬이 될 때, 이 세상을 위해 십자가에서 죽으신 주님의 생명이 우리를 통해서 전해집니다. "그 삶이 '메시지를 담은 성찬'이 되려면 죄에 대한 책망으로 상한 마음이 되어야 하고 성령 세례를 받아야 하며 하나님의 목적을 위해 부서져야 합니다."

[한 줄 노트] 하나님은 우리를 메시지를 전하는 '통로'가 아니라, 메시지 '자체'가 되라고 부르셨습니다.

그리고 메시지 자체가 되는 것   성령강림절 이전, 제자들이 주님을 믿고 구원을 받았을지는 모르지만 아직 증인은 아니었습니다. 성령이 제자들에게 임하자 그들은 주님께 쓰임 받는 사람들이 되었습니다. "성령강림은 제자들에게 뭔가를 더 가르치기 위한 것이 아니었습니다. 그것은 그들이 외쳤던 메시지가 그들 자신에게 성육신하게 된 사건입니다." 성령강림을 통해 제자들은 자신이 전하는 말씀과 하나가 되었습니다. 말씀이 육신이 되어 이 땅 위에 오신 예수님의 '성육'(incarnation)이 제자들에게서도 일어났습니다. 말씀을 전하는 사람이 메시지 자체가 될 때, 주님께서 말씀하신 "너희가 내 증인이 되리라"는 말씀이 이루어집니다. 우리가 말씀과 하나 되어 증인이 될 때, 하나님께서 우리의 입을 통해 자유롭게 말씀하십니다. 이것이 증인 됨의 참다운 의미입니다. 사람들은 그리스도인을 통해 복음을 듣기보다, 그리스도인의 삶을 통해 복음을 보기 원합니다.

[한 줄 노트] 당신이 말씀을 전하기 전에 그 말씀이 당신의 삶이 되어야 합니다.

[묵상 질문] 오늘 우리는 무엇을 행함으로 '하나님의 말씀'을 증명할 수 있을까요?

Mar. 11 — 하늘 비전에 순종하십시오!

행 26:19

비전을 잃지 않으려면   우리가 하나님에 대한 믿음을 실천하지 않는다면 비전은 아무 소용이 없습니다. "하늘의 비전에 순종하는 유일한 길은 '최상의 주님께 나의 최선을 드리는 것'입니다. 또한 단호한 결심 가운데 계속적으로 비전을 기억해야 합니다. 기도와 묵상 시간뿐 아니라 매 시간 매 순간 언제나 한결같은 마음으로 비전을 잊지 말아야 합니다." 비전이란 우리 삶이 지향해야 하는 목표입니다. 비전이 우리에게 가장 중요한 일이라면, 그 비전을 주신 하나님께 최선을 드리는 것이 당연합니다. 비전을 잃지 않는 방법은 기도와 묵상 시간뿐 아니라 한결같은 마음으로 비전을 잊지 않는 것입니다. '영적 틈새'란 기도 시간에 있던 비전이 일상생활에서 사라지는 것을 의미합니다. 기도와 묵상은 우리의 삶을 거룩함과 세속적인 영역으로 나누고자 함이 아니라, 우리의 일상적인 삶에서 하나님 주신 비전을 꼭 붙들고자 하는 몸부림이 되어야 합니다. 그때, 우리는 매 순간 최고이신 하나님께 우리의 최선을 드리는 사람이 될 것입니다.

[한 줄 노트] 하나님을 향한 믿음이 삶 속에서 적용되지 않으면 비전은 곧 사라집니다.

비전을 이루려면   우리에게는 스스로 비전을 이룰 능력이 없습니다. "비전이 비전을 이룹니다. 따라서 비전이 이루어질 때까지 그 비전이 주는 영감에 의해 살아야 합니다." 비전을 끝까지 붙들고 있어야 비전을 이룰 수 있습니다. 하나님을 바라보고 하나님이 하시는 일을 기다려야 합니다. '기다림'은 하나님을 향한 우리의 충성심을 시험하는 시간입니다. 이 기다림의 시간에 하나님께서 허락하시는 '돌풍'이 찾아옵니다. "하나님께서 돌풍을 보내시면 가만히 계십시오. 주님보다 앞서지 말고 기다리십시오. 만일 당신이 돌풍 가운데 스스로 안전한 자리를 찾아 안주하면 당신은 아주 쓸모없는 속 빈 강정이 될 것입니다." 비전을 이루는 열매는 기다림을 통해 옵니다. 챔버스는 이러한 돌풍의 시간을 '훈련의 때'로 보았습니다. 돌풍의 시간에도 우리는 '비전의 빛' 가운데 발걸음을 뗄 수 있습니다. 비전이 비전을 이루는 열쇠입니다.

[한 줄 노트] 비전을 이루기 위해서는 비전을 놓지 말아야 합니다. 때로 지루한 기다림이 찾아올 때, 우리 마음에 씨앗을 뿌리고 계시는 하나님을 바라보는 눈이 열려야 합니다.

묵상 질문 지금 당신이 붙잡고 있는 비전은 무엇입니까? 혹시 지금 이 시간이 기다림의 시기는 아닙니까?

Mar. 12 헌신

막 10:28

헌신의 적 '보상심리' 챔버스는 그리스도인의 마음속에 만연한 '보상심리'(commercial spirit)에 대하여 주의하라고 말합니다. 그가 말하는 보상심리는 장사꾼의 마음을 가지고 하나님과 흥정하는 태도입니다. '구원과 거룩'은 주님과 올바른 관계를 맺을 때 자연스럽게 찾아오는 것이지, 헌신을 위한 흥정의 대상이 될 수 없습니다. 헌신에 조건을 내거는 순간 헌신의 진정한 의미는 사라집니다. 참된 헌신이란 기꺼이 '신발털이개'가 되려는 마음입니다. 신발털이개의 가치는 그 자리에서 사람들이 밟고 다니는 것으로 충분합니다. "참된 헌신은 하나님만을 위한 것이어야 합니다. 만일 하나님께 뭔가를 더 얻으려고 헌신한다면 그것은 성령의 역사가 없는 헌신이고 자신의 유익을 구하는 비굴한 장삿속 마음일 뿐입니다." 진정한 헌신은 천국에 들어가는 것, 죄로부터 구원받는 것, 유익한 존재가 되는 것을 고려의 대상으로 삼지 않습니다.

한 줄 노트 진정한 헌신에는 어떤 조건도 필요하지 않습니다. 그 어떤 결과도 헌신을 위한 흥정의 대상이 될 수 없습니다.

주님과의 관계가 중요하다 참된 헌신은 예수 그리스도를 내 인격 속에서 최고의 고려 대상으로 생각하는 것입니다. 우리가 살아가는 삶의 모든 관계 속에서 예수님은 어디에 계십니까? 우리가 살아갈 때 중요한 것이 참 많습니다. 하지만 우리 인생에서 가장 중요한 것 하나, '우선순위'를 정해야 한다면 다른 모든 것을 포기해야 합니다. "주를 향한 진정한 헌신은 언제나 인간관계보다 더 중요해야 합니다. 주저하지 말고 극복하십시오. 우리가 주님께 온전하게 헌신하면 그분은 우리의 헌신 가운데 상처 입은 주변 사람들의 아픔까지 완벽하게 책임지십니다." 주님과의 관계를 온전히 하며 헌신할 때 인간에게는 필연적으로 '극복'할 것이 생깁니다. 하지만 헌신으로 인해 상처 입은 자를 주님께서 책임지십니다. 하나님께 맡기면 하나님께서 하나님의 방식으로 일하십니다. 그러니 헌신을 시작했다면 중도에 포기하지 마십시오. 진정으로 헌신하는 사람은 끝내 자신이 보았던 비전을 성취할 것입니다.

한 줄 노트 진정한 헌신은 어떤 것을 '고려'하는 것이 아니라, 하나님께서 모든 것을 전적으로 책임지신다는 '믿음'에서 나오는 것입니다.

묵상 질문 지금 당신은 '하나님과의 관계'를 다른 어떤 관계보다 중요하게 생각하고 있습니까?

Mar. 13 하나님의 내어주심

요 3:16

진정한 구원 "구원은 단순히 죄로부터의 해방이 아니고 개인의 거룩을 경험하는 것도 아닙니다. 하나님의 구원은 우리가 자신으로부터 완전히 해방되어 주님과 연합되는 것을 말합니다." 구원은 죄로부터 해방될 뿐 아니라 개인적 성화에 이르는 것을 포함합니다. 하지만 궁극적으로 구원은 '하나님의 성품'에 접촉하도록 우리를 인도합니다. 그분의 성품은 우리를 위해 당신의 모든 것을 내어주신 사랑의 성품입니다. 하나님께서는 거룩과 성화가 아닌 '예수 그리스도'를 선포하라고 우리를 구원하셨습니다. 만일 개인적인 거룩과 성화를 목적으로 삼는다면 우리는 자신의 의지를 따라 살아가려 할 것입니다. 구원의 놀라운 은혜를 잊는다면 무미건조하고 매너리즘에 빠진 신앙을 갖게 됩니다. 이런 모습은 하나님의 성품이 우리와 맞닿아 있지 않다는 증거입니다.

한 줄 노트 하나님께서 나를 위해 모든 것을 내어주셨다는 사실을 깨닫고 온전히 주님께 사로잡히는 것이 바로 '구원'입니다.

구원의 결과 하나님의 성품과 온전히 접촉할 때, 우리를 위해 자신의 모든 것을 내어주신 하나님의 사랑을 깨닫게 될 때, 진정한 구원의 결과가 나타납니다. "자신을 온전히 내어주면 자신의 노력마저 전혀 의식하지 못하게 됩니다." 주님은 십자가에서 모든 것을 내어주셨고 하나님과 온전히 하나가 되셨습니다. 이것이 진정한 '헌신'입니다. 하나님의 성품에 접촉할 때 비로소 우리도 자신을 온전히 내어놓게 됩니다. "주님께 자신을 온전히 드리면 우리가 다른 사람에게 어떻게 비쳐질지에 대해 전혀 신경 쓰지 않게 됩니다. 그 이유는 우리의 삶이 주님께만 완전히 사로잡힌 바 되기 때문입니다." 하나님의 일을 한다고 고백하면서도 사람들의 평판이 우리의 사역을 좌우할 때가 많습니다. 하나님만을 바라볼 때, 우리의 헌신이 자유로워집니다. 사람을 바라본다면 자유가 사라집니다. 하나님만을 바라볼 때 사역 자체에 의미와 기쁨이 있습니다.

한 줄 노트 온전히 자신을 내어주신 주님의 사랑에 사로잡히면, 온전히 자유로운 헌신이 가능해집니다.

묵상 질문 지금 당신이 하고 있는 일과 헌신은 사람들의 시선에서 자유롭습니까?

순종

롬 6:16

무엇에 나를 내어주는가 챔버스는 순종을 설명하기 위해 '양도'(yield)라는 단어를 사용합니다. 순종을 이해하기 위해서는 자신을 지배하는 세력이 무엇인지를 점검해야 합니다. 내가 무언가에 지배당하고 있다면, 그 세력에 나를 '양도'했기 때문입니다. "마찬가지로 내가 하나님께 순종한다면 이는 나 자신을 주님께 온전히 드렸기 때문입니다." 우리가 무엇에 나를 양도했느냐에 따라 그 대상이 나를 지배합니다. 스스로를 성령님께 양도한다면 성령님의 인도함을 받게 됩니다. 우리 인생에서 맞닥뜨리는 구체적인 문제들에 대하여 '예수님이라면 어떻게 하실까?'를 생각할 때, 삶을 주님께 양도하기 시작합니다. 육신의 정욕과 이기심에 자신을 내어줬다면, 이 모든 세력을 깰 수 있는 능력을 가지신 분께 우리를 양도해야 합니다.

[한 줄 노트] 무엇에 자신을 내어주느냐가 당신이 누구의 종인지 분명하게 말해 줍니다.

무엇이 우리를 자유하게 하는가 챔버스는 '스스로 속이는' 오류를 범하지 말라고 권면합니다. "우습게도 우리는 아주 사소한 일에서부터 정욕의 종이 되는 것을 발견할 수 있습니다. '그래, 내가 원하기만 하면 아무 때나 그 버릇을 버릴 수 있을 거야'라고 스스로를 속입니다. 그러나 그럴 수 없습니다. 당신은 이미 그 정욕에 기꺼이 순복했기 때문에 그 버릇은 당신을 완벽하게 다스릴 것입니다." 누군가의 종이 됐다는 말은 주도권이 넘어갔음을 의미합니다. 진정한 자유는 선택권을 주님께 양도하는 것입니다. 그때 주님은 우리를 모든 정욕과 욕심에서 자유하게 하십니다. 나쁜 습관들에 자신을 기꺼이 내어줄 마음과 능력이 있다면, 왜 하나님께 우리의 모든 것을 양도하지 못하겠습니까? 하나님의 은혜는 우리를 옛사람에서 새사람으로 바꾸어주실 것입니다. 예수 그리스도를 따라 순종하는 삶은 우리의 소원을 내려놓고 주님의 뜻과 그것을 행하는 일을 유일한 소원이자 기쁨으로 삼는 것입니다.

[한 줄 노트] 우리에게는 정욕으로부터 자유하게 하실 주님께 순종할 능력이 있음을 기억하시기 바랍니다.

[묵상 질문] 자신을 정욕에 양도함으로 잃어버린 자유는 무엇입니까?

Mar. 15 당혹스러움의 훈련

막 10:32

주님이 낯설게 느껴질 때 마가복음 10장에서 예수님은 십자가를 지기 위해 예루살렘으로 올라가십니다. 제자들은 3년이나 예수님과 함께 지냈지만, 앞서 가는 예수님을 낯설게 느꼈습니다. 제자들이 느낀 '낯섦'은 주님의 모습이 변했기 때문이 아닙니다. 자신이 생각했던 주님의 모습과 다른 주님을 깨닫는 순간, 낯섦은 찾아왔습니다. "처음에는 주님을 이해하고 있다고 확신했으나 지금은 아무것도 확신할 수 없습니다. 우리는 주님과 우리 사이에 큰 거리가 있음을 깨닫기 시작합니다. 더 이상 주님과 친근감을 느낄 수 없고 그분은 저만치 앞서 가십니다. 그리고 뒤도 한 번 돌아보지 않으십니다." 주님이 낯설게 느껴지는 순간, 우리가 얼마나 이기적이고 자기중심적인 신앙을 가지고 있었는지 깨닫게 됩니다. 살아가면서 '낯선 하나님'을 만날 때가 있습니다. 그때가 바로 하나님을 아는 새로운 눈이 뜨이는 순간입니다.

[한 줄 노트] 낯선 하나님을 만나는 순간, 진짜 하나님을 만나는 현관에 서 있는 것입니다.

'당혹스러움'이라는 훈련 낯섦으로 인해 느끼는 '당혹스러움'의 훈련을 잘 이겨내면 얻는 것이 있습니다. 그러나 이 시간에 넘어지는 사람도 분명히 있습니다. 우리를 구원하시기 위해 예수님은 모든 죄악과 슬픔을 다 경험하셔야 했습니다. 그런데 이 사실이 우리를 무척 당혹스럽게 합니다. 하나님의 아들이 왜 고통을 당하셔야 했을까 의문이 들 때가 있습니다. 주님을 따르는 사람이 제자라면 우리 역시 십자가를 져야 하는데, 그 길에서 친밀함을 느끼기 어려울 것 같다 생각하기도 합니다. "제자의 길에서 당혹스러움의 훈련은 절대적으로 필요합니다. 사실 제자의 길 가운데 위험은 자신의 작은 열정에 묻혀서 헌신하는 것입니다." 챔버스는 '당혹스러움'이 우리에게 훈련이 된다고 말합니다. 훈련은 견디는 시간입니다. 버거운 훈련의 시간이 찾아왔을 때 그 시간이 끝날 때까지 기다려야 합니다. 때가 되면 주님을 따르는 기쁨을 알게 될 것입니다.

[한 줄 노트] 당혹스럽게 하는 순간이 왔을 때, 넘어지거나 포기하지 말고 진정한 주님을 발견해야 합니다.

[묵상 질문] 지금 당신의 삶에서 가장 당혹스러운 일은 무엇입니까? 혹시 주님을 향한 나의 기대가 무너졌기 때문에 당혹스러운 것은 아닙니까?

Mar. 16 | 죄에 대한 무감각

고후 5:10

죄에 대한 무감각   챔버스는 최후의 심판을 염두에 두고 살아야 한다고 권면합니다. 심판은 하나님 앞에서 모든 것이 적나라하게 드러나기에 두려운 것입니다. 그러나 심판 전에 정결한 빛 가운데 사는 법을 배운다면, 오히려 심판의 때에 기쁘지 않을까요? 우리에게는 '하나님, 저는 죄인입니다'라는 시인이 당장 필요합니다.

"죄에 대한 형벌은 그 죄가 결과를 맺는 것입니다. 죄를 징벌하는 것은 하나님만이 아닙니다. … 어떠한 버둥거림과 기도로도 그 죄를 멈추지 못합니다. 죄로 인한 형벌이란 점점 그 죄에 익숙해져서 그것이 죄인 줄을 알지 못하게 되는 것입니다." 죄에 대한 징벌은 하나님께 받는 것으로만 국한되지 않습니다. 그 죄의 결과 또한 형벌입니다. 정말 무서운 사실은 죄를 지으면 지을수록 죄에 대하여 익숙해진다는 것입니다.

죄에 무감각해지면 점점 더 담대해지고, 그에 비례해 무서운 결과를 감당해야 합니다. "오늘날 가장 심각한 바리새인들은 위선이 아니라 죄를 죄로 알지 못하는 무감각을 가졌습니다." 바리새인들의 죄가 얼마나 무섭습니까? 예수님은 성경 곳곳에서 바리새인들의 위선을 지적하셨습니다. 이들의 위선은 사람들을 지옥의 자식으로 만들기도 합니다. 그런데 위선보다 더 무서운 것이 '무감각'입니다.

굳은살이 생기면 '민감성'이 사라집니다. 죄의 반복으로 딱딱하게 굳어진 우리 심령 또한 죄에 무감각해질 수 있습니다. 성령의 임재, 즉 성령의 빛에 거하지 않으면 우리는 결코 죄의 어두움에서 벗어날 수 없습니다. 만일 우리가 빛 가운데서 누군가를 판단하고 있다면 바리새인의 위선보다 더 무서운 상태입니다. 위선은 '척하는 것'이지만 죄에 무감각해지면 자신이 무슨 죄를 짓고 있는지도 모르는 상태가 되니 말입니다.

> **한 줄 노트** 죄의 가장 무서운 형벌은 죄에 무감각해지는 것입니다.

묵상 질문 당신의 삶에서 어느덧 무감각해진 죄가 없는지 살펴보십시오. 무감각해진 죄로 인한 무서운 결과에는 어떤 것들이 있습니까?

Mar. 17 당신의 소망은 무엇입니까?

고후 5:9

무엇을 위해 수고하는가? 우리는 하나님의 사람으로 살아가면서 '무엇을 위해' 애쓰는가를 늘 점검해야 합니다. "우리 삶이 실패하는 이유는 영적 경험의 결핍이 아니라 주님께서 주신 이상을 항상 유지하려는 수고의 결핍 때문입니다." '야망'은 우리의 수고를 헛되게 합니다. 사도 바울은 그의 사역에 있어서 '주를 기쁘시게 하는 것'을 최고의 덕목, 기준으로 삼았습니다. 우리가 주님의 부르심을 받아 사역을 한다면 '주님의 인정'이 우리의 최우선이 되어야 합니다. "적어도 일주일에 한 번 이상 주님이 원하시는 그 기준에 따라 사는지 지난 삶을 점검하십시오." 삶을 복되게 만드는 방법 중 하나는 하나님 앞에서 정기적으로 자신을 성찰하는 것입니다. 이 점검의 시간을 통해 하나님을 기쁘시게 하는 일과 관계없는 야망의 뿌리를 뽑을 수 있습니다. 헛된 수고를 하지 않기 위해 정기적으로 '기준'을 점검하는 것이 신앙의 유익임을 기억하십시오.

한 줄 노트 무엇을 위해 수고하는지 정기적으로 점검하는 사람은 헛된 수고를 하지 않는 지혜로운 인생을 살게 됩니다.

진정한 가치의 증명 "하나님 앞에서 나의 공적인 가치는 내가 홀로 있을 때 어떤 사람이냐 하는 것입니다." 언제 우리의 수고가 야망으로 흐를까요? 하나님께만 인정받으려는 진실한 마음이 빗나가면 사람에게 인정받아 만족을 추구하려는 야망이 생깁니다. 지금 사람들의 인정을 바라고 있다면 하나님과의 관계가 잘못되었을 수 있습니다. 우리의 수고가 진정 하나님의 기쁨이 되는지 점검할 수 있는 기준이 있습니다. 챔버스는 '홀로 있을 때'의 모습이 진정한 '공적인 가치'를 가진다고 말합니다. 다른 표현으로, 하나님과 홀로 있을 때의 모습이야말로 진정한 우리의 모습입니다. 하나님과 '홀로 있을 때'가 바로 '기준의 기준'이 될 수 있습니다. 우리가 홀로 있을 때 주님과 '함께' 할 수 있다는 진리를 깨달아야 합니다.

한 줄 노트 홀로 서서 하나님과 오롯이 마주하는 긴장감이 살아 있을 때, 진정한 소망의 가치가 흔들리지 않습니다.

묵상 질문 당신이 홀로 하나님과 마주하는 시간은 언제입니까? 홀로 있을 때 주님이 함께 하신다는 믿음의 고백이 있습니까?

Mar. 18 하나님을 최고로 두십시오!

고후 7:1

성화를 이루는 과정 "나는 하나님의 약속이 이루어질 것을 정당하게 요청할 수 있습니다. 물론 사람 편에서만 그렇습니다. 당신이 하나님 편에서 하나님의 약속을 본다면 주님의 요구사항을 알게 될 것입니다." 하나님께 내가 원하는 것을 요구하면서 하나님의 약속이라 주장하는 건 신앙의 오류입니다. 진정 하나님이 원하시는 것을 알 때, 하나님의 약속이라 말할 수 있습니다. 온전히 하나님의 관점에서 보기 시작할 때 하나님의 요구가 우리에게 보입니다.

자신이 부름 받은 '하나님의 거룩한 성전'임을 알고, 하나님의 거룩한 빛을 나타낼 때 하나님의 약속을 이루는 삶을 살게 됩니다. 챔버스는 이를 '성화'라 말합니다. 우리의 자연적 본성(natural life)을 영적인 삶(spiritual life)으로 바꾸어나가는 것입니다. 이런 변화는 오로지 순종을 통해서만 가능합니다. 우리가 순종하기로 결심하면 하나님께서는 친히 우리를 가르치시고 인도하십니다. 그러므로 성화는 오로지 하나님을 따르는 사람들이 영적 의지로 하나님만을 신뢰하는 일입니다. "나의 할 일은 주님을 향한 순종을 통해 자연적인 삶을 영적인 삶으로 변화시키는 것입니다." 하나님이 요구하시는 삶이 우리가 하나님께 요구하는 약속과 소원을 다스릴 때 거룩함을 이루는 삶의 여정이 시작됩니다. "나의 육신과 영혼이 모두 하나님의 속성과 완전한 조화를 이룰 때까지 영과 육의 온갖 더러운 것으로부터 자신을 깨끗케 해야 합니다." '거룩을 이루는 일'은 일회적 사건이 아니라 순종의 과정을 통해 점진적으로 일어납니다.

우리의 인간적 생각이 하나님의 거룩한 속성과 조화를 이루기 위해서는 거룩하지 못한 우리 자아를 깨끗케 해야 합니다. 이를 위해 자신의 권리를 주장하지 않으셨던 그리스도의 마음이 우리 속에도 있는지 점검해 보십시오. 공생애 기간 동안 간절히 아버지의 뜻에 따라 자신을 드리기를 기도했던 예수님처럼 우리 또한 삶의 최고 관심을 '하나님과의 관계'에 두어야 합니다. 하나님과의 관계를 우리 인생 최고의 위치에 둘 때, 나머지 사소한 것들을 버릴 수 있습니다. 챔버스 신앙의 정수는 하나님을 하나님으로 온전히 인정하는 것입니다.

한 줄 노트 오직 순종만이 우리가 하나님을 인생의 최고 위치에 두었음을 명백히 증명합니다.

묵상 질문 하나님을 최고의 위치에 두기 위한 인생의 좌우명이나 모토가 있습니까?

Mar. 19 믿음의 삶

히 11:8

세상과의 분리 하나님과의 친밀한 관계를 우선으로 할 때, 필연적으로 우리에게 다가오는 문제가 '분리'입니다. 어렵지만 하나님과의 개인적 교제를 위해 아브라함도 친척과 아비 집을 떠나 분리되었습니다. 위치적 분리보다 정신적, 도덕적 분리가 더욱 어렵습니다. 믿음은 하나님께서 우리를 부르신 자리에서 "가라"고 말씀하실 때, 순종하는 것입니다. 그리고 그 순종을 통해 하나님을 알아가는 것입니다. 하나님을 알아가는 순종의 과정을 '믿음의 여정'이라 할 수 있습니다. "믿음의 삶에서 큰 장애 중 하나는 하나님께서 반드시 우리를 성공으로 이끄실 것이라는 착각입니다." 믿음의 삶은 세상과 분리되어 하나님께로 나아가는 것입니다. 그러나 우리는 세상의 성공을 지렛대 삼아 더 높은 자리로 가려고 합니다. 성공의 자리에서 하나님을 확신하려는 신앙의 오류가 믿음의 가장 큰 장애물입니다. 하나님의 관심은 우리가 서 있는 '자리'가 아니라 '관계'에 있습니다. 하나님과 우리 사이의 장애물이라면 그 어떤 것도 분리하려는 각오가 있어야 합니다.

[한 줄 노트] 믿음의 자리로 한 걸음 더 나아가기 원한다면 세상과 한 걸음 더 멀어져야 합니다.

믿음이란? 챔버스는 믿음이 일회적 사건이 아닌, 하나님과의 인격적 관계에서 지속적으로 이루어지는 동행이라 말합니다. 믿음은 우리가 원하는 성공이 아니라 인격적인 면에서 이루어집니다. 우리는 종종 기도하며 우리에게 주시는 하나님의 축복 아래, 우리가 믿음을 가진 사람으로 변화되었다고 생각합니다. 그러나 이런 감정은 일상적인 생활로 돌아갈 때 사라져버립니다. 예수님은 제자들을 일상으로 데리고 오셨고 그들과 동행하기 원하셨습니다. 지속적인 관계를 통해 제자들을 변화시키길 원하셨던 것입니다. "믿음의 삶이란 날개를 펼쳐 저 높은 곳에 단숨에 날아오르는 삶을 의미하지 않습니다. 오히려 한 걸음씩 계속 걸으며 나아가지만 지치지 않는 삶을 의미합니다." 믿음은 영광스러운 곳에 머물러 있지 않습니다. 오히려 시험을 당할 때 증명되고, 마침내 그 시험을 이기고 일어서게 만듭니다. 우리가 이루고자 하는 것은 '성화의 삶'이 아니라 '믿음의 삶'입니다. 아브라함은 성화의 표준이 아닌 믿음의 삶을 우리에게 보여줍니다.

[한 줄 노트] 진정한 성화의 삶은 하나님과 함께한 걸음씩 믿음의 여정을 걸어가며 만들어집니다.

[묵상 질문] 오늘 우리가 믿음으로 단 한 걸음을 내딛는다면, 그것이 무엇일까요?

Mar. 20 하나님과의 친구 관계

창 18:17

주님과 친구 된 기쁨 챔버스의 묵상 본문에는 생각해 볼 점이 있습니다. 먼저 하나님께서 아브라함에게 당신의 계획을 숨기지 않고 알려주신 것은 '어떤 관계'에서 비롯되었을까요? "창세기 18장은 가끔 기도 가운데 하나님의 임재를 느끼며 기뻐하는 정도가 아니라 온전히 하나님과 진정한 친구가 되는 기쁨을 말합니다. 주님과 정말로 친밀하기 때문에 더 이상 주의 뜻이 무엇인지 물을 필요가 없을 정도입니다." 챔버스의 표현처럼, 아브라함은 하나님과 진정한 친구가 되는 기쁨을 누렸습니다. 아브라함이 기도하며 묻지 않아도 하나님께서 하실 일을 자연스럽게 아브라함에게 말씀하시는 신앙의 단계입니다. "이는 믿음의 삶의 훈련에서 마지막 단계에 가깝습니다." 또 하나님이 계획하시는 일에 대해 아브라함이 흥정하는 것이 옳은 일이었을까요? "우리 자신이 하나님의 뜻이 되며, 만일 하나님이 막지 않으신다면 우리가 상식적으로 내리는 결정들이 보통 그분의 뜻입니다." '의인의 숫자'를 가지고 아브라함이 하나님과 흥정할 때, 그는 사실 하나님의 마음을 헤아리고 있었습니다. 주님과 친구 된 기쁨의 절정이 바로 이것입니다.

[한 줄 노트] 참된 기도는 '걱정'이 아닌 '기대'에서 시작됩니다. 하나님의 마음을 알아갈수록 우리의 결정이 점점 쉬워집니다.

주님과 친구 된 어려움 챔버스는 아브라함과 하나님의 관계가 마지막 단계에 가깝다고 말합니다. 그러나 아직 2% 부족한 것이 있습니다. "왜 아브라함은 기도를 멈추었습니까? 그는 하나님께서 그의 기도를 응답하실 때까지 담대히 나아갈 수 있을 만큼 하나님과의 관계가 충분히 깊지 못했습니다." 예수님께서 "우리와 같이 그들도 하나가 되게 하옵소서"(요 17:11)라고 기도하셨던 단계까지 이르지는 못했습니다. 예수님의 마지막 기도는 끝까지 하나님의 뜻을 이루기 위함이었습니다. "내 원대로 마시옵고 아버지의 원대로 되기를 원하나이다"(눅 22:42)라는 기도가 바로 기도의 모범입니다. 우리가 구해야 하는 것은 '성령의 몇 가지 은사'가 아니라 '성령 그 자체'입니다. 진정한 기도는 '하나님 아버지를 더욱 아는 것'입니다. 아버지를 알아가는 기쁨을 느끼며 기도하십시오. 예수님은 아버지의 뜻을 온전히 알기 위해 계속 기도하셨습니다.

[한 줄 노트] 기도가 깊어지면 여호와 하나님을 기뻐하는 마음이 더욱 커집니다.

[묵상 질문] 지금 내가 드리는 기도의 내용을 하나님께서 기뻐하실까요?

Mar. 21 관심입니까, 아니면 일치입니까?

갈 2:20

죽는다는 것은　　갈라디아서 2장 20절은 복음의 핵심이자 사도 바울의 가장 중요한 신앙 고백입니다. 여기에서 우리는 '그리스도와 함께 죽는다는 것'과 '이제는 내가 사는 것이 아니다'라는 의미를 분명히 알아야 합니다. 챔버스는 우리의 감정적인 표현과 지적인 믿음의 모든 것을 동원해 '죄성', 즉 '나 자신의 권리'가 죽었음을 선포해야 한다고 말합니다. "그는 '예수 그리스도를 닮기로 작정하였다'라거나 '그분을 따르기를 노력할 것이다'라고 말하지 않았습니다. 대신 '그리스도와 함께 하나로 일치되어 십자가에 못 박혔다'라고 말합니다." 주님과 함께 십자가에 못 박히는 순간, 주님께서 십자가에서 이루신 일들을 우리 안에서 역사하게 하십니다. 십자가에서 이루신 일로 우리의 모든 죄를 없애십니다. 우리를 의롭다 인정하십니다. "기꺼이 나 자신을 온전히 주님께 드리면 성령께서 예수 그리스도의 거룩을 내게 부여하십니다." 신앙에서 거룩을 원하지만 거룩해지지 못하는 이유, 주님을 닮아가고자 하지만 그렇게 되지 않는 이유는 명백합니다. 우리 자신을 온전히 주님께 드리지 못했기 때문입니다. 내가 매일 그리스도 안에서 죽기로 결정할 때, 그리스도께서 내 안에 살아계심을 경험하며 고백하고 친밀한 관계를 누릴 수 있습니다.

[한 줄 노트] 그리스도와 함께 죽는 것은 결심하거나 작정하는 것이 아닙니다. 그저 죽는 것입니다.

이제는 내가 산다　　내가 십자가에서 완전히 죽은 후에는 이전에 나의 마음을 다스리던 성향이 완전히 바뀝니다. "이제 내가 육체 가운데 사는 것은"(갈 2:20) 나를 위해 죽으신 주를 위해 사는 것입니다. 이제 믿음은 나의 의지가 아니라, 하나님께로부터 옵니다. 이제 내가 사는 것은 가장 친밀한 상태에서 하나님과 함께하는 시작점이 됩니다. 챔버스는 이러한 믿음을 '하나님의 아들이 소유하셨던 믿음'이라고 말합니다. '이제는 내가 산다'는 고백이 우리에게 철저한 기쁨과 감격으로 찾아와야 합니다. 이제는 내가 사는 것이 하나님을 기쁘시게 하는 일이라 기대가 됩니다. 이제는 내가 사는 것이 죄의 권세를 물리치는 능력으로 나타납니다.

[한 줄 노트] 이제는 내가 사는데, 그 안에 그리스도께서 계시니 참으로 놀라운 일입니다.

[묵상 질문] 오늘 하루 '내가 하는 일'이지만 하나님이 함께 하신다고 고백할 수 있는 일은 무엇이 있습니까?

Mar. 22 뜨거운 마음의 비결

눅 24:32

감정에 휘둘리지 말아야   챔버스는 '뜨거움을 유지하는 비결'에 대해 말합니다. 만일 우리가 매일 예수님과 함께하는 비결을 배우지 못한다면, 일상의 단조로운 일들을 만날 때 그 뜨거운 마음이 곧 식어버릴 것입니다. 챔버스는 우리 그리스도인들이 겪는 대부분의 문제가 '죄' 때문이라기보다는 자신들이 가지고 있는 '속성의 무지' 때문이라고 말합니다. 우리가 가지고 있는 속성이란 주로 '감정'에 의해 휘둘리는 것입니다.

이 문제를 해결하는 방법은 무엇일까요? "감정에 따르는 것을 허락할지 말지를 결정하는 유일한 판단 기준은, 그 감정으로 인해 야기될 결과를 미리 보는 것입니다." 어떤 일의 결과가 하나님의 정죄라면 절대로 그 감정을 허락해서는 안 됩니다. 반대로 성령께서 우리의 마음을 뜨겁게 하실 때, 그 감정을 우리의 삶에서 적절하게 표현하지 못한다면 곧 식어버리고 말 것입니다.

뜨거움을 유지하는 비결은 성령께서 강하게 역사하실 때 순종하는 것입니다. 결정의 순간에는 성령께서 우리 안에 역사하시도록 우리를 내어드리는 '영적 민감성'이 필요합니다. "만일 성령이 당신을 요동한다면 가능한 한 많은 일들이 진행될 수 있도록 하기 바랍니다. 그러면 그 결과들이 드러나게 될 것입니다." 우리의 심령 속에서 성령께서 역사하실 때, 그 뜨거움을 유지하는 길은 성령님께 자신을 내어드리는 것입니다.

그런데 이런 '맡김'이 쉽지 않습니다. '회심의 체험', '마음이 뜨거워지는 경험'은 우리로 하여금 변화산에 머물게 하지 않습니다. 오히려 그 체험을 가지고 변화산 아래로 내려오게 만듭니다. 변화산에서 보았던 놀라운 광채를 세상으로 가지고 내려와 그 빛을 따라 순종하는 삶을 사는 것입니다. 뜨거움은 시간이 지나면 식습니다. 뜨거움이 식지 않도록 하는 비결은 주님이 주시는 비전에 끊임없이 나를 드리는 것입니다.

한 줄 노트 신앙의 비결은 뜨거움이 찾아왔을 때 그 뜨거움을 놓치지 않는 것입니다.

묵상 질문 당신에게 찾아왔던 뜨거움이 식지 않도록 유지하는 구체적인 방법은 무엇일까요?

Mar. 23 육신에 속한 그리스도인입니까?

고전 3:3

육에 속한 증거 신앙에서 꼭 점검해야 하는 포인트가 있습니다. 우리가 영에 속한 사람인지, 아니면 육에 속한 사람인지를 아는 것입니다. 우리는 무엇을 시기하고 무엇에 분노하고 있습니까? "성경 안에 당신을 짜증나게 만드는 진리가 있습니까? 그렇다면 이는 당신이 지금 육에 속한 상태임을 증거합니다. 만일 성화하는 과정에 있다면, 그러한 마음이 있을 수 없습니다." 성경을 읽으며 그 말씀이 우리 속에 적용되고 있음이 감사함으로 고백된다면 분명 영에 속한 사람이라고 말할 수 있습니다. 하지만 그 말씀이 우리를 불편하게 한다면 육신의 일을 도모하고 있음이 분명합니다. 말씀이 마음을 찌르고 불편하게 할 때 감사하십시오. 우리에게 말씀에 반응할 수 있는 기회가 찾아왔기 때문입니다.

> **한 줄 노트** 말씀이 당신을 짜증나게 하거나 삶에 걸림돌이 된다면 아직 육에 속해 있음이 분명합니다. 하지만 이것을 아는 순간 새로운 시작이 기다리고 있습니다.

영에 속한 증거 육에 속한 사람들은 늘 변명하지만, 영에 속한 자가 되면 당장 죄를 자백합니다. 빛에 서는 자는 죄에 대하여 민감해지며, 찬란한 빛 앞에서 변명이 얼마나 무의미한지 알게 됩니다. 영에 속한 자가 되어 죄를 자백하는 순간 하나님께서 그 잘못된 것들을 다루어가십니다. "자신을 변론하려고 한다면 당신은 스스로 어둠의 자녀임을 시인하는 것이 될 뿐입니다." 하나님께서는 우리가 영에 속한 사람인지 확인할 수 있는 증거를 주십니다. "실질적인 확인이 곧 육신이 제거된 유일한 증거입니다. '이 일이 전에 발생했다면 분명 내 안에 짜증과 분노가 있었을 텐데!' 당신은 내면에서 하나님께서 하신 일을 보며 놀라게 될 것입니다." 가장 실제적인 증거는 이전과 완전히 다른 내면의 모습을 보는 것입니다. 하나님께서 우리 삶에 어떻게 관여하시는지를 알게 될 때 우리는 비로소 영적인 사람이 되어갑니다. 성령께서 우리를 아프게 하실 때, 회피하지 말고 인도하심에 자신을 맡기는 것입니다.

> **한 줄 노트** 강력한 성령의 빛 앞에서 자신을 고백하는 것은 '영에 속한 사람'이라는 증거이며, 아직도 자신을 변론하고 있다면 '육에 속한 사람'이라는 증거입니다.

묵상 질문 우리의 정체성을 명확히 알기 위해 우리 안에서 영에 속한 사람이라는 증거, 혹은 육에 속한 사람이라는 증거를 찾아봅시다.

Mar. 24 주의 목적을 위해 쇠하는 것

요 3:30

섣불리 간섭하지 않기   하나님을 대신하려는 우리의 생각이 신앙의 딜레마가 되어 순종을 가로막을 수 있습니다. "만일 당신이 어떤 사람에게 절대적으로 필요한 존재가 된다면 당신은 하나님의 의도에서 벗어난 것입니다." 누군가에게 도움이 되기 위해 그의 삶과 신앙에 간섭할 때가 있습니다. 그러나 이런 태도가 하나님의 역사에 간섭하는 일이 될 수 있습니다. 때로는 무섭게도 우리 안에 하나님의 자리를 대신해 누군가에게 절대적인 영향력을 행사하려는 무서운 야망이 자리 잡고 있을지도 모릅니다. 우리 마음대로 하나님의 뜻을 대신 생각하는 '아마추어 섭리'에서 벗어나려면 '신랑 예수님'의 역할을 대신하지 말아야 합니다. 챔버스는 '아마추어 섭리'로 인해 마지막 때에 이런 말을 들을 수도 있다고 경고합니다. "그 사람은 도둑이었습니다. 주님을 향한 나의 사랑을 빼앗아갔지요. 나는 그때 저 사람 때문에 주님을 향한 비전을 잃었어요." 세례 요한은 많은 관심과 지지를 받고 있던 상황에서 절대 주님의 자리를 대신하려고 하지 않았습니다. 세례 요한처럼 자신의 위치를 알고 자신의 자리를 지킬 때, 주님이 영광을 받으실 수 있습니다. 우리는 단지 '찢겨진 빵과 부어지는 포도주'가 되도록 부름 받았습니다.

한 줄 노트 주님이 드러나고 나는 기꺼이 쇠할 수 있다고 생각한다면, 섣불리 하나님의 섭리에 간섭하지 않을 것입니다.

신랑의 음성을 듣는 기쁨   세례 요한의 기쁨은 사람들이 신랑 되신 예수님을 보고 예수님의 음성을 듣는 것이었습니다(요 3:29). 이것이 참된 사역자의 정신입니다. 주님을 믿는 사람으로 누군가에게 선한 영향력을 끼치려는 모든 사람에게 필요한 말씀입니다. "신랑의 음성이 들리기 전에, 다른 사람의 삶에 당신이 소중한 사람이 되려는 마음을 버리십시오." 어떤 상황에서도 이러한 유혹에 빠져서는 안 됩니다. 이러한 유혹이 고개를 들 때마다 생각해야 할 사실이 있습니다. 주님께서 한 영혼을 구원하시기 위해 십자가에서 찢기고 피 흘리면서 파선되었다는 사실을 말입니다. 우리의 사명은 다른 이들이 참 신랑이신 주님의 음성을 듣고 그분을 따르도록 돕는 신랑의 친구가 되는 것입니다.

한 줄 노트 하나님을 대신하려는 욕망이 참 무섭습니다. 사람이 아니라 오로지 하나님께 소중한 존재가 되려고 몸부림치며 살아야 합니다.

묵상 질문 내가 아닌 하나님의 영광이 드러나도록 절제해야 할 일은 무엇입니까?

Mar. 25 이 땅에서 가장 미묘한 사명

요 3:29

무엇이 미묘한가? 우리에게 주어진 사역이란 사람들로 하여금 우리가 아닌 하나님만 바라보게 하는 것입니다. "만일 나의 거룩함이 사람들의 관심을 주님께로 향하도록 하는 것이 아니라면 그 거룩은 정상적인 궤도에서 벗어난 것입니다. 나아가 사람들의 마음에 비정상적인 애착을 유발시켜 그 영혼들로 하여금 곁길로 빠지게 하는 것입니다." 명예욕은 하나님의 일을 하는 사람에게 치명적인 유혹 중 하나입니다. 그러나 성경은 계속해서 자신을 드러내지 말라고 가르칩니다. 우리가 하나님을 믿는다면 오로지 하나님께 받는 인정만이 참되기 때문입니다. 우리에게 불가능한 것처럼 여겨지는 사명을 주신 이유가 무엇일까요? 미묘한 일이지만 꼭 필요한 것이기 때문입니다. 극단적으로 말해 우리가 하나님의 일을 한다고 하면서 자신만 드러내고 있다면 주님께 방해가 될 뿐입니다. 만일 우리가 사람에게 칭찬을 받고 있다면 진정한 신랑 되시는 예수님의 친구가 아닐 것입니다.

한 줄 노트 우리에게는 억울한 일을 당해도 변명하지 않고, 잘한 일이 있어도 드러내지 않으며 살아가야 하는 미묘한 사명이 있습니다.

순종보다 중요한 관계 챔버스는 사역을 하며 주님과의 관계를 가장 중요하게 여겼습니다. 우리는 종종 열심으로 인해 관계에 소홀해집니다. 세례 요한은 신랑을 대신하지 않고 신랑의 친구로 족하며 자신의 역할에 충실했습니다. 챔버스는 늘 순종을 가장 중요시 여겼습니다. 그런데 그런 챔버스가 이렇게 말합니다. "가끔 특별하게 순종할 만한 것이 없을 때도 있습니다. 이때에도 반드시 해야 하는 일은, 주님과의 관계를 깨뜨리는 것을 절대로 허락하지 않고 계속 주님과의 활기찬 관계를 유지하는 것입니다." 주님과의 관계가 잘못되면 결정의 순간에 순종하지 못합니다. 그러니 우리에게는 '지속적인 관계'가 중요합니다. '지속적인 관계'는 끊임없이 주님의 마음을 아는 일입니다. 주님의 마음을 아는 열심이야말로 우리에게 올바른 방향을 제시해 주지 않을까요? "평범한 대부분의 삶에서 더 중요한 것은 의식적인 순종보다 주님과의 관계 유지입니다."

한 줄 노트 의식적인 순종보다 주님과의 관계를 지키는 것이 더 중요합니다.

묵상 질문 주님과의 관계를 유지하기 위해 오늘 해야 하는 일은 무엇입니까?

Mar. 26 인격적인 청결에 의한 비전

마 5:8

청결함이란? 성경에서 말하는 청결함은 영적으로 하나님과 같은 마음을 유지하는 것입니다. 하지만 세상 속에서 사는 우리는 이런 저런 이유로 더럽혀질 때가 많습니다. 하나님은 이런 외적인 것으로부터 우리를 특별하게 보호하시지는 않습니다. 신앙생활은 특별히 구별된 곳에서 특별한 사람들과 사는 것이 아닙니다. 신앙을 유지하는 핵심은 '보편적인 상황' 가운데 어떻게 '신앙적 반응'을 하느냐는 것입니다. "하나님은 더럽혀질 가능성으로부터 우리를 보호하지는 않으십니다. 그러므로 우리는 하나님을 볼 수 있기 위해 인격적인 청결함을 유지해야 할 필요를 깨닫게 됩니다." 챔버스는 청결함을 유지하는 비결로 하나님을 바라보는 비전이 있어야 하며, 그 비전으로 인해 온전히 순종할 수 있다고 말합니다. 마음이 청결하지 않으면 하나님의 비전을 볼 수 없습니다.

[한 줄 노트] 하나님이 주시는 비전을 보기 위해서는 깨끗한 마음을 유지해야 합니다.

청결함을 유지하려면 청결은 전적으로 하나님의 은혜에 의존합니다. 하지만 스스로 돌봐야 하는 부분도 있습니다. 신앙인의 삶은 세상 한가운데서 이루어집니다. 이때 우리는 내적인 청결함과 외적인 접촉 사이에서 조화를 이루어야 할 필요성을 느낍니다. 챔버스는 이것을 '내면의 성전'과 '바깥 뜰'이라는 비유로 설명했습니다. 이 둘은 불가분의 관계 속에 있습니다. "우리의 바깥 뜰이 더럽혀질 때 우리는 영적인 깨달음에 이를 수 없게 됩니다. 만일 주 예수 그리스도와 개인적인 교제를 유지하려면 자신을 더럽히는 모든 생각들과 행동들을 삼가야 합니다." 세상 사람들과의 관계 속에서 살아가는 우리가 '청결함'을 유지할 수 있는 실제적인 비결은 무엇일까요? 챔버스는 '그리스도 안에서'만 우리의 관계가 완전할 수 있다고 말합니다. 우리는 함께 그리스도를 섬기는 사람이 아니라, 그리스도를 통해 서로를 바라보며 섬기는 공동체를 이루어야 합니다. '그리스도를 통해' 누군가를 본다면, 하나님의 비전으로 우리의 마음이 맑아질 것입니다.

[한 줄 노트] 청결함은 '나'의 마음에서 나오는 것이 아니라 '그리스도를 통해'서만 가능합니다.

[묵상 질문] 오늘 만나는 사람들을 내 생각을 투영하지 않고 그리스도를 통해 하나님의 마음으로 바라보는 훈련을 해봅시다.

Mar. 27 인격적인 성품에 의한 비전

계 4:1

더 높이 '더 높이'는 거룩한 습관을 가진 인격을 만들기 위해 하나님께서 사용하시는 방법입니다. 그러나 동시에 사탄이 우리를 유혹의 세계로 인도할 때도 사용하는 언어입니다. 우리가 최고의 인격을 가진 삶을 추구할 때 하나님께서 "친구여 더 올라오라"고 말씀하십니다. 그리고 사탄도 역시 한 차원 더 높은 곳으로 우리를 데려가는 것을 유혹의 전략으로 사용합니다. 사탄이 우리를 더 높은 곳에 올려놓을 경우, 왜곡된 거룩의 개념을 갖게 됩니다. "마치 거룩이란 우리의 이 육신으로는 도무지 이룰 수 없는 것이기에 영적인 곡예사가 되어야 할 것처럼 말합니다. 그 후 그 자리에 올려지면 감히 움직일 생각도 못하고 꼼짝 못 하게 됩니다." 그러나 하나님의 은혜로 우리를 더 높은 곳으로 인도하실 때에는, "우리는 매달릴 꼭대기가 아니라 그곳에서 마음껏 움직이며 뛰놀 수 있는 운동장을 발견하게 됩니다." '더 높은' 곳에서 우리의 인격이 하나님의 은혜로 빚어질 때에는 한없이 자유로움을 향유합니다.

한 줄 노트 누구로 인해 형성된 인격인지에 따라 세상을 보는 프레임이 달라집니다.

점검하기 챔버스는 하나님이 우리를 더 높은 곳으로 인도하실 때와 사탄이 더 높은 곳으로 인도할 때 어떤 차이가 있는지 말합니다. 하나님께서 우리를 더 높은 곳으로 인도하실 때, 우리는 더 고귀한 비전을 보고 새로운 진리를 깨닫게 됩니다. 하지만 사탄이 우리를 높은 곳에 올려놓으면 '거룩'을 초인적인 위치에 있는 것으로 착각하게 됩니다. 챔버스는 작년 이맘때와 이번 주를 비교해 보라고 말합니다. 하나님께서 우리를 이끄셨다면 분명 더 높은 관점에서 하나님을 보게 될 것입니다. "영적으로 당신의 위치를 볼 수 있는 통찰력이 바로 당신이 영적으로 성장한 증거입니다." 하나님은 우리의 영적 수준에 맞춰 하나님이 원하시는 것이 무엇인지 보여주십니다. "우리의 인격적인 성품의 분량이 하나님의 계시를 대할 수 있는 자리까지 이르기 전에는, 주님은 주께서 하실 일을 우리에게 숨기실 수밖에 없습니다." 우리 중 누구도 완벽할 수 없기에 지난해보다 오늘 더 나은 인격과 성품을 가진 사람으로 변해가고 있는지 점검해야 합니다.

한 줄 노트 우리의 성품과 인격이 하나님과 상대할 정도가 될 때, 비로소 하나님의 비전을 보게 될 것입니다.

묵상 질문 지난해보다 올해, 어제보다 오늘 더 나아진 나의 성품과 인격은 무엇입니까?

Mar. 28 | 주님께 불명예가 되는 것

요 11:7-8

분별 본문은 '예수님을 위하여' '예수님이 가시고자 하는 길을 막고 있는' 제자들의 이야기입니다. 예수께서 십자가를 지시기로 굳게 결심하신 후에 예루살렘을 향해 길을 떠나셨습니다. 그때 그 길을 유대인들이 가로막았고, 그들은 심지어 예수님을 배척했습니다. 그런데 주님께서 그들 틈으로 다시 들어가겠다고 하시니, 제자들이 주님을 말리는 장면입니다. 주님의 길을 가로막은 그들의 의도는 분명합니다. 예수님께 피해가 가지 않도록, 불명예스러운 일이 일어나지 않도록 가로막고 있습니다. "주님이 말씀하신 것을 이해하지 못할 수 있습니다. 그렇다고 그분이 말씀하신 것을 틀렸다고 말하는 것은 위험합니다. 말씀에 순종할 경우 예수님께 불명예가 될지 모른다는 생각은 옳지 않습니다." 아무리 주님의 영광을 위하는 '선한 동기'라고 할지라도, 순종하지 않는 것은 엄연한 불순종입니다. 주님께 순종하지 않는 것이 주님께 불명예가 됩니다.

한 줄 노트 아무리 선한 동기를 가졌다고 할지라도, 순종하지 않는 것은 불순종입니다.

그리고 순종 순종은 우리의 이해가 아니라 주님께서 하시는 제안을 그대로 받아들이는 것입니다. 주님의 제안을 밀어내고 순종하지 못할 때는 '나의 이해'를 기준으로 할 때입니다. 많은 신앙인들이 범하는 오류 중 하나는 '주님'께 충성하기보다 자신이 가지고 있는 주님에 대한 '관념' 혹은 '교리'에 집착하는 것입니다. "자신의 교리에 충성하는 것은 무엇보다 나의 지식을 신앙의 발판으로 삼는 것입니다. 믿음은 지적인 이해가 아닙니다. 아무것도 보이지 않는 그곳에서 마음을 다해 오직 주님만 의지하는 것입니다." 자신이 납득할 만한 충분한 이해와 분명한 지식을 바라기 때문에 우리는 주저합니다. '주저한다'는 것은 결국 우리가 어떤 결정을 내릴 때, 그 결정을 '자신'이 했다는 의미입니다. 주님께서 우리에게 무언가 말씀하실 때는 미련 없이 기쁨으로 순종해야 합니다. '주님을 위해서'라고 말하지만, 사실은 우리가 '이해할 수 있을 때'까지 순종하지 못하는 것입니다.

한 줄 노트 믿음이란 아무것도 보이지 않는 곳에서 마음을 다해 오직 주님만 의지하는 것입니다.

묵상 질문 당신이 주저하는 이유는 무엇입니까? 혹시 '나의 이해'만 바라기 때문에 순종하지 못하는 것은 아닙니까?

Mar. 29 주님의 갑작스러운 방문

눅 12:40

주님 오실 때까지 그리스도의 사역자들이 갖추어야 할 가장 중요한 덕목 중 하나는 언제든 주님을 뵐 준비를 하는 것입니다. 그런데 이런 자세를 갖고 사는 것이 쉽지 않습니다. 본문은 신랑을 기다리고 있는 신부의 비유를 들어 예수님이 하시는 말씀입니다. 신랑을 기다리는 신부가 혹시라도 기름이 떨어지지 않도록 준비하는 것처럼, 우리도 주님을 맞이하기 위해 준비해야 합니다.

"예수님께서는 우리가 기대할 때 오시는 일이 거의 없습니다. 그분은 우리가 가장 기대하지 않을 때 나타나십니다. 그리고 우리 입장에서 논리적으로 볼 때 그분이 오실 시기가 전혀 아닌 때 오십니다." 이는 오로지 주님의 오심을 준비하고 기다리는 사역자가 되어야 가장 충성스런 일꾼이 될 수 있기 때문입니다. '예측할 수 없는 삶'이 우리를 가장 민감하고 깨어 있게 만듭니다. 주님의 오심을 기다리는 신앙이야말로 우리를 가장 생생하게 살아 있도록 만드는 것이 아닐까요?

준비된 자만이 기회를 놓치지 않습니다. 신앙인의 준비 시간에는 '긴장'보다 '기대'가 더 크다는 생각을 합니다. 그분은 '신랑'으로 오셔서 우리를 아름답게 맞아 주십니다. 기다림의 시간에 주님을 위해 우리가 하고 싶은 일, 준비하고 싶은 일, 그리고 보이고 싶은 일이 얼마나 많겠습니까? 그러나 챔버스가 경계합니다. "아무도 믿지 마십시오. 심지어 이 땅에서 존재했던 아주 고상한 성인마저, 만일 그가 당신이 예수님을 바라보는 것을 방해한다면 그를 무시하십시오."

이 말은 여러 가지로 해석이 가능합니다. 훌륭한 종교 지도자들을 따라가다 주님의 모습을 놓치는 것이 가장 위험합니다. 하나님을 섬기는 성직자, 말씀을 전하는 설교자, 의로운 일을 행하는 사역자들로 인해 주님의 모습이 가려서 보이지 않는 경우가 허다합니다. 그 어떤 사람, 위대한 성인도 주님을 바라보는 데 방해가 된다면 무시해야 할 대상일 뿐입니다. 그러니 주님이 아닌 그 어떤 것도 주님의 얼굴을 가리지 않도록 해야 합니다.

한 줄 노트 갑작스러운 주님의 방문에 당황하지 않으려면, 주님의 얼굴을 바라보는 데 방해가 되는 모든 것을 무시해야 합니다.

묵상 질문 주님이 오늘 나에게 오신다면 가장 당황스러운 일은 무엇일까요?

Mar. 30 | 하나님을 향한 거룩입니까, 강퍅함입니까?

사 59:16

거룩함 vs. 강퍅함 챔버스는 하나님을 향한 거룩함과 강퍅함의 차이를 구별합니다. 기도하는 많은 사람들이 기도의 유익을 누리기보다는 잘못된 함정에 빠지기 십상입니다. "경배하는 마음과 중보 기도는 병행되어야 합니다. 둘 중 하나가 없으면 불가능합니다." 챔버스는 중보 기도의 정의를 이렇게 내리고 있습니다. "중보 기도는 우리 자신을 붙들어 기도의 대상을 향한 그리스도의 마음을 취하는 것입니다." 하나님을 경배하지 않는 기도는 우리의 마음을 강퍅하게 만들고 고집스럽게 만들어갑니다. 이런 태도로, "자신의 간청들을 하나님의 보좌 앞에 던져두고 우리가 원하는 것을 그분이 하셔야 한다고 명령을 내립니다." 기도는 내 뜻을 관철시키는 것이 아니라 하나님의 뜻으로 나를 변화시키는 것입니다. 그런데 우리 기도가 하나님을 경배하지 않고 그리스도의 마음을 품지 않을 때 경건의 모양은 있으나 거룩은 상실하고 맙니다. 이러한 기도는 횟수와 양이 증가할수록 더욱 우리를 강퍅하게 만들 것입니다.

> **한 줄 노트** 하나님의 마음을 헤아리지 않는 기도는 하나님을 향해 강퍅한 마음을 드러낼 뿐입니다.

함정이 없는 기도 창세기 18장에는 소돔과 고모라를 위한 아브라함의 중보 기도가 있습니다. 하나님께서는 아브라함과 계속해서 대화하시고 그의 흥정에 응하셨습니다. 아브라함이 기도하는 내용 속에 하나님의 마음이 담겨 있었기 때문입니다. 멸망 받아야만 하는 그 도시를 향한 하나님의 안타까운 마음과 동일한 아픔을 가지고 아브라함이 기도하고 있습니다. 이 마음을 아는 기도가 하나님을 '경배'하는 기도입니다. 챔버스는 전혀 함정이 없는 사역으로서 '중보 기도'를 이야기합니다. 중보 기도자가 되는 것은 하나님을 예배하며 그분과 거룩한 관계 속에 사는 것입니다. 중보 기도는 기도하는 대상을 향해 그리스도께서 가지셨던 마음을 바라며 주님께 예배하는 마음으로 드리는 기도입니다. 하나님의 마음을 아는 기도를 할 때, 우리는 하나님을 예배하는 마음으로 기도하게 됩니다. 그러므로 중보 기도는 절대로 잘못될 위험이 없는, 우리를 걸려 넘어지게 하는 덫이 없는 기도입니다.

> **한 줄 노트** 하나님의 마음으로 하는 중보 기도는 진정으로 하나님을 예배하는 자들의 기도입니다.

묵상 질문 오늘 누구를 위해 하나님의 마음으로 중보하며 기도하고 있습니까?

Mar. 31 주의하는 것입니까, 위선입니까?

요일 5:16

영적 위선을 주의하라   오늘 묵상은 하나님의 영이 일하는 방식에 대해 주의하지 않으면 '영적 위선'에 빠질 위험이 있음을 기억하라고 말합니다. 다른 사람들의 죄가 우리 눈에 보일 때, 그들을 비판하게 됩니다. 이는 성령께서 조명하시는 하나님의 말씀을 잊은 것입니다(요일 5:16). 성령께서 우리에게 말씀하실 때는 죄를 범하는 영혼을 위해 기도하게 됩니다. 그러나 지적으로 판단할 때는 죄 지은 사람을 비판하고 저주합니다. 미묘한 차이 같지만 여기서 '영적 주의'와 '영적 위선'이 갈라집니다. 챔버스는 경고합니다. "당신이 하나님을 경배하는 마음으로 다른 사람을 위해 구하기 전에, 다른 사람을 비판의 입술로 바르게 세우려고 당신의 모든 시간을 사용하는 위선을 행하지 마십시오." 하나님의 말씀에 주의하는 것과 영적 위선에 빠지는 것은 아주 작은 차이에서 비롯됩니다. 어떤 눈으로, 무엇을 통해 상대방을 보는가 하는 것입니다.

> **한 줄 노트** 누군가의 죄가 눈에 들어올 때 저주하고 비판하는지, 그 영혼을 위해 기도하는지는 '주의'와 '위선' 사이에서 줄타기를 하는 것과 같습니다.

영적 분별을 주시는 이유   "주님이 여러 가지를 보여주시는 목적은 우리로 하여금 하나님 앞에서 다른 영혼의 짐을 지게 하시고 그들을 향해 그리스도의 마음을 갖게 하기 위함입니다." 다른 영혼에 대한 민감성은 죄 지은 영혼의 생명을 우리에게 맡겨주시는 것입니다. 이런 마음을 주실 때까지 기다릴 것이 아니라, 기도 중에 중보 대상을 향해 하나님의 마음을 가지는 단계로 나아가야 합니다. 영적 민감성을 가지면 주님의 탄식을 보게 되고, 그 탄식이 우리 마음에 들어올 때 주님과 하나가 됩니다. 주님과 하나가 되면 자연스럽게 중보 기도로 우리를 인도하십니다. '주의'하면 하나님의 마음을 알지만, '위선'은 하나님의 마음을 아프게 합니다. 나 때문에 아프셨을 하나님의 마음에 감격했는데, 이제는 누군가를 향한 하나님의 아픈 마음이 느껴지니 기도하지 않을 수 없습니다. 영적으로 민감한 사람들이 느끼는 아픔은 모두에게 축복입니다.

> **한 줄 노트** '얼마나 아프실까'라는 하나님의 아픔이 우리 안에 느껴질 때, 그것이 참다운 축복입니다.

묵상 질문 우리 마음은 무엇 때문에 아픈가요? 아픔을 적어보면 영적 상태를 분명하게 알 수 있지 않을까요?

4월

모든 짐을 주님께
맡기십시오!

감당할 수 없는 책임감에 짓눌릴 때

Apr. 01 따뜻한 마음입니까, 무관심한 마음입니까?

롬 8:34, 27

중보 기도의 필요성   챔버스는 묻습니다. "곧 예수님께서 우리를 위해 중보 기도하시고, 성령께서 성도를 위해 중보 기도하십니다. 당신은 성령님께 교육을 받은 하나님의 자녀로서 동료들을 위해 중보 기도를 드리는 관계 속에 살고 있습니까?" '중보 기도를 드리는 관계'란 우리가 살고 있는 모든 상황이 중보 기도의 상황이라는 말입니다. 인생 가운데 위기가 아닌 때가 있을까요? 우리를 짓누르는 삶의 위기 때문에 주님을 밀어내지 않고, 잠깐 멈춰 상황 속에서 주님과 관계를 맺는 것이 중요합니다. 챔버스에게 '관계'는 늘 신앙의 우선순위와 연관됩니다. 주님과의 관계를 고려하지 않은 우리의 소원, 위기를 벗어나려는 간절한 소망들이 주님의 뜻을 벗어날 수 있음을 알아야 합니다. 주님과 마주하지 않는 한 우리는 다른 사람을 위해 기도할 수 없습니다. 우리가 중보 기도로 나아갈 때, 주님께서 기적을 행하십니다. 중보 기도는 다른 사람을 위해 성령의 능력으로 하나님 앞에 나아가는 것입니다.

[한 줄 노트] 기도조차 할 수 없다는 생각이 들면, 진정 기도가 필요한 때입니다.

따스한 마음으로   "하나님께서는 계속 우리를 우리가 마음에 들어하지 않는 사람들에게로 인도하십니다. 이때 우리 마음이 하나님을 경배하는 상태가 아니라면 우리가 그들에게 행하는 가장 자연스러운 행위는 그들을 차갑게 대하는 것입니다." 하나님을 경배하지 않으며 행하는 행위는 상당히 형식적이고 가식적입니다. 챔버스는 이런 모습을 '한두 마디 뼈아픈 성경 구절을 던져주거나 틀에 박힌 신앙 상담을 하고 차갑게 떠나는 것'이라 표현합니다. 중보 기도도 중요하지만, 정작 중요한 것은 '따뜻한 마음의 기도'라는 사실을 기억해야 합니다. 성령께서 우리와 함께하실 때 우리 심령이 예배하는 마음을 가지게 됩니다. 예배하는 마음은 자연스럽게 성령의 인도하심을 따라 하나님의 마음을 가지게 합니다. 하나님의 아픈 마음이 우리에게 전달될 때 비로소 우리는 타인을 위해 기도하게 됩니다. 이 아픔은 타인의 죄를 비판하는 마음이 아니라, 위로하며 안타까워하는 마음입니다. 이 순간 성령님의 따스함이 우리 가운데 찾아옵니다. "따스함이 없는 그리스도인은 분명 주님께 커다란 아픔일 것입니다."

[한 줄 노트] 성령님의 인도하심을 따라 기도하면 성령님이 주시는 따뜻한 마음도 따라옵니다.

묵상 질문 오늘 나의 기도 중에서 차가운 기도와 따뜻한 기도를 분별해 봅시다.

Apr. 02 최상의 영광

행 9:17

당신에게 최상의 영광은 무엇입니까? 본문은 사도 바울이 다메섹 도상에서 회심하는 이야기입니다. 눈이 멀었던 바울은 부활하신 주님의 영광을 대하고 다시 보게 된 후, 다른 어떤 것도 주님의 영광과 비교할 수 없었습니다. 가장 귀한 가치를 발견하면 덜 중요한 가치에 눈길을 두지 않는 게 당연합니다. 인생을 살며 이것저것 저울질한다면 아직 최고의 가치를 발견하지 못했다는 방증입니다.

우리 가슴이 가장 뛰었던 때가 언제입니까? 십자가에 달리시고 부활하신 예수님이 바로 나를 위해 죽으시고 살아나셨다는 것을 고백했던 때입니다. 챔버스의 말처럼 주님을 인격적으로 만난 사람은 언제든 '찢겨진 빵과 부어지는 포도주'가 될 수 있도록 준비되어야 합니다. 오늘 스스로에게 물어보십시오. 우리는 누구에게 무엇을 전하고 있습니까?

"영적인 사람이 항상 지니고 있는 특징은 주 예수 그리스도를 잘 깨달은 후에 다른 사람에게도 하나님의 목적이신 그리스도를 알려주려고 한다는 점입니다. 따라서 그 인생의 단 한 가지 집중된 열정은 예수 그리스도입니다." 만일 우리가 최고의 영광이신 주님을 고백하고 있다면 다른 것에 시선을 빼앗기지 않도록 해야 합니다. 우리가 영적일 때는 주님의 매력에 온전히 빠져 있지만, 다른 것에 한눈팔고 있는 자신을 볼 때는 영적으로 얼마나 잘못되어 있는지를 깨닫게 될 것입니다.

주님을 바라보는 것은 '의지적 결단'입니다. 믿음의 사람들은 하나같이 주님만을 바라보며 살았던 사람입니다. 챔버스는 메리 D. 제임스의 찬양시 〈모든 것을 예수님께〉를 인용합니다. "내 눈이 주를 뵌 이후로 다른 모든 것을 보지 않게 되었다네. 십자가에 달리신 주를 뵐 때에 나의 영혼을 사로잡으시네."

한 줄 노트 우리는 최고의 영적 상태에서 최상이신 주님의 영광을 묵상합니다.

묵상 질문 주님 때문에 놓을 수 있는 것, 포기할 수 있는 것은 무엇입니까?

Apr. 03 "너도 알았더라면!"

눅 19:42

이상한 우상   바리새인들은 예수님을 인정하지 않았습니다. 스스로를 왕으로 생각하는 이상한 우상, 즉 '교만'에 싸여 있었기 때문입니다. 성경은 인간적인 눈으로 보이는 의로움을 '회칠한 무덤'이라 말합니다. 이는 겉으로는 번지르르하지만 속은 썩어 냄새가 나는 무덤입니다. 바리새인들은 자신의 눈을 가린 우상으로 인해 주님을 알아보지 못했습니다. 챔버스는 우리 눈을 흐리게 하여 주님을 보지 못하게 하는 것을 '우상'이라 말합니다. "우상은 멀리하고 싶은 끔찍한 괴물이 아니라 오히려 내 안에서 나를 휘어잡는 성향입니다." 챔버스가 경험한 우상은 기괴한 형상이나 타 종교의 상징물이 아니었습니다. 자신의 내면에서 자신을 내주는, 하나님이 아닌 '어떤 것'이었습니다. 하나님은 우리를 하나님을 대면하게 하는 '어떤 것'으로 인도하십니다. 그때 우리 자신을 내어드리지 못하고, 양도하지 못하게 하는 그것이 우상입니다.

[한 줄 노트] 우상은 끔찍한 모습의 괴물이기보다는 우리 안에서 하나님께 자신을 전적으로 양도하지 못하도록 하는 것입니다.

안타까움   바리새인들이 주님을 알지 못하고, 고백하지 못한 이유는 단순한 무지의 문제가 아닙니다. 죄성으로 인해 끝까지 하나님께 자신을 양도하지 않는 완악함, 우상으로 눈이 가려져 주님을 보지 못하는 상황을 주님은 안타까워하셨습니다. 그러나 이 안타까움이 아직 절망은 아닙니다. 아직 소망이 있는 이유가 있습니다. "하나님께서는 이미 닫힌 문은 다시 열지 않으십니다. 그러나 주님은 다른 문들을 여십니다. 하나님께서는 닫히지 말아야 하는데 우리가 닫은 문들을 기억나게 하십니다. … 하나님께서 과거를 기억나게 하실 때 절대로 두려워하지 마십시오." 하나님께서 과거 실수를 생각나게 하시고, 꾸짖으시며 슬픔을 느끼게 하실 때는 하나님의 새로운 역사가 시작될 때입니다. 그러니 두려워하지 마십시오. 하나님께서는 닫으신 문은 열지 않으실지라도, 우리가 깨닫지 못해 닫혔던 문을 다시 여는 분이십니다.

[한 줄 노트] 우상숭배로 인해 닫힌 문 때문에 너무 안타까워하지 마십시오. 하나님께서는 우리에게 다른 기회의 문을 열어주십니다.

[묵상 질문] 당신의 신앙에서 실패했던 일들을 떠올려보십시오! 다시 실패하지 않기 위해 해야 하는 일은 무엇일까요?

Apr. 04 축복보다 하나님을 바라십시오!

요 16:32

하나님께서 흩으심 본문에서 예수님은 제자들이 흩어지고 혼자 고난의 길을 가실 것을 예언하십니다. "그들의 믿음은 진실했지만 흔들리고 있었습니다." 믿음은 있으나 '현실적인 상황'에서 그들의 믿음이 작동하지 못했습니다. 챔버스는 거룩함으로 하나님과 '온전한 관계'를 맺고 있다면 '현실적인 상황'에서도 이 믿음이 작동해야 한다고 강조합니다. 온전한 관계가 맺어진다면, "우리는 사역을 위한 것이 아니라 내면의 절망을 향해 흩어지게 될 것입니다. 그리고 소위 하나님의 '축복'에 대한 내면의 죽음을 겪게 될 것입니다." 올바른 관계 속 흩어짐은 진정한 내적 죽음의 의미를 아는 복된 흩어짐입니다. 이 흩어짐은 우리가 원해서 발생하는 상황이 아닙니다. 하나님께서 우리 삶에 개입해 만드시는 일이기에 우리는 준비되어 있어야 합니다. 하나님께서 흩으시는 자리를 경험한 사람은 어떤 내적 황폐함에서도 하나님을 찬양할 수 있습니다.

[한 줄 노트] 하나님께서 우리를 흩으셔서 어둠과 황폐함으로 이끌어가신다면, 실제로 우리 믿음이 어떠한지 묻고 계신 것입니다.

믿음의 경계선 "나를 혼자 둘 때가 오나니"라는 본문 말씀은 믿음과 불신앙의 경계를 보여줍니다. "하나님의 섭리에 의해 흩어질 때 주님을 홀로 두고 떠난 것은 아닙니까? 우리의 상황에서 하나님을 보지 못하고 있습니까? … 당신은 하나님께서 당신에게 원하시는 대로 뭐든 하시도록 허락할 준비가 되어 있습니까? 눈에 뜨이는 축복으로부터 멀어질 것에 대해서도 준비가 되었습니까?" 이런 질문들을 통해 우리 믿음이 어디에 있는지 점검하게 됩니다. "예수님께서 '주'가 되실 때까지 우리 모두 자신의 유익을 구하게 되어 있습니다. 우리의 믿음은 진실한 것이지만 아직 흔들림이 없는 영구한 믿음은 아닙니다." 우리 믿음이 증명될 때까지 하나님은 서두르시지 않습니다. 기다림의 시간을 통해 하나님은 우리 관심이 '주님과의 관계'보다 '축복'에 쏠려 있었다는 사실을 깨닫게 하십니다. 믿음의 경계선에 있는 우리에게 필요한 것은 하나님께서 우리에게 주시는 영적 용기입니다. "담대하라! 내가 세상을 이기었노라"(요 16:33).

[한 줄 노트] 믿음과 신앙의 경계선에서 우리가 붙잡아야 하는 것은 '담대한 믿음'입니다.

[묵상 질문] 당신의 믿음을 점검하십시오. 당신은 떨고 있습니까? 아니면 담대하게 주님을 붙들고 있습니까?

Apr. 05 주님의 고통과 우리의 친교

마 26:36, 38

고통은 우리의 친구   "예수님께서 겟세마네에서 두려워하신 것은 십자가의 죽음이 아니었습니다. 주께서 가장 강조하신 말씀은 자신이 죽기 위해 오셨다는 것이었습니다. 겟세마네에서 주께서 두려워하신 것은 '인자'로서의 사명을 다 감당해낼 수 있을까 하는 것이었습니다." 사탄은 '하나님의 아들'을 공격할 수 없기에 '인간의 몸'을 입은 예수님의 약점을 공략합니다. 우리 죄를 사하시려는 하나님의 계획을 방해하려는 것입니다. 이때 '인자'는 오롯이 그 공격과 시험을 몸으로 다 받아내야 하셨습니다. 따라서 오늘은 신이신 예수님이 아닌, 인간의 몸으로 사탄의 공격을 받으시는 예수님을 묵상해야 합니다.

인간의 몸을 입으신 예수님이 처음 받은 유혹은 '광야의 시험'이었습니다. 사탄은 철저하게 육신의 몸을 입으신 주님의 약점을 공략했습니다. 하지만 주님은 이기셨습니다. 사탄은 예수님을 다시 시험하고 공략했지만 또 패배합니다. 이처럼 사탄의 공격은 한 번으로 끝나지 않습니다. 하나님의 뜻을 이루려 할 때면 사탄은 어김없이 우리의 가장 연약한 부분을 찾아 공격할 것입니다. 그러나 사탄의 시험을 이상하게 생각할 필요가 없습니다. 오히려 "시험은 우리의 친구다"라고 말해야 합니다.

주님에게 있어서 고통은 힘들지만 하나님의 사명을 완수하기 위해 필히 겪어야 하는 것이었습니다. 어떤 대가를 치르더라도 하나님의 뜻은 이루어져야 합니다. 고통은 유일한 방법이요, 십자가는 '인자'로서 승리의 표시입니다. '인자'가 고통을 겪으심으로 누구든지 하나님의 존전에 나아갈 수 있게 되었다는 사실을 우리는 기억해야 합니다.

주님의 고통에 동참할 때, 우리의 인격이 그리스도와 하나 됨을 경험합니다. 하나 됨은 우리를 하나님 나라의 일원으로 인도합니다. 두려움으로 흔들릴 때, 고통으로 요동할 때, 절망으로 부서질 때 십자가의 주님을 바라보십시오. 목마름의 고통을 맛보신 십자가의 주님은 우리가 그분을 바라볼 때마다 우리를 도우시고 고통을 함께 져 주십니다.

한 줄 노트 고통은 힘들지만 승리로 이끄는 통로임이 분명합니다. 이것이 십자가의 비밀입니다.

묵상 질문 고통스럽지만 우리를 생명과 승리로 인도하는 십자가는 무엇인가요?

Apr. 06 하나님과 죄의 충돌

벧전 2:24

십자가는 무엇을 말하는가?

1. 예수 그리스도의 십자가를 일종의 순교로 생각하지 마십시오!
순교는 예수님의 죽음을 감상주의에 빠지게 합니다. 십자가 사건은 죄에 대한 하나님의 심판입니다. 십자가는 지옥과 죄의 권세에 대한 승리의 선포입니다. 십자가는 신앙을 지키기 위한 순교가 아니라, 하나님과 우리 사이의 '사귐의 길'을 열어놓은 사역이자 승리의 선포입니다.

2. 십자가 사건은 우연히 발생한 일이 아니라 '성육신의 신비'를 푸는 열쇠입니다.
간혹 성육신하신 하나님과 인류의 죄를 지신 예수님을 분리하는 실수를 할 수도 있습니다. 성육신하신 하나님은 '자아실현(self-realization)'이 아니라 죄를 제거하고 구속하기 위해 오셨습니다. 성육신은 영원하신 하나님이 우리의 시간 속으로 들어오신 사건입니다. 영원하신 하나님과 현존하는 우리 사이 간격을 좁혀 신비를 푸는 열쇠가 되어주셨습니다.

3. 십자가를 통해서만 하나님과 연합의 관계에 들어갈 수 있습니다.
예수님이 지신 십자가는 '하나님의 십자가'입니다. 십자가는 온전히 하나님의 속성과 성육신의 비밀을 알려주는 것입니다. 그러니 하나님의 십자가를 통해서만 하나님의 사랑을 알고 그분과 연합하게 됩니다. 우리가 십자가 앞에 나아가 이를 통과하는 일은 '일회적 사건'이 아니라 '새로운 생명'에 거하게 된다는 의미입니다.

4. 십자가는 의로우신 하나님과 죄인 된 인간이 충돌하는 지점이며, 이 충돌에서부터 생명을 향하는 길이 열립니다.
이 충돌의 중심에는 예수님의 십자가가 있습니다. 오직 인간의 죄를 아파하시는 하나님의 마음에서 시작된 것입니다. 인간의 죄를 해결하는 유일한 대책은 갈보리 십자가밖에 없습니다. 우리가 쉽게 구원에 이른 이유는 십자가 위에서 하나님이 그만큼 큰 대가를 치르셨기 때문입니다. 이것이 구속의 은혜입니다.

> **한 줄 노트** 십자가의 신비는 단순한 교리의 문제가 아니라 하나님과 우리 사이에 충돌이 일어나는 접점입니다.

묵상 질문 십자가의 사건이 우리 삶에서 구체적으로 어떻게 실현되고 있습니까?

Apr. 07 부활하신 생명과 연합할 때

마 9:9

부활의 삶을 사는 것 "인자가 당신 안에서 부활하실 때까지 아무것도 말하지 마십시오. 부활하신 그리스도의 생명이 당신을 다스리면 역사 속에 계셨던 그리스도께서 가르치신 말씀을 이해하게 됩니다." 제자들은 예수님 말씀의 많은 부분을 당시가 아닌 예수님이 부활 승천하신 후 깨닫습니다. 부활하신 주님을 믿고, 성령을 체험한 뒤 깨달은 것입니다. 우리 역시 알고 있던 주님을 새롭게 믿음으로 고백하고 인격적인 관계 속으로 들어가는 순간 깨닫는 것들이 있습니다.

이는 주님이 우리에게 숨기신 것이 아닙니다. 우리의 영적 상태가 주님의 말씀을 감당할 수준이 되지 못한 것입니다. 그러므로 우리가 주님의 특별한 말씀을 이해하려면 부활하신 주님의 생명과 연합되어야 합니다. 주님의 마음과 하나가 되고, 주님의 소원이 나의 소원이 될 때 올바른 사명자의 길을 가게 됩니다.

부활하신 주님의 생명이 우리에게 있다는 증거는 명확합니다. "그분의 말씀을 깨닫게 된다는 사실입니다." 묵상을 통해 주님의 말씀을 깨닫게 된다면, 성령께서 내 안에 계시다는 사실을 의심하지 말아야 합니다. 부활하신 주님이 우리에게 역사하시면 성령이 우리를 깨닫게 하시고, 우리는 무릎을 꿇고 기도하게 됩니다.

그러나 "우리의 고집스러운 편견은 하나님께서 우리에게 뭔가 계시하시는 것을 효과적으로 막습니다. 자기가 믿는 교리에 사로잡히면 하나님의 빛은 더 이상 임하지 않기 때문에 우리는 그 빛을 받을 수 없습니다." 하나님의 말씀이 내게 들어오지 않는다면, 내 고집이 작동하고 있는 건 아닌지 생각해 보십시오. 그리고 성령의 도우심을 요청하십시오. 어느 순간 하나님의 말씀이 내 안에 들어올 때는 성령님의 도우심을 믿고 환영하십시오. 이는 도식적인 관계가 아닙니다. 부활하신 생명과의 연합을 위해서는 우리 영이 민감하게 준비되어 있어야 합니다. 그리스도인은 부활의 주님으로 인해 인생을 사는 사람입니다.

한 줄 노트 주님의 말씀이 아직 내 안에서 이해되지 않는다면 자신의 내면이 어떤 상태인지 정직하게 들여다보아야 합니다.

묵상 질문 부활의 주님이 내 안에 계신다면 우리는 어떤 삶을 살게 될까요?

Apr. 08 주님께서 부활하신 목적

눅 24:26

부활의 삶을 사는 것　"주님의 십자가는 그분의 생명으로 들어가는 정문입니다." 주님의 부활은 주님께서 당신의 삶을 이제 우리에게 전달할 힘을 가지셨음을 의미합니다. 그러므로 우리도 위로부터 거듭날 때, 그분의 생명을 부여받을 수 있습니다. 죽음이 힘을 잃을 때 우리에게 찾아오는 소망이 있습니다. 부활의 삶을 사는 사람에게는 생명력이 있습니다. 하나님께서 허락하신 내일을 분명한 방향성을 가지고 살아가는 사람에게는 영광이 있습니다.

부활은 인간의 절망적 한계를 이기게 합니다. 주님께서는 "많은 자녀들을 영광으로 인도하기 위해" 부활하셨습니다. 우리에게 부활의 생명을 주신 이유는 '많은 자녀'를 얻기 위해서입니다. 나 한 사람의 생명을 위해 주님께서 죽으시고 부활하신 게 아닙니다. 주님의 부활로 우리는 '양자의 영'을 얻었습니다. 이제 하나님 아버지께서 우리의 후견인이 되어주십니다. 사탄의 권세가 함부로 우리를 침범하지 못합니다.

주님은 성육신하기 전과 완전히 다른 몸으로 부활하셨습니다. 우리 역시 주님을 따라 영광스러운 몸으로 부활할 것입니다. 그러나 더 놀라운 일은 '지금 우리가' 부활하신 주님의 능력이 있는 삶을 살 수 있다는 사실입니다. 부활의 주님으로 인해 우리는 부활의 삶을 살 수 있을 뿐 아니라, 많은 사람을 하나님의 자녀로 이끄는 사명을 감당해야 합니다.

"'성령'은 지금 이 땅에 존재하는 사람들 안에서 역사하시는 '영원한 생명'의 또 다른 체험적 하나님의 이름입니다." 성령님을 영접한다는 것은 우리가 영생을 얻었다는 의미입니다. 성령께서 우리 속에 들어와 역사하실 때, 우리는 영원한 생명을 체험하며 살아갈 수 있습니다. 성령께서 우리 속에 계셔야 주님께 순종하며 그분의 성품을 이루어가게 됩니다. 따라서 우리는 오늘도 성령의 임재를 구하며 기도해야 합니다. 성령께서 우리 안에 들어와 모든 것을 가르치실 때, '양자의 영'을 가진 자녀로 순종하는 삶을 살게 됩니다. 이것이 바로 '부활의 삶'이며, 주님께서 부활하신 목적입니다.

한 줄 노트　주님께서 부활하신 목적이 우리를 '영광'으로 이끌기 위함이라는 사실이 얼마나 놀라운 일입니까?

묵상 질문　오늘 영광스러운 부활의 삶을 살고 있습니까? 아니면 아직도 어둠 속에서 두려움에 떨고 있습니까?

Apr. 09 예수님을 보았습니까?

막 16:12

아는 것과 보는 것은 다릅니다 "구원을 받는 것과 주님을 보는 것은 다릅니다. 주님을 보지 못한 많은 사람들이 하나님의 은혜에 참여하기도 합니다. 그러나 예수님을 만나본 사람은 반드시 변화됩니다. 과거에 좋아하던 것을 더 이상 좋아하지 않게 됩니다." 부활의 가장 확실한 증거는 '분명한 변화'입니다. 단순히 예수님을 만나는 것과 다른 차원의 만남이 존재합니다. 바로 그분이 우리를 위해 이루신 일을 아는 것입니다. 만일 그분이 '나를 위해 이루신 일'만 안다면 온전히 하나님을 안다고 할 수 없습니다. 주님을 만나고 보아야 삶 속에서 구체적으로 인도하시는 주님을 따라 살아가며 인내할 수 있습니다. 그러니 우리를 위하여 행하신 주님의 일을 아는 것으로 끝나는 것이 아니라 그분을 바라보아야 합니다. 그래야 진정한 부활의 능력을 체험하며 살 수 있습니다.

[한 줄 노트] 체험도 중요하지만 주님을 보는 것을 통해 진정한 변화가 일어날 수 있습니다.

다른 이에게도 주님이 보여야 합니다 주님의 부활이 '많은 사람들'을 영광에 참여하도록 인도했듯이, 우리가 주님을 보았다는 데서 끝나지 않고 주변 사람들에게도 주님이 나타나셔야 합니다. "그 이유는 다른 사람의 눈으로는 주님을 볼 수 없기 때문입니다. 주님을 본 사람과 보지 못한 사람 사이에는 구분이 생깁니다." 하나님께서 인도해 주시지 않는다면 보지 못한 사람이 주님을 볼 수 없습니다. 우리에게는 그들로 하여금 주님을 보게 할 능력이 없습니다. 그러나 그들에게 전하는 일은 우리가 할 수 있습니다. 우리의 책임은 그들이 믿지 않더라도 전하는 것입니다. 소명자는 '결과'에 책임을 지는 사람이 아니라, 온전히 도구로 쓰임 받는 것에 만족하는 사람입니다. 하나님께서는 우리에게 온전히 쓰임 받았는지 물으실 것입니다. 우리가 본 것을 말하지 않는다면 '직무유기'에 해당합니다. 우리에게는 사도 바울처럼 마음의 소원이 필요합니다. 주님께서 누군가를 내가 소원하는 자리에 이끄실 수만 있다면 족하다는 마음으로 전해야 하는 사명이 우리에게 있습니다.

[한 줄 노트] 소명자가 되는 것은 결과의 책임을 지는 것이 아니라, 주어진 사명을 묵묵히 수행하는 것입니다.

[묵상 질문] 오늘 우리가 책임을 지고 복음을 전해야 하는 사람은 누구인가요?

Apr. 10 함께 십자가에 못 박힘

롬 6:6

함께 십자가에 못 박힘 챔버스에게 '도덕적 결단'은 완벽하면서 효과적인, 죄에서 완전히 멀어지겠다는 결단입니다. "예수님께서 이 세상의 죄를 위해 죽으신 순간이 있었던 것처럼 우리 인생에도 죄를 향해 죽겠다는 위대한 결단의 순간이 필요합니다." '위대한 결단'은 단순히 우리 안에 있는 죄를 누르거나 대항하는 정도가 아닙니다. 죄를 십자가에서 완전히 죽여 없애야 하기에 '위대한 결단'이 필요합니다. 이는 누구도 우리를 대신해 내려줄 수 없습니다. 결국 죽는 것은 자신의 '위대한 결단'입니다.

챔버스는 '하나님과 홀로 있는 시간'을 가지라고 말합니다. 우리 죄가 내 안에서 죽었음을 아는 순간은 오로지 '내가' 주와 함께 십자가에서 죽었음을 알게 되는 순간입니다. 이 위대한 결단의 기도는 '죄가 반드시 죽었다'고 확증되는 순간까지 계속되어야 합니다. 죄에 대한 죽음은 '미래에 신령한 몸이 된다'는 의미가 아니라, 지금 우리 삶 속에서 근본적이고 확실하게 경험되는 것입니다.

우리 안에서 죄가 죽었다는 확실한 체험은 우리 안에 계신 성령님께 대항하는 죄의 성향을 알게 되는 것입니다. 이를 위해 성령님께서 우리 마음을 온전히 점검하시도록 내어드릴 준비가 되어 있어야 합니다. 또 하나님께서 우리에게 내리시는 죄의 판결에 전적으로 동의해야 합니다. '도덕적 결단'은 과거의 죄를 죽이는 것에서 시작해, 현재의 상태를 점검하겠다는 의지이며, 미래에도 주와 함께하겠다는 소원입니다.

그리스도와 함께 십자가에 못 박힌 우리에게 가장 영광스러운 일은 주님과 함께 사는 것, 주님의 삶을 사명으로 사는 것입니다. 우리가 십자가에 온전히 못 박힘으로 주님의 소유가 되었음을 인정하는 것입니다. 챔버스는 도전합니다. "내 삶과 피에 오직 예수님의 생명만이 남을 때까지 예수 그리스도와 함께 십자가에 못 박히는 영광스러운 특권에 도전하시겠습니까?" 그리스도인에게 가장 영광스러운 일은 '주님의 것이 되었다'는 고백입니다. 그리스도의 남은 고난에 기꺼이 참여해 십자가를 지는 일은 참으로 놀라운 특권입니다.

한 줄 노트 그리스도의 십자가에 나를 못 박고, 그리스도의 남은 고난에 참여하는 것은 신자들에게 주어진 놀라운 특권이요, 영광입니다.

묵상 질문 우리가 참여할 수 있는 그리스도의 남은 고난은 무엇이며, 주님이 우리에게 지워주신 짐은 무엇인가요?

Apr. 11 ｜ 함께 부활에 참여함

롬 6:5

함께 부활에 참여함　　죄에 대한 죽음은 그리스도가 우리 안에 사시도록 하는 첫 단계입니다. 챔버스가 말하는 '주님을 닮음'은 주님과 함께 십자가에 못 박힌 사람에게 나타나는 현상입니다. 이는 성령님이 추상적인 존재가 아닌, 실제적인 인격이라는 것을 말합니다. 인격은 상호작용하며 영향을 주는 존재이기 때문입니다.

부활하신 주님의 영이 우리 안에 들어오면 우리 삶은 주님께 재조정됩니다. 이때 비로소 우리는 온전한 의미의 '거룩'이라는 말을 사용할 수 있습니다. 챔버스는 하나님의 사명을 위해서가 아니라 자신의 거룩을 위해 애쓰는 사람들이 얼마나 인간적이고 자기중심적인지를 지적합니다. 우리 삶이 온전히 부활하신 주님과 함께 '재조정'될 때, 그 거룩은 참 거룩이 됩니다. 그 거룩에는 주의 생명이 드러나기 때문입니다.

사도 바울의 십자가와 부활 신학을 요약하자면 다음과 같습니다. "예수 그리스도의 죽음에 일치되는 도덕적인 결단을 내리고 나면 예수님의 부활 생명이 인간 본성의 모든 부분을 점령한다는 것입니다." 부활 생명이 육신의 모든 부분에 침투해 들어가는 것은 아주 강력한 성령의 역사로 가능합니다. "성령은 육체라는 집에서 손님으로 있을 수 없습니다. 삶의 전 영역을 지배합니다. 내가 나의 '옛사람' 곧 죄의 유전이 예수님의 죽음과 일치되어야 한다고 결단하면, 성령이 나를 점령하기 시작하시며 나의 모든 것을 주관하십니다." 점령군 앞에서는 어떤 권리도 주장하지 못합니다. 우리 육신이 완전히 죽고 성령님께 점령당하는 순간, 살 길은 오로지 순종입니다.

적극적인 순종은 그리스도의 성품을 온전히 닮는 것입니다. '도덕적 결단'을 내리는 순간, 우리가 죄에 대해 죽었다는 사실이 명백해집니다. 그 안에 '예수의 생명'이 있기 때문입니다. 예수님의 생명이 내 안에서 발견될 때 나타나는 거룩이야말로 참다운 거룩입니다. 주님의 거룩이 내 안에서 역사하면, 새로운 영적 질서 안에서 살게 됩니다. 이것이 주님과 함께 부활에 참여하는 것의 참다운 의미입니다.

한 줄 노트 십자가에서 죽고 주님의 부활과 함께 살아났다는 증거는 우리가 그분을 뚜렷하게 닮는 것입니다.

묵상 질문 당신의 어떤 부분이 주님을 닮았다고 말할 수 있습니까?

Apr. 12 영생을 나눔

롬 6:9-11

영생을 나눔　　영생은 도덕적 결단과 밀접한 연관이 있습니다. 죄에 대하여 죽으면 우리에게도 주님께 나타났던 능력과 권능이 임합니다. 도덕적 결단은 우리 의지이지만 능력과 권능은 전적인 하나님의 은혜입니다. 우리의 어떤 의지도 하나님의 은혜가 없다면 무용지물입니다. 하지만 하나님의 은혜 역시 우리의 도덕적 결단이 없다면 우리에게 임하지 않습니다.

우리가 기억해야 하는 중요한 신앙의 원리가 있습니다. '십자가'만이 예수님의 생명을 우리에게 전달하는 통로가 됩니다. 하지만 우리가 그리스도와 연합하기로 결단하지 않는다면 십자가의 능력이 전달되지 못합니다. "우리가 하나님과 화목하는 것이 어렵다면 이는 우리가 죄에 대해 확실한 결단을 내리지 않기 때문입니다." '영생'은 '시간'과 관계되지 않습니다. '영생'은 예수 그리스도께서 이 땅에 오셨을 때 사셨던 그 생명입니다. 그러므로 영생의 유일한 근거는 예수 그리스도 '자신'입니다.

도덕적 결단을 통해 얻은 그리스도의 '영생'이, 또 능력이 우리 삶에 어떻게 드러날 수 있을까요? "아무리 연약한 성도라도 그의 모든 것을 '내려놓으면' 하나님의 아들의 거룩한 능력을 체험할 수 있습니다." 내려놓음, 즉 순종은 '전적인 위임'이며 그리스도께 우리 삶을 '양도'하는 것입니다. 챔버스는 'let go', '그분이 하시도록'이라는 표현을 썼습니다. 우리의 의지가 개입되지 않고 오로지 그분이 행하시도록 내버려두는 것입니다. 'We have to keep letting go', 일회적이 아니라 계속적으로 말입니다.

그분이 일하시도록 계속해서 우리 삶을 양도할 때 하나님의 생명이 천천히 충만하게, 그리고 확실하게 우리 삶의 전 영역에 임합니다. 주님께서 일하시도록 우리를 양도할 때 우리는 스스로 붙잡고 있던 것을 놓게 됩니다. 이때 우리는 비로소 우리가 주님과 함께하고 있다는 사실을 알게 됩니다. 순종하는 순간 우리 삶에서 그분의 능력이 나타납니다. 주님이 부여하신 삶을 살게 됩니다. 그러나 아무리 작은 것이라도 우리 능력을 주장하는 순간 주님의 생명을 가리게 될 것입니다.

한 줄 노트　아무리 연약한 성도라도 '내려놓으면' 주님의 거룩한 능력을 체험할 수 있습니다. 반면에 아무리 작은 능력이라도 우리의 능력을 주장하면 주님의 생명이 가려집니다.

묵상 질문　부활의 능력이 계속 임하도록, 오늘 우리가 내려놓아야 하는 구체적이고 실제적인 일은 무엇일까요?

Apr. 13   모든 짐을 주님께 맡기십시오!

시 55:22

자신에게 주어진 짐   "하나님께서 의도적으로 우리에게 지게 하시는 짐들이 있습니다. 이러한 경우 주님은 그 짐을 옮길 의도가 없으십니다. 이때 주님은 우리가 그 짐을 다시 주님께 맡기기를 원하십니다." 우리에게 필요한 것은 우리가 지고 있는 짐이 옳은지 그른지에 대한 구별입니다. '의심의 짐'이나 '죄의 짐'을 져서는 안 됩니다. "네 짐을 여호와께 맡기라 그가 너를 붙드시고 의인의 요동함을 영원히 허락하지 아니하시리로다"(시 55:22). '맡긴다'는 말은 주님과의 '관계'와 연관이 있습니다. 주님의 일을 하면서 우리가 져야 하는 짐은 주님과의 관계가 끊어지는 순간 감당할 수 없을 정도로 무거워집니다. 하지만 주님께서 맡겨주신 짐을 주님과의 관계 속에서 지고 갈 때는 주님께서 그 짐을 맡아주십니다. "주님은 주님의 역사를 드러내시면서 우리의 책임감을 제거해 주십니다." 여기에 놀라운 신비가 있습니다. 분명히 나에게 맡겨진 짐이며 십자가인데, 주님 안에서 지기로 결심하는 순간 주님께서 그 십자가를 지십니다. 분명 내가 지고 있지만 주님이 그 짐을 지시는 신비입니다. 우리에게 맡겨진 사명의 책임감이 주님께 이양되는 놀라운 신비입니다.

한 줄 노트 짐은 포기하는 것이 아니라 지는 것이며, 신앙은 주님께서 함께 짐을 지시는 신비를 경험하는 것입니다.

주님께 맡기기   의욕이 클수록 좌절도 심합니다. 주님과의 관계가 잘못되었을 때, 주어진 책임감이 피곤하게 느껴지기 시작합니다. 이럴 때 우리가 보여야 할 태도가 찰스 스펄전의 「구원의 은혜」에 잘 나타나 있습니다. "청교도들은 '기댐'(recumbency)이라는 말로 믿음을 설명하곤 했다. 어떤 것에 몸을 기댄다는 뜻이다. 당신의 온몸을 그리스도께 기대라. 만세 반석 위에 온몸을 쭉 뻗고 드러눕는 것을 생각하면 된다. 예수님을 의지하라. 그 안에서 안식을 얻고 그분께 자신을 맡기라. 그렇게 하는 것이 구원에 이르는 믿음을 행사하는 것이다." 하나님께서 우리에게 주신 짐은 포기하라고 주신 것이 아니라, 주님께 맡기라고 주신 것입니다. 하나님께 짐을 맡길 때 하나님과 함께하고 있음을 느끼게 됩니다.

한 줄 노트 영적 탈진에서 벗어나는 유일한 길은 우리의 짐을 주님께 맡기는 것입니다.

묵상 질문 나의 믿음이 부족해서 주님께 맡기지 못하는 짐은 무엇입니까?

Apr. 14 불평을 찬송의 시로 바꾸시는 분

마 11:29

멍에를 주님께 "우리의 불평은 얼마나 하찮은 것입니까! 주님은 우리가 주님과 교통할 수 있는 곳으로 우리를 인도하기 시작하십니다." 무거운 짐이 찾아올 때, 우리는 종종 신음하고 불평합니다. 그러나 주님은 우리에게 "그 멍에의 끝을 잡으라"고 말씀하십니다. "나의 멍에는 가벼우니 나와 함께 이 멍에를 메자"고 하십니다. 우리는 주님의 멍에를 같이 메는 순간 주님과 일치된 '관계'가 형성되었다는 것을 깨닫고 감사하게 됩니다. 그리스도인에게 멍에는 없어지거나 회피해야 하는 것이 아닙니다. 도리어 '새로운 멍에'를 메고 주님과의 깊은 교제 속으로 들어가야 합니다. "무능한 자에게는 힘을 더하시나니"(사 40:29). 멍에를 주님께 맡기거나 주님의 손을 잡는 것에서 끝이 아닙니다. 주님은 오히려 우리에게 힘을 더하십니다. 그때 하나님은 우리를 건져주실 뿐 아니라, 우리 삶의 불평을 찬송으로 바꾸십니다. "하나님의 능력을 알 수 있는 유일한 방법은 예수님의 멍에를 지고 그분께 배우는 것입니다."

한 줄 노트 우리에게 주시는 멍에를 기꺼이 질 각오가 되어 있을 때, 그리스도를 가장 명확하게 알 수 있습니다.

진정한 성도의 기쁨 "하나님의 평안과 빛과 기쁨이 있는 곳에는 반드시 멍에가 있습니다. 하나님께서 지워주시는 멍에는 포도송이를 짓이기게 되며 그 결과로 포도주가 나옵니다." 성도에게는 이 세상뿐 아니라 지옥의 어떤 세력도 성도 안에 있는 하나님의 영을 이길 수 없다는 믿음이 있습니다. 이것이 우리가 가진 절대로 정복될 수 없는 내적 힘입니다. "만일 당신 속에 불평이 있다면, 가차없이 발로 차 버리십시오. 불평은 하나님의 능력을 무시하고 의도적으로 약해지는 적극적인 범죄입니다."

한 줄 노트 성도들에게 불평은 하나님의 능력을 무시하고 의도적으로 약해지려는 범죄임을 기억하십시오.

묵상 질문 오늘 당신에게 주어진 멍에를 주님께 맡기고 또한 그것을 감사함으로 받을 수 있습니까?

Apr. 15 영적 집중이 약해질 때

대하 15:17

주의할 것 "오, 그것은 그렇게 중요한 것이 아니야." 챔버스는 이 표현을 주의하라고 말합니다. 본문 속 아사왕은 온전히 순종하지 못한 사람이었습니다. 마음은 일평생 온전하였지만 산당을 이스라엘 중에서 제하지 아니하였습니다. 아마도 아사왕은 산당 제거를 그리 중요하게 여기지 않았던 것 같습니다. "오, 그것은 그렇게 중요한 일이 아니야!"라고 말하며 말입니다. 우리 일상에서 이런 일은 '영적 집중이 약해질 때' 생깁니다. 오늘 묵상의 원문 제목 〈The relapse of concentration〉에서 'relapse'는 '약해지다'라는 뜻도 있지만 '이전 상태로의 재발', '혼수상태로 빠지는 것'의 의미가 더 강합니다. 우리가 영적 혼수상태에 빠지면 하나님께 중요한 일을 별로 중요하게 여기지 않을 수도 있다는 말입니다. 챔버스는 한탄합니다. "얼마나 더 오랫동안 하나님께서 이 한 가지를 우리에게 가르치셔야 하겠습니까?" 산당이 아직 남아 있다는 것은 하나님께 순종하지 않았다는 증거입니다. 아무리 작은 것이라도 하나님께 불순종하는 것이 있다면 바로 제거해야 합니다.

한 줄 노트 아무리 작은 것이라도 아직 제거하지 않은 우상이 있다면 불순종하고 있는 것입니다.

계속되는 노력과 인내가 필요합니다 챔버스는 계속되는 노력과 인내의 필요성을 강조합니다. 우리 문제는 대수롭지 여기지 않는 것에 있습니다, 우리는 '주된 일'보다 '하찮게 여기는 일'에서 무너지기 시작하는 경우가 많습니다. 집중력이 흐트러지는 것도 주님께 집중하는 마음이 느슨해지면서 일어납니다. "당신의 심장이 쉬지 않듯이 영적 집중에서도 쉼은 필요 없습니다." 도덕적인 삶에서 잠시 빗겨나는 순간 더 이상 '도덕적인 사람'이 될 수 없습니다. 마찬가지로 잠시 영적인 삶을 벗어나는 순간 더 이상 '영적인 사람'이 아닙니다. 하나님께서는 우리가 온전히 주의 것이 되기를 원하십니다. 2%가 부족하면 100%가 될 수 없다는 사실을 늘 기억하십시오. 우리가 주님의 것이 되기 위해서는 주의 뜻에 합당한 사람이 될 수 있도록 '주의'해야 합니다. 이런 영적 주의를 기울이기 위해서는 대단히 오랜 시간이 걸린다는 사실을 잊지 마시기 바랍니다.

한 줄 노트 영적 집중력이 흐트러지지 않도록 유지하는 것이 심장이 쉬지 않고 뛰는 것보다 훨씬 중요한 일임을 잊지 마십시오.

묵상 질문 어느 때 당신의 영적 집중력이 느슨해지고 있습니까?

Apr. 16 말만 하지 말고 실천하십시오!

요 12:36

비전을 살아내기 위해 제자들은 황홀한 변화산 체험에 머물기를 원했지만, 예수님은 그들을 데리고 일상으로 내려오셨습니다. 마찬가지로 하나님께서 우리에게 최상의 영적 경험을 하게 하시는 이유는 이 '최상의 상태'를 기억하라는 뜻입니다. 이 영적 상태를 우리 기준으로 삼아 높은 곳을 바라보고 갈망하는 마음으로 사는 것이 중요합니다.

신앙은 감정적이지는 않으나, '주님을 만나는 체험'에서 시작합니다. 만남의 체험을 지속적으로 유지시켜 '관계성'을 만드는 것이 우리가 추구해야 할 신앙생활입니다. 챔버스는 신앙에 있어 늘 '경계선'에서 줄타기를 하는 것과 같은 느낌을 잃지 말라고 당부합니다. 다른 말로 표현하자면 '민감성'입니다. "깨달음의 시간에 당신 마음을 흔들어놓았던 그 감정들이 절대로 사라지지 않도록 하십시오. 또한 영적으로 '얼마나 대단한 상태였던지!'라고 말하며 우쭐해하지 마십시오."

영적 체험, 즉 깨달음의 시간을 기억해야 하는 이유는 평상시의 삶에서 영적 민감성 및 하나님과의 관계를 잃지 않도록 하는 중요한 방법이기 때문입니다. 우리 신앙에는 '실천'이 중요합니다. 실천을 가로막는 적은 '게으름'입니다. 게으름은 우리가 체험했던 최고의 순간을 '그리워만' 하는 것입니다. 게으름을 이기기 위해 "우리는 일상적인 '궂은' 날에도 우리가 최상의 상태에서 보았던 비전에 따라 살 수 있는 비결을 배워야 합니다."

실천 없이 신앙생활의 감동만을 좇다가는 결국 좋았던 느낌마저 잃어버리고 맙니다. "다시 시도하십시오. 당신이 되돌아갈 다리를 불사르고 당신의 두 발로 일어나 하나님께 헌신하십시오. 당신이 내린 결정을 재고하지 말고 단지 그 결정이 최상의 빛에 거할 때 내린 결정인지만 확인하십시오." 하나님 앞에서 가장 아름다운 결정은 우리가 영적으로 가장 민감하고 높은 곳에서 주님을 만난 기억을 잊지 않는 것입니다. 게으르지 않기 위해서는 최고의 때에 주셨던 비전을 매일 붙들어야 합니다. 비전을 붙드는 것이 비전을 성취하는 길임을 잊지 마십시오.

한 줄 노트 게으를 때 최상의 비전을 기억할 수 있는 안전장치를 가지는 것이 중요합니다. 그 비전이 당신을 끝까지 붙들어주기 때문입니다.

묵상 질문 혹시 당신에게 조용히 사라져버린 비전이 있지는 않습니까?

Apr. 17 감정이 아니라 의지입니다

요 21:7

의지의 사용 "힘과 뜻을 다해 무조건 모든 것을 다 내려놓았던 위기를 지난 적이 있습니까?" 많은 위기 앞에서도 의지가 흔들리지 않는 때가 있습니다. 위기 가운데 자신을 내려놓고 포기하는 일은 사실 '내적인 문제'입니다. 챔버스는 묻습니다. "마음을 다해 당신의 의지를 예수 그리스도께 드린 적이 있습니까?" 주님께 결심한 것들이 감정이 아닌 의지의 문제라는 뜻입니다. '감정'은 의지적 활동의 포장에 불과합니다. 감정을 앞세우는 한 의지의 문제를 해결할 수 없습니다.

하나님 앞에서 소중한 결단을 했을 때에는 문제를 감정에 맡기지 말고 의지적 결단을 해야 합니다. 비전은 철저한 의지의 문제입니다. "결단을 하고 나면 어떻게 될지 하나님께 묻지 말고, 얕든 깊든 깨달은 것에 대해 실천하기로 결단하십시오." 우리의 감정은 불완전하며, 이해는 순종에 방해가 되고, 감정은 하나님의 뜻을 거스를 때가 많습니다. 하나님께서 우리의 영적 민감성이 최고인 상태에서 말씀하실 때는 그 말씀을 붙들고 순종하려는 내적 의지를 가져야 합니다.

챔버스는 주님 앞에서 모든 것을 내려놓는 경험, 즉 의지의 철저한 항복을 감정과 혼동하지 말라고 말합니다. 의지의 항복은 참된 순종입니다. 본문 속 베드로는 주님을 발견하고 음성을 들은 뒤 겉옷을 두른 후 바다로 뛰어들었습니다. 그가 주님을 발견한 데에는 찰나의 '감정'이 묻어나지만, 그 후 음성을 듣고 물속으로 뛰어든 일은 분명한 '의지'의 문제입니다. 주님과의 관계로 인해 베드로에게 의지의 행동이 나타난 것입니다.

"만일 풍파 가운데서 예수 그리스도의 음성을 들었다면 당신의 주관적인 확신이나 논리는 바람에 날려보내고 오직 주님과의 관계만을 유지하십시오." 이해될 때까지 순종을 유보하는 일은 결국 의지적 불순종일 수밖에 없습니다. 주님과의 관계에서 감정에 휘둘리지 않기 위해 의지를 단단히 붙들어야 합니다. "어제 맨 끈은 허술해지기 쉽고 내일은 풀어지기 쉽다. 나날이 끈을 다시 여며야 하듯 사람도 결심한 일은 나날이 거듭 여며야 변하지 않는다."(제임스 밀)

한 줄 노트 감정 때문에 의지가 흔들리지 않도록 해야 합니다. 그리고 주님과의 관계가 그 의지를 붙들도록 늘 깨어 있어야 합니다.

묵상 질문 지금 당신의 의지는 어디를 향해 가고 있습니까? 주님과의 관계에서 그 의지가 작동하고 있는지 확인해야 합니다.

Apr. 18 준비된 사람

출 3:4

모호한 준비 하나님의 부르심이 쉽지는 않았시만, 준비된 사람 모세는 부르심에 응답할 수 있었습니다. 준비된 사람은 곧 뛰쳐나갈 자세를 갖추고 있습니다. 챔버스는 준비를 이렇게 정의합니다. "준비라는 것은 하나님과의 바른 관계를 의미하며 자신이 현재 어디에 있는가를 아는 것입니다." 문제는 우리가 부르심에 대해 준비되어 있기보다 하고 싶은 일에 정신이 팔려 있다는 것입니다. 하나님과의 올바른 관계란 하나님의 음성을 듣고 순종하는 것입니다. 그러나 우리는 '큰 기회'를 노리느라 정작 하나님의 음성을 놓칩니다. 올바른 관계는 주님께서 아버지의 음성을 듣기 위해 늘 깨어 계셨던 것, 즉 하나님이 주시는 의무를 사랑하는 마음으로 지셨음을 기억하는 것입니다. 그러니 주님이 하늘 아버지와 함께 일하셨던 것처럼, 우리도 아버지와 일할 준비가 되어 있어야 합니다.

한 줄 노트 만일 우리가 하나님과 올바른 관계 속에 있지 않다면 '부르심'은 성가신 장애물에 불과합니다.

진정한 준비 "하나님을 향한 준비는 지극히 작은 일이든 큰일이든 상관없이 준비하는 것입니다. 우리에게는 우리가 원하는 것을 할 수 있는 선택권이 없습니다. 하나님의 계획이 무엇이든 우리는 준비되어 있어야 합니다." 이 말은 하나님께서 우리의 자유의지를 박탈하시거나 감정을 강압적으로 지배하신다는 말이 아닙니다. 하지만 사역자로 쓰임 받기 위해서는 우리의 자유의지가 온전히 순종하는 데 사용되어야 합니다. 하나님은 우리를 억지로 끌고 가지 않으십니다. 하나님께서 우리에게 주시는 일은 즐거운 의무이든 궂은 의무이든 우리를 사랑하시기 때문에 주시는 것입니다. 그리고 하나님께서 그 일을 강제하지 않으시는 이유 역시 사랑 때문입니다. 챔버스가 '준비'를 중요하게 생각한 이유는 하나님께서 우리를 찾아오셔서 말씀하시는 순간이 갑작스럽기 때문입니다. 준비된 사람은 갑작스러운 방문이 전혀 당황스럽지 않지만, 준비되지 않은 사람에게 부르심은 꾸물대다 잃어버리는 기회와도 같습니다.

한 줄 노트 누군가에게는 '기회'가 열린 문이 될 수 있지만, 다른 누군가에게는 당황스러움으로 그 문이 닫힐 수도 있습니다.

묵상 질문 하나님의 부르심에 대하여 당신은 어떤 준비를 하고 있습니까?

Apr. 19 작은 일에도 깨어 있으십시오!

왕상 2:28

사소한 유혹이 더 무섭습니다 요압 장군은 중요한 사건마다 다윗과 함께 전장에서 싸운 사람입니다. 요압은 한결같은 마음으로 다윗에게 충성한 부하였습니다. 그런데 압살롬의 반란에도 흔들리지 않고 다윗의 곁을 지켰던 요압이 아도니야를 따랐습니다. 큰 것을 이겨낸 요압이 오히려 작은 것에서 실수했습니다. 이처럼 우리 모두 시험에 빠질 가능성이 있습니다. 요압이 그렇게 시험에 빠졌다면 우리도 예외일 수 없습니다.

"큰 위기를 통과했다면 아주 작은 일에도 깨어 있어야 합니다. '방치된 사소한 유혹들'을 신경 쓰십시오." 어쩌면 가장 위험한 때는 '엄청난 위기'를 지나고 난 후 찾아올 수 있습니다. '방치된 사소한 유혹들'처럼 무서운 것이 없습니다. 눈에 잘 띄지 않지만 그 자리에 늘 도사리고 있습니다. 경계하지 않으면 언제 우리를 넘어뜨릴지 모르는 것들입니다. "두려움으로 미래를 바라보면서 강박관념으로 자신을 샅샅이 살피라는 의미가 아니라 깨어 있으라는 말입니다." '깨어 있으라'는 말은 '올바른 관계' 속에 있는지 생각하라는 말입니다. 하나님을 향해 영적 안테나를 민감하게 세우라는 말입니다.

챔버스는 경고합니다. "경계하지 않은 장점들은 두 배로 약한 약점들이 됩니다. 왜냐하면 '방치된 사소한 유혹들'이 경계하지 않은 장점들을 통해 침입해 들어오기 때문입니다. 성경의 인물들은 자신의 장점 때문에 무너졌지 그들의 약점 때문에 무너진 적이 없습니다." 하나님께서 우리에게 주신 장점과 사역의 승리를 통해 '교만'을 슬쩍 집어넣는 것이 악마의 전략일지도 모릅니다. 그러니 우리가 깨어 있어야 합니다. 깨어 있다는 것은 늘 하나님의 보호하심 아래에 있는 것입니다.

한 줄 노트 큰 위기를 넘었다면 자만하지 말고 영적으로 민감한 상태에서 작은 유혹에 깨어 있으십시오!

묵상 질문 아주 하찮은 유혹 앞에서도 하나님을 생각하며 깨어 있을 준비가 되어 있습니까?

Apr. 20 감히 걱정함으로 하나님을 모욕합니까?

고후 1:20

할 수 없다고 말하지 마십시오 끊임없는 불평은 하나님과의 관계를 참혹하게 망가뜨립니다. 불평은 대개 우리의 능력을 잘못 판단하는 데서 옵니다. 챔버스는 달란트 비유(마 25장)를 통해 우리 능력을 자연적인 재능이 아니라 오순절 이후 성령께서 주시는 능력으로 해석합니다. '영적 역량'은 약속된 성령에 의해 평가되어야 합니다. 그런데 만일 하나님이 주시기 원하는 만큼의 성령 충만함이 우리에게 없다면 우리는 불평하게 됩니다. "당신은 제가 일할 수 있는 능력보다 더 많은 것을 요구하십시다. 당신은 제게 너무나 많은 것을 요구하시기에 이제 이 상태로는 당신께 충성할 수 없습니다." 본문 속 "하나님의 약속은 얼마든지 그리스도 안에서 '예'가 되니"라는 부분은 후반부의 '아멘'과 짝을 이룹니다. 하나님께서 '예'라고 말씀하신 부분에 대하여 우리가 '아멘' 하면 하나님께 영광이 된다는 말입니다. 우리의 능력을 보면 의심할 수 있으나, 하나님의 약속과 말씀에 대하여는 '아멘' 할 수 있어야 합니다. "제 힘으로는 할 수 없습니다"라는 말은 겸손하게 들리지만 무척 교만한 말입니다. 기준이 하나님의 약속에 있지 않고, '자신'에게 있기 때문입니다.

한 줄 노트 하나님께서 약속하신 일에 대하여 함부로 '내 힘으로 할 수 없다'는 교만한 말을 하지 않도록 하십시오.

자기 정당화는 하나님을 모욕하는 것입니다 우리는 늘 부족하다고 생각하며 하나님을 비난하지만, 하나님은 이미 우리에게 충분히 맡겨주셨습니다. "당신은 주님께서 '너희는 먼저 그의 나라와 그의 의를 구하라 그리하면 이 모든 것을 너희에게 더하시리라'(마 6:33)고 말씀하셨는데도 불구하고 감히 걱정함으로 하나님을 모욕한 적은 없습니까?" 걱정은 하나님을 향한 모욕입니다. 게으른 자는 언제나 걱정과 핑계가 있습니다. 영단어 'worry'의 어원은 '마음이 나누어져 있다'는 뜻입니다. 예수님이 우리에게 말씀하신 "염려하지 말라"는 말씀은 '하나님을 믿는 마음'을 나누지 말라는 뜻입니다. 영적인 일은 자신의 능력이 아니라, 약속하신 성령님에 의해 평가됩니다. 그러므로 우리 대답은 성령을 받았는지의 여부에 달려 있음을 명심하십시오.

한 줄 노트 염려는 하나님을 모욕하는 것이며, 그리스도인의 정체성을 잃어버리게 만듭니다.

묵상 질문 지금 염려하고 있는 것은 무엇입니까? 그 염려 가운데 하나님이 개입하고 계십니까?

Apr. 21 — 이제 주님을 아프게 하지 마십시오!

요 14:9

이럴 때 아버지의 마음이 아픕니다 예수님의 제자 빌립은 오랫동안 주님과 동행하면서도 주님의 마음을 알지 못했습니다. 주님이 어떤 분인지 알지 못했고, 그것이 주님의 마음을 아프게 했습니다. "빌립은 엄청난 신비의 계시를 기대했습니다. 그러나 자신이 이미 알고 있는 예수님께 기대하지 않았습니다." 우리가 너무 복잡하다는 것이 문제입니다. 단순하게 생각하십시오! 하나님의 신비는 바로 주님 안에 있습니다. 하나님의 신비는 미래가 아니라 '지금'에 있습니다.

하나님은 이미 자녀들에게 자신을 보여주셨습니다. 그런데 우리가 이것을 의식하지 못하기 때문에 아버지의 마음이 아프십니다. "만일 하나님께 우리가 하나님을 체험하게 해달라거나 하나님에 대한 의식적인 경험이 우리 인생 속에 있게 해달라고 부탁한다면, 이는 하나님을 아프게 하는 것입니다. 그러한 질문은 하나님의 자녀들의 질문일 수 없기 때문입니다."

챔버스는 요한복음 14장 1절 말씀을 인용해 '근심하지 말라'고 권면합니다. 근심만큼 주님의 마음을 아프게 하는 것이 없습니다. 근심은 주님을 믿지 못한다는 명백한 증거이기 때문입니다. 만약 마음에 근심이 찾아왔다면 지체하지 말고 하나님께 아뢰어야 합니다. 주님을 진정으로 믿는다면, 우리의 마음을 흔들어놓는 것들을 용납하지 말아야 합니다.

주님과 함께 있으면서도 하나님을 보게 해달라고 요구하는 사람들이 있습니다. 이런 의심을 해결하는 최선의 방법으로 챔버스는 '주님과의 깊은 관계'를 생각해보라고 권면합니다. 마음에 드는 의문은 그만큼 주님과 멀어져 있다는 증거요, 지금 우리에게 일어나는 일들을 믿을 수 없다는 증거입니다. 하지만 지금 우리가 하나님과 함께 있다는 확실한 믿음, 즉 '깊은 관계' 속에 있을 때는 하나님의 인도하심을 확신할 수 있게 됩니다. '이해'보다 더 중요한 것은 '신뢰'입니다. 주님과 깊은 관계 속에 있을 때, 우리는 내 자신의 이해에 의존하지 않고 그분을 믿는 믿음에 따라 살아가게 될 것입니다.

한 줄 노트 주님의 마음을 아프게 하지 않는 방법은 우리가 주님을 전적으로 신뢰하고 있음을 보여드리는 것입니다.

묵상 질문 당신은 오늘 마음속에 있는 근심과 걱정을 주님께 아뢸 준비가 되어 있습니까?

Apr. 22 영원히 꺼지지 않는 빛

고후 3:18

홀로서기   "하나님의 종은 자신이 혼자라는 사실을 모를 만큼 홀로 서기를 많이 해야 합니다." 그리스도인이 되기로 결심하는 순간, 우리를 지지해 주던 많은 사람들이 우리를 떠나갈 수 있습니다. 챔버스는 이를 우리 삶에서 '빛이 되어 주던 사람'이 떠나가는 것이라 표현합니다. 사도 바울은 함께하던 사람들이 떠나고 나니 주님이 곁에서 힘이 되어주셨다고 고백합니다. 그 사람들은 결국 떠날 사람들이었습니다. 그 빛이 사라지고 나면 '영원히 꺼지지 않는 빛'이 우리를 비추게 될 것입니다. '홀로 섬'의 시간이 찾아오면 그때마다 우리에게 빛이 되어주시는 주님이 우리를 찾아오십니다. 홀로 서는 시간이 잦아지면 주님과 함께하는 시간도 잦아질 것입니다. 그러니 우리 삶에서 어쩔 수 없는 '홀로 섬'뿐 아니라, 의도적인 '홀로 섬' 역시 필요합니다. 그 홀로 섬의 시간을 통해 우리는 주님을 의지하고 하나님을 바라볼 수 있습니다.

한 줄 노트 우리가 홀로 서는 시간은 주님과 함께할 수 있는 최고의 기회입니다.

사역의 비결   "당신 자신의 모습과 신조 가운데 하나님의 얼굴을 바라보는 것을 막는 것이 있다면 단호하게 거절하십시오." 하나님의 일을 하는 사역자는 끊임없이 하나님의 얼굴을 보는 사람입니다. 주님의 영광의 빛은 우리가 하나님과 함께 있을 때 빛나는 것입니다. 세상으로부터 버림받은 우리가 주님과 함께할 때 경험하는 영광의 빛입니다. 부르심을 받은 사역자의 삶의 비결은 언제나 주님과 함께할 수 있도록 자신의 삶을 조율하고, 이로 인해 영원히 꺼지지 않는 빛을 비추도록 하는 것입니다. 그러니 '홀로 섬'을 많이 경험하십시오. 그때마다 주님이 함께하셔서 당신이 홀로임을 잊을 만큼 말입니다.

한 줄 노트 주님의 얼굴을 바라보는 자에게는 의식하지 못하는 순간에 주님의 영광의 빛이 머물 것입니다.

묵상 질문 오늘 만나는 누군가가 당신의 얼굴을 본다면, 주님으로 인해 빛나는 '영광의 빛'을 볼 수 있을까요?

Apr. 23 우상이 된 사역

고전 3:9

탈진하게 됩니다 "하나님을 위한 사역이 하나님을 향한 당신의 집중을 방해하지 못하도록 주의하십시오." 섬김의 대상은 오직 하나님이십니다. '사역'을 섬기는 순간 '하나님의 일'이 우상이 됩니다. 사역이 우상이 되면 하나님이 보이지 않습니다. 하나님께 집중되지 않은 일들은 사역자들을 탈진으로 이끌어갑니다. 주님은 많은 일을 하다 주님을 잃어버리기보다 주님을 바라보며 한 가지라도 주님을 기쁘게 하는 것을 더 기뻐하십니다. 하나님의 다스림 가운데 일을 하면 우리는 그저 하나님이 하시는 일의 동역자가 됩니다. 그 안에서 자유함을 느끼게 됩니다. 하나님의 일을 하는 사역자가 유일하게 느껴야 하는 부담은 하나님과 늘 깊은 관계를 유지하기 위한 노력입니다. 관계에 대한 부담이 우리를 자유하게 한다는 놀라운 신비가 여기에 있습니다. 관계에 대한 부담을 잃어버리는 순간 우리는 탈진하게 될 것입니다.

한 줄 노트 역설적이지만, 주님과 친밀한 관계를 유지하기 위해 부담감을 느끼는 사람들은 도리어 사역의 부담에서 자유합니다.

하나님이 주관하십니다 "그러나 우리가 오직 한 가지를 위해 자유하다는 사실을 언제나 잊지 않도록 주의해야 합니다. 곧 철저하게 주님께 동역자로서 헌신하는 것입니다." 주님의 동역자가 된다는 말은 그 일을 우리가 주관하지 않는다는 말입니다. 어디에서 일을 해야 하는지도, 나에게 맞는 일인지의 여부도 오로지 그분이 결정하십니다. 하나님을 진정으로 예배하는 사역자들에게는 분명한 목표가 있습니다. "그분이 우리를 어디에 두시든 우리의 가장 큰 한 가지 목표는 우리에게 맡기신 그 사역에서 우리의 온 마음과 뜻을 주님께 부어드리는 것입니다." 챔버스는 '우리의 가장 큰 한 가지 목표'가 '온 마음과 뜻을 주님께 부어 드리는 것'이라고 말합니다. 이 목표가 분명해지고, 이러한 생각이 우리의 우선순위가 된다면 어떤 일을 해도 잘못되지 않을 것입니다. '가장 크고 중요한 목표', 그것이 우선순위입니다. 하나님을 바라보지 않는 사역은 그 어떤 것도 우상이 됩니다.

한 줄 노트 하나님과의 깊은 관계를 잃어버린 사역은 우상숭배가 되며, 그 일이 우리를 탈진하게 만든다는 것을 기억해야 합니다.

묵상 질문 무엇이 우리를 부요하게 하고 무엇이 우리를 빈곤하게 만드는지 안다면, 지금 우리가 무엇을 해야 할지 생각나지 않을까요?

Apr. 24 영적 방종에 대한 경고

눅 10:20

진정한 성공 사역자에게 가장 무서운 것은 '영적 방종'입니다. 챔버스는 사역자들이 종교적 유행이나 세상의 흐름에 취해 '영적 성공'에 눈독을 들이는 것이 '영적 방종'의 시작이라고 말합니다. 누가복음 10장은 예수님께서 제자들을 둘씩 짝지어 파송하신 후 보고를 받으시는 장면입니다. 그러나 가시적 성공을 거둔 제자들에게 예수님은 경고하셨습니다. "얼마나 많은 영혼들이 구원을 받았고 거룩하게 되었는가를 계산하면서 하나님께 감사하고, 이제 모든 것이 잘되어간다고 흥겨워합니다. 그러나 우리의 사역은 하나님의 은혜가 기초를 놓은 곳에서 시작합니다. 우리는 영혼을 구원하기보다 그를 제자화해야 합니다." 영혼을 구원하는 일은 하나님의 은혜로 이루어집니다. 진정한 사역은 구원받는 사람들이 '제자'가 되어 하나님께 순종하도록 만드는 것입니다. 그런 관점에서 우리 사역의 진정한 성공은 우리와 같은 사역자를 '재생산'하는 것입니다.

[한 줄 노트] 진정한 사역의 열매는 상업적 성공이 아닌 우리가 낳은 제자를 통해 증명됩니다.

사역자의 자세 하나님 안에서 그리스도와 함께 '숨겨진 삶'을 살려고 하지 않는다면 끊임없이 사람들에게 잔소리를 하거나 명령을 내리는 사람이 될 수 있습니다. 이는 성공에 목말라 가시적 효과를 내려는 시도가 될 수 있습니다. '제자화'를 통해 우리의 사역이 증명되는데, 이를 드러내려 안달하면 '영적 방종'에 빠질 수 있다니 어렵습니다. 그래서 하나님의 일은 마치 '최선을 다하는 것'과 '자랑하지 않는 것' 사이의 외줄타기와도 같습니다. 자랑하려 하지 않을 때, 사역자로서 올바른 자세를 가지게 됩니다. 하나님이 하시는 일과 우리가 하는 일 사이에 분명한 구분이 생깁니다. 구원의 은혜를 베푸시는 이는 하나님이시기에 우리가 강요할 수 없습니다. 하지만 우리의 책임을 회피해서도 안 됩니다. 챔버스는 주님이 하셨던 사역의 모범을 제시합니다. "주께서는 제자 됨에 대해 말씀하실 때마다 언제나 '만약'이라는 말로 시작하셨지, '반드시 … 해야 한다'라는 식으로 강요하지 않으셨습니다. 제자가 되는 것은 강요가 아니라 선택입니다."

[한 줄 노트] 하나님의 일을 하는 것은 '최선을 다하는 것'과 '자랑하지 않는 것' 사이에서 외줄을 타는 것과 같습니다.

[묵상 질문] 당신은 제자를 만드는 일에 최선을 다하고 있습니까, 사역의 성공을 위해 열심을 내고 있습니까?

Apr. 25 — 최상의 상태를 우상으로 만든다면

딤후 4:2

'때'의 의미   "우리 중에 많은 사람들이 '때를 얻지 못하는' 병을 앓고 있습니다. 때는 시간을 말하는 것이 아니라 우리의 마음을 말합니다. '때를 얻든지 못 얻든지 항상 힘쓰라.'" '때'는 외부의 환경이 아니라 우리 마음이 결정할 수 있는 '의지적 시점'입니다. 우리의 마음 상태는 일정하지 않습니다. 우리 마음 상태에 따라 좌우되지 않고, 우리 의지가 결정하도록 하는 것이 중요합니다. '때'를 선택하는 위험성에 대해 챔버스는 이렇게 말합니다. "당신이 선택한다고 해서 그러한 순간들을 만들어낼 수 있는 것이 아닙니다." 만일 우리가 최고의 순간을 기다려서 일한다면 내가 기다려서 최고의 순간을 만들어냈다는 착각에 빠지게 되고, 결국 나의 공로가 되어버리기 때문입니다. 영적으로 충만하지 않으면 아무것도 하지 않겠다는 주장을 하는 사람을 하나님께서 사용하실 수는 없습니다. 사역자에게 제일 중요한 것은 '하나님과의 관계'입니다. 올바른 관계 속에 있다면 영감의 유무는 별로 중요하지 않습니다. 어느 때나 최선을 다하면 되기 때문입니다.

[한 줄 노트] 하나님의 일을 하는데 '최고의 때'는 중요하지 않습니다. 오직 하나님과의 관계만이 사역을 좌우합니다.

사역의 우상   아주 예외적인 영감의 순간에 집착해 하나님께 집중하지 못하는 것 또한 우상의 일종입니다. '최고의 영적 순간'을 우상으로 삼는 것은 하나님께서 특별한 영적 상태에 머물도록 허락하시는 순간만을 바라보는 것입니다. 이런 영적 상태는 우리가 선택할 수 없습니다. 전적으로 하나님께서 우리에게 주시는 선물입니다. "만일 당신이 예외적인 영감의 최고 상태에만 머물려고 하면, 당신은 하나님께 견딜 수 없는 귀찮은 존재가 될 것입니다. … 만일 당신이 최상의 상태를 우상으로 만든다면 하나님께서는 당신에게서 멀어지실 것입니다." 하나님의 일을 한다고 부름 받으면서도, 하나님의 일을 하기 위해 하나님과 멀어질 수 있습니다. 우리가 추구하는 '최상의 상태'가 우상이 될 수 있습니다. 챔버스는 경고합니다. "그 후 하나님께서는 당신이 주께서 맡기신 가장 가까운 책임을 행할 때까지, 또한 주께서 허락하신 예외적인 드문 순간들에 더 이상 집착하지 않는 것을 배울 때까지 돌아오지 않으실 것입니다."

[한 줄 노트] 하나님의 일을 하기 위해 하나님과 멀어지는 것처럼 어리석은 일은 없습니다.

묵상 질문 하나님께서 우리에게 주신, 지금 해야 하는 가장 소중한 일은 무엇입니까?

Apr. 26 잘못된 믿음들

창 22:2

하나님에 대한 올바른 지식 하나님은 때때로 아브라함에게 명령하셨던 것처럼, 우리를 극한 상황까지 몰고 가셔서 하나님이 어떤 분이신지 이해하게 하시고 과감하게 따를 수 있도록 인도하십니다. "사람의 성품은 그 사람이 하나님의 뜻을 어떻게 해석하는가를 결정합니다." 당시 아브라함은 하나님의 명령을 아들을 죽이는 일로 해석했습니다. 그런데 아브라함은 이런 끔찍한 시련을 통해 자신이 알고 있었던 잘못된 전통을 버리게 됩니다. 하나님이 아브라함에게 원하셨던 건 역시 아들 이삭이 아닌 그의 믿음이었습니다. 하나님은 끔찍한 시련을 통해 아브라함의 잘못된 믿음을 제거하셨습니다. 이는 하나님께서 우리를 직접적으로 다루시는 방법 중 하나입니다. "그러나 만일 우리가 하나님께 진실하면 하나님께서는 주님에 대한 더 나은 지식을 얻게 하기 위해 우리로 시련을 지나가게 하실 것입니다." 아무리 어려운 시련이 찾아와도 진실하게 믿음으로 따라가면 하나님을 아는 더 높은 지식에 이르게 됩니다.

[한 줄 노트] 하나님은 때로 우리가 견디기 힘든 시련을 통해서 하나님을 더욱 깊이 알도록 인도하십니다.

광신과 믿음은 다릅니다 아브라함은 하나님이 말씀하신다면 자신의 믿는 바와 반대되어도 무엇이든 할 준비가 되어 있었습니다. 아브라함은 아들을 바치라는 명령에 순종했고, 멈추라는 소리에 행동을 그만두었습니다. 이미 결심했다고 해서 그렇게 행동했다면 이는 믿음이 아닌 '광신'입니다. 아브라함은 처절한 순종을 통해 하나님의 성품을 더 깊이 깨닫고, '여호와 이레' 하나님을 고백합니다. "당신이 하나님께 진실되면 하나님께서는 곧바로 당신을 이끌어서 모든 역경을 지나게 하시고 주를 더 깊게 알 수 있는 내빈실로 인도하실 것입니다." 진실한 마음으로 하나님의 말씀에 순종할 때, 참된 믿음을 깨닫게 됩니다. 진실한 마음으로 하는 순종은 자신의 신념이나 전통적인 믿음을 포기한다는 의미입니다. 순간순간 진실하게 순종의 자리로 나아갈 때마다 하나님께서 아브라함의 믿음을 정화시키고 성장시켜주셨던 것처럼 우리의 믿음도 성장하게 될 것입니다.

[한 줄 노트] 자기 확신으로 하나님을 믿으면 '광신'이 되지만, 마음을 열고 하나님께 순종하면 '믿음'이 자랍니다.

묵상 질문 당신의 믿음이 성장하고 있음을 확신할 수 있습니까?

Apr. 27 선물보다 주님을 구하십시오

렘 45:5

잘못된 관심　"하나님께서는 당신이 주님의 선물을 받는 것보다 주님과 더욱 가까운 관계가 되는 데 관심을 가지기를 원하십니다. 주님은 당신이 그분을 알기를 원하십니다." 우리가 축복이라고 여기는 일들을 생각해 보면, 얼마나 일시적이고 우연한지 모릅니다. 하지만 하나님과 올바른 관계에 있다면, 올바른 관심을 가지고 올바른 축복을 구할 수 있습니다. 하나님께 우리가 원하는 것을 구하는 자체가 잘못된 것은 아닙니다. 다만 옳지 않은 것을 구하지 않도록 해야 합니다. 주님께서는 분명히 구하라고 하셨습니다. 그러나 구하는 내용이 바로 세워져 있어야 합니다. 구하는 과정을 통해 주님이 어떤 분인지 알아야 합니다. 주님께 구하지 않는 사람은 지금 자신이 구하는 것이 주님께 올바른 것인지도 구별하지 못합니다. 우리는 주님께 구하는 기도를 통해 주님의 성품을 점점 더 깊이 알아가게 됩니다.

한 줄 노트　기도는 구하는 것을 받는 것이 아니라, 주님이 주시기 원하는 것을 아는 것입니다.

무엇을 구하는가?　하나님께 무언가를 구할 때 가장 중요한 기준은 '하나님의 관심'과 일치하는지 생각하는 것입니다. "당신이 하나님께 무엇을 구하며 또한 왜 그것을 원하는지 자신에게 질문할 준비가 되어 있습니까?" 하나님의 관심은 현재의 축복과 행복이 아닌 궁극적이고 영원한 것에 있습니다. 그래서 "하나님은 늘 궁극적인 완전을 위해 현재의 완전을 무시하시는 분이십니다." 상대를 알지 못한 최선은 최선일수록 최악을 낳습니다. '최상의 하나님께 나의 최선을 드릴 때' 전제 조건은 하나님을 '앎'에 있습니다. 주님을 바르게 알지 못하면, 우리의 최선은 최선일수록 최악을 낳을 것입니다. 그러므로 우리가 구할 것은 선물이 아니라 주님입니다. 하나님께서 무엇을 위해 일하시는지 알게 되면, 우리가 무엇을 구할지도 명확해질 것입니다. 문제는 우리가 하나님에 대해 올바른 지식을 가지고 있지 못한 것과 하나님과 올바른 관계 속에 있지 못한 것입니다.

한 줄 노트　하나님의 일을 할 때, 하나님을 잘 알지 못하는 '최선'이 '최악의 결과'를 만들어낼 수 있다는 사실이 두렵습니다.

묵상 질문　지금 당신의 최선이 하나님께 정말 최선이라고 확신하십니까?

Apr. 28 "이 정도는 괜찮겠지"를 거절하십시오!

렘 45:5

완전한 포기의 자리에서 얻는 생명 사람들은 종종 가진 것, 받은 축복을 자랑하고 싶어 합니다. 하지만 사라질 것에 대한 자랑은 의미가 없습니다. 우리가 자랑해야 할 것은 오직 하나, 하나님 안에서 그리스도와 함께 감추어진 생명입니다. 하나님과 하나로 연합할 때, 하나님 안에서 그동안 우리가 자랑하고 싶었던 것이 얼마나 하찮은지 깨닫게 됩니다. 그럴싸하게 보이는 이생의 자랑은 우리를 파멸로 이끌고, 세상의 화려함은 우리의 생명을 앗아갑니다.

주님과 연합하기 위해 우리는 하나님 앞에 모든 것을 내려놓고 포기해야 합니다. 우리가 가장 하찮게 여기는 것조차 포기하고 내려놓아야 합니다. "철저한 포기의 시험은 '이 정도는 괜찮겠지'라고 말하는 것을 거절하는 것입니다. 추측을 주의하십시오. '이 정도는 괜찮겠지'라는 생각을 허락하는 것은 당신이 자신을 완전히 내려놓은 것이 아니며 하나님을 실제로 신뢰하는 것도 아닙니다."

하나님께 우리를 완전히 내려놓으면 질문이 점점 사라질 것입니다. 하나님께서 우리를 어떻게 대하실지에 대한 고민도 '내려놓음' 앞에서는 별로 중요하지 않을 것입니다. 이때 우리 삶은 아주 단순해지며, 전적인 순종의 길을 가게 됩니다. 하나님께 우리 삶을 온전히 내려놓으면 놀랍고 즐거운 일들을 경험하게 됩니다. 하나님께서 우리 인생을 이끌어가심을 확실히 신뢰하니 말입니다. '이 정도는 괜찮겠지'라고 생각하는 '하찮음'을 주의하십시오. 아주 미세한 틈에서 무너지기 시작합니다.

하나님을 완전히 의지하는 자에게 하나님은 생명을 주십니다. '완전한 내려놓음'은 하나님이 전적으로 인도하기 시작하시는 지점입니다. 하나님 앞에서 단순해지도록 노력하십시오. 하나님께서 우리를 완전히 사로잡으실 때, 하나님은 우리에게 생명을 주십니다.

한 줄 노트 하나님께 완전히 내려놓고 맡기는 단순한 인생은 '참 생명'을 선물로 받습니다.

묵상 질문 당신의 삶에서 '이 정도는 괜찮겠지'라고 생각했던 것은 무엇입니까? 그것이 당신의 생명을 허물고 있지는 않습니까?

Apr. 29 불확실성의 은혜

요일 3:2

'불확실성의 은혜' - 믿는 자의 특권   "확실성은 상식적인 생활의 표지입니다. 은혜로운 불확실성은 영적인 삶의 표지입니다." 우리는 삶에서 '계획적'으로 되는 일을 안전하고 성공적이라고 표현합니다. 하지만 신앙의 관점에서 '불확실성'은 영적으로 확신을 누리는 계기가 됩니다. 우리가 하나님을 확신하고 믿을 때, 현실의 불확실성은 내일의 기대로 가득 찹니다. "다음 단계에 어떤 일이 발생할지 불확실합니다. 그러나 하나님을 확신합니다. … 우리가 자신의 특별한 관념을 주장하고 옹호하려고 할 때 우리 안의 믿음은 죽어갑니다."

지금 우리의 관념을 믿고 있는지, 하나님을 믿고 있는지 분명하게 우리 믿음을 들여다봐야 합니다. "우리는 자신의 계획이 이루어져야 안전하다고 생각하지만 영적인 삶의 속성은 그렇지 않습니다. 영적인 삶의 속성은 불확실성 속에서 확신을 누리는 것입니다." 어린아이와 같지 않으면 하늘나라에 갈 수 없다는 말씀처럼(마 18:3) 순수한 마음으로 하나님을 믿지 않으면 결코 영적인 세계를 경험할 수 없습니다.

"우리는 하나님에 대해 불확실하지 않습니다. 주께서 다음에 무엇을 하실지에 대해 불확실할 뿐입니다." 불확실함은 단지 우리의 이해 안에서 불확실한 것입니다. 우리가 하나님을 확실히 믿으면, 우리의 이해와 상관없이 영적 유익을 얻을 수 있습니다. 우리에게 필요한 것은 '나의 확신'이 아닙니다. 하나님께서 우리를 확실하게 붙들고 계시다는 믿음입니다. 하나님께 우리의 이해와 삶을 '양도'하면 하나님께서 전적으로 우리를 다스리십니다.

"예수님은 '나를 믿으라'고 말씀하셨지 '나에 관한 너의 신념을 믿으라'고 말씀하지 않으셨습니다." 불확실성의 은혜는 우리가 온전히 주님을 신뢰하고 맡길 때 경험할 수 있습니다. 이 영광스러운 기다림은 우리를 충성으로 이끄는 열쇠입니다. 주님께서는 반드시 오십니다. 우리의 시간이 아닌 주님의 시간이 다가오고 있습니다. 그때까지 주님께 충성을 다하는 자세야말로 신앙인의 가장 바람직한 모습입니다.

한 줄 노트   불확실한 인생에서 기대할 것이 있다는 사실이 얼마나 큰 은혜인지 모릅니다.

묵상 질문   지금 당신의 삶에서 안개와 같이 불확실한 일은 무엇입니까? 그것으로 인한 기대감이 있습니까?

Apr. 30 사랑의 자발성

고전 13:4

사랑은 저절로 되는 것 "사랑은 미리 생각해 보고 하는 것이 아닙니다. 저절로 되는 것입니다." 우리가 사랑받았음을 알고 있어도 누군가를 사랑하는 일은 쉽지 않습니다. 주님의 말씀대로 살기 위해 노력하고, 주님의 말씀을 삶의 표준으로 삼아보지만 잘 되지 않습니다. 그런데 주의 영이 우리를 사로잡으면 굳이 결심하지 않아도 주님을 따라 사는 자신을 발견합니다. 이는 우리 안에 '자발적인 사랑'이 있기 때문입니다.

"사랑의 샘은 하나님 안에 있지 우리 안에는 없습니다." 자연적 인간의 마음에서 하나님의 사랑을 찾으려는 노력은 터무니없는 일입니다. 성령에 의해 우리 마음에 하나님의 사랑이 부어지지 않으면 그 사랑을 할 수 없습니다. '저절로 된다'는 말은 이미 존재하고 있는 하나님의 사랑이 오로지 성령님의 능력으로 우리 안에 역사하는 것입니다. 성령께서 우리 안에 들어오시면 우리의 노력이 아닌 성령님의 역사로 사랑이 나타나기 시작합니다.

사랑은 받아야 줄 수 있습니다. "우리가 사랑함은 그가 먼저 우리를 사랑하셨음이라"(요일 4:19). "만일 우리가 얼마나 하나님을 사랑하는지를 주께 증거하려고 노력한다면, 이는 오히려 우리가 하나님을 사랑하지 않는다는 분명한 증거가 될 것입니다." 성령께서 우리 안에 충만하게 역사하실 때, 우리는 주님을 사랑하려고 결심하거나 노력하지 않았습니다. 오히려 주님을 사랑하는 마음으로 하고 싶은 일이 많았습니다. 언제부터인가 주님을 사랑해야겠다는 마음이 들고, 새로운 결심을 해야 하는 상황이라면 지금 주님을 사랑하고 있지 않음이 분명합니다.

"뒤돌아보면 우리가 어떤 일들을 행한 이유를 설명할 수 없습니다." 사랑하는 순간, 이유를 설명할 수 없는 일들이 참 많이 일어납니다. 전혀 합리적이지도, 이성적이지도, 계산적이지도 않습니다. 챔버스는 '사랑의 샘'이라는 표현을 사용합니다. '샘'은 끊임없이 솟아납니다. 우리가 성령 안에 거할 때, 그 사랑은 바닥을 드러내지 않습니다. 이만큼 사랑했으면 끝날 만도 한데, 또 사랑이 솟아납니다. 끊임없이 사랑이 솟아날 때, 우리는 그 사랑이 진정한 사랑임을 깨닫게 됩니다.

한 줄 노트 우리가 진정으로 하나님을 사랑한다면, 사랑하기 위한 결심이나 이유는 필요하지 않습니다.

묵상 질문 당신은 주님을 사랑하기 위해 어떤 노력을 하고 있습니까? 만일 노력이 필요하다면 정말 사랑하고 있는 것이 맞는지 점검해 봐야 합니다.

5월

기분에 굴복하지 마십시오!

매 순간 '하고 싶지 않다'는 기분에 빠져들 때

신앙의 표준

May 01

고후 5:7

비정상적인 표준 "하나님께서 하늘 문을 닫으시고 놀라운 영감을 허락하지 않으실 때에도 당신은 일상적 의무를 성실히 수행할 수 있습니까?" 우리는 하나님의 일을 할 때, '변화산 체험'에만 머무르지 말고 세상 속으로 내려와야 합니다. 보편적인 사역은 영적 후광이 비추는 감정의 정점이 아니라 아주 평범한 일상에서 이루어지기 때문입니다. "그러나 금테로 된 후광을 쓰기를 원하는 성도들은 이 땅에서 아무 쓸모가 없습니다." 하나님의 일을 하고자 하는 사람들에게는 후광이 비치는 성자처럼 되고 싶은 비정상적인 열망이 있습니다. 이런 사람들은 하나님을 전혀 닮지 않았습니다. 우리가 하나님을 섬길 때, 하나님께서는 우리를 영화롭게 할 의무가 없습니다. 영광은 하나님께만 있습니다. 이 땅에서 하나님의 일을 하는 사람들은 모두 '평범한 사람들'입니다. 하지만 거듭났기 때문에 위로부터 오는 무한한 능력으로 세상 풍파 속에서도 승리할 수 있습니다.

한 줄 노트 우리에게 '빛나는 후광'이 없어도 하나님은 여전히 일하십니다.

우리가 원하는 것의 오류 챔버스는 우리가 '희귀한 영감의 순간'을 원한다고 말합니다. 이는 하나님께서 우리에게 찾아와 말씀하시는 '어떤 특별한 순간'에 대한 집착입니다. 이런 '순간'에 집착할 때, 우리는 하나님께 집중하지 못합니다. 그리고 자신이 진정으로 하나님을 원하지 않았다는 사실 또한 알게 됩니다. 이 상태에서 우리는 계속 내가 원하는 것만을 보고 싶어 합니다. "그러나 하나님께서 우리에게 원하시는 것은 믿음으로 행하는 것입니다." 우리는 무언가를 보기 원합니다. 그러나 하나님은 우리가 믿음으로 행하길 원하십니다. 챔버스는 하나님께서 원하시는 성도의 삶은 체험에 이끌리는 것이 아니라 믿음으로 일어서는 것이라고 말합니다. 우리가 하나님의 일을 할 때는 특별하고 갑작스러운 영감의 순간을 바라는 것이 아니라 믿음으로 일어나 쓰임을 받는 것입니다. 그때, 우리는 영감의 순간이 아니더라도 여전히 우리 곁에 계신 하나님을 발견하게 됩니다. "어떤 특별한 영감의 순간들을 신앙의 표준으로 삼지 마십시오. 우리의 표준은 평상시에 마땅히 해야 할 의무들입니다."

한 줄 노트 오늘 우리에게는 특별한 영적 체험이 아니라 믿음으로 하나님을 바라보는 일상적 삶이 필요합니다.

묵상 질문 당신이 바라는 특별한 영적 체험은 무엇이며, 살아내야 하는 일상은 무엇입니까?

May 02 인내의 능력

합 2:3

시험이 올 때　"인내는 무관심이 아닙니다." 오늘 묵상의 원제는 "The passion of patience"입니다. 인내는 무관심이 아니라 진정한 열정입니다. 우리는 인내를 정적인 것이라고 생각하곤 하지만, 인내는 하나님만 바라볼 때 나오는 가장 적극적인 신앙의 모습입니다. 챔버스는 히브리서 11장 27절을 토대로 "보이지 않는 분을 보는 것같이 하여"라고 말합니다. 모세는 어떤 의무감 때문에 인내할 수 있던 것이 아닙니다. 하나님을 보았고 믿었기 때문에 출애굽 여정에서 인내할 수 있었습니다. 우리가 인내할 수 있는 이유는 특별한 영적 체험을 바라기 때문이 아닙니다. 하나님을 바라보기 때문에 인내할 수 있습니다. 우리는 현실 속에서 하나님을 바라보고 인내하면서, 우리에게 주어진 일들을 수행합니다. 사탄은 늘 우리에게 지름길을 택하라고 말합니다. 그러나 하나님은 아무 말씀도 하지 않으십니다. 그때가 바로 인내를 위한 열정이 필요한 순간임을 기억하십시오.

[한 줄 노트] 인내는 단순히 견디는 것이 아니라 '열정'에서 나오는 결과입니다.

비전과 관계 있는 인내　우리의 비전은 감정적 뜨거움이 아닙니다. 비전은 '의지의 중심'에서 올바른 결정을 내릴 때 비로소 가능합니다. 우리의 본성이 아닌 하나님께로부터 오는 이 의지가 우리를 인내로 이끕니다. 비전은 체험이나 감정 그 이상입니다. 하나님을 바라보며 얻는 영감만이 우리로 하여금 계속 인내할 수 있게 합니다. 하박국 역시 속히 이루어지지 않는 하나님의 나라와 심판에 조급함을 가지고 불평했습니다. 하지만 하나님의 비전을 본 뒤에는 기다리기로 작정합니다. 앞으로 임할 하나님 나라를 바라보며 인내하고 기대합니다. 또한 영적 자만에 빠졌을 때에도 우리는 인내하지 못합니다. 이미 충분하다는, 이 정도면 거룩하다는 착각이 우리를 멸망으로 인도합니다. 참된 비전은 인내를 통해 우리 한계를 초월하는 능력입니다. 비전과 인내는 아주 중요한 짝을 이룹니다. "하나님을 바라봄으로 영감을 얻으십시오. 우리는 지금까지 경험한 것 이상의 것을 얻어야 합니다. 영적으로 느슨해지는 것을 주의하십시오." 우리가 충분히 하나님을 기다릴 때, 그분이 우리의 영혼을 온전히 다스리시게 됩니다(찰스 스윈돌).

[한 줄 노트] 비전을 가진 자는 이렇게 말합니다. "비록 더딜지라도 반드시 응하리라." 하나님을 바라봄으로 영감을 얻으십시오!

[묵상 질문] 이전에는 참을 수 없었는데 하나님을 바라보니 인내할 수 있었던 경험이 있습니까?

May 03 — 능력 있는 중보 기도

엡 6:18

하나님을 질책하다니 중보 기도는 하나님과 나 사이에서 누군가의 문제를 들고 나갈 때, 주님이 그 사람에게 역사하신다는 믿음에서 출발합니다. 중보 기도를 하다 보면, 기도의 대상자들이 우리 생각보다 더 많은 대가를 치르고 있음을 볼 때가 있습니다. 그때 우리에게 그들을 불쌍히 여기는 마음이 들고, 그 마음으로 인해 하나님이 하시는 일에 간섭하기 시작합니다. 이때 우리는 "그 사람을 향한 하나님의 관심과 일치되지 못하고 오히려 그들에게 연민을 느낍니다." 그러나 연민은 하나님이 일하시는 방식을 신뢰하지 못해 일어난 감정입니다. 여기에 '기도의 장애물'이 있습니다. 이때 우리는 '하나님과의 살아 있는 관계'는 의식하지 않고, 오로지 동정심과 배려만으로 상황을 바라봅니다. 챔버스는 이런 우리의 생각과 행위가 "의도적으로 하나님을 질책하는 행위"가 된다고 말합니다. 감히 우리가 하나님이 하시는 일을 '꾸짖고 있다는' 것이 얼마나 무서운 일인지 모릅니다. 올바른 중보 기도는 하나님과 그분이 하시는 일을 전적으로 신뢰하고, 모든 일을 맡기는 것입니다. 중보 기도는 단지 중보하는 것입니다. 우리가 좌지우지하는 것이 아닙니다.

> **한 줄 노트** 하나님을 전적으로 신뢰하지 않으면 온전한 중보 기도를 할 수 없습니다.

죄보다 무서운 동정심 하나님의 계획보다 우리의 동정심을 확신하는 것은 하나님과 우리 사이에 장애물이 됩니다. 동정심과 편견 때문에 하나님이 보이지 않게 됩니다. "하나님과의 일치가 중보 기도의 열쇠입니다. 주님과 일치되기를 거절하는 이유는 죄 때문이라기보다 다른 사람들을 향한 동정심 때문입니다." 나의 얄팍한 동정심이 하나님이 하시고자 하는 일을 막으려 한다면, 하나님과의 관계가 온전할 수 없습니다. 그러므로 온전한 중보 기도는 '자기 연민'으로 인한 개인적 성향의 여지를 남기지 않는 것입니다. 중보 기도는 기도하는 사람 자신을 고려하는 것이 아니기 때문입니다.

> **한 줄 노트** 누군가를 향한 연민으로 시작한 중보 기도가 '자기 연민'에 빠지지 않기 위해서는 전적으로 하나님을 신뢰해야 합니다.

묵상 질문 누군가를 위해 중보 기도를 하면서 스스로 기도에 대한 답을 갖고 있지는 않습니까?

May 04 대리적 중보 기도

히 10:19

영적 완고함에서 벗어나야 합니다 우리는 흔히 다른 사람에 대한 동정심으로 주님께 요구하는 것을 중보 기도라고 착각합니다. 동정심의 배후에는 영적 완고함이 도사리고 있습니다. 영적 완고함은 중요하게 다뤄야 할 중보 기도의 장애물로, 우리로 하여금 속죄의 필요성을 느끼지 못하게 합니다. 우리 신앙의 출발점은 죄를 고백하고 용서받는 것입니다. 그런데 우리 속에 있는 선하고 덕스러운 것을 바라보면서 회개의 필요성을 느끼지 못한다면 그것이 바로 '영적 완고함'입니다. 이 영적 완고함은 죄가 아닌 선한 마음으로부터 올 수도 있습니다.

영적 완고함은 우리를 영적 무관심으로 인도하고, 곧 영적 나태함에 이르게 합니다. "다른 사람을 향한 하나님의 관심과 우리의 관심이 일치되지 않습니다. 하나님을 못마땅하게 여기고 자신의 생각을 고집합니다." 챔버스는 하나님의 뜻과 무관한 기도는 결국 남을 불쌍히 여기는 자신의 인격만 돋보이게 할 뿐이라고 말합니다. 기도는 나의 의도대로 이루어지기를 요구하는 것이 아닙니다. 하나님의 뜻이 이루어지기를 구하는 가운데 나의 뜻과 관심이 하나님과 일치되는 것입니다.

이제 우리의 관심이 근본적으로 변해야 합니다. 그리스도인이 되는 것은 우리 관심과 삶의 방식이 하나님과 동일해지는 것을 의미합니다. 아무리 기도의 분량이 많아져도 근본적인 관심이 변하지 않으면 여전히 세상의 삶에 머물 수밖에 없습니다. 기도의 양이 많다고 해서 하나님과의 관계가 좋다고 착각해서는 안 됩니다.

"대리적 중보 기도란 마음을 다해 다른 사람을 향한 우리의 인간적인 연민을 버리고 그들을 향한 하나님의 관심으로 대치하는 것입니다." 오늘 묵상 제목인 '대리적 중보 기도'는 예수님을 대신해서 우리가 누군가를 위해 기도한다는 말입니다. 영적 완고함을 벗어난 진정한 대리적 중보 기도를 위해 주님과 일치된 관심을 가지고 있는지 스스로를 점검하십시오.

한 줄 노트 진정한 중보 기도는 동정심이 아니라 하나님의 마음과 생각으로 하는 것입니다.

묵상 질문 지금 누군가를 위해 하는 우리의 기도가 하나님 마음에도 흡족한 기도일까요?

May 05 구원, 하나님의 위대한 생각

벧전 4:17

무엇을 전해야 하는지 "구원은 하나님의 위대한 생각이지 사람의 체험이 아닙니다. 체험은 단지 구원이 우리의 의식 속으로 들어올 수 있도록 하는 통로일 뿐입니다." 말씀을 전할 때, '체험'을 선포하는 것으로 끝나지는 않는지 깊이 생각해 보십시오. 개인적인 체험은 구원받았음을 스스로 알아차릴 수 있도록 하지만, 체험 자체가 구원은 아닙니다. 우리가 선포해야 하는 것은 '구원의 복음'입니다. 개인의 체험을 절대화하는 일은 그 체험으로 복음의 자리를 대신하려고 하는 무서운 시도입니다. 우리는 오로지 복음을 선포해야 합니다. 하나님의 사랑에 대해 말하기 위해서는 '심판'을 이야기해야 합니다. 심판의 두려움은 우리를 멸망시키기 위함이 아니라 하나님께 나아가도록 하기 위함입니다. 그러므로 하나님의 말씀을 전하는 사람의 역할은 분명합니다. "우리의 역할은 그들이 하나님께 나아가는 것이 왜 어려운지를 찾아내는 것이 아니라 그들에게 하나님의 진리를 그대로 제시하는 것입니다." 우리는 그저 하나님의 때에 하나님의 영이 일하실 것을 믿으며 우리가 믿는 복음을 전하면 됩니다.

> **한 줄 노트** 우리는 감정이나 체험이 아닌 복음 그 자체를 전해야 합니다.

성령께서 하십니다 우리는 흔히 복음을 '제시'한다고 말합니다. 단순히 복음을 '제시'하면 복음이 역사합니다. 누군가의 잘못이 드러나는 일은 우리의 능력이 아니라 복음의 역사입니다. 따라서 복음을 제시할 때, 성령께서 역사하심을 믿어야 합니다. 모든 사람을 심판의 자리로 이끌어야 한다는 부담을 내려놓으십시오. 성령께서 각 사람을 만나주시고 역사하실 것입니다. 오늘 본문은 심판의 때가 있음을 알려줍니다. 그러나 주님께서 우리에게 계명을 지킬 힘을 주십니다. 그러니 하나님의 능력 아래 우리의 생각은 완전히 죽어야 합니다. "나 자신의 완전한 연약함을 인식하고 하나님만을 의지할 때 성령께서 그분의 능력을 드러내실 것입니다." 진리는 단순합니다. 우리의 능력이 아니라 하나님의 능력을 의지하는 것입니다. 성령께서 하시도록 맡겨드리는 것입니다.

> **한 줄 노트** 우리가 성령의 능력을 온전히 믿을 때 담대하고 단순하게 복음을 전할 수 있습니다.

묵상 질문 복음을 전할 때 우리를 주저하게 만드는 것은 무엇입니까? 혹시 성령님을 전적으로 의지하지 못하기 때문은 아닙니까?

May 06 그리스도로 인한 자유함

갈 5:1

진정한 자유 우리가 예수를 믿으며 누리는 가장 큰 특권은 자유입니다. 그런데 그 자유로 도리어 다른 사람을 억압하고 있지는 않은지 주의해야 합니다. "만일 우리가 그리스도로 인한 자유함을 누린다면 다른 사람들도 같은 자유함을 누릴 수 있도록 인도해야 할 것입니다. 이 자유함은 예수 그리스도의 권세와 통치를 깨달음으로 인한 자유함입니다." 자유를 누리기 위해서는 '예수님의 기준'이 중요합니다. 우리는 복음을 믿고 자유함을 얻었습니다. 진정한 자유는 주님의 통치 아래 있음을 깨달을 때 찾아옵니다. 세상의 율법과 기준은 우리의 자유를 앗아갑니다. 그러나 주님이 우리의 기준이 되어 다스리실 때 진정한 자유가 찾아옵니다. 우리는 그리스도에게 속하였기 때문에 자유로이 그리스도의 멍에를 멜 수 있습니다. 그리스도인에게 자유가 방종이 되지 않는 이유는 그 자유가 우리를 하나님과 세상에 대한 책임으로 자연스레 인도하기 때문입니다. 여기에 기독교의 역설, '자유하나, 자유로 종이 되는 진리'가 있습니다.

> **한 줄 노트** 하나님께 매인 자가 참 자유를 누리는 것은 기독교의 역설적 진리입니다.

진리로 자유하게 됨 "예수 그리스도의 멍에가 아닌 다른 멍에를 다른 사람의 목에 메려고 해서도 안 됩니다." 우리가 누린 자유로 다른 사람의 자유를 제한하지 않도록 조심해야 합니다. 우리가 그리스도로 인해 자유를 누렸다면, 다른 사람들 역시 그리스도로 인해 자유를 누려야 합니다. 우리가 누군가를 참지 못한다면 그 사람에게 '멍에'를 메도록 하는 것과 같습니다. 하나님께서 우리를 참으시고 인내와 온유로 대하셨다면 우리도 마땅히 그렇게 해야 합니다. 그러나 인내와 온유로 대하는 것이 진리를 희석시키는 일을 의미하지는 않습니다. 진리는 진리로 선포되어야 합니다. "예수님께서는 '가서 제자 삼으라'고 하셨지 '사람들로 네 사상과 의견에 따르도록 하라'고 말씀하지 않으셨습니다." 예수님과의 친밀한 교제에 초점을 맞추지 않는 신앙은 종교생활로 전락할 것입니다. 그런 종교생활은 우리에게 멍에가 됩니다. 우리를 자유하게 하는 진리의 기쁨을 지키기 위해서 주님의 말씀만 선포되고, 주님만이 우리 신앙의 기준이 되어야 합니다.

> **한 줄 노트** 복음을 전한다면서 다른 사람의 자유를 구속하면 안 됩니다. 나를 자유하게 하는 복음은 다른 사람들에게도 자유의 복음이 되어야 합니다.

묵상 질문 우리는 복음을 전하고 있습니까, 아니면 우리의 생각과 생활 방식을 전하고 있습니까?

May 07 제자의 조건

눅 14:28

비용 걱정하지 않기 제자가 되기 위해서는 치러야 할 비용이 있습니다. 예수님께서는 망대를 세우는 사업가와 전쟁을 준비하는 임금의 예를 들어 제자의 길에 대해 설명하십니다. 비즈니스나 전쟁을 시작하기 전, 반드시 그 비용을 계산해 보듯이 제자가 될 때도 비용을 계산해 보아야 한다고 말씀하십니다. 물론 이 기회비용이 인간의 능력이나 자격으로 주님의 제자가 된다는 뜻은 아닙니다. 주님의 제자로 사는 것에 대한 이해, 그에 따른 각오와 결심이 있어야 한다는 뜻입니다. 예수님께서는 제자 됨의 기회비용을 계산하지 않고 제자가 되겠다며 찾아온 사람들을 단념시켜 돌려보내셨습니다(눅 9:57-62; 마 8:19-22). 그러나 우리가 이 비용을 지불하기로 결단하면, 놀랍게도 주님께서 모든 것을 대신 져 주십니다. 예수님께서 공생애 동안 받으신 비방과 미움, 겟세마네에서의 고통과 갈보리 십자가에서의 죽음, 하나님의 능력으로 이미 다 지불되었습니다.

한 줄 노트 제자가 되는 것은 마땅한 비용을 지불할 만큼 가치 있는 일입니다.

점검받기 주님의 십자가 사건은 일회적으로 끝난 것이 아닙니다. 오늘날 주님을 따르겠다고 결심한 우리를 위해서도 이미 다 지불해 주셨습니다. 하지만 각오해야 할 것이 있습니다. "주님께서 주님의 나라에 사용하실 수 있는 유일한 사람들은 이 땅에서 다른 그 어떤 것보다 오직 주님을 인격적, 열정적, 헌신적으로 훨씬 더 사랑하는 사람들입니다. 제자의 조건은 엄격하지만 영광스러운 것입니다." 주님의 제자가 되기로 결심한 뒤 이 땅에 세운 모든 것은 하나님에 의해 점검받을 것입니다. 그러니 주님을 위한다고 하면서 자신의 나라를 세운 것은 아닌지 주의하십시오. "우리는 하나님을 위해 결코 아무 일도 할 수 없습니다. 위대한 건축가이신 예수님께서 그분의 나라를 세우기 위해 우리를 취하실 뿐입니다." 주님의 제자가 가져야 하는 가장 큰 덕목은 권리 포기입니다. 주님을 따르기 위해 십자가를 지고 목숨을 내놓는다 할지라도, 주장할 권리가 없음을 인정할 때 비로소 제자의 조건을 갖추게 됩니다.

한 줄 노트 제자가 된다는 것은 권리를 포기하고 주님이 우리를 가장 적절한 곳에 사용하시리라 믿는 것입니다.

묵상 질문 주님의 제자가 되기 위해 당신은 어떤 권리를 포기했습니까?

May 08 믿음의 인내

계 3:10

'인내'는 견디는 것이 아닙니다 "인내란 지구력보다 더 강한 것입니다." 인내는 분명한 목표를 가지고 참아내는 것이지만 지구력은 단순히 참고 견디는 것입니다. 신앙에 있어서도 그저 참고 있는지, 아니면 이유와 목적을 분명히 알고 있는지 점검해 보아야 합니다. "하나님은 성도들이 볼 수 없는 목표를 향해 조준하고 활을 당기십니다. 이때 성도들은 말합니다. '더 이상 견딜 수 없어요.' 그러나 하나님께서는 별로 신경 쓰지 않으시고 과녁이 눈에 들어올 때까지 활을 당기고 쏘십니다." 인내는 선하신 주님을 믿고 신뢰하기 때문에 주님 손에 나를 맡기는 것입니다. 이때 우리는 단순히 참는 것이 아니라 예수 그리스도와의 '관계' 속으로 들어갑니다. 챔버스는 오늘 묵상에서 욥기 13장 15절을 이렇게 풀어냅니다. "그분이 나를 죽이신다고 해도 나는 여전히 주를 기다릴 것입니다."

[한 줄 노트] 믿음은 단순히 견디는 것이 아니라 하나님의 계획을 신뢰하며 끝까지 인내하는 것입니다.

믿음은 전적으로 신뢰하는 것입니다 믿음은 '하나님의 거룩한 사랑'을 확고하게 붙들고 있기 때문에 담대하게 확신을 가지고 서는 것입니다. 지금 우리는 하나님을 볼 수 없고, 그 뜻을 다 이해할 수 없지만, 주님을 알고 있다는 사실만은 분명합니다. "하나님께서는 우리를 구원하시기 위해 예수 그리스도 안에서 자신의 모든 것을 거셨습니다. 이제 주님은 우리가 그분만을 믿는 믿음 안에서 우리의 인생을 주께 걸기를 원하십니다." "영생은 곧 유일하신 참 하나님과 그가 보내신 자 예수 그리스도를 아는 것이니이다"(요 17:3). '영생'은 참 하나님과 예수 그리스도를 전적으로 신뢰하기에 어떤 일을 당해도 요동치 않고 견디는 것입니다. 열심히 노력했어도 열매 맺는 일은 하나님의 은혜임을 아는 것, 내 힘으로는 불가능함을 깨닫고 하나님께서 해결하시기를 믿음으로 기다리는 것이 참된 인내입니다. 믿음으로 인내할 때 우리 인생에 기대가 생기며 주님께 칭찬받는 삶이 될 것입니다. 마지막 때 칭찬받는 교회는 인내로 주님께 칭찬받은 빌라델비아 교회처럼 끝까지 인내하고 주님을 붙드는 교회입니다. 끝까지 인내할 때, 하나님과의 로맨스가 우리를 기다리고 있습니다.

[한 줄 노트] 영생의 진정한 의미는 어떤 일을 당해도 요동하지 않고 견디는 것입니다.

[묵상 질문] 당신은 지금 무엇을 기다리고 있습니까? 단순히 견디지 않고 '인내'하고 있습니까?

May 09 이상입니까, 비전입니까?

잠 29:18

'이상'과 '비전'은 어떻게 다른가? "이상과 비전(묵시)은 다릅니다. 이상은 영적인 영감이 없지만 비전에는 영감이 있습니다. 이상에 빠진 사람들은 거의 아무것도 하지 않습니다." 이상에 빠진 사람들은 자신이 해야 할 마땅한 의무에 대해 아무것도 하지 않으면서도 스스로를 정당화합니다. 그러나 비전에는 우리를 올바른 삶으로 인도하는 힘이 있습니다. 비전 가운데서 '영적 동기'를 부여받고 순종하기 때문입니다. '이상'은 자신의 생각입니다. 하나님의 생각이 배제된 인간의 생각은 스스로를 멸망으로 인도합니다. 영적으로 충만하지 않으면 우리의 생각이 이상인지 비전인지조차 구별하지 못합니다.

[한 줄 노트] 영적으로 충만하지 않으면 '이상'과 '비전' 사이를 혼란스럽게 오갈 수 있습니다.

비전이 없으면 "'묵시(비전)가 없으면', 즉 우리가 일단 하나님을 바라보지 않게 되면, 우리는 무절제해지고 제멋대로 행하기 시작합니다." 하나님을 바라보지 않는 것은 삶의 주도권을 내가 가지겠다는 태도입니다. 하나님이 개입하실 여지를 남기지 않는 것입니다. 이는 내 힘으로 무언가를 하겠다는 '교만'에 찬 모습입니다. 이런 태도를 가진다면 점점 영적 내리막길로 갈 수밖에 없습니다. 반면 우리에게 주님을 바라보는 비전이 있다면, 주님이 지금까지 하신 일보다 더 위대한 일을 꿈꾸게 됩니다. 위대한 일을 꿈꾸는 사람에게는 신선한 활력이 넘칠 것입니다. 비전은 성품의 문제입니다. 비전은 단 한 번의 결심이나 계기로 가질 수 없습니다. 끊임없이 하나님을 바라보는 사람의 내면에 성품으로 자리 잡는 것입니다. 현실에서 별을 보는 사람을 우리는 비전의 사람이라 말합니다. 이 시대에 필요한 사람은 바로 현실 가운데서 비전을 보는 성품의 사람입니다. 이러한 성품을 지닌 사람은 늘 긍정적이며 소망을 품고 살아갑니다. 나의 능력이 다한 곳에서, 하나님의 능력이 다하지 않았다는 것을 믿는 사람입니다. 혹시 스스로를 너무 작게 생각하고 있지는 않습니까?

[한 줄 노트] 올바른 삶의 자세는 하나님을 바라보는 순간들이 모여 비전이 되고, 그 비전이 성품을 이루는 것입니다.

[묵상 질문] 당신은 비전을 가진 성품을 이루기 위해 어떤 노력을 하고 있습니까?

May 10 첫 발걸음을 떼십시오!

벧후 1:5, 7

하나님이 하시는 일과 우리가 해야 할 일　"하나님께서 하시는 일을 우리가 할 수 없고 우리가 할 수 있는 일을 하나님께서 하지 않으신다는 사실을 잊지 마십시오." 구원을 받거나 거룩하게 되는 일은 온전히 하나님이 하시는 일입니다. 하지만 '좋은 습관'이나 '좋은 성품'을 가지는 것은 하나님의 일이 아닙니다. 챔버스는 계속 '의지적 결단'을 강조합니다. 좋은 습관을 만드는 첫걸음은 자신에게 명령하며 의지적으로 움직이는 것입니다. "당신이 어떤 길로 가야 하는지를 너무나 잘 알면서 그 길을 의심하는 습성을 경계하십시오." "우리는 만사에 하나님의 음성을 경청하는 습관을 길러야 합니다." 신앙적으로 마땅히 해야 할 바를 알고 있으나 실천하지 못하는 경우가 많습니다. 단순히 게을러서일 수도 있고, 영적으로 불확실하기 때문일 수도 있습니다. 그러나 성령님은 우리를 끊임없이 부르시고 인내하시며 설득하십니다. 하나님의 음성에 귀를 기울이는 훈련이 곧 신앙인의 가장 큰 첫걸음입니다.

> **한 줄 노트** 나중이 아니라 지금, 다른 곳이 아니라 당신이 있는 곳에서 주님의 말씀을 따라 첫걸음을 내디뎌야 합니다.

의심하지 말고 주저하지 않기　우리는 '의심하는 습성'을 경계해야 합니다. 어디로 가야 하는지 잘 알고 있지만 하고 싶지 않을 때, 의도적으로 의심하지는 않습니까? 우리에게는 의심하며 시간을 낭비하는 것이 아니라 주저하지 말고 첫걸음을 떼는 태도가 필요합니다. 의심은 무지가 아닌 두려움의 문제일지 모릅니다. "주저하지 말고 첫 발걸음을 떼십시오. 하나님께서 말씀하실 때 마음을 강하게 먹고 말씀대로 당장 믿음으로 행동하십시오." 첫 발걸음을 뗄 때 방해물은 우리의 생각과 걱정에서 파생됩니다. 문제는 애써 결심한 후에 다시 생각하는 것입니다. 겉보기에는 신중해 보이지만, 이는 자신의 행동에 대한 두려움으로 연막전술을 펴는 것에 불과합니다. 하나님께서 우리에게 말씀하실 때 주저하는 것은 하나님이 주신 은혜를 무효로 만들고, 누리지 못하게 만듭니다. "지나온 다리를 태워버리십시오. 주께서 말씀하신 일을 불가피한 일로 만드십시오."

> **한 줄 노트** '의심'이 두려움에서 온다면, '신뢰'는 확신으로 첫걸음을 떼게 합니다.

묵상 질문 당신의 삶에서 불태워야 할 '의심의 다리'는 무엇입니까?

훈련해야 할 사랑

May 11

벧후 1:7

그 사랑이 그렇게 어렵습니다   하나님의 사랑은 우리의 힘으로 할 수 없는 사랑이요, 그래서 '훈련해야 할 사랑'입니다. "사랑은 다른 사람보다 어떤 한 사람을 가장 좋아하는 것입니다. 주님은 영적으로 그러한 사랑을 원하십니다." 이 사랑이 가능하기 위해서는 하나님의 사랑이 오로지 '성령'에 의해 부어져야 합니다. 성령은 우리 안에서 우리 속에 있는 위선과 경건한 척하는 것들을 부숴가십니다. "성령께서는 내가 사랑스러워서 나를 사랑하는 것이 아니라 그것이 그분의 속성이기 때문에 나를 사랑하심을 알려주십니다." 우리의 능력으로는 발끝으로서도 도저히 그 사랑에 닿을 수 없습니다. 그런데 하나님께서는 우리가 사랑할 수 없는 사람을 사랑할 수 있도록 우리에게 오십니다. 하나님은 지금까지 많은 사람을 사랑하려고 애쓰고 노력했지만 지친 우리에게 오셔서 이렇게 말씀하십니다. "내가 너희를 사랑한 것과 같은 사랑으로 다른 사람에게 보이라"(요 15:12).

한 줄 노트   쉽지 않은 '그 사랑'도 성령께서 우리에게 부어주시면 가능합니다. 우리에게는 '그 사랑'을 실천하기 위한 훈련이 필요합니다.

그런데 그 사랑이 가능합니다   이 사랑은 우리의 능력으로는 불가능합니다. 그러나 하나님께서 우리를 어떻게 다루어오셨는지를 볼 때, 가능하다는 것을 비로소 깨닫습니다. "너희를 대하여 오래 참으사"(벧후 3:9). 우리가 스스로를 바라볼 때 이기심과 경박함, 죄악에도 불구하고 우리를 향한 하나님의 지극한 사랑을 깨닫습니다. 우리는 그 깨달음을 통해 세상에 나가 주님이 우리에게 보여주셨던 '그 사랑'을 행해야 합니다. "나를 향한 하나님의 사랑은 한이 없습니다. 따라서 나를 향하신 하나님의 사랑을 근거로 다른 사람을 사랑해야 합니다." "나는 함께 살아야 하는 사람이 나를 힘들게 하기 때문에 화가 치밉니다. 그러나 내가 하나님께 얼마나 동의하지 않았는가를 생각해 보십시오." 자연적인 사랑이든 영적 사랑이든 하나님으로부터 공급받지 않으면 그 사랑은 흘러가지 않습니다. 하나님께로부터 오는 사랑이 훈련에 의해 유지될 때, 비로소 우리 안에서 사랑이 가능합니다. 놀라운 사실은 사랑하기 어려운 사람일수록 우리 안에 하나님의 거룩한 사랑이 유지될 수 있게 도움을 준다는 것입니다.

한 줄 노트   '그 사랑'이 쉽지 않습니다. 그러나 불가능하지는 않습니다.

묵상 질문   사랑하기 힘든 사람이 있을 때, 하나님께서 나 같은 사람도 참아주셨다고 생각해 봅시다.

경건 습관이라는 우상

May 12

벧후 1:8

습관을 숭배한다면   주의를 기울이지 않는다면 '좋은 습관'이 우상이 될 수도 있습니다. 우리는 작은 습관이 우상이 되는 것을 늘 경계해야 합니다. 정해진 시간에 기도하거나 성경을 읽는 습관도 우상이 될 수 있습니다. "경건 습관의 본래 목적인 하나님과의 교제 대신에 서서히 습관 자체를 예배하기 시작하면서 결국 습관이 우상이 됩니다. 이때 하늘 아버지께서 얼마나 분노하실지 주의하십시오. '하나님, 지금은 기도하고 있으니까 주님의 말씀에 순종할 수 없어요. 이 시간은 하나님을 위해 정한 시간이랍니다.'" 이렇게 말할 때 우리는 경건 습관을 행하고 있지만 하나님과 함께 있는 것은 아닙니다. 우리의 습관과 함께 있는 것입니다. 하나님과 함께 있는 것을 방해하는 모든 것은 우상숭배가 됩니다. 하나님께 기도해야겠다고 결심하는 순간, 기도는 우리에게 지루한 노동이 될 수 있습니다. 결심해야만 기도할 수 있다면, 지금 하나님과 친밀한 관계 속에 있지 않다는 말입니다. 거룩한 습관이 정작 하나님이 원하시는 일을 하는 데 방해가 될 수도 있습니다. 선한 사마리아인의 이야기에서 제사장과 레위인들이 하나님의 마음을 외면하고 강도 만난 자의 이웃이 되지 않은 이유가 바로 거룩한 습관 때문은 아닐까요?

한 줄 노트 거룩한 습관 때문에 하나님의 마음을 보지 못한다면, 그 습관은 한낱 우상에 불과합니다.

습관을 숭배하지 않으려면   "만일 당신이 자신의 거룩을 의식한다면, 이는 당신에게 부족함이 있고 하나님과 거리가 있으며 그분과 진실한 관계가 아니라는 뜻입니다." 예수님의 삶은 늘 우리에게 가장 좋은 모범입니다. 예수님은 어디에서나 하나님 아버지와 하나가 되어 평안했습니다. 하나님과 평안한 관계 속에서 하는 행동은 아무 문제가 없습니다. 만일 평안하지 않다면, 하나님을 우리 안에 주인으로 모셔야 합니다. 거룩한 습관을 행할 때, 그것을 의식하지 않는 상태가 될 때까지 훈련해야 합니다. 굳이 우리가 의식하지 않아도 자연스럽게 행하는 습관이 될 때, 우리는 더 이상 습관을 예배하지 않을 것입니다. 하나님과 올바른 관계 속으로 들어가게 될 것입니다.

한 줄 노트 경건한 습관의 본래 목적인 하나님과의 깊은 교제 속에 있을 때, 습관을 숭배하지 않게 됩니다.

묵상 질문 삶에서 나도 모르게 숭배하고 있는 습관이 있다면 무엇입니까?

May 13 선한 양심을 갖는 습관

행 24:16

양심이란? 챔버스는 '하나님이 원하시는 것'을 알면서도 지체하지 않도록 민감한 양심을 계발하라고 말합니다. "양심은 내가 아는 최상의 것에 마음의 초점을 두는 기능으로서, 사람마다 양심은 다르게 나타날 수 있습니다. 또한 양심은 영혼의 눈으로서 하나님을 향하거나 스스로 최상이라고 간주하는 것을 향합니다." 우리가 흔히 하는 '양심적이다'라는 말은 우리 영혼의 눈이 하나님을 향한 채로 사는 것을 의미합니다. 이와 같은 영혼의 최고 상태에서 '양심'은 우리에게 완전한 하나님의 법이 무엇인지를 소개합니다. 또한 우리가 무엇을 해야 할지 지시합니다. 문제는 '우리가 과연 양심의 지시에 순종할 것인가'입니다. 사도 바울은 양심에 대해 이렇게 권면합니다. "믿음과 선한 양심을 가지십시오. 어떤 사람들은 선한 양심을 버리고, 그 신앙생활에 파선을 당하였습니다."(딤전 1:19, 새번역)

[한 줄 노트] 그리스도인은 세상의 기준보다 하나님 앞에서 훨씬 더 민감한 양심을 소유한 사람들입니다.

양심을 어기면 "양심을 어기지 않고 잘 지내려면 나의 양심이 예민할 수 있도록 노력해야 합니다." 우리 영이 예민한 상태에서 양심은 예수 그리스도와 '일치된 상태'를 유지합니다. 이때 우리가 양심을 따라 살면 하나님의 생각과 어긋나지 않습니다. '일치된 상태'에서 우리 영은 어떤 상황에서도 새롭습니다. 이때 '새롭다'는 말은 늘 하나님의 인도하심에 신선하게 대응한다는 뜻입니다. 우리가 성령의 세미한 속삭임을 들을 준비가 되어 있다면, 성령님은 언제나 작고 사소한 부분까지 우리를 일깨우십니다. 모든 것을 내려놓고 홀로 주님 앞에 마주 설 때, 주님은 아주 작은 음성으로 우리의 마음을 두드리며 말씀하십니다. "우리의 양심을 예민하게 하는 것은 내면 세계를 언제나 하나님께 열어두는 끊임없는 습관입니다." 하나님께서 예민한 양심을 통해 말씀하실 때는 '시비'를 따지면 안 됩니다. 양심의 소리에 불순종해 양심에 거리끼는 일을 하는 순간, 하나님과의 '내적 교통'에 문제가 발생합니다. 그러니 양심에 거리끼는 것은 무엇이든지 내려놓고, 우리의 내적 비전이 깨끗하게 유지될 수 있도록 마음을 지켜야 합니다. 이것이 선한 양심을 지키는 습관입니다.

[한 줄 노트] 양심을 지키는 것은 신앙을 지키고 나를 지키는 일이며, 보이지 않지만 주어진 비전을 이루는 힘입니다.

묵상 질문 나의 양심과 하나님 사이에 시비 거리가 있다면 구체적으로 어떤 것입니까?

May 14 역경을 이기는 습관

고후 4:10

하나님의 뜻과 나의 뜻이 맞지 않을 때   우리는 단순히 구원받기 위해 주님을 믿는 게 아닙니다. '하나님 아들의 생명'을 우리를 통해 나타내기 위해 믿습니다. "우리가 주님의 생명을 드러내는지의 여부는 '역경'(나의 뜻과 맞지 않는 불쾌한 일)을 당해 보면 압니다." 주님의 뜻이 마음에 들지 않는다면 순종하는 데 걸림돌이 됩니다. 그러니 이 또한 역경이라고 할 수 있습니다. 시키시는 일에 모두 순종하였더라도 즐거이 하지 않았다면 불손한 태도입니다. 하나님과 나의 뜻이 맞지 않을 때 자유를 누릴 수 있는 유일한 비결은 '주님의 생명'이 우리 안에 드러나기를 열망하는 것입니다. 의견이 불일치할 때도 "주님, 저는 이 일에서 주님께 순종하는 것이 기쁨입니다"라고 말하는 것입니다. 우리가 이렇게 선포하면 주께서 우리 마음을 주장하십니다. 이때 우리 삶에서 주님을 영화롭게 하는 일들이 드러날 것입니다.

한 줄 노트 하나님의 뜻과 나의 뜻이 맞지 않을 때, 무엇이 하나님을 기쁘게 하는지 생각해 보아야 합니다.

새로운 습관 만들기   주님의 뜻과 나의 생각이 일치하지 않을 때, 주님과 다투지 마십시오. "우리의 뜻과 모든 상황들은 하나님의 아들이 얼마나 완벽하고 순결하신지를 드러내는 수단일 뿐입니다." 우리의 뜻과 하나님의 뜻이 일치하지 않을 때, 오히려 하나님의 뜻이 명확하게 드러날 수 있습니다. 이제 우리는 어떤 상황 속에서도 하나님의 아들의 생명이 드러나도록 우리의 영혼을 잘 조율해야 합니다. 하나님의 말씀이 우리 안에서 역사한다면 '불일치'의 상황을 즐길 수 있습니다. 육신의 정욕을 가진 우리의 선택과 생명이신 주님의 생각이 일치하지 않는 것은 자연스러운 일입니다. 무언가를 선택할 때 '하나님의 뜻에 맞는가'를 기준으로 삼는 연습을 하십시오. 이것이 습관으로 자리 잡을 때, 우리는 올바른 그리스도인의 길을 걸을 수 있습니다.

한 줄 노트 선택의 순간에서, '쉽고 어렵고'가 아닌 '하나님의 생명이 있는가'를 기준으로 묵상하며 결단해야 합니다.

묵상 질문 오늘 나의 삶에서 하나님과 불일치되는 것은 무엇입니까? 어떤 선택을 해야 하나님의 뜻이 드러날 수 있을까요?

May 15 시련에 대항하는 습관

엡 1:18

면제되지 않는 시련 "당신이 구원받기 위해 할 수 있는 것은 아무것도 없습니다. 그러나 받은 구원을 나타내기 위해서는 뭔가를 해야 합니다." 구원받은 우리의 삶에도 늘 어려움과 시련이 닥칩니다. 하나님은 우리에게 '시련 없는 인생'을 주시지 않습니다. 다만 시련과 어려움을 적절하게 극복할 수 있는 능력을 주십니다. "내가 하나님을 의지하고 담을 뛰어넘나이다"(시 18:29). 이는 하나님의 자녀로 살아갈 때, 세상에서 만날 시련을 면제해 준다는 의미가 아닙니다. 우리가 그것을 넘어서야 한다는 뜻입니다. "불 시험이 오면 일어나 대처하십시오. 만일 그 불 시험이 당신의 죽을 육체를 통해 그리스도의 생명을 드러낼 기회가 된다면 아무리 아픈 고통이라도 인내하십시오." 챔버스는 시련이 올 때 일어나 대처하라고 합니다. 그 대처는 인내입니다. 인내하는 성도일수록 하나님을 위한 삶의 소리가 곱습니다. 우리 인생을 통해 하나님의 아들을 드러내기 위해서 인내해야 합니다.

[한 줄 노트] 하나님은 우리에게 시련을 면제해 주시는 것이 아니라, 그 시련 속에서 인내를 통해 예수 그리스도를 드러내고자 하십니다.

불평하지 말고 어떤 상황이든, 어떤 시련이 오든 불평하지 말아야 합니다. 오히려 영적으로 담대하게 모든 것을 마주할 수 있도록 준비해야 합니다. "인생의 유일한 목표는 그 인생을 통해 하나님의 아들이 드러나는 것이요 하나님께 명령하려는 마음은 사라지는 것입니다." 주님은 공생애 기간 동안 하나님께 명령하지 않으셨습니다. 가장 어렵고 힘든 시간에도 하나님의 뜻을 묻기 위해 땀방울이 핏방울이 되도록 기도하셨습니다. 그리스도인이 부름 받은 이유는 하나님께 명령하기 위해서가 아니라 순종하기 위해서입니다. 하나님께 순복할 때, 우리가 하는 일을 통해 하나님이 원하시는 것이 이루어집니다. 우리가 부름 받은 이유를 깨달을 때, 주님은 기꺼이 우리를 '찢겨진 빵과 부어지는 포도주'가 되게 하십니다. 그리고 우리를 통해 다른 사람들을 먹이고 양육하십니다. 그러니 시련이 올 때 대항하는 습관을 갖도록 하십시오. 하나님께서 능히 이길 수 있는 힘을 주실 것입니다.

[한 줄 노트] 시련의 이유를 분명히 알면 대항하는 능력이 생깁니다.

묵상 질문 오늘 당신이 직면한 시련 속에서 어떤 목표를 가지고 살아가고 있습니까?

May 16 하나님이 주신 부요함을 누리는 습관

벧후 1:4

자기 연민의 죄 챔버스는 부요함을 누리며 사는 습관을 "하나님께서 우리를 위해 다 준비해 두셨음을 깨닫는 습관"이라 표현합니다. 그러나 자기 연민은 우리에게서 부요함을 빼앗습니다. "자기 연민보다 더 심각한 죄는 없습니다. 자기 연민은 하나님 대신 자기 유익을 마음 보좌에 둡니다. 또한 우리의 입을 열어 불평을 쏟게 하고 우리 삶을 끝없는 영적 갈증에 빠지게 합니다. 이러한 상태에서는 사랑스러운 모습도, 덕스러운 모습도 없습니다." 자기 연민에 빠지면 하나님의 풍성함을 잃어버립니다. 하나님께서 우리에게 주시는 풍성함을 믿지 않는데 어떻게 감사하며 살겠습니까? 만일 우리가 감사를 잃어버렸다면 풍성하신 하나님을 고백하고 있지 않다는 증거입니다. 하나님이 주시는 풍성함을 누릴 수 있는 방법은 하나님을 생각하는 것입니다. 반대로 우리가 자신에게 집중하면 풍성함이 사라지고 자기 연민에 빠지게 됩니다.

[한 줄 노트] 스스로에게 집중하면 자기 연민에 빠지지만, 하나님께 집중하면 풍성함을 누릴 수 있습니다.

부요함을 누리는 비결 "하나님께서 우리를 기뻐하시는 순간부터, 주님께서는 우리의 참된 만족의 샘들이 주님 안에만 있다는 사실을 배울 수 있도록 이 세상에 속한 모든 헛된 부요를 궁핍하게 하십니다." 우리가 세상의 기준으로 생각했던 부요함은 늘 우리 욕구의 충족이었습니다. 그런데 우리의 욕망은 채울수록 또다른 욕망을 갈구합니다. 이것이 세상에서 우리가 부요함을 누릴 수 없는 이유입니다. 세상 것이 지나가면 비로소 하나님의 위대하심과 은혜와 능력이 우리 안에 나타납니다. 하나님께서 하나님의 은혜로 우리에게 부요함을 '넘치게' 주십니다. 그리스도인의 부요함은 나에게서 멈추는 것이 아니라 '흘러넘치는 것'입니다. 하나님의 부요하심이 우리에게 들어올 때, 필연적으로 그 부요함이 흘러 다른 사람에게로 옮겨갑니다. 우리가 누리는 이 부요함이 놀라운 이유는 다른 사람에게까지 그 능력이 전염되기 때문입니다. 이것이 신앙의 신비입니다. 내가 가진 것이 아니라 내게 능력 주시는 자 안에서 모든 것을 할 수 있습니다.

[한 줄 노트] 진정한 부요함은 '흘러넘쳐' 다른 사람에게 선한 영향력을 끼칩니다.

묵상 질문 당신은 지금 부요합니까, 아니면 빈곤합니까? 우리가 하나님을 바라볼 때, 능력 주시는 자 안에서 모든 것을 할 수 있다고 고백할 수 있지 않을까요?

May 17 주님의 승천과 우리의 연합

눅 24:51

승천의 의미　"변화산 이후에 주님께 발생한 사건들은 우리에게는 발생할 수 없습니다. 그 이유는 그때부터 진행되는 주님의 삶은 전부 우리를 대신해 겪으신 경험이기 때문입니다." 챔버스에게 '변화산'은 주님께서 십자가로 나아가시는 구속 사역의 분기점입니다. 변화산 이전에는 주님께서 '인자'로서 우리와 같은 삶을 사셨다면, 이후에는 '하나님의 아들'로서 하나님의 구원 계획을 이루십니다. 주님의 십자가가 하나님이 허락하시는 생명의 입구로 우리를 인도했다면, 주님의 부활은 우리에게 영생을 보여줍니다. 승천하신 주님은 모든 인류를 위해 하늘 문을 열어주셨습니다. 만일 주님께서 변화산에서 승천하셨다면 홀로 영광스러운 하나님 나라로 가셨을 것입니다. 그러나 주님은 그 영광을 내려놓으시고 변화산에서 내려오셨습니다. 그리고 죄로 타락한 인간들과 동일한 모습으로 십자가를 지심으로 우리와 연합하셨습니다. 우리가 겪을 수 없는 일들을 주님이 대신 겪으시고 연합을 이루신 것입니다.

한 줄 노트 인자로 오신 예수님께서 십자가로 대속을, 하늘에 오르심으로 우리에게 영광을 약속하셨습니다.

승천은 변모의 완성입니다　주님의 승천은 변화산의 영광을 완성했습니다. 십자가의 고난과 부활을 경험하신 예수님은 '하나님의 아들'로서뿐만 아니라 '인자'로서 하나님께 돌아가셨습니다. 우리 인간이 하나님 보좌 앞에 나아갈 자유를 만드셨고, 하나님과 우리 사이 장애물을 제거하셨습니다. 하나님께서는 인간의 몸을 입고 '성육신'하실 때, 전지전능하고 무소부재한 능력을 스스로 제한하셨습니다. 하지만 이제 승천하심으로 모든 능력을 다시 회복하셨습니다. 그러니 '승천'은 인자로서 예수 그리스도께서 하늘의 모든 권세를 가지셨음을 의미합니다. 주님의 승천으로 말미암아 우리에게도 그 놀라운 권세를 누릴 수 있는 자격이 생겼습니다. 그분께서 하늘 문을 열고 우리를 기다리고 계십니다. 그 어떤 죄의 권세도 우리를 붙들 수 없습니다. 주님께서 인간의 모든 죄를 담당하시고, 이기시고, 부활하시고, 승천하셨기 때문입니다.

한 줄 노트 예수님의 승천은 지금도 하늘 문을 열고 우리를 기다리는 분이 계심을 확증하는 것입니다.

묵상 질문 당신은 오늘 하늘의 영광을 바라보며 살고 있습니까? 아니면 대속의 은혜에 만족하면서 구원의 문턱에 머물러 있습니까?

May 18 단순하고 꾸밈없는 삶

마 6:26, 28

쓰임 받기 원한다면 우리는 '유용한 사람'이 되기 위해 애쓰곤 합니다. 그런데 오히려 이런 자의적 노력이 하나님의 계획을 망칠 수 있습니다. 우리가 해야 하는 일은 오로지 한 분 하나님께 집중하는 것입니다. "영적 성장은 신경을 쓴다고 되는 것이 아니라 하늘 아버지께 마음을 집중함으로 되는 것이라고 예수님께서 가르치십니다."

백합화는 염려하지 않아도 자연적으로 자랍니다. 이처럼 우리 역시 하나님께 집중하면 자연스럽게 영적으로 자랄 것입니다. 자신이 무언가를 하려는 노력은 '염려'에서 나옵니다. 주님을 신뢰하지 못하기 때문에 하나님께 집중하지 못하는 것입니다. 염려는 '신뢰'와 반비례합니다. 하나님을 향한 믿음이 강해지면 염려는 물러갑니다. 말을 많이 하지 않아도, 안절부절하지 않아도 하늘의 별처럼 또 들의 백합화처럼 단순하게 사는 사람들이 세상을 변화시킵니다. 많이 생각하거나 염려하지 말고 단순하게 하나님을 바라보아야 합니다.

세상은 늘 우리에게 수 싸움을 하라고 부추깁니다. 그런데 하나님은 우리에게 한 가지만 생각하라고 말씀하십니다. '단순함'은 모든 복잡함을 푸는 열쇠입니다. 얽히고설킨 문제로 힘들 때는 문제의 근원을 찾는 안목이 필요합니다. 이때 가장 중요한 것은 챔버스가 늘 강조했듯이 '관계'입니다. "만일 하나님께 쓰임 받기를 원한다면 예수 그리스도와 바른 관계를 맺으십시오. 그러면 주님께서는 당신이 모르는 가운데 당신이 사는 매 순간을 사용하실 것입니다."

우리는 우리의 노력으로 하나님께 유용하게 쓰임 받을 수 있다고 착각합니다. 그러나 우리가 하나님과 올바른 관계에 있을 때, 그래서 하나님을 의지하고 순종하며 그분께 모든 것을 온전히 맡길 때 하나님이 전적으로 일하실 것입니다. 공중의 새와 들의 백합화를 보십시오. 그들이 노력하지 않아도 하나님께서 알아서 돌보시고 기르십니다.

[한 줄 노트] 하나님께 쓰임 받기 위해서는 여러 일로 근심하지 말고 단순하게 주님을 바라보아야 합니다.

[묵상 질문] 단순하게 주님을 바라보기 위해 내려놓아야 할 근심은 무엇입니까?

May 19 "다시 일어나리라"

롬 8:35

면제되지 않는 고난, 그래서 감당할 수 있는 고난   하나님께서는 누구의 고난도 면제하지 않으십니다. 하나님을 믿고 따르는 그리스도인들도 예외일 수 없습니다. 그러나 현실 속에서 당하는 어떤 고난도 우리에게 문제가 되지 않습니다. 본문 말씀처럼 무엇도 우리를 그리스도의 사랑에서 끊을 수 없기 때문입니다. 챔버스가 늘 얘기하듯, 우리는 하나님과의 '친밀한 관계' 때문에 승리할 수 있습니다. 그 어떤 고난도 예수 그리스도 안에 있는 우리와 하나님의 관계에 영향을 미칠 수 없습니다. 고난이 면제되지 않는다면 고난을 피할 생각을 하지 말아야 합니다. 그러니 "상황이 어떠하든 우리가 처한 상황이 바로 우리가 있어야 하는 상황입니다."

우리는 고난 가운데 하나님을 의심해서는 안 됩니다. 세상이 아무리 하나님의 사랑과 공의가 없다고 말할지라도, 우리는 하나님의 사랑을 붙잡고 인내할 수 있어야 합니다. 환난, 궁핍, 고난이 무엇인지 다 설명할 수는 없습니다. 그러나 이 모든 상황 가운데에도 여전히 하나님의 은혜와 사랑이 있습니다. 그것을 붙들 때 우리의 내면세계가 요동하지 않을 것입니다. 이것이 모든 일에 넉넉히 이기는 것입니다.

챔버스는 오늘 우리에게 묻습니다. "굶어죽는 상황에서도 하나님의 사랑을 믿을 뿐 아니라 그 상황을 넉넉히 이길 수 있습니까?" "하나님의 성품에 전혀 어울리지 않는 일들, 즉 환난, 곤고, 기근 등이 발생하는 상황에서 하나님의 사랑을 끝까지 붙드는 자들에게는 예외적인 놀라운 일이 일어납니까?" 우리는 이 물음에 논리적으로 답할 수 없습니다. 그러나 우리가 아는 한 가지는 그리스도 예수 안에 있는 하나님의 사랑으로 이 모든 것을 넉넉히 이길 수 있다는 것입니다. 우리는 오늘 묵상의 제목처럼 "나는 그 사랑으로 인해 고난 가운데서 매번 일어납니다"라고 고백할 수 있어야 합니다. 그 어떤 고난도 우리를 사랑하시는 하나님의 의지보다 클 수 없습니다.

한 줄 노트 고난이 오는 것은 막을 수 없지만 고난 가운데 일어서는 것은 우리가 할 수 있습니다.

묵상 질문 지금 당신에게는 삶의 어떤 일, 어떤 부분, 어떤 순간에 '사랑의 확증'이 필요합니까?

May 20 기분에 굴복하지 마십시오!

눅 21:19

거듭난 자로 살기 거듭난 자에게는 특권이 있습니다. 그러나 문제는 우리가 거듭난 후에도 여전히 과거의 습관으로 인해 우리의 '새 생명'을 표현하는 방법을 제대로 알지 못한다는 것입니다. 거듭난 자로서 우리의 영혼을 얻는 방법은 '인내'입니다(눅 21:19). 이때 '인내'는 과거의 습관에 굴복하지 않고 새로운 영으로 사는 사람이 되기 위한 훈련입니다.

그렇다면 문제는 무엇일까요? "우리는 훈련되지 못한 자신의 본성을 탓하는 대신에 마귀를 탓합니다." 기분에 따라 무언가를 결정한다면, 우리는 훈련되지 않은 어린아이와 같이 행동할 것입니다. 그렇기에 시시각각 변하는 기분에 의지하지 않고 영원한 실재이며 진리이신 하나님의 뜻을 따르는 훈련이 필요합니다. "우리에게 임하는 대부분의 불행은 '하고 싶지 않다'는 기분 때문에 옵니다. 그리스도인의 삶이란 영적인 결단과 담력이 삶 가운데 나타나는 것입니다."

챔버스는 우리가 '기분' 때문에 기도해서는 안 된다고 말합니다. 우리 기분은 '기도'로 해결되는 문제가 아니라 '결단'의 문제라는 말입니다. "발로 차버려야 떠납니다. 기분은 언제나 물리적인 조건과 깊은 관계가 있지, 도덕적(영적, 내면적)인 것이 아닙니다." 기도하면서 모든 책임을 하나님께 전가하거나 마귀를 탓하지 마십시오. 우리가 기도해야 할 영역이 있고, 우리가 노력해야 할 영역이 있습니다. 기도와 우리의 노력, 결단은 함께 가야 합니다.

그리스도인은 기도하는 삶이 무기력하지 않도록, 무력한 경건주의자가 되지 않도록 살아야 합니다. 만일 노력하지 않은 채 기도만 하고 있다면, 그것은 내면에 '교활한 생각'이 자리 잡고 있는 것입니다. 반대로 우리가 노력만 하고 기도하지 않는다면, 우리 속에 '교만한 마음'이 자리 잡고 있는 것입니다. 기분에 휘둘리지 마십시오. 기도해야 할 것과 노력해야 할 것을 구별하십시오. 하나님을 믿음으로 자신에게 주어진 삶에 최선을 다하십시오. '수고하는 손'으로 기도하는 것이야말로 기분에 굴복하지 않고 살아가는 그리스도인의 삶입니다.

한 줄 노트 기분에 좌우되는 우리에게는 '기도해야 할 것'과 '결단해야 할 것'을 구별하는 지혜가 필요합니다.

묵상 질문 지금 당신의 삶에서 '기도해야 할 것'과 '결단해야 할 것'은 무엇입니까? 구체적인 목록을 작성해 봅시다.

May 21 — 믿음의 영적 논리

마 6:33

하나님과의 관계가 우선입니다 챔버스는 산상수훈의 일부인 본문 말씀을 '우리가 들을 수 있는 가장 혁명적인 말씀'이라고 말합니다. '혁명적'이라는 뜻은 기존의 가치를 뒤집어놓는다는 의미입니다. 우리의 가장 큰 관심은 '어떻게 사느냐'였습니다. 이런 관심이 삶의 중심이 될 때, 우리는 염려와 근심에서 벗어날 수 없습니다. "예수님께서는 그 순서를 반대로 만드십니다. 먼저 하나님과의 관계를 바르게 하고 그 관계를 유지하는 것을 당신 삶의 최대 관심사로 삼으라는 것입니다." 즉 '삶의 수단'을 의지하지 말라는 말입니다. "예수님은 아무것도 생각하지 않는 자가 복이 있다고 말씀하시는 것이 아닙니다. 그러한 사람은 어리석은 자입니다. 예수님께서는 제자들에게 하나님과의 관계가 그들의 삶에서 가장 주된 관심사가 되어야 한다고 가르치십니다." 우리가 하나님과의 관계를 최대 관심사로 삼으면, 하나님께서 관심을 가지시고 우리 삶을 돌보실 것입니다.

한 줄 노트 우리 삶에서 '하나님과의 관계'를 늘 우선으로 삼아야 합니다.

책임감 있는 삶 '내일 일을 염려하지 않는다'는 말을 잘못 이해하면 삶의 무관심과 부주의를 정당화할 수 있는 위험이 있습니다. "부주의를 합리화할 수 없습니다. 예수님의 말씀은 삶의 최대 관심에 있어서 하나님과의 관계를 첫째로 두고 다른 모든 것은 그다음이라는 것입니다." 하나님 나라를 먼저 생각하는 사람은 이 세상 것에 대해 올바른 생각을 가지며 책임감 있는 사람이 됩니다. 이 세상은 하나님이 '이처럼 사랑하사' 당신의 독생자를 아끼지 않고 주신 세상이니 말입니다. 믿음이 없으면 내일은 언제나 절망입니다. 그러나 믿음이 있으면 내일은 언제나 희망입니다. 하나님은 오늘을 충실히 사는 사람에게만 내일의 복을 약속해 주십니다. 오늘을 기쁘고 의롭게, 그리고 감사하며 사십시오. 믿음이 있는 자에게 내일은 늘 소망입니다. 이러한 혁명적인 삶에는 '훈련'이 필요합니다. 이 말씀이 우리 삶에서 실현될 수 있도록 성령님께 의탁하는 것은 가장 힘든 훈련 중 하나입니다.

한 줄 노트 '염려를 주님께 맡긴다'는 말을 부주의하고 무책임한 삶의 태도를 가져도 상관없다는 뜻으로 이해해서는 안 됩니다.

묵상 질문 오늘 당신이 '하나님 나라와 의를 위해 사는 것'은 구체적으로 어떤 모습입니까?

May 22 이제 설명이 됩니다

요 17:21

기도의 목적 챔버스에 따르면 하나님은 우리의 모든 기도에 응답하실 필요가 없습니다. "하나님의 목적은 우리의 기도에 응답하시는 것이 아니라 우리의 기도를 통해 하나님의 마음을 분별하도록 만드시는 것입니다." 그러나 그는 하나님께서 반드시 응답하셔야만 하는 기도가 있다고 말합니다. 바로 본문 속 예수님의 기도입니다. "우리가 하나인 것같이 저희도 하나 되게 하소서"(요 17:21). 챔버스는 우리에게 지금 예수님의 기도가 이루어질 수 있도록 돕고 있느냐고 묻습니다. 하나님의 뜻을 분별하는 것이 기도의 목적이라면, 하나님은 우리의 모든 기도에 응답하실 필요가 없습니다. 기도의 목적은 기도를 통해 하나님의 뜻을 분별하고 주님과 점점 더 가까운 관계로 나아가는 것입니다.

[한 줄 노트] 기도의 목적은 우리의 뜻을 이루는 것이 아니라 하나님의 뜻을 분별하는 것입니다.

하나님의 관심 인생의 고통, 어려움, 실패의 극복은 기도의 목적이 아닙니다. 이런 일들 가운데 하나님의 목적을 발견하는 것이 중요합니다. 고난을 축복이나 저주로 만드는 것은 우리의 영적 태도에 달려 있습니다. 관건은 '우리가 고난 속에서도 하나님을 신뢰하며 기도할 수 있는가'입니다. 기도를 통해 하나님의 일하심을 신뢰하고, 그분의 뜻을 알게 되기 때문입니다. 그럴 때야 비로소 그리스도 안에서 주님과 하나 됨의 의미를 깨닫습니다. 우리가 이해하지 못했던 일조차 하나님의 목적을 향해 가고 있음을 깨닫게 될 때 우리는 고백하게 됩니다. "이제 모든 것이 다 이해가 됩니다." "우리 중에는 이러한 하나 됨에서 멀리 떠나 있는 사람도 있지만, 하나님께서는 우리가 주님과 하나 될 때까지 절대 우리를 홀로 두고 떠나지 않으실 것입니다. 예수님께서 그렇게 기도하셨기 때문입니다." '하나 됨'은 하나님과 같은 '존재'가 된다는 의미가 아닙니다. 하나님의 뜻이 우리를 통해 나타나는 것입니다. 이렇게 하나님의 뜻을 완벽하게 나타내신 분이 이 땅에 인간의 몸을 입고 오신 예수 그리스도입니다. 그리고 예수님께서는 우리도 이와 같이 하나님과 하나가 되도록 기도하셨습니다.

[한 줄 노트] '하나 됨'은 우리가 하나님의 뜻을 전적으로 알게 되었다는 의미입니다.

[묵상 질문] 지금 당신이 하나님께 드리는 기도의 목적은 무엇입니까?

May 23 '염려'라는 불신앙

마 6:25

우선순위의 문제   우리는 보통 염려를 '사려 깊은 행동'쯤으로 생각합니다. 그러나 예수님은 일반적인 염려를 '불신앙'이라고 말씀하셨습니다. 즉 염려하지 않는 것은 하나님을 신뢰하고 있다는 증거입니다. 성령께서 우리 안에 들어오시면 매 순간 하나님이 어디에 계신지 계속 물어보십시오. 성령께서는 우리가 주님을 첫 번째로 고려할 때까지 계속 물으실 것입니다. 우리 삶에 우선순위가 분명하지 않다면 늘 혼란스러울 수밖에 없기 때문입니다. 챔버스도 분명하게 말합니다. "우리가 주님이 아닌 다른 것을 먼저 고려할 때마다 혼돈이 있게 됩니다."

[한 줄 노트] 염려가 아닌 '분명한 우선순위'가 우리 삶을 가장 단순하고 명확하게 만듭니다.

염려 내려놓기   염려가 불신앙인 이유가 있습니다. "염려란 하나님께서 우리 삶의 실제적인 부분을 돌보지 않으실 것이라고 생각하는 것이기 때문입니다." 이스라엘 백성이 출애굽할 때, 하나님께서는 광야에서 매일 만나를 주시면서 필요한 만큼만 거두어가라고 하셨습니다. 다음 날이 되면 또 만나를 줄 것이니 필요 이상을 거두지 말라고 분명 말씀하셨습니다. 하나님은 만나를 통해 하나님을 향한 믿음이 무엇인지 가르치려고 하셨습니다. 광야를 지나는 동안 그 믿음으로 염려하지 않도록 가르치신 것입니다. 염려는 하나님을 불신하기 때문에 찾아옵니다. 다른 말로 하면 불신 외에는 우리를 염려하게 하는 것이 없습니다. 우리 속에 있는 말씀이 생각나지 않고, 삶에 적용되지 않는 이유는 염려로 인해 하나님의 말씀이 질식되었기 때문입니다. 염려에서 벗어날 때 우리 속에 하나님의 말씀이 살아 역사하십니다. 챔버스는 불신앙을 치료하는 유일한 방법이 '성령님께 순종하는 것'이라고 말합니다. "제자들에게 주신 예수님의 위대하신 말씀은 '다 내려놓으라'는 것입니다."

[한 줄 노트] '염려'는 우리가 하나님을 불신할 때 찾아옵니다.

묵상 질문 당신이 오늘 하나님께 내려놓아야 하는 염려는 무엇입니까?

May 24 · 절망 속의 기쁨

계 1:17

역설적 진리   하나님께서 찾아오실 때 우리는 부끄럽고 두렵습니다. 그러나 그 과정을 지나야만 기쁨을 맛볼 수 있습니다. 죄 많은 인생이 영광스러운 하나님 앞에 서는 것은 단순한 두려움을 넘어 절망스러운 일입니다. 하지만 그 절망 가운데 찾아오는 기쁨이야말로 참다운 기쁨입니다. "주께서 자신을 내게 나타내실 때 나는 내 안에, 주 앞에 꿇어 엎드려야만 하는 것들이 있다는 것을 알고 기뻐합니다."

평소에 우리는 주님을 잘 안다고 생각합니다. 하지만 요한계시록에서 사도 요한이 경험했던 것처럼, 주님이 아주 생소한 모습으로 나타나실 때가 있습니다. 주님의 위엄 앞에 고개를 들 용기가 없습니다. 그러나 이렇게 절망적인 우리 모습 가운데 기쁨이 찾아옵니다. 주님의 손이 우리를 일으켜 세우실 것이기 때문입니다. 주님의 손은 강요하거나 견책하는 손이 아닙니다. 그 손이 우리의 어깨에 닿을 때, 말로 다할 수 없는 평강과 위로가 찾아옵니다. 두려움 가운데 주님을 바라보아 그분의 손길이 닿으면 우리를 두렵게 할 것은 아무것도 없습니다. 부활 승천하신 영광스러운 주님이 보잘것없는 제자들을 찾아오셔서 "두려워 말라"고 말씀하십니다. 중요한 것은 우리도 주님을 이렇게 알고, 이렇게 뵐 수 있느냐는 것입니다.

절망에는 두 가지 종류가 있습니다. "기쁨도 기대도 소망도 더 밝은 미래도 없는 그러한 어두운 절망이 있습니다. 그러나 절망 속에서의 기쁨은 '내 육신에 선한 것이 거하지 아니하는 줄을' 알 때 옵니다." 여기에서 우리는 놀라운 신앙의 역설적 진리를 발견합니다. "하나님께서는 내가 나 자신을 향해 절망할 때까지는 나를 위해 아무것도 하실 수 없습니다." 주님 앞에 서는 것, 존귀하신 주님을 보는 것은 무섭습니다. 그러나 주님의 오른손이 나를 만지시는 순간 모든 것이 역전됩니다. 그분이 나의 빛이 되십니다.

한 줄 노트   주님의 얼굴을 뵐 때 영광의 광채로 인해 두렵지만, 그분의 손이 닿을 때 평안과 기쁨이 찾아옵니다.

묵상 질문   주님의 얼굴을 처음 보았을 때 우리에게 절망감이 찾아왔던 이유는 무엇입니까? 그때와 달리 지금 우리 마음이 평안한 이유는 무엇입니까?

May 25 자기 유익을 구하는 시험

창 13:9

권리 주장 vs. 권리 포기 오늘 본문은 풍요로운 삶을 선택할 수 있었지만 자신의 권리를 포기한 아브라함의 이야기입니다. 권리를 포기하는 삶은 세상과 동일한 가치를 갖지 않겠다는 선언입니다. 권리 포기는 더 이상 자신의 삶을 스스로 주장하지 않겠다는 고백입니다. 그러므로 권리를 포기할 때 우리는 하나님께서 선택하시는 인생을 살 수 있습니다. 예수님께서 겟세마네 동산의 기도에서 승리하실 수 있었던 이유는 '권리를 포기하는 기도'를 드렸기 때문입니다. 우리가 하나님의 뜻이 이루어지기를 기도하면, 하나님께서는 우리를 최선으로 인도해 주십니다. "그곳에서 믿음으로 살면 당신은 당신의 권리를 기쁘게 포기하고 하나님께서 당신을 위해 선택하시도록 허락할 것입니다." 하나님의 음성에 순종할 때 이런 일이 일어납니다. 이런 순종을 통해 우리는 인간적이고 자연적인 삶을 '영적인 삶'으로 바꾸는 훈련 속으로 들어갑니다.

[한 줄 노트] 우리의 권리를 포기하면 하나님께서 우리를 선택하십니다.

최선 vs. 차선 우리 인생의 문제는 늘 '최선'과 '차선' 사이의 선택입니다. "The good is always the enemy of the best('선'은 늘 '최선'의 적입니다)"라는 챔버스의 말을 꼭 새겨두십시오. 믿음 생활의 가장 큰 원수는 '죄'가 아닌 '나의 권리를 따라 사는 삶'입니다. 믿음생활을 시작하면 죄를 구별할 정도의 능력을 갖게 됩니다. 반면 '선'은 죄가 아니나 온전한 하나님의 뜻이라 말할 수는 없습니다. 적당히 비난받지 않고 정당하게 내가 가진 권리를 누리는 '선'은 절대로 '최선'이 될 수 없습니다. 아브라함이 조카 롯보다 먼저 좋은 것을 선택했을지라도 그의 '마땅한 권리'를 다른 사람들이 비판하지는 않았을 것입니다. 그러나 하나님께서 원하시는 것은 마땅히 누릴 수 있는 권리가 아니라 하나님 앞에서 더 온전한 모습입니다. "우리 대부분은 자신을 위해 하나님께서 선택하시도록 주님을 의지하는 대신에 자신의 권리에 따라 선택하기를 좋아하기 때문에 영적으로 성장하지 못합니다. 우리는 하나님께 시선을 집중하며 사는 법을 배워야 합니다."

[한 줄 노트] 하나님은 우리가 '마땅한 권리'를 누리기보다, 하나님 앞에서 더 온전한 것을 생각하며 결단하기를 원하십니다.

[묵상 질문] 지금 당신이 마주한 선택의 순간에서 '최선'의 선택과 '차선'의 선택은 각각 무엇입니까?

May 26 예수님께서 가르치신 기도

살전 5:17

쉬지 않는 기도   우리가 의식하지 않아도 피가 흐르고 숨을 쉬는 것처럼, 기도 역시 마찬가지입니다. 중요한 것은 주님께서도 끊임없이 우리를 위해 기도하고 계시다는 사실입니다. 주님의 기도는 '하나님과 우리 사이의 완전한 연결'을 위함입니다. 우리가 순종할 때, 주님이 쉬지 않고 기도하고 계시다는 사실을 자연스레 알 수 있습니다. 하나님의 인도하심이 '우리를 향한 하나님의 거룩한 뜻'임을 깨달을 수 있습니다. "기도는 어떤 운동이 아니라 삶 자체입니다. 자연스럽게 흘러나오는 기도를 막지 마십시오. '쉬지 말고 기도하라.' 당신의 마음이 언제나 하나님께 있는 가운데 어린아이와 같이 저절로 나오는 기도의 습관을 유지하십시오." 인간은 깨진 항아리와 같습니다. 깨진 항아리를 채우는 방법은 하나님 안으로 들어가는 것입니다. 지금도 끊임없이 우리를 위해 기도하시는 그 은혜의 웅덩이에 우리가 뛰어들어야 합니다. 기도는 나의 노력으로 무언가를 이루려는 것이 아니라, 하나님께 순종하며 그 인도하심 가운데로 들어가는 것입니다.

[한 줄 노트] 기도는 깨진 항아리 같은 우리가 하나님의 은혜 속으로 풍덩 들어가는 것입니다.

응답되지 않는 기도   "하나님께서는 가끔이 아니라 매번 최선의 방법으로 기도에 응답하십니다. 그렇다고 우리가 원하는 대로 그 응답이 당장 나타난다는 뜻은 아닙니다. 당신은 하나님께서 기도에 응답하실 것을 기대합니까?" 때로 기도하며 하나님께 문제만 가져오는 것이 아니라, 내가 정한 답도 함께 가져오는 경우가 있습니다. 열심히 기도하지만 하나님의 선하신 응답과 인도하심보다 내가 원하는 것을 간구합니다. 챔버스는 이를 '우리의 상식에 맞추는 기도'라고 표현합니다. 결국 우리가 하나님을 얼마나 신뢰하느냐에 따라 진짜 기도의 응답을 받을 수 있을 것입니다. 그래서 우리가 순종하며 기도할 때, 하나님의 뜻을 분별하는 영적 지혜가 자라게 됩니다. 우리의 기도가 응답되지 않을 때, 그 안에서 하나님의 인도하심과 뜻을 보는 것입니다. 그렇게 시간이 쌓이다 보면 진정으로 하나님의 뜻을 묻는 기도로 변화할 것입니다. 이전보다 더 많은 기도가 응답되고 있음 역시 경험하게 될 것입니다.

[한 줄 노트] 진정한 기도는 우리의 상식을 따르는 것이 아니라 하나님의 뜻을 온전히 구하는 것입니다.

[묵상 질문] 응답되지 않은 기도 제목들을 적어봅시다. 그 기도는 우리의 상식을 따르는 것일까요, 하나님의 뜻을 구하는 것일까요?

May 27 성령 세례

눅 24:49

오순절 성령강림   제자들이 오순절까지 성령을 받지 못한 이유는 아직 주님이 승천하지 않으셨기 때문입니다. 그러나 우리의 상황은 다릅니다. 주님은 이미 승천하셔서 하나님과 함께 영광 중에 계시기 때문입니다. "따라서 우리에게 기다림이란 성령을 보내시는 하나님의 역사적 경륜에 대한 것이 아니라 우리 자신의 성령 세례를 위한 것입니다." 성령님은 우리에게 약속되셨을 뿐 아니라 이미 오셨습니다. 문제는 우리가 그 성령 세례를 아직 받지 못했다는 것입니다.

한 줄 노트 우리의 가장 큰 문제는 약속하신 성령을 아직 받지 못했다는 것입니다.

성령 세례를 받는 것   "주님께서 승천하셔서 영광을 받으신 직후에 성령은 이 세상에 오셨습니다." 이 성령님은 지금도 우리 안에 역사하고 계십니다. 그러니 이제는 성령님이 우리 안에 계시도록 영접하는 것이 중요합니다. 성령 세례는 '갈급함'이 있을 때 찾아옵니다. 마가의 다락방에서 가난한 심령으로 마음을 모아 기도할 때, 제자들은 성령의 임재를 경험할 수 있었습니다. 성령의 능력을 구하는 겸손한 마음이 없다면 성령님은 우리 안에 오시지 않습니다. "사람을 변화시키는 것은 성령의 세례가 아니라 승천하신 그리스도의 능력이 성령을 통해 그 사람의 삶 가운데 임할 때 가능합니다." 성령을 영접할 때, 우리는 승천하신 주님으로부터 살리는 영을 받습니다. '성령 세례'와 '그리스도'는 분리할 수 없습니다. 성령 세례가 바로 그리스도께서 승천하신 증거이기 때문입니다. 챔버스는 성령 세례는 곧 그리스도의 능력이 임하는 것이라고 말합니다. 그리스도께서는 성령과 나누어지지 않고 함께 거하시며 함께 일하십니다. 성령 세례는 '영원'에 관한 것이 아닙니다. 놀랍고도 영광스러운 '현재'를 위한 것입니다. 영생은 우리가 지금 그리스도를 알기 시작하면서부터 일어납니다. 그리고 그리스도를 아는 것을 멈추지 않을 때, 영생을 누리며 살 수 있습니다. 믿는 사람들은 이미 우리 가운데 거하시는 성령님을 영접해야 합니다. 이것이 바로 '성령 세례'입니다.

한 줄 노트 성령 충만함을 받는 것은 오로지 그리스도 안에 거한다는 의미입니다.

묵상 질문 당신이 만약 성령 세례를 받았다면, 지금 이 자리에서 스스로 그리스도 안에 있음을 확신할 수 있습니까?

May 28 질문 없는 계시

요 16:23

질문이 필요 없는 때 주님의 생명이 우리 안에 없을 때에는 여러 가지 질문이 생깁니다. 아직 아버지의 뜻을 다 알지 못하기 때문입니다. 하지만 주님의 부활 생명과 완전히 연합하는 때가 오면, 우리는 더 이상 질문할 필요가 없을 것입니다. 이미 온전하신 하나님의 뜻이 무엇인지 알기 때문입니다. "당신은 물을 필요가 없습니다. 당신은 하나님께서 주의 뜻에 따라 모든 것을 이루어가신다는 것을 분명히 확신하기 때문입니다."

만일 하나님과 우리 사이에 이해할 수 없는 일이 일어났다면, 우리 지성으로 설명하려 해서는 안 됩니다. 지금 우리 속에 있는 성향이 어디를 향하고 있는지 들여다보아야 합니다. 우리의 성향 안에 기꺼이 예수님의 생명에 복종하고자 하는 마음이 있다면, 아버지 하나님과 더 이상 거리를 느끼지 않을 것입니다. 완벽하게 이해하게 될 것입니다. 주님께서 우리를 아버지와 하나 되게 하셨기 때문입니다.

우리의 자연적 능력으로 하나님과 하나가 될 수 있는 것은 아닙니다. 그러나 그 '하나 됨'을 유지하기 위해서는 끊임없는 훈련이 필요합니다. 우리의 기도가 예수님의 기도와 일치하고, 우리가 하나님과 연합되어 그분의 목표와 연결될 때, 더 이상 하나님께 질문할 필요가 없어집니다. 하지만 그렇다고 해서 더 이상 하나님께 간구할 필요가 없다는 말은 아닙니다. 우리가 하나님과 친밀한 관계 속으로 들어가면 더 많이 교제하고, 더 많이 대화하며, 더 많은 시간을 가질 수 있습니다.

하나님께서 우리에게 말씀하실 때, 더 이상 질문하지 않아도 되는 신앙을 꿈꿔봅니다. 하나님께서 우리를 미지의 세계로 인도하실 때, 의문을 달지 않고 신뢰하며 따라갈 수 있는 신앙 말입니다. 하나님께서 우리를 알 수 없는 곳에 데려다 놓으셔도 두려워하지 않고 하나님의 인도하심을 기다릴 수 있는 신앙, 이를 위해 오늘도 우리의 신앙을 하나님께 조율하는 삶을 살아야 합니다.

한 줄 노트 우리가 이해할 수 없는 상황 중에도 의문을 품지 않고 따라갈 수 있다면, 더 이상 질문이 필요 없는 단계에 이른 것입니다.

묵상 질문 당신의 삶에 아직도 이해가 가지 않는 질문이 있습니까? 그 질문을 떠올리며 하나님과의 관계를 점검해 봅시다.

May 29 방해받지 않는 관계

요 16:26-27

아버지와의 연합이 중요합니다 "'그날에 너희가 내 이름으로 구할 것이요.' 곧 주님의 속성에 따라 구하라는 것이지, 예수님의 이름을 무슨 마술처럼 사용하라는 것이 아닙니다." 주님이 어떤 분이신지 알게 되면 우리는 그분의 성품에 맞는 것을 구하게 됩니다. 주님께서 모든 것을 다 이루어주시는 일은 우리가 주님과 하나일 때 일어납니다. 본문의 '그날'은 미래의 어떤 날이 아닙니다. 지금 우리에게 일어나는 일입니다. 이 일의 주체는 하나님이십니다. '그날'에 하나님 아버지와 우리 사이의 완전한 연합이 이루어질 수 있는 근거는 오로지 '아버지의 사랑'입니다. 그리스도인의 삶은 곤경 없는 인생이 아니라 하나님의 뜻을 알고, 하나님의 계획을 따라 사는 것입니다. "주님이 아버지의 마음과 생각을 알았던 것같이, 주님께서 성령 세례를 통해 우리를 하늘로 올리셔서 하나님의 계획들을 우리에게 보이실 수 있다는 뜻입니다." 성령은 우리를 하나님의 눈높이로 인도하십니다. 우리는 당장 눈앞에 있는 문제의 해결이 아니라 주님과의 친밀함, 아버지와의 연합을 구해야 합니다.

한 줄 노트 하나님과 온전한 관계 속으로 들어갈 때, 우리는 그분의 뜻을 구하는 기도를 할 수 있습니다.

주님의 이름으로 주님과 연합하여 예수님의 이름으로 구하는 기도는 반드시 응답됩니다. 우리의 자유가 하나님 안에서 온전해지는 놀라운 신앙의 진보가 일어납니다. "그래서 예수님께서 그러셨던 것처럼 우리도 자유로운 선택을 통해 하나님의 완벽하신 주권적인 뜻에 하나가 될 수 있습니다." 예수님의 이름으로 하는 기도는 '주님의 속성'이 우리 안에서 온전히 이루어졌다는 고백입니다. 이제 우리의 기도가 주님의 뜻을 벗어나지 않는다는 의미입니다. 예수님의 이름으로 하는 기도는 우리의 의지로 하나님의 주권을 선택하는 것입니다. 이때 우리는 하나님의 뜻을 구하며 사랑을 확신할 수 있습니다. 주님께서는 우리를 높여 하나님의 자녀가 되는 권세를 주셨습니다. 성령께서는 주님의 속성을 따라 우리가 하나님께 기도할 수 있는 능력을 선물로 주셨습니다. 이렇게 우리가 기도할 때, 하나님 아버지께서는 우리가 구하는 것을 '주님의 이름'으로 우리에게 주실 것입니다.

한 줄 노트 예수님의 이름으로 드리는 기도는 우리가 온전히 하나님의 주권을 인정한다는 의미입니다.

묵상 질문 오늘 우리가 드리는 기도는 나의 의지로 드리는 것입니까, '예수님의 이름으로' 드리는 것입니까?

May 30 "네, 그렇지만…"

눅 9:61

생각해 보기   "하나님께서 상식에 맞지 않는 일을 하라고 명하실 때 당신은 어떻게 하겠습니까?" 우리의 문제는 주님이 원하시는 일을 하겠다고 매번 결심하면서도 마지막 순간에 뒤로 물러서는 것입니다. 우리가 주님께 순종하며 뭔가 가치 있는 일을 하고 싶다면, 모든 것을 걸고 과감하게 나아가야 합니다. 영적으로 아주 나쁜 습관 중 하나가 바로 매번 주님이 원하는 일을 행하려고 일어나지만 꼭 마지막 순간에 뒤로 물러서는 것입니다. 이런 물음을 갖고 말입니다. "네, 그렇지만… 만일 제가 하나님께 순종하면, 저는 앞으로 어떻게 되는 것입니까?" 우리는 무언가에 의문이 들 때, 그것을 쉽게 받아들이지 않습니다. 챔버스에 의하면 사람들은 그것을 '상식'이라는 이름으로 판단합니다. 주님을 따르겠다며 왔던 사람들의 상식은 무엇입니까? 아버지가 돌아가셨으니 아버지도 장사해야 하고, 가족을 떠나야 하니 가족들과도 작별을 고해야 합니다. 이것이 모두 '상식'에 속하는 부분입니다. 그래서 늘 여기에 '네, 그렇지만…'이라는 말이 붙는 것입니다. 이 말은 의무에 대한 소홀함을 정당화하는 것이 아닙니다. 우리 인생에는 가장 중요한 것을 선택해야만 하는 순간이 있습니다. 중요한 것은 이 선택의 순간에 올바른 순종을 할 수 있는 준비와 훈련이 되어 있느냐는 것입니다.

한 줄 노트 주님을 따르는 것은 '상식'이 아닌 '순종'의 문제입니다.

주님의 요구   우리가 가지고 있는 상식보다, 주님의 말씀에 순종하는 것이 더욱 확실합니다. 오늘 우리가 기억해야 할 것이 있습니다. 주님을 믿고 따르는 것은 '우리의 상식 수준'에 머무르는 것이 아닙니다. "전적으로 하나님을 신뢰하십시오. 하나님께서 당신에게 모험을 할 수 있는 기회를 주시면 주저하지 말고 받아들이십시오." 모험의 순간이 오면 우리가 이방인처럼 행동하는지, 아니면 진정한 하나님의 자녀로 살아가는지 증명될 것입니다. 그리스도인은 '하나님의 성품'을 믿고 과감하게 나아가는 사람들입니다.

한 줄 노트 하나님을 신뢰하는 자에게는 '모험'이 가장 확실한 선택입니다.

묵상 질문 '순종' 앞에서 당신이 늘 머뭇거리는 지점은 어디입니까? 순종할 때 당신을 가장 두렵게 하는 것은 무엇입니까?

May 31 하나님을 최고로!

요 2:24-25

하나님을 최고로 신뢰하라! 우리가 하나님을 신뢰할 때, 다른 사람들에게 악감정을 품거나 그들을 의심하지 않습니다. 다른 사람 때문에 절망할 일도 없습니다. "오직 당신과 타인 속에 있는 하나님의 은혜 외에는 그 어떤 것도 신뢰하지 마십시오." 신기하게도 하나님을 최고로 신뢰하는 것이 인간관계를 푸는 열쇠입니다. 하나님을 신뢰하면 사람에게 실망할 필요가 없어집니다.

[한 줄 노트] 하나님을 최고로 신뢰하면 사람들에게 실망할 필요가 없습니다.

하나님의 필요를 최우선에 두라! "우리가 배우고 훈련받는 주된 목적도 하나님의 필요를 채우기 위함입니다. 일단 우리 안에서 하나님의 필요가 채워지면 주께서는 주의 필요가 채워질 다른 곳으로 우리의 길을 열어주실 것입니다." 하나님의 필요를 아는 것이야말로 순종하며 살기를 꿈꾸는 그리스도인들에게 가장 필요한 것입니다. 왜냐하면 하나님의 필요를 아는 사람만이 그분의 필요를 따라서 인도하심을 경험하며 다음 단계로 갈 수 있기 때문입니다. 하나님의 필요를 아는 자들은 끝까지 하나님께 붙들린 바 될 것입니다.

[한 줄 노트] 하나님의 필요를 최우선에 두는 사람이 바로 '제자'입니다.

하나님의 믿음을 먼저 보라! 원문에 나오는 "God's trust(하나님의 믿음)"는 우리가 '하나님을 믿는다'는 의미로 말하는 'Trust God'과는 조금 다릅니다. 우리가 하나님을 믿는 것이 아니라, 하나님이 우리를 믿어주신다는 사실을 최우선에 두라는 말입니다. 챔버스는 '하나님의 믿음'을 이렇게 표현하고 있습니다. "하나님은 나의 개인적인 삶이 하나의 '베들레헴'이 되기를 기대하십니다." 베들레헴은 아기 예수님이 태어나신 곳입니다. 우리 자신이 '베들레헴'이 된다는 말은 아기 예수께서 우리 안에서 태어나고 자라기를 바라는 하나님의 믿음이 존재한다는 것입니다. 우리를 향한 하나님의 믿음을 배신하지 않도록, 그것을 최우선에 두어야 합니다. 하나님은 우리의 삶이 아기 예수로 말미암아 변화되기를 원하십니다. 바로 이 믿음을 우리 삶에 최우선으로 두어야 합니다.

[한 줄 노트] 하나님이 우리를 믿어주셨으니 우리는 그 믿음을 배신하지 않도록 살아야 합니다.

[묵상 질문] 당신의 삶에서 하나님의 필요가 보입니까? 그 필요를 채우는 사람이 되십시오.

6월

지금 주님 안에 거하십시오!

그리스도 안에
거하지 못하게 하는 것들이 생길 때

Jun. 01 하나님을 믿기보다 하나님을 위해 일합니까?

겔 37:3

믿기 힘들지만 사실이 그러합니다 우리가 흔히 범하는 신앙의 오류 가운데 하나는 하나님을 신뢰하기보다 내가 무언가를 하는 것이 쉽다고 생각하는 것입니다. 내가 바쁘게 무언가를 하고 있으면 성령께서 역사하실 것이라고 착각합니다. "바로 이러한 이유로 하나님과 '함께'하는 사역자가 너무나 적고 주님을 '위해' 일하는 사역자가 그렇게 많은 것입니다. 하나님을 믿기보다 하나님을 위해 일하겠다는 것입니다."

우리가 뭔가를 자꾸 하려고 하는 이유 중 하나는 하나님을 진정으로 신뢰하고 있지 않기 때문입니다. 우리 안에서 하나님께서 행하시는 일이 얼마나 믿기 어려운 일인지 모릅니다. "하나님께서 우리를 위해 어떤 일을 하셨는가를 망각하는 만큼 우리는 사람들에게 실망합니다. 정말로 너무나 크신 하나님의 능력과 은혜를 경험해서 나 자신이 변했다면 어떻게 내가 만나는 사람들에게 실망할 수 있겠습니까?"

하나님은 우리가 있는 그대로 하나님 앞에 나와 하나님의 은혜로 믿기를 원하십니다. 에스겔이 골짜기에서 환상을 보았을 때, 하나님께서 마른 뼈들을 가리키며 "살 수 있겠느냐?"라고 물으셨습니다. 얼마나 믿기 어려운 일입니까? 그런데 믿을 수 없는 일을 행하시는 주님을 믿을 때, 우리는 쉽게 실망하지 않고 하나님이 하시는 일을 기대하게 될 것입니다.

"만일 하나님의 은혜가 없었다면 당신의 모습이 어떠했을지를 성령이 보여주신 다면 (실제로 하나님께서는 성령이 역사하실 때 그렇게 하십니다) 당신은 그 어떤 범죄자라 할지라도 당신이 타락할 수 있는 타락의 절반도 안 된다는 사실을 깨닫게 될 것입니다." 믿기 힘들지만 사실입니다. 하나님께서 마른 뼈들이 살아날 수 있냐고 물으셨을 때, 믿기 힘든 질문이었지만 하나님은 그렇게 하셨습니다. 우리를 향해 한없는 은혜를 베푸시고 마른 뼈다귀와 같은 우리를 살리신 하나님을 믿는다면, 그 하나님의 능력이 다른 누군가에게도 동일하게 일어난다는 사실을 믿게 될 것입니다.

한 줄 노트 우리에게 베풀어주신 하나님의 은혜를 믿는다면 타인을 향해 쉽게 실망하지 않을 것입니다.

묵상 질문 지금 당신을 실망시키는 사람은 누구입니까? 그 사람이 과연 하나님 앞에서도 당신보다 못한 사람일까요?

Jun. 02 무엇에 사로잡혀 있습니까?

시 25:12

하나님 생각하기 "무엇에 사로잡혀 있습니까?" 이 말은 우리가 단순히 하나님에 관하여 생각하는 차원에 머무르는 것이 아니라 우리의 의식 속에서 끊임없이 하나님이 중심이 되셔야 한다는 뜻입니다. "아기들은 엄마를 의도적으로 생각하는 것이 아닌데도 아기의 의식 속에는 언제나 엄마가 있습니다. 그러므로 갓난아이의 뿌리 깊은 의식에는 엄마가 있기 때문에 어려움이 닥치면 저절로 엄마를 찾는 것입니다." 여기에서 단순히 '생각하는 것'과 '사로잡히는 것'의 차이를 알아야 합니다. 챔버스의 말처럼, 우리가 하나님께 사로잡혀 있는 상태에서는 굳이 생각하려고 하지 않아도 자연스럽게 모든 것이 하나님으로 귀결됩니다. 마치 어린아이가 어머니를 생각하려고 의도하지 않아도 엄마만 계속 생각나는 것처럼 말입니다. "이는 바로 우리 속에 깊게 자리 잡은 하나님을 향한 의식이 자연스럽게 밖으로 표출되는 것입니다." 우리가 가져야 할 중요한 신앙적 도전입니다. 우리 속에 깊이 자리 잡고 있는 '하나님 의식'이 삶의 모든 순간에 자연스럽게 드러나고 있습니까?

> **한 줄 노트** 하나님을 생각한다는 말은 모든 것을 하나님의 관점에서 바라보기 시작했다는 뜻입니다.

염려하지 않기 "하나님께서 항상 우리 가운데 계시는데 어떻게 감히 주님을 불신할 수 있다는 말입니까?" 하나님께 사로잡히면, 우리 안에 염려나 환난이 들어오지 못합니다. 이것이 주님께서 산상수훈에서 "염려하지 말라"고 말씀하신 이유입니다. 주님께서는 염려는 이방인들이 하는 것이라고 말씀하셨습니다. 아기가 '엄마'를 생각하듯이 우리가 하나님께 사로잡혀 있다면 염려하지 말아야 합니다. 주님은 염려가 하나님을 불신하는 죄악이라고 말씀하십니다. 하나님만 바라보아야 할 우리의 기도 골방이 하나님만을 향하지 않고, 혹시 근심이 들어올 수 있는 여지를 남기는 것은 아닌지 살펴보십시오. 챔버스는 우리가 하나님께 사로잡힌 상태가 되면 모든 원수의 공격으로부터 가장 강력한 성벽을 쌓게 된다고 말합니다. "하나님이 우리의 피난처이십니다"라고 고백할 수 있다면 어떤 상황에서도 염려하지 않고 나아갈 수 있을 것입니다.

> **한 줄 노트** 근심을 차단하는 가장 완벽한 방법은 하나님께 완전히 사로잡히는 것입니다.

> **묵상 질문** 당신의 평안을 앗아가는 것은 무엇입니까? 기도의 골방에서 그것을 차단하는 것은 우리의 몫입니다.

Jun. 03 주님과의 친밀함

시 25:14

주님과의 사귐 "많은 사람들이 당신에게 자신들의 비밀스러운 슬픔을 고백할지 모르나 진정한 친밀함은 자신의 가장 비밀스러운 기쁨을 의미합니다." 우리가 처음 신앙생활 하던 때를 떠올리면, 하나님과의 교제보다는 우리의 일방적인 기도로 많은 시간을 채웠을 것입니다. 그런데 언제부터인가 우리가 기도하는 것보다 '하나님과의 사귐'이 더 중요하다는 사실을 깨닫습니다. 우리가 하나님과 친밀한 교제 가운데 들어갔다는 것을 알아차리는 순간이 있습니다. 그것은 바로 하나님께서 우리 인생의 거대한 계획만을 주관하시는 분이 아니라, 아주 사소한 일에도 함께하시는 분임을 고백하는 순간입니다.

[한 줄 노트] 일상적인 일에서 그분의 인도하심을 느낄 때, 우리는 하나님과의 친밀함 가운데 있음을 알게 됩니다.

나를 인도하소서 "주께서 정하신 길로 나를 가르치소서"(시 25:12). 주님과의 사귐에 들어간 사람의 기도입니다. 그는 주님께서 정하신 길로 인도하시는 것이 곧 기쁨임을 고백합니다. 이런 기도가 지속되면서 '풍성함'을 경험합니다. 챔버스는 이러한 상태를 다음과 같이 설명합니다. "우리는 그분의 뜻이 무엇인지 물을 필요가 없게 됩니다. 다른 뜻을 선택하고 싶은 생각이 들지 않기 때문입니다." 하나님의 백성은 지금도 인도하시는 하나님의 은혜를 계속 체험하는 사람들입니다. "우리가 주님이 원하지 않으시는 것을 선택하려 할 경우는 주님께서 막으실 것입니다." 하나님과의 친밀함 가운데 서 있지 않은 사람들은 '막으심'을 눈치채지 못합니다. 하나님의 인도하심을 구한다고 해서, 우리가 기도하거나 행동하는 모든 것이 완벽하지는 않습니다. 우리는 늘 실수할 수 있습니다. 중요한 것은 그 실수를 알아채는 영적 민감성입니다. 여기서도 챔버스는 아주 확고하게 말하고 있습니다. "어떤 결정을 내릴 때 의심이 생긴다면 당장 그 결정을 멈추십시오. '왜 안 되는 거지?'라고 하며 절대로 자신을 합리화하지 마십시오." '정말 주님의 뜻입니까?'라고 계속 질문을 하고 있다면, 성령을 거스르고 있는 것입니다. 신앙을 가장한 불신앙이 되지 않도록 주의해야 합니다.

[한 줄 노트] 하나님과 친밀한 순간에 경험하는 '막으심'은 우리가 영적으로 민감하다는 증거입니다.

묵상 질문 '주님의 뜻입니까?'라고 확신 없이 묻고 있는 것이 있습니까? 그렇다면 자꾸 묻지 말고 성령님의 인도하심에 전적으로 순종하는 길로 가십시오.

Jun. 04 지금 이 순간, 이곳에서

히 13:5

주께서 말씀하신다 오늘 묵상의 원문 제목은 "The never-failing God(결코 실패하지 않으시는 하나님)"입니다. 원문 제목에서 묵상의 요점이 확연히 드러납니다. 본문과의 연결도 쉽습니다. "그가 친히 말씀하시기를 내가 결코 너희를 버리지 아니하고 너희를 떠나지 아니하리라 하셨느니라"(히 13:5). 챔버스가 오늘 우리에게 묻습니다. "어느 쪽으로 생각이 기웁니까? 하나님의 말씀입니까, 아니면 나 자신의 두려움입니까? 하나님의 말씀을 혀끝으로만 되풀이합니까, 아니면 마음으로 받고 응답합니까?"

'say so'라는 영어 표현이 있습니다. '이렇게 말하다'라는 뜻입니다. 주께서 친히 말씀하시는 것에 주목해야 합니다. 본문에서 하나님은 우리에게 친히 말씀하셨습니다. 하나님께서 우리에게 친히 말씀하시는데 우리는 무엇을 의심합니까? 우리가 들어야 하는 것은 절대로 우리를 포기하지 않으신다는 하나님의 음성입니다. 하나님께서는 모든 죄와 이기심, 고집과 탈선에도 불구하고 우리를 절대로 버리지 않겠다고 말씀하셨습니다.

챔버스는 주님의 이러한 약속의 말씀을 들어야 하는 때가 있다고 말합니다. 바로 우리 삶에서 하나님이 나를 버리셨다고 느끼는 순간입니다. 우리의 삶이 어려워지거나, 우리의 비전이 지루하게 느껴질 때입니다. 하나님이 느껴지지 않을 때, 우리가 들어야 하는 것은 하나님의 약속의 말씀입니다. "내가 너희를 떠나지 아니하리라!" 누가 말씀하고 있습니까? 하나님께서 친히 말씀하십니다(God says so!).

주님께서 말씀하신 "내가 너희를 떠나지 아니하리라"라는 말씀을 붙들면, '현재' '지금 이 순간'에도 우리에게 임하시는 놀라운 힘을 고백할 수 있습니다. 그렇게 우리는 평범한 날들과 생활 속에서 하나님을 찬양하는 법을 배우게 됩니다. '현재', '지금 이 순간' 하나님의 은혜를 느끼며 사는 것이야말로 그리스도인의 가장 큰 특권일 것입니다. 하나님은 지금 이 순간 우리에게 이렇게 말씀하십니다. "내가 너희를 떠나지 아니하리라!"

한 줄 노트 일상에서 하나님의 은혜를 누리는 방법은 "내가 너희를 떠나지 아니하리라"고 하신 약속을 붙드는 것입니다.

묵상 질문 지금 당신의 삶에서 가장 중요한 것은 무엇입니까? 그 일 가운데 하나님의 은혜가 임하고 있습니까?

Jun. 05 하나님께서 주시는 확신

히 13:5-6

두려움 이기기 우리는 하나님의 약속을 붙들고 "담대히 말하되" 하나님께서 우리를 도우심을 선포해야 합니다. 우리가 선포하는 이 말은 그저 빈말이 아닙니다. "내가 말하는 것들은 하나님께서 약속하신 말씀 위에 서야 합니다. 하나님께서 '내가 결코 너희를 떠나지 아니하리라'고 말씀하셨습니다."

오늘 묵상의 원제는 "God's say-so"입니다. 모든 것은 하나님께서 친히 하신 말씀에 근거합니다. 이 말씀을 붙들 때 우리는 두려움에 갇히지 않습니다. 하나님께서 하신 말씀을 듣는 것이야말로 두려움을 이기는 유일한 방법입니다. "우리 인생길에 악한 일이나 잘못된 일이 발생해도 상관없습니다. 그 이유는 주께서 '내가 너희를 결코 떠나지 아니하리라'고 말씀하셨기 때문입니다."

우리의 삶에 중요한 것은 지금 어떤 일이 일어나고 있느냐가 아니라, 이 상황에서 우리가 무엇을 생각하고 무엇을 붙드느냐입니다. 우리가 살면서 참 곤혹스러운 때는 악한 일들을 경험할 때입니다. 하나님께서 선하시다면 왜 이런 일들이 일어나는지 이해되지 않을 때가 있습니다. 그런데 중요한 것은 그런 상황 가운데서도 하나님은 우리를 결코 떠나지 않으신다는 것입니다.

챔버스는 오늘 묵상에서 아주 재미있는 비유를 사용합니다. "하나님 말씀의 '으뜸음'을 듣고 그 노래를 따라 찬양하는 것을 배웠습니까? '주는 나의 돕는 자'임을 선포하며 자신감에 넘칩니까? 아니면 난관과 어려움에 항복합니까?" 으뜸음은 해당 음계의 첫 음이 어디에서 시작하는지 알려줍니다. '다 장조'에서는 '도'가 으뜸음이고, '사 장조'에서는 '솔'이 으뜸음입니다. 이렇게 으뜸음이 어디에서 시작하는지 알아야 악보를 읽을 수 있습니다. 하나님 말씀의 '으뜸음'을 듣는 것은 하나님의 말씀이 기준이 되어야 한다는 뜻입니다. 하나님께서는 우리의 '도움'이 되신다고 했습니다. 그러니 우리는 어떤 어려움과 난관을 만나더라도 그 음계에서부터 시작하고 선포해야 합니다.

한 줄 노트 좌절과 두려움은 하나님의 말씀을 붙들지 못하고 자신의 생각에 빠져 있다는 증거입니다.

묵상 질문 당신 삶의 '으뜸음'은 무엇인가요? 당신을 슬프고 안타깝게 하는 것도, 기쁨과 믿음을 주는 것도 으뜸음이라는 것을 기억하십시오.

Jun. 06 나의 의지와 하나님의 뜻

빌 2:12

의지의 작동 "당신의 뜻은 하나님과 일치합니다. 그러나 당신의 육신 속에는 당신이 마땅히 해야 할 일을 하지 못하게 하는 어떤 성향이 있습니다." '의지'는 하나님께서 인류를 창조하실 때부터 인간에게 있었던 아주 본질적인 요소입니다. 그러나 '죄'는 사람들 속에 찾아온 아주 나쁜 성향입니다. 왜곡된 의지는 죄의 성향으로 나타납니다. 중요한 것은 하나님께서 주신 '의지'를 우리가 축복으로 사용하지 못한다는 사실입니다. 의지를 잘못 사용하여 죄가 들어올 뿐 아니라, 심지어 그 의지를 주신 하나님을 원망하는 경우도 있다는 것입니다.

그러므로 우리가 선한 의지를 가지면 죄의 문제를 이길 수 있습니다. 거듭난 사람 안에서는 하나님께서 원하시는 의지가 힘을 가집니다. "당신 스스로 구원을 이루라는 말이 아닙니다. 주님께서 완성하신 완전한 구속 위에 조금도 흔들리지 않는 강한 믿음을 바탕으로 주께서 이루신 일을 우리의 삶 속에서 이루어가라는 말입니다."

문제는 우리의 의지를 어떻게 사용하느냐는 것입니다. 의지가 하나님께 향하면 하나님의 뜻이 이루어지고 우리의 자연스러운 선택이 하나님의 뜻과 일치합니다. 그런데 하나님을 향한 우리의 선한 의지를 방해하는 것이 있습니다. 바로 '고집'입니다. "고집은 우리 속에 뭉쳐 있는 장애물로서 '깨달음'을 거부하는 어리석은 성향입니다. 이를 제거하는 방법은 오직 다이너마이트로 터뜨리는 것, 곧 성령님께 순종하는 것입니다."

'고집'은 우리의 왜곡된 의지입니다. 때로 우리는 이 잘못된 의지를 '신념'이라는 이름으로 포장하기도 합니다. 챔버스는 성령님께 순종하는 것이 이 싸움에서 승리하는 길이라고 말합니다. 순종할 때, 우리는 마치 다이너마이트로 터뜨리는 것과 같은 능력을 경험할 것입니다. 순종할 때, 우리의 의지가 하나님과 하나 되어 자연스럽게 호흡합니다. 이때 우리는 하나님의 뜻이 이루어지고 있음을 고백할 것입니다.

한 줄 노트 우리의 의지와 하나님의 뜻이 일치하기 위해서는 성령님께 '순종'해야 합니다. 내 고집으로 성령님을 거스르지 않도록 하십시오.

묵상 질문 당신의 양심은 선합니까? 당신의 의지는 늘 하나님을 향하고 있습니까? 내가 고집스럽게 주장하는 것이 하나님의 뜻과 일치한다고 자신 있게 말할 수 있습니까?

Jun. 07 내 삶의 구심점

요 14:13

첫 번째 명령 챔버스는 오늘 묵상에서 혹시라도 우리가 삶을 허비하고 있는 것은 아닌지 물으며 '게으르지 말라'고 강력하게 권면합니다. 계속해서 우리가 물어야 하는 질문입니다. 과연 우리의 영적인 삶이 부실하지는 않은가? 주님의 속죄를 우리 삶의 중심에 두고 있는가? 그리스도께서 우리 삶의 모든 분야를 다스리고 있는가? 그렇다면 우리는 삶의 모든 영역에서 주님을 위한 열매를 맺고 있는가? 이 모든 것을 위한 첫 번째 명령입니다. "내 삶의 구심력이 되시는 그분을 깨닫기 위해 많은 시간을 들여야 합니다." 예수 그리스도가 우리의 '구심력'이 될 때, 우리의 자유를 억압하는 것이 아니라 도리어 자유롭게 한다는 '역설적 진리'를 깨닫습니다. "너희가 내 안에 거하고"(요 15:7). 우리 마음의 중심에 주님께서 계실 때, 우리는 그분으로 인하여 계속 생각하고 계속 봉사하게 됩니다. 그때 "무엇이든지 원하는 대로 구하라 그리하면 이루리라"(요 15:7)라는 말씀이 이루어집니다.

한 줄 노트 마음대로 하라는 사탄의 유혹에 속지 마십시오! 참된 구속만이 진정한 자유를 가져다 줍니다.

두 번째 명령 "우리는 자신을 제한하여 우리의 애착이 언제나 이 위대한 능력인 그리스도의 속죄에 있게 해야 합니다." 우리를 구속하신 그리스도의 은혜가 우리를 붙잡아야 합니다. 구속의 은혜가 우리에게 강력한 영향을 미칠 때, 우리가 하는 어떤 행동과 봉사와 섬김도 잘못되지 않습니다. "너희가 내 이름으로 무엇을 구하든지 내가 행하리니"(요 14:13). 이 말씀이 이제야 제대로 이해됩니다. 주님 안에 거하는 제자는 곧 하나님의 뜻대로 행하는 사람이 됩니다. 삶의 구심점이 무엇이냐에 따라 그의 삶이 결정되니 말입니다. 우리가 주님 안에 거할 때는 자유롭게 선택하고 있는 것 같지만 하나님의 예정하신 뜻을 벗어나지 않습니다. 다소 모순적으로 들리지만, 이것은 '모순'이 아니라 '신비'입니다. 우리의 구심점이 올바르며, 그 구심점을 바로 세우기 위해 우리의 시간을 투자한다면 우리가 무엇을 하든 하나님의 뜻에서 벗어나지 않는다는 신비입니다.

한 줄 노트 우리가 분명하게 속죄함을 받는다면 우리의 삶에 속죄의 열매가 반드시 열릴 것입니다.

묵상 질문 그리스도를 삶의 구심점으로 두었다면, 우리는 그분을 위해 어떻게 시간을 사용하고 있습니까?

Jun. 08 열심보다 귀한 순종

요 13:17

그다음으로 해야 할 일은 무엇인가? "당신의 인생의 배를 하나님께 매달고 하나님의 목적이 담긴 커다란 파도를 향해 나아가십시오. 그러면 당신의 눈이 활짝 뜨일 것입니다." 챔버스는 우리 인생을 항해하는 배에 비유합니다. 하나님이 원하시는 다음 일을 위해 출항하는 데 방해가 되는 것은 '항구의 술집'입니다. 술의 유혹을 이기지 못해 계속 항구에 머물러 있다면 하나님이 우리를 쓰실 수 없습니다. 우리가 해야 할 일은 '당장' 술집을 떠나 저 깊은 바다, 즉 하나님의 위대하고 깊은 세계로 들어가는 것입니다.

그렇다면 닻을 올리고 깊은 바다로 나아가기 위해 우리에게 필요한 것은 무엇일까요? 챔버스는 '순종해야 하는 순간'에 순종을 거부하는 것은 영적으로 위험한 일이라고 말합니다. "그곳은 바로 당신이 무엇을 해야 한다는 것을 알면서도 당장 필요한 것 같지 않아 순종하지 않은 지점일 것입니다." 순종해야 할 때에 순종하지 못하면 영적 막힘을 경험합니다. 그렇게 되면 영적 지각과 분별도 상실하게 되고, 더 이상의 순종이 불가능한 상태에 이릅니다. 불순종으로 막힌 영적인 상태를 뚫는 유일한 길은 '순종'입니다.

"순종의 모조품은 열심입니다. 자기 멋대로 자신을 희생시키는 마음 상태입니다. 이러한 열심이 종종 영적 분별을 대신하곤 합니다." 중요한 것은 '희생'이 아닌 '순종'입니다. 우리는 종종 희생을 순종으로 착각합니다. 사도 바울은 예배드리는 자들에게서 동일한 위험을 보았습니다. 제물을 드리기는 하지만 하나님께서 기뻐하시지 않는 제물도 있다는 것입니다. 그러므로 우리의 영적 행위가 하나님을 기쁘시게 하는지, 그렇지 않은지 분별하는 지혜를 가져야 합니다(롬 12:1-2).

한 줄 노트 우리의 제사를 하나님이 받지 않으신다면, '순종'이 아닌 우리의 '열심'을 드리고 있는 것입니다.

묵상 질문 우리가 하는 일 중 무엇이 '자기 열심'이고, 무엇이 '순종'인지 구별할 수 있습니까?

Jun. 09 아직 받지 않았다면 구하십시오!

눅 11:10

그다음으로 해야 할 최선의 일은 무엇인가? "영적인 것을 실제로 느끼지 못할 때 할 수 있는 최선의 방안은 예수 그리스도의 말씀에 따라 하나님께 성령을 구하는 것입니다." 하나님께 기도하며 구하는 일은 쉽지 않습니다. 우리는 간절하게 원하는 것이 없다면 구하지 않기 때문입니다. 그러니 우리가 영적으로 궁핍하다고 느끼지 않을 때도 역시 구하지 않을 것입니다. 챔버스는 오늘 묵상에서 본문 말씀을 아주 흥미롭게 해석합니다. "구하는 이마다 받을 것이요"라는 말씀은 "구하지 않으면 얻지 못한다는 의미가 아닙니다. 다만 구하는 그 지경까지 당신은 하나님께로부터 아무것도 얻지 못할 것이라는 의미입니다."
우리가 '구하는 상태'에 이른다는 것은 성령께서 우리 안에 갈급함을 주셨다는 의미입니다. '구하는 상태'에 이르게 될 때, 우리는 진정으로 구하는 모든 것을 얻게 됩니다. 우리에게 필요한 것은 바로 이 '영적 갈급'의 상태, 구하는 지경에 나아가는 것입니다. 그래서 신앙의 사람들은 인생의 위기 가운데서 하나님께 기도하며 축복을 누립니다. 그러니, 오늘 우리가 무언가를 구하는 상태에 있다면 기뻐하십시오.
"받는다는 의미는 당신이 하나님의 아들로서의 관계 속으로 들어갔다는 뜻입니다." 우리가 하나님의 아들로서의 관계 속으로 들어가면 우리에게 주시는 모든 것이 하나님께로부터 온 것임을 알게 됩니다. 따라서 우리가 하나님께 구하는 기도를 할 때, '영적 궁핍'으로 구하는 기도인지 '욕심'으로 구하는 기도인지 분별해야 합니다. 가난한 자가 복이 있는 이유는 하나님께 구하는 자세가 되어 있기 때문입니다. "가난한 사람은 다른 이유가 아닌 오직 비참할 정도의 빈곤 때문에 구할 뿐입니다. 그것을 부끄러워하지 않습니다. 영적으로 가난한 사람은 복이 있습니다." 아직 받지 않은 것이 있다면 구하십시오. 하나님께 구하는 상태가 되는 것은 아주 복된 일입니다. 영적으로 가난함은 큰 축복입니다.

한 줄 노트 하나님께서 우리를 갈급하게 하셨다면, 그것을 직접 채우실 테니 기뻐해야 합니다.

묵상 질문 당신의 영은 지금 무엇으로 갈급합니까? 만일 생각나지 않는다면 성령님께 갈급함을 구하십시오.

Jun. 10 구하고 집중하십시오!

눅 11:9

적극적으로 찾기   오늘 묵상에서는 오로지 마음을 다해 적극적으로 하나님을 찾고 구하라고 권면합니다. 단순하게 궁핍한 상태를 기다리지 말고, 온 맘을 다해 하나님을 찾으라는 것입니다. 우리는 '신앙 체험'에 만족하는 태도를 주의해야 합니다. 체험에 만족해서 하나님께 더 원하는 것이 없다고 생각하는 순간, 우리는 영적 안일함에 빠집니다. "신앙 체험은 시작이지 끝이 아닙니다. 믿음을 신앙 체험 위에 세우지 않도록 주의하십시오." 우리의 체험을 믿음이라고 생각한다면 다른 사람을 향해 비판하거나 잔소리를 하게 될 것입니다. 우리의 체험이 다른 사람의 체험과 어떻게 동일하겠습니까? 우리의 체험을 보면서 다른 사람들이 부러워하는 것은 잘못된 것이 아닙니다. 아니, 어쩌면 자연스러운 일입니다. 하지만 나의 체험을 다른 사람에게 요구하는 것은 잘못된 일입니다.

한 줄 노트 한 번의 신앙 체험 위에 자신의 믿음을 세우면 교만해지기 쉽습니다. 이런 영적 교만에는 하나님을 대적할 위험이 있음을 잊지 말아야 합니다.

문 두드리기   "문을 두드리라 그러면 너희에게 열릴 것이니"(눅 11:19). 이런 상상을 해봅시다. 하나님께 가까이 가기 위해 잠긴 문을 두드립니다. 그때 문을 두드리는 내 손이 얼마나 더러운지 발견하게 됩니다. 그러면 당연히 손을 깨끗이 하고 마음도 깨끗이 해야겠다는 생각이 들 것입니다. 그리고 그 더러움 때문에 울게 될 것입니다. "당신은 하나님 앞에서 내면 상태 때문에 울어본 적이 있습니까? 이러한 슬픔은 자기 연민과는 거리가 먼 것이며 자신이 어떤 사람인가를 깨닫고 가슴이 찢어지는 고통을 당하는 것입니다." 챔버스는 오늘 묵상에서 철저하게 구하는 '마음 자세'에 대해 설명하면서 '신앙 체험'만 고집하는 자세를 비판합니다. '목마름'은 우리 신앙인들이 마땅히 가져야 하는 영적 자세입니다. 우리가 오늘도 하나님 앞에 목마르지 않다면 영적으로 그만큼 무관심하다는 증거입니다.

한 줄 노트 문을 두드릴 때 보이는 더러운 손이야말로, 우리를 겸손하게 만들어 하나님을 간절히 구하게 하는 아름다운 손입니다.

묵상 질문 오늘 당신이 문을 두드리기 위해 할 수 있는 것은 무엇입니까? 하나님의 귀에 들리도록 처절하게 부르짖어야 하는 기도의 제목은 무엇입니까?

Jun. 11 "내게로 오라"

마 11:28

쉼을 넘어서 능력으로   오늘 본문 말씀은 우리에게 아주 익숙합니다. 주님께서 '오라'고 말씀하셨습니다. 오늘은 '내게로', 내일은 '나와 함께', 그리고 모레는 '나를 따라오라'로 묵상의 주제 말씀이 점진적으로 이동하고 있습니다. "만일 주님께로 가면 나의 실제 삶은 진정한 소원과 잘 조화되게 됩니다. 나는 실제로 죄를 멈추게 되고 주님의 노래가 내게서 흘러나오게 됩니다."

주님께서 우리에게 "오라"고 말씀하실 때 우리 삶이 가려집니다. "주께 나아가 주님의 말씀에 자신을 다 내려놓을 만큼 어리석은 자가 되십시오. 주께 나아가는 자세는 마음을 다해 모든 것을 내려놓고 주께 맡기는 것입니다." 주님 앞에서는 어리석은 자가 되어도 괜찮습니다. 어린아이와 같은 마음으로 나아가도 괜찮습니다. 이러한 자세야말로 주님께 나아가는 최선의 방법입니다.

주님께서는 주께 나아오는 자에게 '쉼'을 주겠다고 말씀하십니다. 주님께 나아오는 자에게 잠자리를 제공하고 자장가를 불러주시겠다는 의미가 아닙니다. "오히려 우리를 잠자리에서 나오게 하고, 살았으나 반은 죽어 있는 영적 게으름과 탈진 상태에서 나오게 한다는 말씀입니다."

"삶 속에서 정말로 중요한 질문들은 얼마 되지 않습니다. 그리고 그러한 삶의 질문들은 '내게로 오라'는 말씀으로 다 대답이 됩니다. '이것을 하라, 저것을 하지 말라'가 아니라 '내게로 오라'입니다." 기억하십시오! 지금 우리에게 필요한 것은 이것저것 하기 위해 고민하는 것이 아니라, 단지 주님께 나아오는 것입니다. 주님께 나아오면 주님이 우리와 어디든 동행하실 것입니다.

[한 줄 노트] 그리스도인에게 "내게로 오라"는 말씀은 어떤 전략보다도 확실하고 적극적인 승리의 비결입니다.

[묵상 질문] 당신이 어리석은 자가 되어 어린아이처럼 주님 앞에 내려놓아야 할 짐은 무엇입니까?

Jun. 12 성도입니까?

요 1:38-39

진정한 성도가 되는 법 예수님께서는 시몬 베드로에게 '게바'라는 이름을 주셨습니다. 이처럼 주님께서는 교만과 이기심을 이긴 성도의 삶에 새로운 이름을 주십니다. 문제는 새로운 이름이 삶의 전 영역에서 드러나는 것이 아니라 부분적으로 나타난다는 것입니다. 챔버스는 이것을 비유적으로 '영적 홍역'이라고 설명하고 있습니다. 마치 홍역을 앓고 난 흔적이 여기저기 남아 있는 것처럼, 부분적으로 성도의 삶을 사는 것이 문제라는 말입니다.

"사람들은 영적으로 최상일 때는 매우 대단한 성도라는 말을 듣습니다. 그러나 영적으로 침체일 때는 아무에게도 본이 되지 않는 형편없는 성도가 됩니다." 제자 혹은 성도의 삶은 영적 홍역에 걸린 것처럼 부분적으로 드러나는 것이 아니라, 삶의 전 영역에서 드러나야 합니다. 이때 우리는 '교만'을 경계해야 합니다. 교만은 자신을 신격화해서 하나님의 자리를 대신하려는 욕망입니다.

"'아, 나는 도저히 성도라고 할 수 없어!'라고 말하는 것은 하나님을 향한 무의식적인 신성 모독입니다. 문자적으로 이 말은 '나는 너무나 약하고 가능성이 없기에 십자가의 속죄로도 나를 어쩔 수 없어'라는 의미로, 당신을 성도로 만드신 하나님께 도전하는 것입니다." 진정한 겸손은 전적으로 하나님의 능력을 의지하는 것입니다. 나 스스로 할 수 있다는 말만 교만이 아니라, 나 스스로 할 수 없다는 말도 교만임을 명심해야 합니다.

챔버스가 말하는 '능력 없는 십자가'는 여전히 자기 과거에 얽매여 있는 사람이 취하는 태도입니다. 그들은 '영적 홍역처럼 몇 군데에만 새로운 이름을 가진 자들'입니다. 우리가 스스로 '성도'라 말하지 않는 이유는 "당신이 성도가 되고 싶지 않거나 당신을 성도로 만드신 하나님을 믿지 않거나 둘 중 하나입니다." 어쩌면 우리 마음속에 애써 피하고 싶은 사명이 있었던 것은 아닙니까? 진정한 성도가 되는 방법은 주님께 나아와 주님과 함께 거하는 것입니다. 우리가 이 세상에서 주님과 함께 성도로서 살면 영원히 주님과 함께 거하게 될 것입니다.

한 줄 노트 '나는 진정한 성도라고 할 수 없어!'라는 말이 겸손이 아닌 또 다른 교만이라는 사실을 기억하십시오.

묵상 질문 당신은 부분적인 그리스도인입니까, 아니면 언제나 하나님을 묵상하고 바라는 온전한 성도입니까?

Jun. 13 권리 포기

막 1:17

하나님의 관심 챔버스는 그리스도께 나아가고자 하는 성도들의 생활에서 인간의 '기질'과 자신의 '애착'이 방해가 된다고 말합니다. 우리는 종종 '우리의 재능을 하나님께 드린다'는 표현을 사용합니다. 그러나 이 말은 성립되지 않습니다. 우리가 삶에서 하나님을 섬기는 데 바친다고 하는 것이 사실은 본래 그분의 것을 돌려드리는 일이니 말입니다. "당신이 하나님께 바칠 수 있는 유일한 단 한 가지는 자신에 대한 권리입니다." 우리의 권리를 포기하는 것은 하나님께 우리의 권리를 양도하는 것입니다. 챔버스는 "거룩한 실험(holy experiment)"이라는 표현을 사용하는데, 양도된 우리의 삶을 하나님께서 거룩하게 사용하실 것이라는 말입니다. 하나님의 거룩한 실험은 실패한 적이 없다는 것을 명심해야 합니다.

한 줄 노트 하나님의 관심은 오로지 '권리 포기'에 있다는 것을 기억하십시오. 우리의 재능이나 기질로 하나님의 일을 한다는 착각에서 벗어나야 합니다.

성도의 특징 성도란 오로지 그리스도께 자신을 철저하게 양도함으로써 흘러나오는 도덕적 본성을 소유한 사람입니다. 하나님께 양도된 우리의 삶은 '하나님의 영'에 의해 언제나 새롭게 됩니다. 이때 성도는 모든 환경을 주도해 나가시는 분이 하나님이라는 사실을 깨닫습니다. 주님께 모든 것을 내려놓으십시오. "당신의 체험으로부터 어떤 원칙도 만들지 마십시오. 하나님께서 당신에게 원천이 되듯이, 다른 사람에게도 하나님만이 원천이 되게 하십시오." 예수님께서 "오라"고 말씀하시면 우리는 모든 것을 맡기고 주님께 나아가야 합니다. 그러면 우리를 통해 주님께서는 다른 사람들에게도 "오라"고 말씀하실 것입니다. 이것이 제자의 삶이요, 성도의 삶입니다. "따라서 당신은 그리스도의 '오라'는 메아리를 계속 만들어가는 삶으로 나아가게 될 것입니다. 이것이 주님께 모든 것을 맡기고 나아가는 영혼들에게 나타나는 결과입니다." 주님께 나아가면 주님께서 각자에게 가장 적합한 방법으로 우리를 사용하실 것입니다. 그리고 우리는 샘솟듯이 솟아나는 성령님의 역사를 경험하게 될 것입니다.

한 줄 노트 성도의 삶이란 모든 주권을 주님께 양도한 삶이며, 이를 통해 계속적인 하나님의 역사를 체험하며 살아가는 삶입니다.

묵상 질문 오늘 당신이 하나님께 '주권을 양도'한다면 다른 사람에게 어떤 영향을 줄 수 있을까요?

Jun. 14 지금 주님 안에 거하십시오!

요 15:4

모든 상황 속에서 우리에게는 순종의 훈련이 필요합니다. "하나님께서는 저절로 내가 예수님처럼 생각하도록 만들지 않으셨습니다. 스스로 그렇게 해야 합니다. 즉, 나의 모든 생각을 주님께 복종하도록 해야 합니다." 주님께서는 제자들에게 포도나무 비유를 통해 "내 안에 거하라"고 명령하셨습니다. 우리 인생의 모든 영역이 포도나무인 예수님 안에 붙어 있어야 한다는 의미입니다. "하나님과의 교제가 방해된다는 이유로 하나님마저도 나의 상황 가운데 역사하시지 못하도록 막는 것은 아닙니까?" 어떤 상황에서도 하나님을 가로막을 수 있는 것은 없습니다. 우리가 기도할 때 못지않게, 다른 상황에서도 예수님이 우리 안에 거하실 수 있어야 합니다. 이것이 성도의 생활입니다. 예수님은 늘 우리의 모범이 되십니다. "주님께서는 그분의 몸이 어디에 있든 하나님과 함께하셨습니다. 주님은 스스로 상황을 선택하지 않으셨습니다." 주님이 하나님의 뜻을 따라 아버지의 관점에서 일하셨으므로 우리 또한 그분의 방법에 익숙해지도록 훈련받아야 합니다. 중요한 것은 우리가 어떤 상황에 처했느냐가 아니라, 어떤 상황에서도 주님이 우리와 함께하시느냐입니다.

[한 줄 노트] 우리가 주님 안에 거할 때, 어떤 상황도 우리의 삶에서 하나님을 가로막을 수 없다는 것을 깨닫게 됩니다.

결단이 필요하다 챔버스는 우리가 핑계를 대는 것이 문제라고 말합니다. "네, 주님. 잠깐만요. 지금은 이것을 해야 하거든요. 네, 이것을 마치면 주님 안에 거하겠습니다. 이 주가 지나면, 모든 것이 잘되면, 그러면 거하겠습니다." 예수님은 공생애를 시작하시기 전 30년 동안 하나님과 함께하는 시간을 가지셨습니다. 때가 이르기까지 서두르지 않고 하나님과 함께하는 시간을 가지셨습니다. "당장 나아가십시오. 지금 거하십시오. 처음에는 계속적인 노력이 필요합니다. 그러나 때가 되면 삶의 습관이 되어 무의식중에 주님 안에 거하게 될 것입니다. 어느 곳에 있든지 주님 안에 거하기로 결단하십시오."

[한 줄 노트] 우리에게 필요한 '서두름'은 어떤 행동이 아니라 주님 안에 거하는 것입니다.

[묵상 질문] 더 이상 핑계대지 마십시오! 주님 안에 거하기 위해 지금 당장 결단해야 할 것은 무엇입니까?

Jun. 15 일상 속에서 빚어지는 성품

벧후 1:5, 7

지루한 일상 속에서   그리스도인의 삶에서 가장 힘든 경험 중 하나는 '단조롭고 고된 일상'에서 받는 훈련입니다. 그러나 그리스도인의 진정한 성품은 일상에서 예수님처럼 생각하고 행동하는 방법을 배워나가는 것입니다. 베드로후서는 베드로와 성도들에 대해 보배로운 믿음을 주님께 물려받은 사람들이라고 표현합니다(벧후 1:1). 그런데 오늘 본문인 베드로후서 1장 5절과 7절은 여기에 계속해서 '더하라'고 권면합니다. 이는 그리스도인의 성품을 이루기 위해 우리가 해야 하는 노력이 무엇인지를 말하는 것입니다.

"스스로 성품을 만들어야 합니다. 또한 습관을 가지고 태어나는 것도 아닙니다. 우리는 하나님께서 우리 안에 넣으신 새 생명을 근거로 습관을 만들어야 합니다." 누구도 완성된 성품으로 태어나지 않았을 뿐만 아니라, 구속의 은혜를 경험했다고 해서 곧바로 성품이 온전하게 변하는 것도 아닙니다. 우리의 '체험'은 믿음의 시발점입니다. 체험을 바탕으로 만들어가야 하는 것이 바로 성품입니다.

"우리는 자신의 완벽함과 눈부심을 드러내는 삶이 아니라 일상생활 속에서 하나님의 은혜의 기이함을 드러내도록 창조되었습니다." 오늘 묵상에서 챔버스는 '시금석'이라는 단어를 다시 사용합니다. "매일 되풀이되는 단조로움이 우리의 성품을 결정하는 시금석입니다." 우리는 전혀 특별하지도 않고 신나지도 않는 일상을 되풀이할 때가 있습니다. 그때야말로 우리가 누구인지를 증명하는 순간입니다. 우리가 배우고 훈련해야 하는 것은 되풀이되는 따분한 일상 속에서 하나님의 능력으로 살아가는 방법입니다.

"말로는 하나님께서 안락한 꽃침대 위에서 우리를 하늘로 데리고 가실 것을 기대하지 않는다고 하지만, 우리의 행동은 그러한 하나님을 바라며 살고 있습니다." 우리에게 필요한 것은 지루한 일상 속에서 작고 사소한 일에 '순종'하는 것입니다. 우리의 모든 일상과 상황을 만들고 계획하신 대로 이끌어가시는 하나님을 믿고 순종하며 나아가는 것입니다. 성품은 이렇게 하나님의 은혜를 경험하는 우리에게 차곡차곡 쌓여가는 것입니다.

한 줄 노트 '성품'은 우리가 일상에서 순종하며 하나님의 은혜를 경험할 때 빚어지는 것입니다.

묵상 질문 성품은 완성된 것이 아니라 늘 나아지는 것입니다. 당신의 성품은 하나님을 닮아가고 있습니까?

Jun. 16 예수 그리스도께 충성하십시오!

요 15:13, 15

내려놓는 일   베드로는 '주를 위해 목숨을 버리겠다'고 말했습니다(요 13:37). 아마 그의 진심이 담긴 말이었을 것입니다. 하지만 이 말에서 엿보이는 그의 영웅심은 십자가 아래서 여지없이 무너져 내렸습니다. 주님은 베드로에게 목숨을 버리라고 말씀하지 않으십니다. 단지 주를 위해 삶을 내려놓으라고 하십니다. "당장 목숨을 바치는 것이 높은 소명의식을 가지고 하루하루 자신의 삶을 내려놓는 것보다 훨씬 쉽습니다. 우리는 어떤 찬란한 순간을 위해 지음 받은 것이 아니라 일상생활 속에서 그 찬란한 빛 가운데 걷도록 부름을 받았습니다." 진정 하나님을 위해 무언가 해야 한다면, 그것은 가장 진실하게 삶을 내려놓는 일입니다.

[한 줄 노트] 주님을 위해 죽는 것보다 주님을 위해 사는 것이 훨씬 어렵고 가치 있는 일입니다.

어려운 일   친구를 위해 삶을 내려놓는 일은 쉽지 않습니다. 그렇지만 오늘 본문에서 말씀하신 것처럼, 주님이 우리의 친구라면 주님을 위해 우리의 삶을 내려놓아야 합니다. 그리스도를 위해 사는 것은 그리스도를 위해 죽는 것보다 훨씬 더 어려운 일입니다. 그리스도를 위해 사는 것은 자신의 삶을 내려놓는 일이요, 매일매일 자신이 죽어야만 하는 일이기 때문입니다. 그리스도의 피로 우리가 쉽게 구원을 받았으나, 구원받은 자의 삶을 사는 것은 진심으로 어려운 일입니다. "하나님께서 우리의 구원을 위해 이미 엄청난 대가를 치르셨기 때문에 구원은 쉽습니다. 그러나 그 구원이 내 삶 속에서 드러나게 하는 것은 어렵습니다." 이 일이 어렵기는 하지만 불가능한 일은 아닙니다. 주님께서 구원받은 우리에게 성령을 부어주시기 때문입니다. 주변의 상황이 아무리 방해해도 우리가 힘을 내고 충성할 수 있는 이유입니다. 예수님께서 우리를 친구라 하셨으니, 우리의 참 친구이신 주님을 위해 충성하는 것이 마땅합니다. 우리가 명심해야 할 것은 '주님의 명예'가 친구인 우리로 인해 좌우된다는 것입니다.

[한 줄 노트] 주님의 명예가 친구인 우리로 인해 평가받는다는 사실이 두렵습니다.

[묵상 질문] 그리스도인의 어떤 행동이 무례하게 느껴집니까? 진정한 무례함은 그리스도의 명예를 실추시키는 일입니다.

Jun. 17 비판하지 않는 기질

마 7:1

비판하려는 감정 챔버스는 비판의 감정을 인간의 정상적인 기능으로 보았습니다. 하지만 정상적인 인간의 기능은 영적인 세계에서는 작동하지 않습니다. "성령님만이 비판할 수 있는 온전한 위치에 계시는 유일한 분이십니다. 그분만이 상처나 억울함 없이 무엇이 잘못되었는지를 보이실 수 있습니다." 하나님께서 우리에게 주신 본능을 소유했다고 해서 죄가 되는 것은 아닙니다. 하지만 본능대로 사는 것이 성령님을 거스를 때 그것은 죄가 됩니다. 비판하고자 하는 마음은 정상적인 인간의 욕망입니다. 하지만 그 비판이 하나님 앞에서 과연 옳은 것인지 생각해야 합니다. 비판적인 기질을 가지고 있는 한, 하나님과의 교제 속으로 들어가는 것은 불가능합니다. 누군가를 비판할 때, 우리는 자신이 남보다 낫다고 여기는 우월감에 빠집니다. 이러한 기질은 하나님의 성품과는 동떨어진 것입니다. 그래서 오늘 본문을 통해 예수님은 '비판하지 않는 기질'을 계발하라고 권면하십니다.

[한 줄 노트] 비판하는 기질은 하나님의 성품과 어울리지 않습니다.

비판할 수 없는 이유 주님은 우리의 마음을 꿰뚫어 보십니다. 우리가 누군가의 눈에서 '티끌'을 보고 있다면, 내 안에는 '들보'가 있다는 뜻입니다. "내가 당신에게서 보는 모든 잘못된 것들을 하나님께서는 내 안에서 찾아내십니다." 우리가 누군가의 잘못을 찾아서 비판할 때마다, 하나님께서 우리 안에 있는 잘못된 것을 찾아내신다니 참 무섭습니다. "'하나님의 은혜가 없었다면 나 자신이 얼마나 부패한 존재가 되었을까'를 깨달은 후, 나는 나를 실망시키는 사람을 만나본 적이 없습니다." 하나님께서 우리 마음을 영적으로 깨끗하게 청소하시면 교만한 마음이 사라집니다. 영적인 눈에는 하나님이 하시는 일을 알아채는 능력이 있습니다. 하나님께서 우리를 위해 행하신 일이 보이기 시작합니다. 나 같은 사람도 하나님께서 용서하셨다고 생각하니, 우리가 용서하지 못할 사람이 없습니다. 용서하지 못할 사람이 없는데, 누구에게 실망하겠습니까?

[한 줄 노트] 누군가를 비판할 수 없는 이유는 하나님이 나 같은 사람에게도 은혜를 부어주셨음을 알기 때문입니다.

[묵상 질문] 혹시 누군가를 비판하지 않았나요? 비판은 하나님을 대신하려는 교만한 마음이 나에게 있었다는 증거입니다.

Jun. 18 바람과 풍랑을 바라봅니까?

마 14:29-30

주님을 바라보는가? 풍랑은 실제 사건이었습니다. 신기하게도 베드로는 바람과 풍랑을 고려하지 않고 주님만 '인식(recognize)'했습니다. 이때, 놀랍게도 초자연적인 일이 일어났습니다. 실제로 베드로가 바다 위를 걷게 된 것입니다. 그런데 막상 풍랑이 이는 바다 위에 서자 베드로의 눈에 주님이 보이지 않았습니다. 지금 자신에게 일어나는 일들이 눈에 들어오기 시작했습니다. 바다 위를 걷는 것은 불가능하다는 생각이 든 바로 그 순간 베드로는 물속에 빠졌습니다. "사실 주님께서는 베드로로 하여금 파도 위에서뿐 아니라 파도 밑에서도 걷도록 하실 수 있었습니다. 그러나 주 예수님을 인식하지 않는다면 둘 다 불가능한 것입니다." 베드로의 모습이 우리와 꼭 닮아 있습니다. 문제는 우리의 삶에 언제나 있는 풍랑과 파도를 보고 주눅 들기 시작하면서부터 주님을 알아보지 못하고 물속으로 빠져든다는 것입니다. 그때 주님은 우리를 꾸짖으십니다. "왜 의심하였느냐?"라고 말입니다. 우리에게 필요한 것은 실제 상황 가운데서 주님을 계속 인식하는 것입니다. 주님은 우리로 하여금 바다 위를 걷게 하실 수도, 파도 밑을 걷게 하실 수도 있는 분임을 기억하는 것입니다.

> **한 줄 노트** 우리의 최선은 폭풍우와 흑암 속에서도 주님만 바라보는 것입니다.

따지지 말고 주님을 바라본다는 것은 주님의 말씀에 순종하는 것이지 따지는 것이 아닙니다. "절대로 '그래, 정말로 주님께서 말씀하신 것일까?'라고 의심하지 마십시오. 조금도 주저 없이 당장 주님께 자신을 던지십시오." 아무리 작은 음성이라도 그 음성에 응답해 자신을 내던지면 주님의 음성을 더욱 명확히 듣게 됩니다. 작은 순종이 우리를 더 큰 순종으로 이끌어갑니다. 주님의 음성을 듣고도 여전히 따지고 있다면, 순종할 의사가 없는 것과 마찬가지입니다. 주님은 물에 빠져가는 베드로의 '작은 믿음'에 대해 질책하셨습니다. 물 위를 걸을 때 예수님만을 온전히 바라보았던 베드로는 시선을 빼앗겨 '두 마음을 품은 상태'가 되자 물에 빠졌습니다. "우리가 처한 실제 상황 가운데서 예수님을 계속 인식하며 온전하게 주만 의지하십시오."

> **한 줄 노트** '두 마음'을 가지지 않고 오직 주님만 바라보는 것이 순종의 삶을 사는 태도입니다.

> **묵상 질문** 오늘 당신은 어디에 마음을 빼앗기고 있나요? 혹시 그것이 당신의 믿음을 흔드는 것은 아닐까요?

열정적인 헌신

Jun. 19

요 21:16

진정한 헌신 예수님께서는 우리에게 '내 양'을 돌보라고 하셨지 '너희의 양'을 만들라고 하지 않으셨습니다. '봉사'라는 영역에 있어서도 우리가 분명하게 구별해야 할 것이 있습니다. "우리는 기독교적인 방식을 따라 일하는 것을 봉사라고 여깁니다. 그러나 예수님은 '주를 위해 어떤 일을 하는가'가 아니라 '주께 어떤 존재가 되어 있는가'를 봉사라고 부르십니다." 진정한 봉사는 주님과의 친밀한 관계 안에서 진정한 그리스도인이 될 때 자연스럽게 나옵니다. 제자가 되는 것은 '어떤 믿음'이나 '어떤 교리'를 고수하는 것이 아닙니다. 오로지 예수님께 헌신하는 사람들이 제자의 길을 갑니다. 예수님께서는 '제자의 도'에 대해 말씀하실 때, 제자가 되기 위해서는 오로지 주님께 헌신해야 한다고 명백히 선언하셨습니다(눅 14:26). 주님께 드리는 헌신은 주님이 누구신지 아는 것입니다. 성령께서 우리를 만지시고, 우리 안에서 주님이 누구신지를 깨닫게 될 때 진정한 헌신이 시작됩니다.

[한 줄 노트] 그리스도가 누구인지 아는 사람들의 행동이 바로 '헌신'입니다.

진정한 순종 "사람들은 예수님께 헌신하기를 원하지 않고, 예수님의 사역에만 헌신하기를 원합니다." '사역'이라는 말로 아름답게 포장하지만, 사실은 자신의 목적을 이루기 위해 일할 뿐입니다. 예수님의 사역을 잘 보십시오. 주님은 인간들을 구원하시기 위해 십자가에서 돌아가셨습니다. 그런데 이 놀라운 구원 사역은 이렇게 이루어졌습니다. "주님이 순종하신 첫째 대상은 사람의 필요가 아니라 아버지의 뜻이었습니다. 인간을 구원하신 것도 주님께서 아버지께 순종함으로 오는 자연적인 결과였습니다." 진정한 순종은 오로지 하나님 아버지의 뜻을 따르는 것입니다. 자신을 내세우지 않을 때, 우리는 그것을 '겸손'이라고 부르게 될 것입니다. 우리가 온전히 순종할 때 겸손하다는 것은 땅에 떨어진 밀알 같은 존재가 된다는 의미입니다. 땅에 떨어진 밀알은 썩어지지만 조만간 싹을 틔웁니다. 그 순간 모든 광경이 다르게 변할 것입니다.

[한 줄 노트] 진정한 순종은 우리의 목적을 이루는 것이 아니라 하나님의 뜻을 따르는 것입니다.

묵상 질문 당신이 이루고자 하는 목적이 하나님의 뜻과 일치한다고 확신할 수 있습니까?

Jun. 20 다른 사람의 속죄를 위한 기도

욥 42:10

주님에 대한 모독　　중보 기도는 다른 사람의 필요 때문에 하나님께 간구하는 것입니다. 챔버스에 따르면 만일 우리가 하나님께 '마음을 정화시켜 달라'고 기도한다면, 기도의 핵심을 놓치고 있는 것입니다. 하나님께서는 우리를 '이미' 구속해 주셨고 깨끗하게 하셨기 때문입니다. "안타깝게도 속죄에 대한 불신앙 때문에 자신의 구원을 위해 많은 기도를 드리는 경우도 있습니다. 예수님은 우리를 구원하기 시작하시는 것이 아닙니다. 그분은 이미 우리를 구원하셨으며, 구원은 완성된 작업입니다. 그러므로 주님께 그 일을 또 하시라고 기도하는 것은 주를 향한 모독입니다." 우리 신앙의 핵심이 바로 여기에 있습니다. 구원은 우리의 노력 덕분이 아니라 전적인 선물입니다. 깨끗해지기 위해 자꾸 무언가 필요하다는 생각이 들고, 스스로의 힘으로 하나님과의 관계를 개선하기 위해 노력하고 있다면 우리가 아직 '교만'하다는 증거입니다. 자신의 인생을 완전하게 할 능력이 우리에게는 없습니다. "하나님과 바른 관계를 맺을 수 있는 유일한 길은 오직 주 예수 그리스도의 속죄를 절대적인 선물로 받아들이는 것입니다. … 모든 요청을 내려놓고 모든 노력을 멈추십시오."

[한 줄 노트] 우리에게 행하신 구속의 사건을 확실하게 붙들어야 합니다. 구속은 우리의 노력으로 인한 것이 아니라 하나님께서 이미 행하신 일이기 때문입니다.

친구를 위한 기도　　오늘 본문 말씀은 중보 기도의 놀라운 능력을 보여줍니다. 욥이 그의 친구들을 위해 기도할 때, 하나님은 오히려 욥의 곤경을 돌이키셨습니다. '중보 기도'에서 지금 우리가 처한 상황은 전혀 중요하지 않습니다. 우리가 지금 속죄의 은총을 받고 있는 것이 분명하다면, 다른 사람들에게도 이 속죄의 은혜가 임할 수 있도록 기도해야 합니다. "아직 백 배의 결실을 얻지 못했다면, 하나님의 말씀에 깊은 깨달음이 없다면 친구들을 위해 기도를 시작하십시오." 중보 기도는 오직 받은 은혜로 말미암아 타인을 위해 기도하는 것입니다. 중보 기도를 통해 우리는 그리스도와 더 깊은 영적 관계로 들어갈 수 있습니다.

[한 줄 노트] 우리는 중보 기도를 통해 더 깊은 영적 세계를 경험합니다. 그렇기 때문에 우리의 환경이 중보 기도의 유무를 결정하도록 내버려두어서는 안 됩니다.

[묵상 질문] 중보 기도를 가로막는 환경의 목록을 적어봅시다. 주님은 그 환경 가운데서도 중보 기도를 하는 것이 영적으로 유익하다고 말씀하십니다.

Jun. 21 내면 세계를 위한 사역

벧전 2:9

제사장이 되었으니 "'오 주님, 저는 최선을 다했습니다. 그러니 제 기도를 들어 주소서'라고 아뢰는 대신에 오직 예수 그리스도의 완성된 구속 때문에 우리의 기도가 응답된다는 깨달음 가운데 기도하십시오." 우리가 중보 기도를 할 수 있는 이유는 예수 그리스도의 완성된 구속 때문입니다. 우리를 '왕 같은 제사장'으로 삼아주셨기 때문입니다. 제사장은 자신의 일에 집중하는 사람이 아니라, 다른 사람을 대신해 하나님 앞에 나아가 기도하는 사람입니다. 우리는 우리의 문제뿐 아니라, 친구들을 대신해 직접 기도할 수 있는 '속죄의 권리'를 가지고 있는 사람들입니다. 그러니 이 사역을 제대로 감당해야 합니다. "자신이 제대로 서 있는가를 알아보기 위해 끊임없이 자신의 내면 세계만 들여다보면 어느새 자기중심적인 병적 교인이 됩니다." 올바른 신앙의 자세는 왕 같은 제사장의 역할을 하며 친구와 성도들을 위해 중보 기도하는 것입니다. 이것이 나를 구속하시고 제사장 삼으신 주의 은혜를 믿고 고백하는 가장 구체적인 행동입니다.

한 줄 노트 자신의 내면에 집중하면 병적인 교인이 되지만, 하나님께 집중하면 건강한 제사장의 역할을 감당하게 됩니다.

오직 예수로만 우리 자신만을 생각하는 경향은 신앙의 병적 습관입니다. 우리가 해야 할 일은 자기 자신에 대한 것들을 자꾸만 떠올리는 것이 아니라, 자기의 모든 것에 대해서 죽는 것입니다. "우리가 의롭게 될 수 있는 유일한 곳은 바로 예수 그리스도 안입니다. 주님 안에 거하게 되면 우리의 내적인 생명이 마음껏 중보 사역을 감당할 수 있도록 모든 힘을 다 쏟아부어야 합니다." 우리가 온전히 자유로워지는 것도 예수 안에서 이루어지는 일이요, 우리의 내적 생명이 마음껏 중보 사역을 감당할 수 있는 것도 예수 안에서 이루어지는 일입니다. 그리스도를 바라보는 자만이 그리스도의 일을 합니다. 하나님이 하신 일이 무엇인지를 보지 않고, 자꾸 우리의 내면을 바라보며 실망하지 마십시오. 그리스도께서 우리를 위해 행하신 위대한 일에 시선을 고정하십시오. 그리고 우리를 왕 같은 제사장으로 삼아주신 그 사명을 감당하십시오.

한 줄 노트 하나님만을 바라볼 때, 하나님의 일을 하는 사람이 된다는 것을 기억하십시오.

묵상 질문 오늘 하루 하나님께서 당신을 위해 행하신 일들을 묵상하고 그 목록을 적어보십시오.

Jun. 22 하나님의 판단 기준

마 7:2

영원한 법칙 오늘의 묵상에서 챔버스가 사용한 단어, '보복(retaliation)'과 '보상(retribution)'은 무엇이 다를까요? retaliation과 retribution의 차이는 '어떤 행동의 대가'가 복수(revenge)에 의한 것이냐 정의(justice)에 의한 것이냐에 있습니다. retaliation이 인간들 사이에서 벌어지는 보복의 행위라면, retribution은 신적인 권위에 의해 수행되는 정의의 행위로서의 응징 혹은 보상이라고 말할 수 있습니다. 따라서 오늘의 말씀은 retaliation이 아닌 retribution의 차원에서 해석해야 합니다.

예수님께서는 '보상'을 삶의 중요한 원칙이라고 말씀하십니다. "너희가 헤아리는 그 헤아림으로 너희가 헤아림을 받을 것이니라." 이것은 '보복'과는 다릅니다. 만일 우리가 누군가의 결점을 찾아 험담했다면, 우리도 똑같이 누군가에게 그대로 흠 잡힐 것입니다. 이것이 인생입니다. "예를 들어, 우리가 다른 사람을 비판할 때 우리 자신도 이미 죄를 지었다는 사실을 믿습니까? 우리가 다른 사람에게서 위선과 속임수와 거짓을 보는 이유는 바로 우리 마음속에도 똑같은 것들이 있기 때문입니다."

누군가를 비판하지 않는 성품은 바로 '겸손'입니다. 겸손이란 무엇일까요? 우리가 하나님의 은혜를 입은 존재임을 아는 것입니다. 하나님의 은혜가 아니라면 우리 안에 있는 모든 더러운 것과 죄악이 이미 다 드러났을 것입니다. 하나님의 은혜 앞에서 우리는 한없이 겸손해집니다. 은혜를 아는 사람이라면 그 누구에게도 비판할 권한이 없다는 사실 또한 알 것입니다.

그러므로 함께 살아가는 성도들의 공동생활에서 '겸손'과 '비판'은 대척점에 서 있습니다. 겸손한 공동체에는 그리스도의 은혜가 드러나고, 비판이 난무한 공동체에는 그리스도의 십자가 사랑이 없습니다. 그러므로 우리는 누군가를 비판하는 혀를 조심해야 합니다. 그 혀로 인해 똑같은 심판을 우리 자신도 받을 것이기 때문입니다. 하나님께서는 우리를 있는 그대로 판단하시지 않습니다. 예수 그리스도의 속죄를 통해 판단하시기에 감히 우리가 하나님 앞에 서 있는 것입니다.

한 줄 노트 하나님은 우리를 있는 모습 그대로 판단하시지 않습니다. 그러나 만일 우리가 누군가를 비판한다면, 하나님께로부터 똑같이 비판받을 것입니다.

묵상 질문 지금 당신이 비판하고 있는 사람들의 이름과 내용을 떠올려보십시오. 그리고 그 모든 것이 나 자신을 향하고 있다고 생각해 보십시오.

Jun. 23 하나님 아니면 죄 죽이기

사 53:3

죄의 실체 오늘 묵상은 죄의 문제에 대해 결론을 내리지 않습니다. 단지 죄의 실체를 인정하는 것이 중요하다고 말합니다. "논리적인 차원에서도 죄의 실체를 인정해야만 예수 그리스도께서 오신 이유에 대한 유일한 설명이 되고 또한 우리 삶의 슬픔과 고통에 대해서도 설명이 될 수 있습니다."

죄의 실체를 인정할 때, 우리는 '슬픔'에 직면하게 됩니다. 오늘 원문 제목이 "슬픔의 인식(acquaintance with grief)"인 이유입니다. 우리는 처음부터 죄의 실체를 인정할 수 없었습니다. 이성과 본능으로 충분히 죄를 통제하고 교육해서 하나님처럼 될 수 있으리라 생각했습니다. 하지만 이런 생각은 환상에 불과했습니다. '죄'가 우리의 이런 모든 계산을 뒤집어놓은 것입니다.

"죄는 엄연한 사실이지 어떤 결함이 아닙니다. 우리는 반드시 이 점을 인정해야 합니다. 죄는 실제로 하나님께 대항하는 반란 행위입니다. 그리스도인의 삶에서 하나님과 죄, 둘 중의 하나는 반드시 죽어야 합니다." 최초의 인간이었던 아담과 하와가 하나님께 불순종하여 선악과를 따먹은 죄를 범한 순간, 그들의 삶에서 하나님의 다스림이 사라져 버렸습니다. 그때부터 그들은 하나님의 눈을 피해 도망하는 존재가 되었습니다. 눈에 띄지 않으면서 어떻게 다스림을 받을 수 있겠습니까? 하나님의 다스림을 떠났다면, 그것은 곧 죄의 영향 가운데로 들어가는 것입니다.

'죄의 정점'은 그리스도를 십자가에 못 박는 순간이었습니다. 그러나 예수 그리스도께서는 죄의 권세를 물리치시고 부활하셨습니다. 이 땅에서 하나님이 행하셨던 역사는 우리에게도 동일한 역사적 사실이 될 것입니다. 그리스도의 십자가가 없다면 죄의 실체를 인정하는 일은 절망일 것입니다. 죄를 이기신 십자가의 능력을 믿을 때, 우리는 기꺼이 죄를 이기는 사람이 될 것입니다.

한 줄 노트 우리는 죄의 실체 앞에서 '하나님 아니면 죄 죽이기'라는 사실을 직면합니다.

묵상 질문 당신의 삶에서 일어나는 일 가운데 '죄의 실체'를 분명하게 인정하고 있습니까?

Jun. 24 죄성을 인정하십시오!

눅 22:53

죄 인정하기 죄가 우리의 인생에서 '실체'라면, 그 실체를 인정하는 것이 중요합니다. 우리의 문제는 죄성을 인정하지 않으려는 것입니다. 만일 우리 속에 있는 악독과 이기심을 부정한다면, "죄가 당신의 삶을 공격할 때 당신은 죄와 타협하게 될 것이고 죄와 싸울 필요가 없다고 말할 것입니다." 죄의 실체를 인정하지 않으면 우리는 죄와 싸우려고 하지 않을 것이고, 죄가 우리를 공격할 때 이런저런 핑계를 댈 것입니다. 자연스럽게 죄의 능력이 우리의 삶 속으로 들어옵니다. 죄를 이기는 것은 우리 자신이 '죄의 세력'을 인정하는 데서 시작합니다.

"죄의 실체를 인식하지 못하는 인생관을 항상 경계하십시오." 우리 속에 있는 죄성을 인정하지 않는 것은 '교만'입니다. 죄성을 인정하지 않는 사람은 죄의 실체와 마주 섰을 때 성령님의 도우심을 구하지 않습니다. 우리가 죄의 실체를 인정할 때 인간관계에 있어서도 겸손하게 됩니다. 예수 그리스도께서는 우리 인간이 가지고 있는 본성을 신뢰하지 않으셨습니다. 하지만 우리 인간들을 향해 냉소적인 태도를 갖거나 의심하지도 않으셨습니다. 그 이유는 그리스도께서 인간을 위해 하시는 일을 절대적으로 확신하셨기 때문입니다.

"주님의 보호를 받는 자는 진실한 사람이지 죄가 없는 사람이 아닙니다." 진실하다는 말은 하나님 앞에서 솔직하다는 뜻입니다. 거룩하신 하나님 앞에 가장 진실하게 서는 존재가 되는 것입니다. 거룩하신 하나님 앞에서 우리의 모습을 보는 것만큼 정확한 것은 없습니다. 하나님의 거룩하심이 우리 삶의 표준이 되기 때문입니다.

우리 양심에 손을 얹고 생각해 보시기 바랍니다. 우리 스스로 얼마나 죄에 심하게 노출되어 있는 존재인지 말입니다. 죄와 유혹에 대하여 우리는 스스로 이길 수 있는 존재라고 자신하지 않습니다. 오히려 죄 앞에 얼마나 무기력한 존재인지 잘 알기에 성령님의 도우심을 요청합니다. 어린아이가 죄의 존재를 느끼지 못하는 것은 아직 순진하기 때문입니다. 하지만 어른인 우리가 죄의 세력을 인정하지 않는다면 비난받아 마땅할 것입니다.

한 줄 노트 하나님의 거룩하심 앞에서 죄의 실체를 바로 보며 성령님의 도우심을 구해야 합니다.

묵상 질문 하나님의 거룩하심 앞에서 적나라하게 드러나는 나의 모습은 어떻습니까? 거룩하신 하나님 앞에서 자신의 모습을 솔직하게 묘사해 봅시다.

Jun. 25 슬픔의 불 가운데

요 12:27-29

슬픔 인정하기   이런 의문이 듭니다. 죄가 슬픔을 낳고, 슬픔이 어떤 유익을 가져다준다고 하면, 결과적으로 죄가 선한 것이 아닙니까? "슬픔과 어려움에 대한 성도의 태도는 고난들을 막아달라고 구할 것이 아니라 매번 슬픔의 불을 지나면서 하나님께서 창조하신 '자아'를 보존하게 해달라고 구하는 것이어야 합니다." 주님은 '고통으로부터' 구함 받은 것이 아니라, '고통을 통해서' 구원 받으셨습니다. 주님은 우리의 죄의 문제를 해결하기 위해 십자가의 고통을 감내하셨습니다. 이러한 주님 앞에서, 우리가 어떤 태도로 슬픔과 고통을 대해야 하는지 분명히 알아야 합니다. 우리 삶에서 슬픔이 항상 존재하는 것이라면, 우리는 자연스럽게 죄와 슬픔과 고난을 받아들여야 합니다. 우리에게 찾아오는 고통과 슬픔이 하나님의 실수가 아니라면, 하나님의 뜻이 있지 않겠습니까? 고통을 피하는 것보다 더 중요한 것은 그 고통을 통해 이루시는 하나님의 뜻을 발견하는 것입니다.

한 줄 노트 우리에게 중요한 것은 '고통으로부터' 구원받는 것이 아니라 '고통을 통해' 구원하시는 하나님의 손길을 고백하는 것입니다.

슬픔이 주는 유익   슬픔에는 이중성이 있습니다. 슬픔이 사람들을 항상 훌륭하게 만들지는 않습니다. 그런데 한 가지 분명한 사실이 있습니다. "자신을 발견하게 될 때는 슬픔의 불 가운데 있을 때입니다. 그 이유는 중요하지 않습니다. 다만 성경과 인간의 경험은 그것이 사실임을 알려줍니다." 슬픔의 불을 지나지 않은 사람은 어려움을 당한 이들을 이해하지 못해 멸시하는 경향이 있습니다. 그러나 슬픔 가운데 자신을 발견한 사람은 자신이 고통의 시간을 지났기 때문에 누군가 고통 속에서 도움을 요청한다면 기꺼이 시간을 내어 도울 것입니다. "만일 당신이 슬픔의 불을 받아들이면 하나님께서는 당신을 다른 사람의 영적 성장을 위한 영양분이 되게 하실 것입니다." 자신의 아픔을 이겨내는 사람이 누군가에게 유익이 될 수 있다는 사실이 참 좋습니다.

한 줄 노트 우리의 슬픔과 고통이 누군가를 위한 유익으로 바뀌는 것은 축복입니다.

묵상 질문 지금 당신이 겪는 고통과 슬픔을 받아들일 준비가 되어 있습니까?

Jun. 26 언제나 지금

고후 6:1

지금 기도 우리는 종종 기도를 '일을 하기 위한 준비'로 잘못 생각하곤 합니다. 성경 어디에서도 기도에 대해 그렇게 말하지 않습니다. 기도는 그 자체가 하나님의 은혜를 끌어올리는 실제적인 행동입니다. "따라서 '기도할 시간을 낼 수 있을 때까지 참자'라고 말하지 마십시오. '지금' 기도하십시오. 필요의 순간에 하나님의 은혜를 길어내십시오. 기도는 가장 실제적인 것입니다." 기도가 가장 실제적인 것이라는 말은 또한 이런 의미입니다. "(기도는) 헌신의 반사 작용이 아닙니다. 기도는 하나님의 은혜를 길어오는 것을 배우는 데 가장 먼저 알아야 하는 것입니다." 헌신의 반사 작용이 아니라는 말은 기도가 헌신을 위해 반사적으로 하는 행동이 아니라는 뜻입니다. 기도 자체가 하나님의 은혜를 끌어올리는 최선이라는 말입니다.

> [한 줄 노트] 기도는 사역을 위한 준비 단계가 아니라, 지금 하나님의 넘치는 자비를 경험하는 통로입니다.

지금이 중요하다 "영적인 세계에서 가장 중요한 한 단어는 '지금'입니다. 환경이 어떠하든, 어떠한 입장에 서 있든 계속 하나님의 은혜를 길어내십시오. 하나님의 은혜를 길어내고 있다는 위대한 증거 중 하나는 굴욕을 당하면서도 주의 은혜를 드러낸다는 사실입니다." 지금 하나님의 은혜를 경험하지 못하는 이유는 '과거에 받은 은혜'를 붙들고 있기 때문입니다. 은혜는 '지금' 흘러넘치는 하나님의 자비여야 합니다. "당신이 과거에 받은 은혜는 오늘을 위해서는 아무런 역사를 일으키지 못합니다." 챔버스는 오늘 묵상에서 '승리하는 궁핍(poverty triumphant)'이라는 표현을 씁니다. 우리가 적극적으로 궁핍해져서 승리한다는 말입니다. 우리에게 있는 모든 것을 쏟아붓는 데 소심하지 말아야 합니다. 하나님께서 주신 것을 쏟아부으면, 우리가 충분히 사용할 수 있도록 하나님께서 채우실 것이기 때문입니다. 이 신비를 경험하는 사람이 '지금' 은혜를 경험하는 사람입니다.

> [한 줄 노트] '나중'이 아닌 '지금' 은혜를 받아야 합니다. 영적 세계에서 가장 중요한 단어는 '지금'입니다.

> [묵상 질문] 당신이 지금 '승리하는 궁핍'을 누리기 위해 적극적으로 가난해질 수 있는 일은 무엇입니까?

Jun. 27 구원을 방해하는 먹구름

렘 1:8

가장 귀한 것 "하나님께서 우리를 어디로 보내시든 우리의 생명을 보호하실 것입니다. 우리의 개인 재산과 소유는 별로 중요하지 않습니다. 우리는 이러한 것들에 마음을 쏟아서는 안 됩니다." 다른 사람에게 받는 대우보다 중요한 것은 하나님과의 관계입니다. 하나님은 우리의 생명을 지켜주시지만 다른 모든 것들을 항상 지켜주시지는 않습니다. 가장 중요한 것은 생명입니다. 그러니 우리는 다른 것에 신경 쓰지 말아야 합니다. 가장 중요한 것을 붙들기 위해 덜 중요한 것을 포기하는 것은 결코 어리석은 일이 아닙니다. 우리가 만일 생명 이외의 것에 신경을 쓴다면 공포와 상처 그리고 걱정에 휩싸이게 될 것입니다. 이러한 것들은 하나님의 구원을 방해하는 먹구름입니다.

누군가에게 공의를 베푸는 일을 멈춰서는 안 됩니다. 그것은 옳은 일이기 때문입니다. 이는 주님의 일을 행하는 데 있어 매우 중요합니다. 우리는 공의를 행하는 사람이 되어야 하지만, 우리가 행한 일로 공정한 대우를 받으려는 마음은 버려야 합니다. 우리가 주님께 헌신할 때 어떤 대우를 받는가는 그렇게 중요한 일이 아니라는 말입니다. 예수님께서 말씀하십니다. "계속 꾸준하게 내가 너에게 하라고 한 것을 하거라. 내가 네 생명을 보호하리라. 만일 네가 스스로 자신을 보호하려고 하면 너는 나의 구원을 받을 수 없다."

우리 주변을 보면 아주 헌신된 사역자들도 하나님을 믿는 믿음 대신 상식을 자기 기준에 놓는 오류를 범합니다. 하나님보다 자신의 생각을 더 의지하는 것입니다. 누구보다 열심히 헌신하는 사람이 마치 '무신론자'처럼 행한다는 사실이 두렵습니다. 우리의 생명을 보호해 주신다는 하나님의 약속을 굳게 붙든다면, 세상의 기준과 상식을 뛰어넘는 일들이 가능하지 않겠습니까? 우리가 온전히 하나님을 믿으며 흔들리지 않는 삶을 사는 것이야말로 구원을 방해하는 먹구름을 제거하는 일입니다. 우리가 기꺼이 헌신하며 가장 귀한 것을 붙들기로 작정할 때 먹구름이 우리를 뒤덮지 못할 것입니다.

한 줄 노트 생명을 가진 자는 공의를 행하되, 공평한 대우받기를 갈망하지 않습니다.

묵상 질문 하나님께서 우리의 생명을 지켜주시는 분이심을 믿습니까? 당신의 삶에서 가장 소중한 것과 기꺼이 포기할 수 있는 것은 무엇입니까?

Jun. 28 하나님께 사로잡힌 사역자

빌 3:12

하나님이 택하실 때 우리가 하나님의 일을 할 수 있는 이유는 우리의 자격이 아니라 하나님이 먼저 우리에게 베풀어주신 은혜 때문입니다. 공생애를 시작할 때의 예수님을 생각해 보십시오. 주님은 직접 제자들에게 찾아가 그들을 부르셨습니다. 그런데 성경을 주의 깊게 보면, 예수님께서 부르셨던 모든 사람이 주님을 따랐던 것은 아닙니다.

우리가 하나님의 목표에 의식적으로 동의해서, 즉 선택해서 나아가는 것이 아닙니다. 무의식 가운데 강권하시는 하나님으로 인해 나아가는 것입니다. 이 말이 쉽지 않습니다. '부르심'은 분명하게 우리가 선택할 수 있는 것이 아닙니다. 나의 의지로는 하나님의 부르심을 완성할 수 없습니다. 그러니 하나님이 우리를 부르시고 강권하심을 느껴야 합니다.

하나님께서는 복음 전하는 자를 택하실 때, 재능이나 기질에 근거하지 않으십니다. 우리를 택하시는 순간, 하나님께서 사용하실 수 있도록 우리 자신을 내어드려야 합니다. "모든 그리스도인은 증인이 되어야 하지만, 말씀을 전파하는 것은 당신을 아프도록 붙드시는 하나님의 손이 있어야 합니다." 오늘 묵상에서 챔버스는 우리에게 하나님께 사로잡힌 사역자가 되라고 권면하는 동시에, 그 사역자들이 복음을 전하며 지켜야 할 자세에 대해 분명하게 말하고 있습니다. 무엇보다도 부르심을 받은 사역자들에 의해 하나님의 복음이 희석되어서는 안 됩니다.

① 설교자는 순수하고 엄중한 말씀을 그대로 전해야 합니다.
② 하나님의 말씀을 향한 불굴의 충성심을 가지고 있어야 합니다.
③ 동료들을 대할 때, 자신 역시 은혜로 구원받은 죄인임을 자각하고 행동해야 합니다.
④ 사역자는 끝까지 하나님께 사로잡힌 바 되어야 합니다.

하나님은 모두에게 구원의 은혜를 베푸시지만 모두를 사역자로 부르시지는 않습니다. 하나님께서 부르실 때, 우리가 순종하지 않으면 하나님께서 쓰시지 않습니다. 사역자들에게 필요한 것은 그 부르심에 끝까지 순종하며 나아가는 것입니다.

한 줄 노트 부르심을 입은 자들의 승리는 끝까지 쓰임 받는 것입니다.

묵상 질문 당신은 구원의 은혜만 받은 사람인가요, 더 나아가 하나님께 쓰임 받는 사람인가요? 혹시 지금 우리의 상태가 하나님께 쓰임 받지 못할 모습은 아닌가요?

Jun. 29 훈련의 방향

마 5:30

혹독한 훈련   오늘 말씀은 아마 예수님께서 산상수훈에서 하신 말씀 중 가장 직설적인 부분일 것입니다. 그런데 이 말씀은 모든 사람이 오른손을 잘라내야 한다는 의미가 아닙니다. 산상수훈은 주님께서 불특정 다수를 향해 하신 말씀이 아니라, 예수님을 따르겠다고 나아온 사람들에게 하신 말씀입니다. 적어도 오늘 이 말씀을 묵상하기 위해 앉아 있는 우리를 향한 말씀입니다. "이 세상에는 당신이 마음대로 행해도 완벽하게 합법적인 것들이 많이 있습니다. 그러나 당신이 주님께 집중하려 할 때 해서는 안 되는 것들이 있습니다." 성경에서 오른쪽은 선하고 좋은 것이라는 의미를 가지고 있습니다. 그럼에도 불구하고 주님을 따르는 데 방해가 된다면 그것을 잘라버리라는 것입니다. 하나님을 믿지 않는 사람들에게는 충격적인 말일지도 모르나, 주님을 따르겠다고 나아온 사람들에게는 꼭 필요한 훈련임에 틀림없습니다.

[한 줄 노트] 가장 귀한 것을 선택하는 일은 덜 귀한 것을 기꺼이 내어놓는 것입니다.

영적 훈련의 특징   "하나님께서 사람을 거듭나게 함으로 변화시킬 때, 그 삶의 특징은 온전치 않아 보이는 모습으로 시작하는 것입니다. 이제는 해서는 안 되는 수백 가지의 것들이 생겼습니다." 영적인 삶으로 발걸음을 내디딜 때, 성령께서는 이제까지 자연스럽게 해온 행동들을 막으십니다. 삶의 방식을 바꾸는 것은 많은 것을 포기하고 내어놓아야 하기에 고통스럽습니다. 하지만 그것이 옳은 길, 생명의 길이라면 기꺼이 내어놓아야 합니다. 주님께서 우리의 행동을 막으시는 일이 우리를 영적으로 온전하게 만드시는 훈련의 과정이라면 기꺼이 따라야 하지 않겠습니까? 그러나 이 영적 훈련이 모든 사람에게 동일하지 않다는 사실을 주의하십시오. 주님께서 '나'를 훈련시키는 기준으로 다른 사람을 판단하거나 비난하지 마십시오. 중요한 것은 주님께서 훈련시키실 때, 기꺼이 포기하고 온전치 않은 모습이 될 준비가 되어 있느냐 하는 것입니다.

[한 줄 노트] 하나님께서는 우리를 영적으로 완전하게 만들기 위해 세상의 눈에 온전치 않은 모습이 되게 하신다는 것을 기억해야 합니다.

[묵상 질문] 혹독한 영적 훈련의 시간을 지나고 계신 분이 있습니까? 그 혹독함을 견딜 수 있도록 기도해야 합니다.

Jun. 30 지금 당장!

마 5:25

네 가지 법칙 우리를 영적인 방향으로 인도하실 때, 하나님께서는 아주 혹독한 훈련을 명령하십니다. "하나님께서는 하나님의 자녀들을 순결하고 맑고 눈처럼 희게 하기로 결정하셨습니다." 이 일을 위해 주님이 정하신 원칙 네 가지를 챔버스는 이야기합니다.

1. 지체하지 말고 급히 해야 합니다.
"네가 알기에 마땅히 해야 하는 일을 하라. 지금 당장 하라!" 명령하신 가르침을 행하지 않을 때, 우리는 그 결과에 책임을 져야 합니다. 결심은 행동으로 옮기기 전까지 아무런 소용이 없습니다. 챔버스는 '즉시' 결단이 '행동'으로 이어지기를 권면합니다.

2. 자신의 권리를 주장하기보다 주님이 보시기에 합당한 일을 하십시오.
"주님의 관점에서는 내가 사기를 당했는지 안 당했는지가 중요한 것이 아닙니다. 중요한 것은 내가 사기 치지 않는 것입니다." 주님 앞에 빚진 것이 있다면 하루 빨리 해결해야 합니다. 권리를 주장하는 것보다 더 중요한 것은 영원한 생명을 얻기 위해 지금 해야 할 일을 하는 것입니다.

3. 기회가 주어졌을 때 문제를 해결해야 합니다.
영적이고 도덕적인 문제라면 더욱 '긴박함'을 가지고 사는 것이 복된 일입니다. 성령께서 우리를 빛 가운데로 강하게 인도하실 때, '지금' 순종하려는 마음을 가지고 있어야 합니다. 주님께서는 먼저 십자가에서 우리와 화해를 이루시고, 우리에게도 원수를 진 형제자매와 화해할 수 있는 은혜의 기회를 주셨습니다.

4. 빨리 고백하고 화해해야 합니다.
깨진 인간관계의 원인은 마음속의 분노일 때가 많습니다. 이 잘못된 마음을 고백하는 것이 필요합니다. 고백 없이 화해는 있을 수 없습니다. 우리의 마음을 바르게 하는 최선의 방법은 지금 당장 화해하는 것입니다. 성령께서는 구체적으로 우리 삶에 말씀하시고, 잘못을 떠올리게 하십니다. 이를 거부하는 것은 불순종입니다.

한 줄 노트 신앙은 추상적인 것이 아니라 주님께서 명령하실 때 지금 당장 행해야 하는 실제적인 것입니다.

묵상 질문 우리의 권리가 아니라, 주님의 이름으로 해야 하는 것들이 떠오릅니까? 당장 실천에 옮기십시오.

7월

구름 속에서
무엇을 봅니까?

슬픔, 고통, 궁핍의 상황들에 휩싸일 때

Jul. 01 화목의 복음

마 5:26

피할 수 없는 형벌을 주시는 이유 주님께서 우리를 훈련시키시고 올바른 방향으로 인도하시는 일이 가능한 것은 '기질의 변화'로부터 옵니다. 챔버스는 오늘 묵상에서 아주 재미있는 표현을 사용하고 있습니다. "작은 구석에 지옥을 만들어둔 천국은 없습니다. 하나님께서는 당신을 순결하고 거룩하며 의롭게 만들기로 하셨습니다."

성령의 간섭은 필연적으로 우리 속에 있는 죄를 보게 하시고 깨닫게 하십니다. 그때 우리는 '피할 수 없는 형벌'을 경험하게 됩니다. 성령님의 역사는 우리로 하여금 바로 그 죄에 대해 심판받도록 재촉하십니다. "그 죄성은 바로 자기주장입니다. 당신이 하나님께서 그 죄성을 고쳐주시기를 간절히 원한다면, 그분의 재창조의 역사가 시작될 것입니다. 그 후 당신은 하나님과 이웃과 바른 관계를 맺게 될 것입니다."

챔버스는 하나님이 우리를 거룩하게 하시기 위해 그동안 보여왔던 죄성, 즉 자기주장을 깨닫기를 원하신다고 말합니다. 이는 곧 자신의 권리를 하나님께 양도하는 것과 같습니다. "주 예수 그리스도의 화목의 복음은 의지와 양심을 위한 것이지 머리를 위한 것이 아닙니다. 만일 우리가 우리의 머리로 산상수훈에 대해 따진다면 우리는 이미 마음속에서 외치는 주님의 메시지를 망쳐놓는 것입니다."

성경을 보면 예수님의 말씀을 듣기 위해 많은 사람이 찾아왔습니다. 언제부터인가 주님께서는 그들이 듣기 원하는 말씀이 아니라 제자의 도에 대해 말씀하기 시작하셨습니다.

우리가 하나님과 동행하지 못하는 이유를 챔버스는 '빚을 청산하지 못했기 때문'이라고 말합니다. 죄의 문제를 해결하지 못했고, 지금 이웃과 화목하지 못하기 때문이라고 말합니다. 주님과 동행하는 삶을 원한다면 우리가 지금 당장 해야 하는 일들이 있습니다. 이 모든 일은 '순종'을 통해 이루어집니다. 즉각적인 순종이야말로 우리를 순결하고 거룩한 삶으로 인도합니다.

한 줄 노트 말씀을 들은 모두가 참된 제자가 되지는 않습니다. 주님과 동행하기 위해 결단하지 못하면 여전히 관망하는 사람에 불과합니다.

묵상 질문 하나님의 은혜에 빚진 것들을 생각해 봅시다. 그 빚을 갚기 위해 지금 당장 해야 하는 일은 무엇일까요?

Jul. 02 주님을 진정 사랑합니까?

눅 14:26

제자의 도에 대하여 챔버스는 제자도에 대하여 이렇게 정의합니다. "제자도란 주 예수 그리스도의 인격에 개인적이고 열정적인 헌신을 의미합니다." 오늘 본문 말씀에 근거하면 우리 삶에서 때때로 가장 가까운 관계, 즉 부모와 처자와 형제와 자매와 그리스도의 요청이 충돌할 때에도 주저함 없이 주님께 순종하는 것이 헌신입니다. 또한 주님의 인격에 헌신하는 것은 어떤 '원칙'(principles)이나 '요소'(cause)에 헌신하는 것이 아닙니다.

우리가 알아야 할 것이 있습니다. "성령께서 주를 향한 열정적인 사랑을 부어주지 않으시면 이 땅의 그 누구도 예수님을 사랑할 수 없습니다." 챔버스는 계속해서 우리의 의지가 중요하다고 강조했습니다. 성령께서 역사하시지 않는다면 우리의 의지는 이기적이고 자기중심적으로 흐를 수밖에 없습니다. 성령께서 하시는 일은 이렇습니다. "예수 그리스도를 영화롭게 할 수 있는 기회가 주어질 때마다 성령께서는 우리의 마음과 감각과 모든 성품을 다 휘어잡아서 주 예수 그리스도께 뜨거운 헌신을 하게 하십니다."

또 챔버스는 예수님에 대하여 "일관성이 없는 모순되는 사람"이라고 표현하고 있습니다. 실제로 예수님은 일관성 없이 사람들을 대하셨습니다. 오히려 일관성 있게 율법을 적용하려는 사람들을 질책하셨습니다. 예수님은 율법이 필요한 사람에게는 율법을 적용하셨고, 하나님의 은혜와 사랑과 용서가 필요한 사람들에게는 율법을 넘어서는 무엇을 보여주셨습니다. 하지만 예수님의 기준은 늘 일정하셨습니다. 하나님의 마음이 있는 곳에 주님의 마음이 있었고, 아버지께서 일하시니 당신도 일하신다고 말씀하셨습니다. 그러므로 "그리스도인은 어떤 신조나 율례보다 자신 안에 계신 하나님의 아들의 생명에 일관되어야 합니다."

한 줄 노트 '진정' 주님을 사랑하는 사람들에게 '진정으로' 필요한 것은 '진정한' 하나님의 마음을 아는 것입니다.

묵상 질문 당신은 어디에 헌신하고 있습니까? 그것이 신조 혹은 교리인지, 아니면 하나님의 마음인지를 분별해야 합니다.

Jul. 03 개인적 죄에 대한 집중

사 6:5

죄의 심각성 챔버스는 오늘 묵상을 통해 하나님께서 우리의 죄를 다루시는 방법에 대하여 말하고 있습니다. 주의해야 할 것이 있습니다. 우리가 하나님 앞에 서면, 어떤 '막연한 죄'가 아니라 아주 구체적으로 우리가 어떤 죄를 짓고 있는지 깨닫게 하신다는 사실입니다. 아주 무서운 일입니다. "막연한 죄의식을 느끼는 정도가 아니라 자신의 특별한 죄에 집중하도록 하나님께서 성령을 통해 우리 마음속에 있는 고정된 죄성을 드러내십니다." 하나님을 믿으면서도 쉽게 변하지 않는 것은 이 '죄성'을 너무 쉽게 다루기 때문입니다. 쉽고 막연하게 죄를 고백하면서 십자가의 보혈을 의지해 '죄를 세탁'하는 수준에 머무르기 때문입니다. 하나님 앞에서 죄의 문제를 가지고 이렇게 무서움을 느끼지 않는다면, 우리는 깊이 뿌리박힌 죄의 본성을 하나님께 내놓으려고 하지 않을 것입니다. 가장 무서운 것은 피상적인 죄의 고백을 반복하는 것이 아닐까요?

한 줄 노트 성령께서 우리의 무서운 죄를 드러내실 때, 구체적으로 죄를 고백하고 회개해야 합니다.

성령께서 다루심 성령께서 죄를 다루지 않으실 때, 우리는 아주 피상적인 단계로 죄를 인식합니다. '무엇을 잘못했는지 모르지만 저는 죄인입니다'와 같은 태도입니다. 이사야는 그의 '입술의 부정함'을 알게 되었습니다. 죄의 문제가 명확해지면 성령님은 그 부분을 더 명확하게 다루어가십니다. 놀라운 일은 부정한 입술을 고치시고 하나님 말씀을 전하는 선지자로 이사야를 사용하셨다는 것입니다. 죄성이 드러나면 그것을 고치는 것에서 끝나지 않고, 하나님께서 고치신 부분을 놀랍게 사용하십니다. "죄성이 집중적으로 드러날 때에는 그 죄성을 제거하기 위해 정결케 하는 불을 그곳에 대야 합니다." 성령께서 우리를 다루실 때, 우리의 죄와 연약함이 사명의 도구가 됩니다.

한 줄 노트 하나님께서 우리의 죄를 드러나게 하시는 것은 그 죄를 고치시고 우리를 사명자로 삼으시려는 의도입니다.

묵상 질문 하나님 앞에서 무섭게 죄를 회개한 경험이 있습니까? 하나님께서 그 죄를 다루신 후 어떤 사명을 주셨습니까? 사명의 단계까지 나아갈 수 있도록 깊이 묵상합시다.

Jul. 04 염려와 짜증이 죄에 이릅니다

시 37:8

짜증 내지 마십시오   성도들 간에 흔히 하는 말이 있습니다. "주 안에서 평안하십시오." "주 안에서 참고 기다리십시오." 이런 말들을 평상시에 하는 것이 그리 어렵지 않습니다. 그런데 혼란과 역경의 상황에서도 이런 말이 가능한가요? 챔버스는 이렇게 지적합니다. "만일 어떤 특별한 상황에서 '이렇게 하지 말라'가 적용되지 않는다면 다른 경우에 있어서도 마찬가지입니다." 짜증 내지 말라는 말씀은 어떤 특별한 상황만이 아니라 하나님과 우리 사이의 모든 상황에 적용되어야 합니다. 상황이 우리의 행동을 결정하도록 내버려두지 마십시오. 하나님과의 관계에서 삶을 바라보도록 훈련해야 합니다. 하나님과 더욱 친밀한 관계를 유지해야 합니다.

[한 줄 노트] 참다운 그리스도인은 상황이 행동을 결정하도록 내버려두지 않습니다.

짜증은 죄입니다   "짜증을 내며 신경질을 내는 것은 언제나 죄와 연결됩니다. … 짜증은 바로 자기 마음대로 하겠다는 의지에서 오는 것이기 때문입니다." 결국 짜증은 내가 원하는 일이 이루어지지 않기 때문에 나오는 반응입니다. 챔버스는 오늘 묵상에서 예수님을 모범으로 제시하고 있습니다. "주님은 한 번도 걱정하거나 근심한 적이 없으셨습니다. 그 이유는 그분이 이 땅에 자신의 뜻이나 포부를 구현하러 오신 것이 아니기 때문입니다." 예수님처럼 하나님의 뜻을 이루는 것이 우리 삶의 목적이 되어야 합니다. 챔버스는 우리에게 염려와 짜증이 찾아올 때 하나님께 의도적으로 이렇게 고하라고 권면합니다. "그 어떤 것에 대해서도 염려하지 않으며 짜증 내지 않겠습니다." 챔버스의 좌우명이 '염려하기를 거절한다!'였다는 것을 기억하십니까? 걱정과 근심이 찾아올 때 그것을 이기는 방법은 염려를 거절하고 전능자의 그늘에 거하는 것입니다.

[한 줄 노트] 짜증이 날 때, 아직 하나님께 삶을 온전히 양도하지 않았음을 기억해야 합니다. 짜증은 하나님이 우리 삶 속에 계시지 않는다는 증거입니다.

[묵상 질문] 짜증 나는 상황이 찾아왔을 때, 그 상황 중에 하나님이 개입하고 계신 증거가 있는지 찾아보십시오.

Jul. 05 하나님을 제일로 두는 습관

시 37:5

하나님을 고려하지 않는 계획은 세우지 말라 "(의역) 하나님께서는 당신(하나님)을 계산에 넣지 않고 계획한 일들에 대하여 엎어버리시는 것을 즐기는 것처럼 보이기도 합니다." 하나님께서 우리 계획을 엎으실 때 우리는 깨닫습니다. 지금 이 상황은 하나님의 선택이 아니며, '하나님을 고려하지 않았기' 때문에 벌어진 상황이라는 것을 말입니다. 여기에 아주 중요한 표현이 있습니다. 'living factor', 즉 우리 인생에서 하나님이 '실제적이고 살아 있는 요소'(living factor)로 고려되지 않을 때 '염려'가 찾아온다는 것입니다. "염려의 가능성으로부터 우리를 지켜내는 것은 우리의 모든 인생 계획에서 하나님을 최대 요소로 고려하는 것입니다." 만약 누군가가 주일에 교회 가는 분위기를 조성하는 것만으로 하나님께 가까이 갈 수 있다고 생각한다면, 그 사람은 결코 하나님께 나아가지 못할 것입니다.

악한 것을 고려하는 계획은 세우지 말라 하나님과 그분의 사랑이 우리 인생 계획 가운데 확고할 때는 '악한 요소'들이 들어올 틈이 없습니다. "그러나 하나님을 멀리하면 우리는 악을 고려하게 됩니다. 그 상태로 인생 계획을 세우게 되며 그 후 모든 생각과 관점이 악의 바탕 위에 서는 것입니다." 우리 인생의 방정식이 하나님을 최고의 변수로 여기고, 그분께 의지하고 맡기며 계획을 세울 때 그분이 이루어가실 것입니다. 이것이 염려하지 않는 인생을 사는 비결입니다.

염려스러운 일을 고려하는 계획은 세우지 말라 "하나님께서는 우리 마음을 근심으로부터 지키지 않으실 것입니다. '근심하지 말라'는 주님의 명령이기 때문입니다." 그러므로 우리가 기억해야 할 것은 근심하지 않는 계획을 세우는 것입니다. 중요한 것은 근심이 아니라 하나님을 첫 번째로 고려하는 습관을 가지고 인생을 계획하는 것입니다.

한 줄 노트 하나님을 최우선에 두는 것은 모든 계획에서 하나님을 가장 먼저 고려하는 것입니다.

묵상 질문 지금 당신의 계획에서 최우선으로 고려하는 것은 무엇입니까? 혹시 염려는 아닙니까?

Jul. 06 하나님의 비전

사 35:7

비전이 실재가 되도록   "어떤 일이 실재가 되기 전에 언제나 비전이 있습니다." 비전이 실재가 되기까지는 일정한 과정과 시간이 필요합니다. 문제는 아직 비전이 실재가 되지 않은 시간에 사탄이 우리를 유혹하는 것입니다. 이 기간을 참지 못하고 유혹에 빠지면 비전은 결코 실재가 되지 못하고 추락하고 맙니다. 챔버스는 비전을 이루기 위해 꼭 통과해야 하는 과정과 시간이 있다고 말합니다. "하나님은 우리에게 비전을 주시고 우리를 골짜기로 데리고 가셔서 그 비전에 맞게 빚기 시작하십니다." 연단의 시간은 마치 대장장이가 모루 위에서 망가진 도구를 제 기능을 발휘할 수 있도록 고치는 것과 같습니다. 위가 잘 보이지 않는 역경의 골짜기에서 많은 사람이 실족하거나 포기합니다. 하지만 이 시간을 인내한다면 달라질 것입니다. 역경의 골짜기에서 때를 기다리지 못하고 포기하는 이유는 조급함 때문입니다. 하나님의 때를 기다리지 못하는 것입니다. "하나님께서 우리를 골짜기로 인도하셔서 우리를 그 비전에 합당하게 빚으셔야 하기 때문입니다. 이를 위해 불과 창수를 지나게 하실 것입니다." 고난의 골짜기에서 불과 창수를 만날 때, 삶에 불필요한 요소들을 거두어낼 수 있습니다. 빚으시는 과정은 떼어내는 아픔을 감내하는 시간입니다. 이 시간은 무척 힘들지만 하나님과 우리 사이에 신뢰를 쌓아가는 시간이 될 것입니다. "비전을 주신 하나님은 우리로 그 비전에 맞는 사람이 되게 하시기 위해 언제나 일해 오셨습니다." "(의역) 비전은 공중에 떠 있는 성이 아니라, 하나님이 원하시는 모습으로 당신이 바뀌어 있는 것입니다." 우리는 하나님께 삶을 맡겨야 합니다. 그분이 원하시는 모습으로 빚어가시도록 자신을 양도해야 합니다. 하나님이 빚으셔야만 하나님의 비전에 잘 어울리는 모습으로 변합니다. 이 과정에는 용기가 필요합니다. 용기는 의지입니다. 하나님을 의지적으로 신뢰할 때 하나님께 우리를 내어드릴 수 있습니다. 우리의 문제는 하나님이 원하시는 단계까지 가지 않고 스스로 만족하려고 하는 마음입니다. 그런 상황을 언제나 하나님이 허락하지 않으신다는 사실을 기억하십시오. 비전이 실재가 될 때까지 안일함을 허락하지 않으시는 하나님 앞에서 용기를 잃지 말아야 합니다. 그때 우리의 비전이 실재가 될 것입니다.

한 줄 노트 비전은 하나님께서 우리를 빚으시는 과정을 통해 '실재'가 됩니다.

묵상 질문 고통이 찾아왔을 때, 바로 그 시간이 하나님께서 당신의 비전을 만들어가시는 시간이라는 것을 생각해 보았습니까?

Jul. 07   제자의 삶은 어렵습니다

마 7:13-14

어렵지만 가능합니다   "만일 예수님의 제자로 살아가려고 한다면 우리는, 모든 고상한 것들은 어렵다는 것을 기억해야 합니다." 여기에서 '고상한 것들'은 영광스러운 제자의 삶을 살게 하는 것입니다. 이로 인한 어려움은 우리를 낙담하게 하기보다는 극복할 동기를 부여합니다. 그렇다면 이 '동기'는 무엇일까요? "하나님께서는 예수 그리스도의 구속을 통한 하나님의 주권적인 은혜로 사람을 구원하십니다. 그분은 우리 안에서 일하시며 우리로 그분의 기쁘신 뜻을 따르게 하시고 순종하게 하십니다." 구원을 받는 것과 은혜로 살아가는 것은 다릅니다. 구원받은 우리는 그 구원의 은혜를 우리 삶에서 구현해야 합니다. 이것은 구원이 우리 삶에서 실재가 되어야 한다는 뜻입니다. 늘 그렇듯이 이것을 가능하게 하는 것은 '순종'입니다.

한 줄 노트 하나님의 은혜로 구원받은 것과 구원받은 자로서 성화의 삶을 사는 것은 전혀 다른 차원의 문제입니다.

노력이 필요한 일입니다   하나님께서는 우리에게 구원을 베풀어주시지만 그 즉시 거룩하게 만들어주시지는 않습니다. 삶에는 늘 고난의 시간, '고난의 골짜기'를 지나야 하는 때가 있습니다. 하지만 이렇게 어려운 때에 도리어 하나님께 감사해야 합니다. 이 시간들이 아니라면 우리가 하나님의 영광을 누릴 자격이 있는지 판가름 나지 않기 때문입니다. "예수님은 '많은 아들을 이끌어 영광에 들어가게' 하십니다. 이때 하나님께서는 자녀들을 영광으로 이끄시는 데 필요한 어떤 여건들을 회피하도록 돕지 않으실 것입니다." 이미 하나님께서 우리에게 구원의 은혜를 베풀어주셨습니다. 하지만 그것을 우리 삶에서 경험하기 위해서는 용기와 담력, 거룩이 필요합니다. "(의역) 하나님의 은혜는 사람들을 나약하게 하는 것이 아니라, 예수 그리스도를 닮은 강한 가족으로 만들어가십니다." 노력하지 않는 크리스천은 좋은 제자가 될 수 없음을 기억해야 합니다.

한 줄 노트 하나님의 은혜는 우리를 나약하게 만들지 않습니다. 용기 있는 제자로 살도록 격려하시는 하나님의 사랑이 은혜입니다.

묵상 질문 제자의 삶을 살기 위해 어떤 노력을 하고 있습니까? 추상적인 관념이 아니라 실제로 행하고 있는 것을 말해 봅시다.

Jul. 08 충성을 향한 의지

수 24:15

그때를 기억하기　　오늘 본문 여호수아 24장 15절은 이제 세상을 떠날 날을 앞에 둔 여호수아가 백성들을 불러놓고 의지를 촉구하는 장면입니다. 이스라엘 백성들은 이제 의지에 따라 결정하고, 의지에 따라 행동할 것입니다. 그리고 그 결과를 자신들이 책임지고 받을 것입니다. "의지는 사람의 전 인격적인 행위입니다." 챔버스가 계속해서 강조하는 것이 있습니다. 구원은 하나님께서 베푸시지만, 구원의 은혜를 사는 것은 우리 의지의 문제라는 것입니다. 우리가 순종의 의지를 가지고 살아갈 때 삶이 거룩해질 것입니다. "하나님께서 진리의 비전을 주실 때 문제는 '그분이 무엇을 하실 것인가'가 아니라 '우리가 무엇을 할 것인가'입니다." 챔버스는 아주 중요한 방법을 제안하고 있습니다. 우리가 처음으로 구원의 은혜를 깨달았던 때, 우리가 처음으로 주님을 보았던 때, 진리를 깨달았던 때를 기억하는 것입니다. 성령께서 우리에게 새로운 것을 제안하실 때, 그 순간을 떠올리는 것입니다. 그러면 우리의 의지가 새롭게 작동할 것입니다.

한 줄 노트　우리의 의지가 흔들릴 때, 처음 은혜를 경험했던 때를 기억한다면 좋은 격려가 될 것입니다.

의지적 선택　　"너희가 섬길 자를 오늘 택하라"는 말에 대해 그렇게 쉽게 결정할 수는 없습니다. 모든 결정은 오로지 하나님과 우리 사이에 있습니다. 인생에서 무언가 결정해야 할 때가 온다면, 그것은 오로지 하나님과 우리 사이의 일이라는 것을 명심하십시오. 어떤 결정을 하든지 오로지 하나님만 의지하도록 해야 합니다. "주님께 고백하십시오. '제가 충성하겠습니다.' 주 예수님께 충성을 선택하는 즉시 당신은 자신을 부인하게 될 것입니다. 다른 그리스도인들과 상의하지 말고 단지 하나님 앞에서 고백하십시오. '저는 당신을 섬기겠습니다. 제 뜻을 다해 충성하겠습니다.' 동시에 그렇게 주께 충성하는 사람들을 귀히 여기십시오."

한 줄 노트　인생에서 무언가 중요한 결정을 할 때가 있습니다. 그때 그 문제가 '하나님과 나' 사이의 문제임을 잊지 말아야 합니다.

묵상 질문　중요한 '의지적 결단'을 내려야 하는 순간에 누구와 의논합니까? 우리가 의논하는 대상이 누구인지가 우리의 신앙 상태를 말해 줍니다.

Jul. 09 위대한 성찰

수 24:19

성찰의 의미   하나님께서 특별히 우리에게 어떤 제안을 하실 때, 우리가 하나님을 의지하는지 자신을 의지하는지 점검하는 것이 '성찰'입니다. "'나는 거룩한 삶을 살 수 없어요'라고 말하는 것이 맞을 수 있습니다. 그러나 당신은 예수 그리스도께서 당신을 거룩하게 만드실 수 있도록 결정할 수 있습니다." 여호수아는 백성들에게 "너희는 여호와를 능히 섬기지 못할 것이다"라고 말합니다. 이스라엘 백성들에게는 그럴 만한 능력이 없습니다. 하지만 전능하신 하나님의 능력이 나타나도록 자신을 내어드릴 수는 있습니다.

한 줄 노트 우리 힘으로 하나님을 섬기는 것은 불가능하지만 우리 의지를 하나님께 드리는 것은 가능합니다.

문제는 의심   여호수아는 백성들에게 "너희가 여호와를 능히 섬기지 못하리라"라고 말하는데, 백성들은 여호수아 24장 21절에서 이렇게 대답합니다. "아니니이다 우리가 여호와를 섬기겠나이다." 챔버스는 백성들의 이런 대답이 단순한 충동이 아니라 '신중한 헌신'이라고 말합니다. 하나님은 우리가 강하기 때문에 부르신 것도, 능력이 있어서 부르신 것도 아닙니다. "우리는 말합니다. '만일 내가 정말로 믿을 수만 있다면!' 문제는 내가 정말로 믿으려고 의지하느냐 하는 것입니다." 문제는 능력이 아니라 의심입니다. 만일 우리가 하나님께서 하신 말씀을 진심으로 믿었다면, 지금과는 확연히 다른 모습이 되어 있지 않을까요? 우리는 스스로에게 이렇게 질문해야 합니다. "담대하게 하나님께서 말씀하신 모든 것이 그대로 이루어지도록 하나님께 허락합니까?" 우리는 하나님이 행하실 그 일을 위하여 자신의 권리를 포기하고 온전히 내어드려야 합니다. 하나님의 일이 우리의 능력으로 이루어지지는 않지만, 하나님이 우리의 의지를 통해서 일하신다는 사실은 기억하기 바랍니다.

한 줄 노트 의심이 문제입니다. 하나님은 모든 일을 행하실 수 있습니다. 의심하지 말고 우리의 권리를 온전히 포기하고 주님께 맡겨야 합니다.

묵상 질문 지금 당신의 마음은 어떤 의심으로 가득한가요? 의심을 하나님께 내어드릴 마음이 있나요?

Jul. 10 영적인 게으름뱅이

히 10:24-25

잘못된 목적 만일 우리 인생의 목적이 '안전한 삶'이라면, 우리는 모두 영적 게으름뱅이가 될 개연성을 가지고 있습니다. 오늘 본문 말씀은 우리로 하여금 안일한 삶에 빠지지 말고 서로를 격려하며 깨어 있을 것을 촉구하고 있습니다. 왜 이렇게 서로를 격려해야 할까요? 우리 삶이 개인적인 안정을 이루기 위한 것이라면 이런 권면은 필요 없습니다. 하지만 그리스도를 중심으로 함께 살아가기 위해서는 서로를 붙들어주어야 합니다. "사실 혼자 멀리 떨어져서 은둔의 삶을 사는 것은 예수님께서 가르치신 영적인 삶과 정반대의 삶입니다." 목적이 분명하면 삶이 분명해지고, 영적으로 분명한 삶은 게으름으로 빠질 일이 없을 것입니다.

> **한 줄 노트** 인생의 목적이 '안일함'이 아니라는 말은 불의 가운데에서 싸울 각오가 되어 있다는 뜻입니다.

영적 생동감 영적 게으름에 빠진 사람들은 흔히 안일한 삶의 목표를 위해 기도를 사용하고 성경을 읽음으로써 자신을 속입니다. 기도와 성경을 읽는 것이 영적 게으름이 될 수 있다는 것입니다. "우리는 하나님을 이용하여 안정과 기쁨을 얻기를 원할 뿐이지 우리의 삶을 통해 예수 그리스도를 실현하는 데는 관심이 없습니다." 우리 크리스천의 삶이 단지 기쁨과 안정을 얻으려 한다면 그리스도인의 고귀함을 잃어버리고 천박해질 가능성이 있습니다. 우리가 누리는 기쁨과 안정은 바른 길을 걸으며 부수적으로 얻어지는 열매이지, 그것이 우리의 근본적인 목적이 되어서는 안 됩니다. "너희를 일깨워 생각나게 함이 옳은 줄로 여기노니." '영적 활동'과 '적극적인 활동'은 다릅니다. 혹시 '적극적인 활동'이 영적 활동의 모조품이 될 수 있다는 사실을 아시나요? 항상 깨어 있어야 합니다. 아니 오히려 서로 깨어 있을 수 있도록 옆구리를 찌르며 격려해야 합니다. 영적 게으름뱅이가 되지 않도록 늘 주의하십시오!

> **한 줄 노트** 영적 자극에 민감해야 영적 게으름에 빠지지 않습니다.

묵상 질문 열정적으로 활동한다고 해서 영적으로 문제가 없다고 착각하고 있지는 않습니까?

Jul. 11 영적인 성도

빌 3:10

삶의 동기   오늘은 우리에게 주어진 환경 가운데 그리스도를 일상에서 실현하는 방법을 배울 것입니다. "성도의 삶의 동기는 자신의 뜻을 구현하려는 것이 아니라 예수님을 알아가는 것이어야 합니다." 자아실현을 삶의 동기로 여기는 사람들은 언제나 자신이 한 일들을 통해 스스로 영광을 받으려고 합니다. 하지만 성도들은 자신이 한 일을 통해 예수 그리스도를 높입니다. 그리스도를 높이는 사람은 성령님의 뜻에 순종하기 위해서 어떤 상황을 맞이하더라도 자신을 내려놓습니다. 만일 그리스도를 드러내지 않는다면 성령님께서는 계속해서 같은 상황으로 이끌어가실 것입니다.

> **한 줄 노트** 우리의 삶의 동기는 무엇입니까? 삶의 동기에 따라 내가 드러나거나 그리스도가 드러납니다.

성도의 삶   그리스도를 실현하는 것이 성도의 온전한 목적이 된다면, 그분이 드러날 수 있도록 무엇을 먹든지 마시든지 주님의 영광을 위해 애쓸 것입니다. 영적 게으름은 '자기실현'과 관계가 있지만, 성도의 삶은 '그리스도를 실현'하여 게으름을 극복하는 것입니다. 우리가 믿음의 길에서 실패하는 이유는 '나'를 실현하기 위한 강박관념에 시달리기 때문입니다. 때로 이런 강박관념 때문에 우리는 '의무감'에 빠집니다. 우리가 그리스도와 올바른 관계 속에서 살아간다면, 그래서 그리스도를 드러내는 것이 성도의 삶의 목적이 된다면, 결과에 집착할 필요가 없습니다. 성도의 삶에서 중요한 것은 그리스도와의 관계 속에서 자연스럽게 일어나는 일이지, 의무감으로 억지로 하는 일이 아닙니다. 그러므로 영적인 성도는 모든 상황 속에서 예수 그리스도를 실현하는 사람들입니다.

> **한 줄 노트** 영적 게으름을 극복하는 '그리스도의 실현'은 우리 삶에서 그리스도가 드러나는 것입니다. 종교적 티를 내는 것을 넘어 영적인 향기가 드러나는 것입니다.

> **묵상 질문** 오늘 우리의 삶에서 '영적인 향기'가 어떻게 드러날 수 있을까요? 구체적으로 할 수 있는 일이 무엇인지 생각해 봅시다.

Jul. 12 영적인 공동체

엡 4:13

더 큰 계획   영적 공동체가 무엇인지를 이해하기 위해서는 '회복'의 의미를 정확히 알아야 합니다. "회복이란 전 인류를 하나님께서 원래 계획하신 대로 하나님과 바른 관계 가운데 두는 것입니다." 주목해야 하는 것은 '회복'이 한 개인에게 국한된 것이 아니라는 점입니다. 더 나아가서 인류를 구원하시려는 하나님의 계획은 교회 자체의 성장만을 위한 것도 아닙니다. 이는 예수 그리스도의 십자가가 분명하게 증거하고 있습니다. 우리가 잘 알고 있는 요한복음 3장 16절 "하나님이 세상을 이처럼 사랑하사"라는 말씀을 기억해 보십시오. 예수님이 이 땅에 오신 이유는 하나님이 세상을 사랑하셔서 구원하기를 원하시기 때문입니다.

[한 줄 노트] 이 세상을 사랑하신 하나님은 '나'와 '교회'를 넘어 더 큰 구원의 계획을 가지고 계십니다.

그리스도와의 관계에서 시작   "나는 지금 그리스도의 몸을 세우고 있습니까, 아니면 자신의 개발만을 중시하고 있습니까?" 하나님의 구원 계획, 즉 세상에 그리스도의 몸을 세우는 것은 예수 그리스도와의 참된 인격적 관계에서 시작합니다. 챔버스가 끊임없이 강조하는 것이 있습니다. 하나님께서 우리를 부르시고 사용하시는 것은 단순히 나 한 사람의 구원을 위해서가 아닙니다. "나 자신을 위해 뭔가를 원할 때마다 그 관계는 어그러지게 됩니다. 예수 그리스도를 구현하는 데 관심이 없고 오직 그분이 나를 위해 무엇을 하셨는가만 관심이 있다면 이는 매우 부끄러운 일입니다." 영적인 공동체는 올바른 목적의식에서 출발합니다. 받아들이기 힘들지만, 우리의 목표는 기쁨과 평안이 아니라 '하나님'이 되어야 합니다. 하나님이 부르신 성도, 영적인 공동체의 진정한 목적은 그리스도를 온전히 앎으로써 시작하는 것입니다. 우리가 진정으로 하나님을 알 때, 지금 우리가 딛고 있는 세상 한가운데서 그리스도의 몸을 세우는 '온전함'을 추구할 것입니다. 바로 그 자리에서부터 그리스도의 장성한 분량이 충만한 데까지 이를 것입니다.

[한 줄 노트] 기쁨과 평안은 우리의 목표가 아니라, 하나님과의 관계에서 부수적으로 얻는 축복입니다.

[묵상 질문] 영적인 공동체가 현실에 뿌리를 둔다면, 현실 속에서 지금 내가 할 수 있는 영적인 일은 무엇일까요?

Jul. 13 비전의 대가(代價)

사 6:1

믿는 것이 사라질 때 우리가 새로운 비전을 갖기 위해서는 포기하거나 놓아야 할 것이 많습니다. 아니, 귀하게 붙들고 있던 것을 내려놓아야만 새로운 비전을 갖습니다. "하나님과 함께 믿음의 길을 걷다 보면 주님께서 종종 우리의 '영웅들을 사라지게' 하십니다." 이런 상황은 우리의 믿음을 약하게 할 수도, 강하게 할 수도 있습니다. 비극적인 상황에서도 하나님을 잠잠히 신뢰하면 하나님은 언제 어디서나 우리를 지켜주십니다. 그리고 비전을 보여주십니다.

[한 줄 노트] 우리의 믿음의 강함과 약함은 상황이 아닌 '무엇'을 의지하고 신뢰하느냐에 달려 있습니다.

성품이 결정합니다 챔버스는 위기 상황에서 하나님을 바라보는가, 그렇지 않은가는 전적으로 '성품의 문제'라고 말합니다. '성품'이 '계시 여부'를 결정한다는 말의 의미는 우리의 성품이 준비되어 있을 때 하나님의 계시를 알아차릴 수 있다는 말입니다. 그렇다면 준비된 성품은 무엇일까요? "'내가 주님을 또한 보았습니다'라고 말할 수 있기 전에 내 성품 안에는 하나님과 일치되는 것이 있어야 합니다. 거듭나서 하나님 나라를 보기 시작할 때까지는 나는 일반적으로 내 편견에 따라서만 보게 됩니다." 하나님과 일치되는 성품은 '거듭남'과 관계가 있습니다. 거듭나서 하늘나라의 다스림을 받는 사람은 삶의 위기가 찾아올 때 실망하지 않고 하나님이 주시는 새로운 비전을 보게 됩니다. 챔버스는 이런 성품을 가지기 위해 두 가지가 필요하다고 말합니다. 하나는 '외적인 사건의 치료', 다른 하나는 '내적인 정결'입니다. '외적인 사건', 특히 우리의 비전을 위협하는 치명적인 사건들은 언제나 일어납니다. 그때 그것을 사건 자체로 단순하게 보는 것이 아니라 파헤치고 의미를 발견해야 합니다. '내적인 정결'을 생각할 때, 늘 그렇듯이 깨끗하고 거룩한 마음을 가지고 있어야 하나님이 하시는 일이 눈에 들어오지 않을까요? 이제 우리는 이렇게 고백할 수 있습니다. "처음도 하나님이요 둘째도 하나님이며 셋째도 하나님이십니다. '이 온 세상에서 나의 하나님 외에 다른 분이 없습니다. 오직 당신밖에 없습니다.'"

[한 줄 노트] 비전의 대가를 치르면, 그 비전을 보고 살아갈 수 있도록 하나님께서 가까이 인도해 주실 것입니다.

묵상 질문 하나님의 비전을 보기 위해 당신의 삶에서 교정해야 할 성품과 떼어내야 할 정결하지 못한 부분은 무엇입니까?

Jul. 14 모독에 대한 대처

마 5:39

세상과 다른 것　"이 세상에서 결코 공의를 구하지 마십시오. 그러나 (하나님께서 당신에게 부여하신) 공의를 베푸는 일은 결코 멈추지 마십시오." 하나님께서는 우리를 공의를 구하는 자가 아니라 베푸는 자로 부르셨으니, 불의한 일을 당할 때 항변하지 말라는 것입니다. 그러나 주님은 이 말씀을 세상 사람들에게 하신 것이 아닙니다. 주님을 따르겠다고 나온 사람들에게 하신 '산상수훈'임을 기억하시기 바랍니다. "영적인 차원에서 어떤 사람이 뺨을 맞고 같이 뺨을 치지 않는다면 이는 그 사람 안에 하나님의 아들이 계심이 드러나는 것입니다." 하나님의 사람이 모독에 대처하는 방법은 무엇일까요? 모독을 당할 때 불쾌감을 드러내지 말고, 그 순간을 우리 안에 계신 '하나님의 아들'이 드러나는 절호의 기회로 삼아야 합니다. "오직 그분이 당신 안에 계신지 아닌지가 문제입니다. 성도가 받는 모독은 주 예수 그리스도의 말할 수 없는 향기를 드러낼 수 있는 기회입니다." 우리의 의지로 그리스도의 성품을 흉내 내려고 노력하는 것이 아니라, 성령님의 임재를 요청해야 합니다.

> **한 줄 노트**　그리스도인이 받는 모독은 그리스도의 말할 수 없는 향기를 드러낼 수 있는 기회입니다.

남은 고난에 동참하기　산상수훈이 우리에게 말하는 것은 무엇일까요? 우리는 예수님께서 세상의 법에 대해 말씀하시는 것이 아니라는 사실을 기억해야 합니다. "산상수훈의 가르침은 '이것이 너의 의무이다'를 말하는 것이 아니라 오히려 '너의 의무가 아닌 것을 하라'는 것입니다. … 그러나 예수님께서는 만일 당신이 예수님의 제자라면 언제나 이와 같은 일들을 해야 한다는 것입니다." 제자는 '의무'를 행하는 사람이 아니라, 제자로서 마땅히 해야 할 일을 하는 사람들입니다. 그리스도의 제자로 사는 것은 나 자신의 영광이나 결백이 아니라, 그리스도의 영광이 드러나도록 하는 것입니다. 주님의 가르침은 결코 자신을 위해서는 공의를 구하지 말고, 다른 사람에게 공의를 행하는 일은 멈추지 말라는 것입니다.

> **한 줄 노트**　주님의 제자는 '의무'를 다하는 사람들이 아니라 마땅히 해야 하는 일을 하는 사람들입니다.

묵상 질문　억울한 일을 당했을 때 나는 마땅한 권리와 주님과의 관계 중 무엇을 주장합니까?

Jul. 15 영적 영예의 순간

롬 1:14

빚진 자의 심정으로 챔버스는 오늘 묵상에서 우리에게 이렇게 질문합니다. "여러분에게 가장 영예로운 영적 순간은 언제입니까?" 그리고 여지없이 '찢겨진 빵과 부어지는 포도주'가 되어야 한다고 말합니다. "바울은 예수 그리스도께 빚진 마음으로 가득 차 있었습니다. 그는 이 빚진 마음을 표현합니다. 사도 바울의 인생 속에서 영적 동기는 예수 그리스도를 향한 빚진 마음입니다." 사도 바울이 '영감'을 유지할 수 있었던 방법은 그리스도께 '빚진 마음'을 가지는 것이었습니다. 우리가 진 빚은 주님께 갚아야 하는 것이 아닙니다. 주님은 우리에게 베푸신 은혜가 다른 사람에게 흘러가기를 원하십니다. "성도로서 이제 내 남은 삶의 영적 영광은, 예수님께 진 나의 빚을 다른 사람과 관련해 갚아가는 것입니다." '부채 의식'은 우리에게 영적 부담감을 심어줍니다. 이 부채 의식이 사라지면 우리의 사명도 끝납니다. 그러므로 우리는 성령께서 주시는 마음으로 '빚진 자의 마음'이 사라지지 않도록 끊임없이 기도해야 합니다.

`한 줄 노트` 빚진 자의 마음을 잃어버리면 사명도 끝이 납니다.

영광의 순간 챔버스는 오늘 묵상 글에서 "바울은 자신을 예수님께 팔았습니다"라고 표현합니다. 우리가 예수님께 진 빚을 갚을 길이 없을 때에는 그분께 소유권을 넘기면 됩니다. 그때부터는 살아도 우리가 사는 것이 아니라 그리스도께서 사시는 것입니다. 성령께서 지배하시고 인도하시는 것은 우리가 성령님의 소유, 즉 '성전'이 되었다는 뜻입니다. "바울은 자신을 예수님께 팔았습니다. 그리고 '나는 복음으로 인해 이 땅의 모든 사람에게 빚진 사람입니다. 나는 주님께 완전한 종이 되었을 때만 자유합니다'라고 말했습니다." 챔버스는 이 고백이 '영적 영광'이 무엇인지 깨달은 사람들의 것이라고 말합니다. '찢겨진 빵과 부어지는 포도주'로 살겠다는, 가장 영광스러운 삶의 고백입니다. 이러한 고백을 할 때, 주변이 하나님의 영광으로 가득 찰 것입니다.

`한 줄 노트` 그리스도인의 영광은 '거드름' 피우지 않고 끝까지 빚진 자의 심정으로 사는 것입니다.

묵상 질문 하나님의 영광을 위해 내가 주님께 양보한 소유권은 무엇입니까? "내가 주님께 기꺼이 내어드렸습니다"라고 말할 수 있는 것이 있습니까?

Jul. 16 하나님의 주권에 대한 인식

마 7:11

진정한 규칙 챔버스는 오늘 묵상 본문이 '주님의 영'을 소유한 자들에게 주신 행동 강령이라고 말하고 있습니다. 어떤 행동을 하라는 것일까요? 모든 상황 가운데서 하나님이 인도하시고 주관하심을 완전히 믿고 신뢰하라는 말씀입니다. 우리에게 어떤 상황이 펼쳐지든지 하나님이 어떤 분이신지 생각하고 그분께 구하라는 것입니다. "항상 하나님께서 우리와 함께 계신다고 생각하십시오. 그러면 어려움이 찾아와도 '나의 아버지는 이 모든 것에 대해 다 알고 계신다'라는 생각이 자연스럽게 들 것입니다." 하나님은 우리의 아버지이시며, 우리는 그분의 사랑을 입고 있습니다. 또한 나를 사랑하시는 나의 아버지는 나에 대해 모든 것을 알고 계십니다. 이러한 믿음의 규칙에 의하면 우리가 염려할 것이 없지 않겠습니까?

> **한 줄 노트** 진정한 삶의 규칙은 하나님이 어떤 분이신지 분명하게 아는 지식에서 출발합니다.

진정한 행동 주님께서 '진정한 규칙'을 말씀하셨으니, 우리는 '진정한 행동'으로 그 규칙을 지켜나가야 합니다. 하나님께서 우리 삶의 어둠을 제거하지 않으실 때가 있습니다. 그리고 아무것도 보이지 않을 때가 바로 '믿어야 할 때'입니다. 어느 때는 하나님이 우리와 전혀 무관한 존재처럼 느껴지기도 합니다. 어느 때는 하나님이 전혀 공의롭지 못한 재판관처럼 느껴지기도 합니다. 이때 우리는 '진정한 규칙'을 따라 '진정한 행동'을 취해야 합니다. "모든 어려운 일들과 고통스러운 환경 속에서도 하나님을 인식하십시오. 하나님의 뜻이 없는 사건은 절대로 발생하지 않기 때문입니다." 우리가 이렇게 하나님을 인식하고 신뢰하기 시작하면 '진정한 기도'의 세계 속으로 들어갈 수 있습니다. "기도라는 것은 단순히 구하기만 하는 것이 아니라 구할 수 있는 평강한 마음을 얻는 자세이기도 합니다." 오늘 우리는 아주 귀한 사실을 깨닫습니다. 우리에게 진정한 규칙을 알려주신 주님의 말씀을 따르는 진정한 행동이 바로 '평안한 기도'라는 것을 말입니다.

> **한 줄 노트** 기도는 단순하게 구하는 것이 아니라 이미 평안한 마음으로 시작하는 믿음의 행동입니다.

묵상 질문 지금 당신의 기도는 평안한가요? 만일 불편한 마음으로 기도하고 있다면 평안함을 먼저 구하십시오!

Jul. 17 믿음의 기적

고전 2:4

설교자의 자세　　이 말씀은 바울이 겸손한 척하기 위해 하는 말이 아닙니다. 챔버스가 늘 강조하듯이 사역자는 자신의 영광이 아닌 하나님의 영광을 드러내기 위해 일하는 사람임을 잊지 말아야 합니다. '하나님의 영광을 위하여'라는 말이 허무한 구호가 되지 않도록 해야 합니다.

오늘 말씀은 다분히 '설교자의 자세'에 집중하고 있습니다. 하지만 복음을 전하고자 하는 모든 성도에게도 적용되는 주제라고 생각합니다. 사람을 변화시키는 창조적 능력이 '복음'을 통해서 온다는 것을 믿습니까? 복음의 능력은 복음 전하는 자의 개성이나 능력에 따른 것이 아니라 복음 자체의 역사입니다.

"따라서 복음 증거자의 진정한 금식은 음식이 아니라 자신을 멋지게 드러내려는 언변, 감명, 우아함 등 하나님의 복음만이 제시되는 것에서부터 주위를 빼앗는 모든 것이어야 합니다." 금식이 중요하지 않다는 뜻이 아닙니다. 설교자가 말씀을 능력 있게 전하기 위해 금식하며 기도하는 것이 얼마나 귀한 일입니까? 또한 설교자들이 말씀을 전하기 전에 깊은 기도의 시간을 갖는 것도 귀한 일입니다. 하지만 그 시간들을 통해 복음을 전하는 자신이 드러난다면, 그것은 설교자의 진정한 자세가 아니라는 말입니다. 설교자가 잊지 말아야 할 것이 있습니다. '하나님의 대언자'로 서 있다는 자기의식입니다. 설교자는 오로지 복음을 제시하기 위해 그 단에 서 있습니다.

"복음을 증거하는 자리에서 예수님이 아니라 자신을 드러내려는 설교자는 결국 예수님을 향한 반역자로 드러날 것입니다." 복음을 전하는 모든 사람이 명심해야 할 것이 있습니다. 우리의 능력을 드러내고, 재능을 발휘하려고 하면 할수록 복음의 '창조적 능력'은 나타나지 않는다는 것입니다.

한 줄 노트 복음의 능력은 우리의 말을 통해 '무엇이' 드러나느냐에 달려 있습니다.

묵상 질문 복음을 전하는 우리의 입술에는 무엇이 담겨 있습니까? 우리에게는 끝까지 자신이 드러나지 않기를 바라는 마음이 있습니까?

Jul. 18 신앙의 신비

행 9:5

올바른 순종 사도행전 9장에는 그 유명한 사도 바울의 회심 사건이 나옵니다. 챔버스는 이 회심 사건을 '기적'이라고 말하고 있습니다. 오늘 챔버스는 기적이 아닌, 우리가 조절할 수 있는 신앙의 문제를 다루고 있습니다. 하나님을 믿는 우리에게 '순종'과 '불순종'은 선택 가능한 문제라는 것입니다. "순종은 자연스러운 일이 아닙니다. 불순종이 반드시 죄악이 되는 것도 아닙니다. 명령하는 자의 우월한 권위가 인정되지 않으면 그에게 순종하는 것은 아무런 도덕적 가치가 없습니다." 하나님께 하는 순종은 '도덕적 가치'를 따지는 일이 아닙니다. 단지 순종과 불순종 사이에서 결단해야 하는 문제입니다. 챔버스가 이에 대해 아주 중요한 기준을 제시하고 있습니다. "어떤 사람이 다른 사람을 종으로 만들어 '이것을 하라'고 명령한다면 그는 다른 사람의 영혼을 파괴하는 것이며 하나님께 옳지 않은 것입니다. 마찬가지로 거룩하신 하나님을 인식하지 않고 아무에게나 순종한다면 그가 순종하는 이유는 그 사람의 종이 되었기 때문입니다." 하나님을 의식하지 않는 순종은 '종교적 올가미'에 불과합니다.

> **한 줄 노트** 올바른 순종은 하나님을 인식하는 데서 출발합니다.

종교에서 벗어나십시오 챔버스 묵상의 중요한 관점 중 하나는 '종교'와 '신앙'을 구분하는 것입니다. 종교는 순종을 강요하지만 신앙은 순종을 강요하지 않습니다. 그러니 종교에서 벗어나야 하나님께 순종하는 사람이 될 수 있습니다. "내가 예수 그리스도와 얼굴을 맞대고 섰을 때 '순종하지 않겠습니다'라고 말한다고 해도 주께서는 절대로 순종을 강요하지 않으실 것입니다. 그러나 나는 주의 구속의 재창조의 능력으로부터 이탈되고 있는 것입니다." 하나님은 우리에게 순종을 강요하시지 않습니다. 그러나 순종하지 않는 사람에게는 화가 있습니다. 우리는 신앙에서 순종해야 하는 것과 순종하지 말아야 하는 것을 구별할 줄 알아야 합니다.

> **한 줄 노트** 종교는 순종을 강요하지만 하나님은 강요하지 않으십니다. 종교에 순종할지 말지는 우리의 선택이지만 하나님께 불순종하는 것은 죄입니다.

> **묵상 질문** 종교적 강요와 하나님에 대한 순종을 구별할 수 있습니까? 쉽지 않지만 이 구별을 통해 진정한 믿음으로 나아갈 수 있습니다.

Jul. 19 자발적 순종

요 13:13

자유로움 가운데서 진정한 순종이 가능하기 위해서, "주님은 절대로 자신의 권위를 주장하지 않으십니다." 여기에서 '권위'라는 말은 자유를 침해한다는 의미입니다. 주님은 권위적인 명령으로 순종을 강요하시지 않습니다. 강요된 권위가 아닌 '진정한 권위'는 그분의 구속이 우리 안에 이루어질 때 작동합니다. 우리 안에서 역사하시는 주님이 우리를 도덕적이고 영적인 통치로 인도하십니다. 이러한 상태는 오늘 본문처럼 제자들의 고백을 이끌어냅니다. "내 안에 있는 가치 없는 것들만이 가치 있는 분께 순복하기를 거부합니다." 주님의 구속이 우리 안에 이루어지고 주님의 권위에 완전히 순복하면, 우리의 의지는 주님 앞에 자유롭게 순종합니다. 그래서 챔버스는 신앙에서 '교육의 과정'을 중요하게 생각했습니다. 그리고 이 과정에서 '성도의 교제'는 아주 중요합니다. "하나님은 지적인 면이 아니라 거룩한 면에서 우리보다 조금 나은 자들을 사용해 우리가 주님의 통치하에 들어갈 때까지 우리를 교육하십니다." 이런 과정을 지나며 우리 삶이 주님을 향한 순종으로 변화되어 갑니다.

한 줄 노트 우리에게 완전한 자유가 주어졌습니다. 가치 있는 순종을 위해 주님은 우리를 권위적으로 대하지 않으십니다.

강요가 아닌 묵상 전반부에서 '자유'가 강조되었다면, 후반부에서는 '강요하지 않으심'에 대하여 이야기하고 있습니다. 만일 순종이 강요된다면 하나님께서 참된 권위를 가지지 못하기 때문입니다. 강요에 의한 것이 아닌, 진정한 순종은 진정으로 주님을 만날 때 이루어집니다. "내가 은혜 가운데 자라나고 있다는 증거는 나의 순종을 보면 알 수 있습니다." 자유롭고 자발적인 순종은 동등한 관계에서 이루어집니다. 그분은 아들이셨음에도 불구하고 고난을 통해 순종을 배웠습니다. 아들이 순종한 이유는 우리를 구속하기 위함이었습니다. "아들이 되기 위해 순종한 것이 아니라 '아들이기 때문에' 순종하셨습니다." '하나님의 아들로서의 순종', 즉 '동등한 관계에서의 순종'은 자녀의 영을 받은 우리가 마땅히 그리스도를 본받아 하나님 아버지께 기쁘고 즐겁게 해야 하는 순종입니다.

한 줄 노트 하나님의 자녀가 되기 위해서가 아니라 이미 그리스도 안에서 하나님의 자녀로 인정받았기에 순종하는 것입니다.

묵상 질문 신앙생활의 모든 영역에서 하는 순종은 자발적인 것입니까, 강요된 것입니까?

Jul. 20 주님 앞에서 걷는 삶

사 40:31

걷는 것 "걷는 데에는 스릴이 없습니다. 걷는다는 것은 우리가 얼마나 건강하고 안정한지를 증거하는 것입니다." 챔버스는 스릴은 없을지 모르지만 '걷는다는 것'이 건강의 표징이라고 말합니다. 오늘 본문 이사야 40장 31절에서도 "걸어가도 피곤하지 아니하리로다"라고 말하는데, 이것은 가장 고차원적인 상태에서 나오는 신앙인의 힘을 상징합니다. 성경에서 '걷는다는 것'은 어떤 사람의 성품이나 인격을 나타내는 말로 사용됩니다. 영적으로 사는 것은 '주님 앞에서 걷는 것'입니다. 주님 앞에서 걷는 것은 우리의 구체적인 일상을 주님 앞에서 살아가는 것입니다. 챔버스는 육체적으로나 정신적으로 건강하지 않을 때 '스릴'을 원한다고 말합니다. "만일 영적인 영역에서도 계속 스릴을 원하여 날개 위에만 오르려고 하면 결국 믿음을 잃고 영적 파멸에 이르게 될 것입니다."

한 줄 노트 진정한 사역은 영적으로 신비한 체험을 한 상태가 아니라 그 상태를 벗어난 일상에서 이루어집니다.

주님의 임재 앞에서 주님의 임재 앞에 서는 것은 주님의 임재를 감상적으로 느끼는 것이 아니라 믿음으로 보는 것입니다. 실제로 우리는 늘 함께 계신 주님을 '믿음으로만' 볼 수 있습니다. 챔버스는 주님의 임재 앞에 서는 것의 진정한 의미에 대해서 아주 중요한 가르침을 주고 있습니다. "그러나 항상 '오 주님, 저를 이렇게 저렇게 인도하소서'라고 말할 필요는 없습니다. 물론 주님은 인도하실 것입니다! 만일 우리의 상식적인 결정이 주님의 뜻에 어긋난다면 주님은 가책하시고 막으실 것입니다. 그러한 때 우리는 잠잠히 주님의 임재를 바라는 가운데 그분의 인도하심을 기다려야 합니다." 개인적으로 은혜를 체험하고 난 후에 저에게 그런 확신이 들었습니다. 하나님께서 나를 택하셨고, 내가 하나님의 사람으로 살아가는 한 하나님이 나를 인도하신다는 확신이었습니다. 그때, 나에게 필요한 것은 하나님의 인도하심을 들을 수 있는 귀와 열린 마음이라는 사실을 깨달았습니다. 오늘 챔버스가 이야기하는 '주님 앞에서 걷는 삶'이 바로 이런 것이 아닐까요?

한 줄 노트 하나님 앞에 진지하게 설 때, 인도하시는 은혜와 막으시는 은혜를 동시에 경험하게 됩니다.

묵상 질문 오늘, 하나님의 임재 앞에 서 있습니까? 열린 귀와 열린 마음이 있습니까? 말씀 앞에 순종할 준비가 되어 있습니까?

Jul. 21 하나님의 왕국으로 들어가는 문

마 5:3

주님은 선생이 아닙니다 오늘 말씀은 마태복음 5-7장을 이해하기 위해 들어가는 '현관'과도 같아서 아주 중요합니다. 오늘 묵상에서 우리가 꼭 알아야 하는 것이 있습니다. 예수 그리스도를 '선생'으로 아는 것과 '구세주'로 고백하는 것의 차이입니다. "주님을 선생으로 먼저 생각하는 것을 조심하십시오. 만일 예수 그리스도께서 선생에 불과하다면 그분이 할 수 있는 모든 것은 내가 다다를 수 없는 기준을 세워놓고 약을 올리는 것입니다." '선생'은 말씀을 가르치기는 하지만 그 말씀대로 살 수 있는 능력을 주지는 않습니다. 주님이 우리의 구세주시라는 사실은 예수 그리스도께서 오신 이유가 무엇인지 분명하게 말해 줍니다. "하나님의 영으로 거듭날 때 우리는 예수 그리스도께서 가르치기만을 위해 오신 것이 아님을 알게 됩니다. 주님은 내가 주께서 가르치신 대로 될 수 있도록 나를 '만들기' 위해 오셨습니다." 주님께서 우리를 구원하신다는 것은 그분의 온 삶을 다스린 '품성'을 우리에게도 주실 수 있다는 뜻입니다. 산상수훈 말씀을 통해 하나님이 주신 모든 기준은 바로 이런 품성을 전제로 하고 있습니다.

한 줄 노트 예수님을 선생이 아닌 '주님'으로 고백할 때, 산상수훈은 단순한 가르침이 아닌 삶을 바꾸는 힘이 됩니다.

좌절에서 시작됩니다 산상수훈은 거듭나지 않은 사람들에게는 좌절이지만, 거듭난 사람들에게는 새로운 삶의 지표입니다. 그런데 오늘 그 '좌절'이 거듭남의 시작이 될 수도 있겠다는 깨달음을 얻었습니다. 가난한 자는 손을 내밀어 도움을 요청할 수밖에 없습니다. "'마음이 가난한 자는.' 이것이 하나님의 왕국에 들어가는 첫째 원칙입니다. 예수 그리스도의 나라에 들어가는 문은 가난이지 풍요가 아닙니다." "나는 아무것도 할 수 없습니다"라고 말할 때, 주님은 우리에게 말씀하십니다. "너에게 복이 있구나!" 요즘 당신의 삶에서 좌절을 많이 느낀다면 하나님께서 우리 삶에 역사하실 때가 되었다는 것을 기억하십시오. 당신이 좌절의 문턱에서 진정 복 있는 자가 되었으니 말입니다.

한 줄 노트 "저는 아무것도 할 수 없습니다"라고 고백할 때 주님은 "네가 복이 있도다"라고 말씀하십니다.

묵상 질문 당신의 심령은 가난합니까? 완전한 영적 무기력을 경험했습니까? 그렇다면 절망할 때가 아니라 기뻐해야 할 때임을 기억하십시오.

Jul. 22 거룩의 조건

살전 4:3

싸움에서 시작되는 거룩 거룩함을 이루기 위해서 살려야 하는 것이 있고, 죽여야 하는 것이 있습니다. "성령께서 거룩이 무엇을 의미하는지를 보여주시면 바로 싸움이 시작됩니다." 이 싸움은 치열한 과정을 지납니다. 이 과정에는 친구도 부모도 형제도 없으며, 자기 유익도 구할 수 없는 '죽음의 장소'에 오직 '나 자신'만 남습니다. 이 상태에 이르렀을 때 거룩의 조건을 갖춥니다. 거룩의 조건을 갖추었다는 것은 비로소 거룩을 위해 싸울 준비가 되었다는 뜻입니다. 화평이 아닌 검을 주러 오셨다는 예수님의 말이 바로 이 싸움을 두고 하신 말씀일 것입니다. 이 싸움에서 수많은 사람들이 거룩에 실패합니다. 이 싸움은 우리에게 기꺼이 주님의 죽음과 하나 되기를 요구합니다. 거룩한 삶을 살기 위해서는 이 치열한 싸움 앞에서 '결단'할 준비가 되어 있어야 합니다.

한 줄 노트 거룩은 그냥 주어지는 것이 아니라 싸움을 통해 얻어내는 것입니다.

'나'만 남을 때 아무것도 없이 '나'만 남겨진 상태란 무엇일까요? 다른 사람들이 생각하는 나의 모습을 벗어버리고, 나 자신이 생각하는 모든 것으로부터 자유로운 상태입니다. 우리가 거룩하지 못한 삶을 사는 이유는 주변에 얽힌 것들이 너무 많기 때문입니다. '나'만 남는 순간에 하나님께서 우리를 온전히 거룩하게 만들어가십니다. 이 순간이 오면 우리는 하나님과의 관계 이외의 모든 것으로부터 자유로워질 것입니다. 출애굽기 3장에 모세가 소명을 받는 장면이 이러한 관계를 잘 설명하고 있습니다. 그가 선 곳이 거룩한 곳이 되고, 거기에서 거룩하신 하나님을 체험하는 순간 말입니다. 모세를 이스라엘 민족의 지도자로 세우시는 거룩한 훈련 과정은 '나 자신' 외에 무엇을 더하는 것이 아닌, '나 자신'밖에 남지 않도록 빼는 것이었습니다. '거룩함'이란 무엇을 하는 것이 아니라 어떤 '상태'에 이르는 것입니다. "거룩이란 예수님과 하나가 되는 것을 의미합니다. 예수님께서 우리 안에 뭔가 추가하시는 것이 아니라 내 안에 계신 그분이 바로 나의 거룩인 것입니다."

한 줄 노트 '나'만 홀로 남겨져 아무것도 의지할 수 없어 오롯이 하나님만을 바라볼 때 '거룩의 문'으로 들어갑니다.

묵상 질문 하나님 외에 당신이 의지하고 있는 것은 무엇입니까? 하루를 지나며 하나하나 떼어내는 작업을 해봅시다.

Jul. 23 거룩의 신비

고전 1:30

거룩: 그리스도께 품성을 부여받는 신비 우리 삶에서 거룩이 이루어지는 것은 신비로운 일임에 틀림없습니다. 우리가 말하는 '성화'는 주님의 거룩함이 우리의 삶을 통해 드러나는 것입니다. 거룩함의 신비는 그리스도의 완전한 성품이 우리 속에 부여되었다는 것이며, 이것을 믿을 때 그 성품이 우리를 통해 드러나고 이루어집니다.

부패한 우리의 육체를 통해 그리스도의 놀라운 생명이 드러나는 것은 신비입니다. 이 신비는 '하나님의 주권적 은혜'가 선물로 주어진 것입니다. 이 선물은 '믿음'을 통해 소유할 수 있습니다. 그러나 거룩의 신비가 우리 안에서 구체적으로 작동하기 위해서는 '의지'가 필요합니다. "예수님의 생명이 하나님의 말씀을 통해 나타났듯이, 성화가 당신의 삶을 통해 실제로 드러나도록 당신이 허락하겠습니까?"

구원의 은혜를 이루는 것은 하나님의 일이지만, 그 은혜가 우리 안에서 거룩하게 이루어지는 것은 우리가 해야 하는 일입니다. "거룩이란 주님께로부터 거룩하게 될 수 있는 능력을 얻어내는 것이 아니라 주님 안에서 나타났던 거룩을 주님께로부터 받아내는 것입니다." 오늘 묵상에서 'impartation'이라는 말이 아주 중요한 것 같습니다. 이 말에는 하나님께서 우리에게 부여해 주신다는 의미가 있습니다. 거룩함은 전적으로 하나님에 의해 부여되는 것이지 어떤 능력으로 이루는 것이 아닙니다. 거룩하신 주님의 성품이 우리 안에서 역사할 때, 그 거룩이 우리의 성품에서 나타납니다.

"따라서 거룩은 부여받는 것이지 모방하는 것이 아닙니다. 모방은 거룩과는 전혀 다른 선상에 있습니다. … 거룩의 신비는 예수님의 모든 완전하심이 내게 주어졌다는 것입니다." 우리는 그 거룩의 신비가 내 안에서 역사한다는 것을 인정해야 합니다. 이러한 신비를 고백하는 믿음에서부터 '거룩의 여정'이 시작됩니다. 우리는 이것을 '성화'라고 부릅니다. 우리의 능력으로 거룩을 이루는 것은 불가능하지만, 주님의 성품이 우리에게 부여될 때는 가능합니다.

한 줄 노트 거룩한 삶의 비밀은 예수님을 모방하는 것이 아니라, 그분의 완전하심이 부패한 우리의 육체를 통해 나타나는 것입니다.

묵상 질문 나의 삶에서 나타나는 부패한 성품과 주님의 거룩한 성품은 무엇입니까? 이것을 어떻게 구별할 수 있습니까?

Jul. 24 성향과 행동

마 5:20

믿음이냐, 행위냐? "주님의 제자의 특징은 어떤 선한 일을 하는 것이 아닙니다. 그러나 주님의 제자라면 선한 동기를 가지는데, 이는 하나님의 초자연적인 은혜에 의해 선하게 만들어졌기 때문입니다." '믿음'과 '행위'는 상반된 개념이 아닙니다. 챔버스는 '선한 일'(right doing)과 '선한 존재'(right being)를 구별하고 있으나, 이 둘이 별개가 될 수 없습니다. 선한 일을 한다고 해서 주님의 제자가 되는 것은 아닙니다. 하지만 주님의 제자는 주님의 은혜로 선한 일을 하도록 변화된 사람입니다. 주님께서는 공생애 기간 바리새인들의 '의'에 대하여 많은 질책을 하셨습니다. 바리새인들의 문제는 의로운 존재가 되지 않고서 의로움을 행하려고 하다가 '위선적'으로 변한 것이죠. 오늘 본문은 이러한 바리새인들의 '의'를 지적하시는 말씀입니다. "예수 그리스도께서는 주께 삶의 주권을 맡기는 자에게 서기관과 바리새인의 의를 능가하는 새로운 유전형질을 넣어주십니다."

한 줄 노트 선한 행동으로 선한 사람이 되려는 노력은 우리를 위선적으로 만듭니다. 선한 존재가 되어야 선한 행동을 할 수 있음을 기억해야 합니다.

새로운 성향으로만 진정한 제자라면 마음속 깊은 곳까지 순결해야 하고, 하나님께서 지적할 만한 것이 없어야 합니다. 이 세상에서 완벽한 삶을 살았던 분은 예수 그리스도밖에 없습니다. 그리고 그리스도는 '구속의 사건'을 통해 그를 믿는 사람들에게 자신의 성향을 넣어주실 수 있습니다. 바로 이 구속의 사건에서 인간의 '재창조'가 시작됩니다. "예수 그리스도의 구원의 가장 놀라운 것은 그분이 우리의 유전형질을 바꾸신다는 것입니다. 인성이 아니라 그 근원을 바꾸십니다." '유전형질'을 바꾸는 것은 아주 근본적인 변화를 의미합니다. 진리의 영이 우리 안에 들어오시면 새로운 성향이 생깁니다. 그러므로 우리의 잘못된 행동을 교정하고 올바른 삶을 살기를 원한다면, 행동을 고치려고 노력하기보다는 우리 본성의 유전형질을 바꿔야 합니다.

한 줄 노트 올바르게 행하고 싶다면 먼저 새로운 존재가 되기를 갈망해야 합니다. 주님은 그것을 가능하게 하시는 분입니다.

묵상 질문 내 안에서 옛 사람과 전혀 다른 새로운 유전형질을 발견할 수 있습니까? 그렇지 않다면 새로운 사람을 꿈꿔봅시다.

Jul. 25 성령의 폭발적 능력

마 5:3-10

성령의 능력으로   챔버스는 팔복 말씀 하나하나가 '영적 다이너마이트'와 같은 폭발력을 가졌다고 말합니다. 이 폭발력은 일단 한 번 터지고 나면 우리의 언행을 변화시켜 주님을 따르게 만드는 능력이 있을 정도로 대단합니다. 산상수훈과 팔복 말씀은 그리스도인이 따라야 하는 단순한 규칙이 아닙니다. 성령님이 삶을 인도하실 때 나타나는 현상입니다. "그러나 산상수훈은 성령의 폭발적 능력을 담고 있습니다. 말하자면, 그것이 터질 만한 상황이 되면 산상수훈의 교훈들은 엄청난 폭발력을 발휘합니다." 팔복 말씀을 낭만적으로 듣고 끝나는 것이 아니라, 실제로 우리 삶에 적용해야만 하는 그 순간, 성령께서 역사하시면 놀라운 폭발력이 일어납니다. 나의 삶과 인격에 관계없이 말씀을 보면 단순히 '참 좋은 말'인데, 이것을 우리 삶에 적용하려고 하니 치열한 싸움이 시작됩니다. 우리는 '순종할지 말지' 결정해야 합니다. 그리고 순종의 여부에 따르는 놀라운 영적 변혁을 받아들일지 말지를 결정해야 합니다. 이렇게 성령께서 역사하실 때 팔복 말씀은 놀라운 능력을 발휘하게 됩니다.

한 줄 노트 팔복 말씀을 감상만 하지 말고 삶에 적용해야 성령의 능력을 경험합니다.

법칙이 아닌 현상   조금 더 나아가 보겠습니다. 산상수훈의 말씀을 문자적으로 적용하는 것은 어린아이와 같이 유치합니다. 그저 좋은 말씀으로만 여기는 상태에서 굳이 거듭날 필요가 있겠습니까? "산상수훈은 규범이나 율례가 아닙니다. 성령이 우리의 삶을 인도하실 때 삶에 나타나는 현상들을 진술한 것입니다." 산상수훈 말씀이 우리 안에 들어오기 시작할 때 어떤 일이 벌어질까요? 말씀이 역사할 때 일어나는 '현상'을 우리가 경험하지 못한다면 말씀이 우리 안에서 역사하지 않고 있다는 증거입니다. 오늘 말씀이 당신을 통곡하게 하고 많이 아프게 한다면 기뻐하십시오! 하나님의 말씀이 우리 안에 살아 있다는 증거이니 말입니다.

한 줄 노트 말씀으로 인해 아프다면 그 말씀이 우리 안에서 역사하고 있다는 증거입니다.

묵상 질문 팔복 말씀을 하나하나 열거해 봅시다. 어떤 말씀이 가장 아프게 다가옵니까? 그 아픈 말씀으로 인해 기뻐합시다.

Jul. 26 청결한 삶

마 15:19

청결함으로 사는 방법   오늘 묵상에서는 우리가 '순진한 무지'라는 이름 아래 얼마나 무서운 죄를 숨기며 핑계대고 있었는지 드러냅니다. 챔버스는 이것을 '어리석은 자의 낙원'에 사는 것이라고 표현합니다. 우리가 흔히 '무지'를 순진이라는 말로 포장하고, '순진'을 '청결'로 착각하고 살지는 않았는지 살펴보아야 합니다. "나는 주님의 꿰뚫는 말씀을 신뢰할 준비가 되어 있습니까? 아니면 자신의 순진한 무지를 더 신뢰하겠습니까?"

주님의 말씀을 신뢰할 준비가 되어 있지 않으면 변명거리는 점점 늘어납니다. 날카로운 하나님의 말씀을 점점 회피합니다. 진정한 청결을 위해 해야 하는 작업이 있습니다. 우리가 생각하는 '순진한 무지'를 주님의 말씀 앞에서 정직하게 '시험대' 위에 올려놓는 것입니다. 그때 내 마음에 얼마나 무서운 악과 허물이 있는지 보고 놀라게 됩니다. 그리고 깨닫습니다. "내가 순진이라는 피난처 아래에 머무는 동안 나는 어리석은 자의 낙원에 살고 있었던 것입니다."

우리는 순진이라는 이름 아래서 아주 편안하게 살아갑니다. 자신의 악함은 경험하지 못한 채 말입니다. 이러한 '어리석은 자의 낙원'은 거짓된 것입니다. 정체가 드러나는 순간 흔적도 없이 사라질 것입니다. 제일 무서운 것 중 하나가 삶에 문제가 없다고 착각하는 것입니다. 문제가 없으면 도대체 우리가 어떤 상황에 있는지 돌아보려고 하지 않으니 말입니다.

"그러나 내가 하나님 앞에서 벌거벗은 듯이 서게 될 때 나는 예수 그리스도의 인간들을 향한 진단이 옳다는 사실을 발견하게 됩니다." 진정으로 청결한 삶을 살기 위해서는 예수 그리스도의 구속이 필요합니다. '구속'은 나의 모든 삶을 주님께 양도하는 것입니다. 주님의 인격과 성향이 내 안에서 시작되는 것입니다. 우리의 삶을 주님께 양도할 때, 성령님께서 삶을 인도하십니다. 성령께서는 주님의 거룩한 영을 삶의 중심으로 이끌어오십니다. 우리의 삶은 성령님의 역사로만 청결해질 수 있습니다.

한 줄 노트   '순진한 무지'라는 피난처 아래 자신을 숨겨 날카로운 말씀의 칼을 피하려 해서는 안 됩니다.

묵상 질문 당신을 찌르는 말씀의 칼을 당당하게 받을 준비가 되어 있습니까?

Jul. 27 진리를 아는 방법

요 7:17

영적으로 성장하려면 과학적 지식은 '호기심'을 통해 얻고, 영적 지식은 오로지 '순종'을 통해서만 얻습니다. "영적인 것을 이해하는 황금률은 지능이 아니라 순종입니다." 그러므로 주님의 말씀을 배우고자 한다면 순종해야 합니다. "예수님께서 주의 말씀으로 마음속에 임하게 할 때 회피하지 마십시오." 하나님의 말씀이 마음속에 들어올 때, 오히려 적극적으로 그 말씀을 요청하는 기도를 해야 합니다. 우리의 문제는 계명을 모르는 것이 아니라 불순종하며 행하지 않는 것입니다. 그러니 '영적 지식'은 순종과 분명한 관계가 있습니다. 말씀에 따라 순종하면 영적으로 성장할 것이지만, 그렇지 않으면 아무것도 나아지지 않습니다.

"예수님의 가르침은 현재 우리에게 해당하는 말씀이며, 우리는 단 한순간도 주님을 속일 수 없습니다." 진리의 영이 우리 가운데 들어오면 우리의 양심이 아주 민감해집니다. 아주 작은 죄에도 마음이 아픈 이유는 말씀의 칼이 우리의 심령을 찌르기 때문입니다. 그러므로 말씀이 우리를 아프게 할 때 즐거워해야 합니다. 그만큼 우리가 영적으로 성장하고 있다는 증거입니다.

"예수님께서 주의 말씀으로 마음속에 임하게 할 때 회피하지 마십시오. 만일 당신이 회피하면, 당신은 종교적인 위선자가 됩니다." 하나님의 말씀이 우리 안에 분명히 들어왔는데 그 말씀에 순종하지 않는다면 위선자요 사기꾼입니다. 이러한 상태로 살아가면서 어떻게 영적으로 성장할 수 있겠습니까? 오히려 영적으로 기괴한 괴물로 변해가지 않겠습니까?

"먼저 순종하십시오. 광신이라고 생각될 위험을 무릅쓰고라도 하나님께서 당신에게 말씀하신 대로 순종해야 합니다." 진리의 영이신 하나님을 무시하고 자신의 신념을 밀어붙이는 '맹신'은 잘못된 것입니다. 그러나 말씀대로 산다는 이유로 사람들에게 '광신'이라는 말을 듣는다면 기뻐하십시오! 우리가 영적으로 자라고 있다는 증거요, 좁은 길을 따라 영생으로 가고 있다는 명확한 표식이 될 테니 말입니다.

한 줄 노트 하나님의 분명한 말씀 앞에서 핑계를 댈 수 없습니다. 단지 순종과 불순종 사이에서 결단해야 합니다.

묵상 질문 말씀 때문에 마음이 아픕니까? 그 아픔에 대해 깊이 묵상해 봅시다. 그것이 성장통임을 알게 될 때 감사한 마음이 생길 것입니다.

Jul. 28 주님의 목적

막 6:45

과정 vs. 목적 "우리가 '과정'이라고 부르는 것을 하나님께서는 '목적'이라고 부르십니다." 신앙생활에서 꼭 기억해야 할 본질적인 문제입니다. 그리고 위 문장 하나에 모든 것이 다 들어 있습니다. 우리는 '순종'의 과정을 통해 특별한 목적에 다다를 것이라고 생각하는데, 하나님께서는 지금의 '순종'을 '목적'이라고 부르십니다. "그분의 목적은 지금 내가 주님과 주의 능력을 의지하는 것입니다. 만일 요동 속에서 평안하고 당황하지 않을 수 있다면, 그것이 하나님의 목적의 성취입니다." 본문은 바다 위를 걸으신 예수님의 이야기입니다. 한밤중에 제자들이 풍랑 이는 바다 위를 지나가고 있었습니다. 그들이 무서워 떨 때, 주님이 바다 위를 걸어오셨고 제자들은 주님을 유령이라 생각했습니다. 그때 주님이 말씀하셨습니다. "그들이 다 예수를 보고 놀람이라 이에 예수께서 곧 그들에게 말씀하여 이르시되 안심하라 내니 두려워하지 말라 하시고"(막 6:50). 주님을 인정하는 것은 어떤 거대한 목적을 바라는 것이 아니라 지금 이 순간 주님을 바라보며 순종하는 것입니다. 바로 이 순종의 순간과 과정이 하나님을 영화롭게 합니다.

> 한 줄 노트 우리는 원대한 목적을 바라는 게 아니라, 지금 주님만 바라보는 신앙의 여정을 걸어가야 합니다.

지금 이 순간 "그분의 목적은 이 순간을 위한 것이지 먼 미래를 위한 것이 아닙니다. 우리는 순종한 이후의 일들에 관해서는 상관할 필요가 없습니다." 우리는 미래를 위해 순종을 참아내는 사람들이 아니라, 지금의 순종이 복됨을 믿고 살아가는 사람들입니다. "사람들이 훈련 또는 준비라고 말하는 것을 하나님께서는 목적이라고 부르십니다." 참 놀라운 것은 지금의 순종이 목적임을 깨달을 때 우리에게 다가오는 모든 순간을 귀하게 여긴다는 것입니다. 우리가 마주하는 모든 순종의 순간이 하나님의 목적을 하나하나 이루어감을 안다면, 지금 이 순간이 얼마나 멋지게 느껴지겠습니까? 우리는 미래의 아름다운 꿈을 위해 참는 사람들이 아니라 지금 주어진 삶을 순종으로 아름답게 만들어가는 하나님의 사람들이 될 것이니 말입니다.

> 한 줄 노트 그리스도인에게 가장 중요한 인생의 목적은 지금 순종하는 삶을 사는 것입니다.

묵상 질문 삶의 최종 목적이 무엇입니까? 그 목적은 지금 순종하는 삶과 일치합니까?

Jul. 29 구름 속에서 무엇을 봅니까?

계 1:7

구름이 뜻하는 것   "구름은 하나님의 통치에 반항하는 듯한 우리 개인 생활의 안팎에서 일어나는 슬픔, 고통, 궁핍의 상황들입니다." 하나님과 관련된 구름을 통해 우리는 믿음의 길을 배웁니다. "하나님께서는 구름 없이는 우리에게 가까이 오실 수 없습니다. 그분은 청명하게 비치는 가운데 오지 않으십니다." 하나님은 우리에게 구름을 주시는 것이 아니라, 구름을 통해 단순하고 명확하게 다가오십니다. 챔버스는 이 구름의 시간이 다른 사람들과의 관계에 그림자가 되며, 하나님과의 관계가 더욱 선명해질 때까지 구름은 계속해서 찾아올 것이라고 말합니다. 문득 이런 의문이 듭니다. 하나님과의 관계가 친밀하면 우리에게 고통과 슬픔, 사별과 같은 아픔이 찾아오지 않는다는 말인가요? 구름이 더 이상 하나님과 우리의 관계에 문제가 되지 않는 때가 오면, 그 구름은 더 이상 우리 인생의 구름이 아니겠지요. 우리가 오늘 물어야 하는 것은 지금 하나님과 우리 사이의 관계가 어떠하냐는 것입니다.

[한 줄 노트] 고통은 악하지 않습니다. 하나님은 고통을 통해 우리의 믿음을 선명하고 단순하게 만들어 가십니다.

하나님을 알게 됨   새로운 관계는 새로운 관점을 가졌을 때 가능합니다. 우리가 이해하지 못할 때는 구름이지만, 모든 것을 이해하고 받아들이면 더 이상 구름이 아니라는 말입니다. "하나님의 이해할 수 없는 섭리와 우리가 하나님을 아는 것 사이에는 어떤 연관이 있습니다. 하나님을 아는 우리의 지식에 비추어 인생의 신비들을 해석하는 것을 배워야 합니다." 우리는 이해할 수 없는 것을 '신비'라고 부릅니다. 그러나 그것을 알게 되면 '지식'이라고 합니다. 하나님을 아는 지식은 신비에 가려진 우리 인생의 문제를 푸는 열쇠입니다. 챔버스는 오늘 묵상에서 '변화산 체험'을 비유적으로 인용하고 있습니다. "이 말 할 즈음에 구름이 와서 그들을 덮는지라 구름 속으로 들어갈 때에 그들이 무서워하더니"(눅 9:34). 제자들이 하늘에서 음성을 듣고 주님을 바라볼 때 그 두려움은 사라질 것입니다. 구름 속에서 우리는 지금 무엇을 보고 있나요?

[한 줄 노트] 하나님의 섭리를 깨닫는 순간 '구름'은 신비가 아닌 지식이 됩니다.

[묵상 질문] 지금 당하고 있는 고통을 하나하나 열거해 봅시다. 그것이 주는 신비로운 의미는 무엇입니까?

Jul. 30 허상을 제거하는 훈련

요 2:24-25

허상의 문제 우리가 신앙생활을 하면서 받는 상처의 대부분은 하나님이 아니라 사람들 때문입니다. 하나님을 하나님으로 알고 사람을 사람으로 알면 해결될 문제들인데, 사람에 대한 허상을 가지고 있으니 자꾸 상처를 받습니다. 사람에게서 어떤 위로도 구할 수 없음을 깨닫는 것, 즉 사람을 향한 헛된 기대로부터 느끼는 환멸은 주님께 나아가는 좋은 훈련입니다. 우리가 사람에 대한 허상을 제거하는 훈련을 하면 더 이상 잘못된 판단도, 그 판단으로 인한 실망도 하지 않을 것입니다. 허상의 문제는 이런 것입니다. "우리는 서로를 향해 상대의 실제 모습대로 대하지 않습니다. 우리는 다른 사람을 향한 내 생각에 따라 그들을 대할 뿐입니다." 실망이 지나치면 미움과 증오의 감정이 생깁니다. 더 심각한 문제는 이런 감정이 상대방이 아니라 내 기분에 의해 좌우된다는 사실입니다. 사람에 대한 '허상'의 결과는 냉소적이고 차가운 사람이 되는 것입니다.

한 줄 노트 우리의 상처 대부분은 하나님을 하나님으로 알지 못하고, 사람을 사람으로 알지 못하여 생기는 의지하려는 경향 때문입니다.

허상 제거하기 허상은 하나님을 사랑하지 않고 사람을 사랑하는 것입니다. 사실 '사랑'한다는 말보다는 사람을 신뢰하고 믿는다는 말이 더 정확할 것 같습니다. 오늘 우리에게 필요한 것은 이러한 허상을 제거하는 일입니다. "우리는 어리석게 그 사람이 줄 수 없는 것을 요구하는 것입니다. 인간 심층의 깊은 요구를 만족시킬 수 있는 분은 오직 '그분' 주 예수 그리스도밖에 없습니다." 예수님은 이 부분에 대하여 우리에게 모범을 보여주셨습니다. 본문은 예수님께서 성전을 정화하시고 행하시는 표적으로 인해 많은 사람들이 예수를 믿게 된 후의 일입니다. 사람을 사람으로만 여겨야지 믿음의 대상으로 여겨서는 안 된다는 말입니다. 사람은 우리가 끝까지 사랑하고 용서하고 품어야 할 대상이지 믿음의 대상이 아님을 기억해야 합니다. 하나님께 대한 은혜와 사랑을 확신하십시오. 그러나 사람을 확신하지는 마십시오.

한 줄 노트 주님은 사람을 신뢰하지 않으셨기 때문에 사람에게 실망하지 않고 끝까지 사랑하셨습니다.

묵상 질문 당신이 가장 신뢰하는 사람의 이름들을 떠올려봅시다. 그 사람을 잃지 않고 끝까지 사랑하는 방법은 무엇입니까?

Jul. 31 온전하게 주의 것이 될 때까지

약 1:4

하나님의 인내 1915년 6월 23일 챔버스는 성경훈련대학에서 학생들에게 오늘 내용으로 설교를 했습니다. 성경학교의 문을 닫아야 하는 상황, 오늘 묵상은 '온전하게 주의 것이 될 때까지'라는 제목으로 헤어지는 학생들을 격려하며 권면하는 내용입니다. 인내를 온전히 이루라는 말에는 우리를 온전하게 만들기 위한 하나님의 인내가 전제되어 있습니다. "'너의 인내로 완제품이 되게 하라.' 곁으로 빗나가는 것들을 주의하십시오. '오, 지금 당장 해야겠네요.' 그것이 무엇이든, 하나님께서는 당신이 온전하게 주님의 것이 될 때까지 끝까지 그것을 지적하실 것입니다."

"우리 대부분은 주요 부분에서는 모두 괜찮은 사람들입니다. 그러나 어떤 부분에서는 엉망입니다." 주요 부분에서 '모두 괜찮은 사람'이라는 말의 뜻은 무엇일까요? 우리가 구원 받은 백성이 되었다는 말입니다. 챔버스는 우리 신앙에서 과정을 무척 중요하게 생각합니다. 지금 우리가 주님을 바라보고 사는 것이 내일의 나를 만들어주니 말입니다.

"하나님은 셀 수 없는 여러 방법으로 우리를 다시 같은 자리에 거듭 데려다 놓으실 것입니다. 주님은 우리가 그 자리에서 교훈을 배울 때까지 계속 우리를 그 자리에 데려다 놓으시는 것입니다. 그 이유는 주님께서는 완제품을 생산하시기 때문입니다." 우리는 부족해서 넘어지고 중간에 포기하고 그만두려고 하지만 하나님께서 끝까지 인내하시며 우리를 다시 그 자리로 이끌어가십니다. 우리의 인내는 바닥날지 모르지만 '하나님의 인내'는 끝이 없습니다. 우리는 불량품이요, 미완성인데 하나님은 끝까지 우리를 완성품으로 만들어가십니다. 끝까지 인내하시면서 말입니다.

한 줄 노트 우리는 아직 미완성품입니다. 그러나 하나님은 우리가 완성품이 될 때까지 기다리고 인내하십니다.

묵상 질문 나에게 아직 남아 있는 모난 성품은 무엇입니까? 하나님께서 다루어가실 인생을 기대하며 인내합시다.

8월

성령을
소멸하지 마십시오!

주님의 징계와 꾸지람을 듣게 될 때

Aug. 01 주님의 인도하심에 대해

마 11:1

떠나라고 말씀하실 때   "주님께서는 우리에게 떠나라고 하시는 곳으로 오십니다. … 불순종할 경우 당신은 주님의 길을 방해하는 것입니다." 챔버스는 주님의 인도하심을 두 가지 측면에서 이야기합니다. '떠나라'와 '기다리라'는 명령입니다. 떠나라는 명령에 머뭇거리는 이유는 '염려' 때문입니다. 염려하며 순종하지 않는다면 절대로 하나님의 인도하심을 경험하지 못합니다. 하지만 모든 것을 하나님께 맡기고 떠나면 그곳에서 하나님의 가르침을 깨닫게 됩니다. 떠나라는 명령에 우리가 머뭇거리는 이유는 이런 것입니다. "주님께서 가라고 하시는 말씀은 알지만 내 책임이 남아 있어서…." 주님을 온전히 신뢰하면 하나님을 왕으로 삼고 순종하지만, 신뢰를 잃으면 자신의 생각으로 하나님의 뜻을 대신하려고 합니다. 주님의 인도하심을 받기 위해서는 주님의 일에 끼어들어서는 안 됩니다. 순종할 때만이 온전한 인도하심을 경험할 수 있습니다.

> **한 줄 노트** 하나님은 떠나라고 명령하신 그곳에 오셔서 우리를 인도하시는 분입니다.

기다리라고 말씀하실 때   주님이 "기다리라"라고 말씀하실 때도 있습니다. 주님께서 그곳에 머무르라고 말씀하셨다면 그곳에 역사하실 것입니다. 그분을 기다리면 그분께서 일하실 것입니다. 그런데 기다림의 시간은 쉽지 않습니다. 아무것도 보이지 않는 현실 앞에서 화가 날 때도 있습니다. 챔버스는 이러한 태도를 경계하며 기다림에 대한 바람직한 영적 태도를 말합니다. "기다림이란 가만히 손을 접고 앉아 있는 것이 아니라 하나님의 음성을 듣는 법을 배우는 것입니다." 챔버스가 다루는 주요 주제 중 하나는 '기다리는 가운데 누리는 영적인 평안함 혹은 자유'입니다. 이 평안함을 유지하기 위해서는 아무것도 하지 않는 것이 아니라 '주님을 섬기고 있다'라고 믿는 것이 중요합니다. 하나님의 때를 기다린다고 해서 무능력한 것이 아닙니다. 이 시간을 통해 하나님의 뜻을 분별하고, 하나님의 역사를 보게 되는 것은 놀라운 일입니다.

> **한 줄 노트** 하나님께서 기다리라고 하실 때, 그곳에서 하나님의 음성을 들어야 합니다.

묵상 질문 하나님이 지금 당신에게 기다리라고 하십니까, 떠나라고 하십니까? 하나님의 음성이 분명하다면 순종하십시오.

Aug. 02 환난의 훈련

요 16:33

환난을 보는 성도의 관점   많은 신앙인들은 예수를 믿는 이유를 '삶의 문제로부터 구원받기 위해서'라고 대답합니다. 하지만 명확하게 알아야 할 사실이 있습니다. 그리스도인은 '문제로부터' 구원받는 것이 아니라 '문제 안에서' 구원받는다는 사실입니다. 어떤 화나 재앙의 존재가 사라지는 것이 아니라, 그 어떤 것도 하나님과 함께하는 자를 해할 수 없다는 것입니다.

"당신이 하나님의 자녀라면 분명히 어려움을 당하게 될 것입니다." 성도의 삶에 아무런 문제가 없으리라는 생각은 착각입니다. 그러나 성경은 세상을 이기신 주님을 믿고 있으니, 환난을 당할 때 담대하라고 아주 분명히 말합니다. 챔버스는 성도들에게 이런 고백이 가능하다고 말합니다. "성도는 어려움을 당할 때 큰 기쁨이 넘칩니다. 그 이유는 모든 사람에게 불가능한 상황이 하나님께는 전혀 문제가 될 수 없기 때문입니다."

고통의 문제는 사람에게 끝없는 의문을 던집니다. 믿는 자의 특권은 그 고통의 문제를 적극적으로 받아들이고 승화시킬 수 있다는 것입니다. 우리는 고통 속에서 하나님과 가장 친밀한 관계를 맺고 신앙의 성숙을 경험합니다. "하나님은 우리에게 정복하는 생명을 주신 것이 아니라 우리가 난관을 극복할 때 생명을 주십니다." 어려움을 만나면 육체적으로는 지치지만, 영적으로는 힘을 얻게 됩니다. 어려움을 상식적으로 대하고자 하는 유혹을 느낄 수 있으나 성도는 어려움 앞에서 상식을 넘어선 기쁨을 느끼는 사람들입니다. 이런 상황이 하나님께는 아무런 문제가 되지 않는다는 사실을 알기 때문입니다.

한 줄 노트   고난을 기꺼이 받아들이지 않는 사람은 하나님이 주시는 생명과 자유, 기쁨을 얻을 수 없습니다.

묵상 질문   지금 당신이 당하고 있는 고난을 생각해 보십시오. 그 고난에서 기쁨을 얻고 있습니까?

Aug. 03 강권하시는 하나님

눅 18:31

아버지의 뜻대로 예수님의 관심은 늘 아버지의 뜻을 따르는 것이었습니다. 오늘 본문의 예루살렘은 십자가를 지기 위해 결심하고 올라가야 하는 곳이었습니다. 예수님께서는 아버지의 뜻을 이루기 위해 굳게 결심하시고 예루살렘을 향하셨습니다. 그러나 "우리가 '예루살렘'에 올라가는 것은 자신의 뜻이 아닌 하나님의 뜻을 이루기 위한 것임을 명심해야 합니다." 우리는 '결심' 안에 우리의 야망이 숨어 있는지를 살펴보아야 합니다. 진정으로 아버지의 뜻을 이루는 것은 "의식적으로 하나님의 목적에 붙들리는 것이 아니라, 아무런 의식 없이 하나님의 목적에 사로잡히는 것입니다." '아무런 의식 없이'는 우리의 의지를 배제하고 오로지 하나님의 뜻을 이루기 위해 거룩한 목적에 사로잡힌다는 의미입니다. 진정 하나님의 뜻을 이루기 위해 우리의 권리를 포기하고 있습니까, 아니면 야망을 감추고서 하나님의 뜻을 이룬다는 거창한 목표를 내걸고 있습니까? 하나님이 우리를 부르셨다면 그 부르심에 합당하게 살아가는 것이 마땅하지 않겠습니까?

한 줄 노트 그리스도인의 삶에 '우리의 야망'이란 존재하지 않습니다. 오로지 하나님의 뜻을 위하여 온전히 사로잡혀야 합니다.

아버지의 뜻이 보이지 않을 때 시작보다 더 어려우며 성패를 좌우하는 요소는 '지속성'입니다. 우리가 실패하는 이유를 챔버스는 이렇게 진단합니다. "우리는 너무 근시안적이라서 하나님의 목적이 원래의 목표에서 벗어나는 것처럼 느껴집니다." 우리는 우리가 생각하는 하나님의 일과 하나님이 강권하시는 일이 일치하는지 구분해야 합니다. 부르심에 대한 확신으로 일을 시작하더라도 길을 잃을 때가 있습니다. 하나님의 강권과 뜻은 처음 그대로 머물러 있지 않기 때문입니다. "우리가 하는 일은 중요하지 않습니다. 하나님의 강권과 비교하면 바닥밖에 되지 않습니다." 지금 우리가 바라는 일에 함몰되지 않고, 앞으로 인도하실 하나님의 뜻을 향해 눈을 들고 마음을 열고 살아가야 합니다. 주님은 제자들에게 그러하셨듯이 훨씬 더 크고 깊은 길로 우리를 인도하실 것입니다.

한 줄 노트 지속적으로 하나님의 뜻을 분별하기 위해 노력하지 않으면 어느새 우리 눈에 그 뜻이 모호해지기 시작합니다.

묵상 질문 처음 당신이 품었던 그 놀라운 비전이 지금도 하나님의 뜻과 일치한다고 확신할 수 있습니까?

Aug. 04 하나님의 용감한 동료

눅 18:31

당신을 택하신 이유 "하나님은 부족한 우리를 과감하게 믿어주셨습니다!" 우리는 종종 스스로에게 실망합니다. 아무리 생각해도 하나님께서 나처럼 무가치한 사람을 택하시는 것이 지혜롭지 못한 일이라고 느껴지기 때문입니다. 그런데 바로 이 때문에 주께서 우리를 택하셨다는 사실을 기억하십시오. "당신 안에 뭔가 있다고 생각하는 한, 그분은 당신이 자신의 유익을 위해 섬길 것을 알기에 당신을 선택할 수 없으십니다." 우리가 스스로 가치 있는 존재라고 생각한다면, 자신의 목적과 유익을 위해 일할 것입니다. 그러나 우리가 전적으로 무가치한 존재라고 스스로 고백할 때, 택하신 분을 위해 온전히 섬기는 사람이 됩니다. 주님께서 우리를 이끄실 때, 단지 순종하기만 하면 우리는 주님께 유용한 존재가 됩니다. "우리는 보통 누군가에게 재능이 많기 때문에 좋은 그리스도인이 될 것이라고 말합니다. 그러나 실제로 초점은 우리의 재능이 아니라 가난한 마음이며, '우리가 무엇을 가지고 있는가'가 아니라 '하나님이 우리 안에 무엇을 넣으셨는가'입니다." 우리의 재능이 필요 없다는 말이 아닙니다. 택하심의 기준이 '하나님 앞에 온전히 가난한 마음을 가졌는가'라는 말입니다.

> **한 줄 노트** 하나님께 필요한 것은 우리의 재능이 아니라 오로지 가난하고 주린 마음입니다.

하나님의 동료가 되는 것 "정말 쓰임 받기 위해 갖추어야 할 유일한 것은 하나님의 위대한 강권하심에 사로잡혀서 주님의 동료가 되는 것입니다." 하나님은 모든 것을 할 수 있으나 강제로 하시는 분이 아닙니다. 하나님의 강권은 우리의 의지와 관계없이 행하신다는 뜻이 아니라, 하나님께 맡겨진 우리 인생을 마음껏 사용하신다는 뜻입니다. 그리스도인이 되는 것은 '그리스도의 사람', 즉 그리스도의 소유가 된다는 의미입니다. 그리스도인이 되는 순간 우리는 자신이 아닌 하나님을 위해 존재합니다. 자신을 소유한 사람은 스스로의 능력으로 살아가지만, 하나님께 소유권을 양도한 사람은 하나님의 능력 아래 살게 됩니다. 모든 것을 아는 것보다 어떤 상황에서도 하나님과 올바른 관계를 유지하는 것이 중요합니다. 즉, 우리가 하나님의 소유된 백성임을 잊지 않는 것입니다. "기독교의 중심은 우리가 하는 '일'이 아니라 우리가 유지해야 하는 '하나님과의 관계'입니다."

> **한 줄 노트** 하나님의 동료가 되는 일은 오로지 하나님께 사로잡혀 있을 때 가능합니다.

묵상 질문 당신의 관심은 '하나님의 일'에 있습니까, '하나님과의 관계'에 있습니까?

Aug. 05 — 당황케 하는 하나님의 부르심

눅 18:31, 34

당황스러운 이유 하나님께서 우리가 이해할 수 없거나 우리가 원하지 않는 방향으로 일하실 때, 우리는 당황스러워합니다. 그러나 이것을 기억하십시오. "예수 그리스도의 생애는 하나님의 관점이 아닌 세상적 관점에서 볼 때 완전한 실패입니다. 그러나 인간의 관점에서 볼 때 실패로 보이는 것도 하나님의 관점에서는 가장 놀라운 승리입니다. 그 이유는 하나님의 목적은 결코 사람의 목적과 같지 않기 때문입니다." 챔버스는 하나님의 부르심이 당황스러운 이유가 '바다의 부름'과 같기 때문이라고 말합니다. 바다 안에 있어야, 바다의 언어와 성품을 알아야 바다를 이해할 수 있습니다. 하나님의 부르심이 이와 같다면 우리 역시 하나님 안에 있어야 그 부르심의 의미를 깨달을 수 있습니다. 하나님의 성품 안에 있는 사람만이 하나님의 목적의 선하심과 완전하심을 이해할 수 있습니다.

> **한 줄 노트** 하나님의 부르심이 당황스럽게 느껴진다면 지금 하는 일과 하나님의 방향이 일치하지 않는다는 증거입니다.

자격 하나님께서는 하나님의 목적을 함께할 동료를 만드시려고 우리를 부르십니다. "우리에게 이 동료로서의 자격 시험은 하나님께서 무엇을 하고 계시는지 하나님이 알고 계신다는 믿음입니다. … 모든 일들이 완전한 하나님의 경륜 가운데서 일어납니다. 하나님은 주의 경륜 가운데 자신의 목적을 이루고 계십니다." 경륜은 판사가 판결한 결정문입니다. 최종 판결한 결정문은 권위에 의해 주어졌고 변경할 수 없습니다. 세상에서 일어나는 일들이 하나님의 '경륜'에 의해 이루어지고 있다는 믿음이 중요합니다. 하나님의 경륜을 완전히 믿고 신뢰할 때, 우리는 기꺼이 하나님의 목적에 동참하는 동료가 됩니다. 하나님과 교제하며 그분의 성품을 알게 되면, 하나님이 하시는 일과 그분의 선하심을 믿기에 더욱 단순해집니다. 하나님을 아는 지식은 우리를 복잡하게 만들지 않습니다. 깊은 지식과 믿음 가운데서 우리는 단순해집니다. "그리스도인은 자신의 재주가 아닌 하나님의 능력과 지혜를 온전히 믿는 자들입니다. 만일 우리가 자신의 목적을 가지고 있다면, 이는 하나님의 자녀들의 특징인 단순함과 여유로움을 파괴할 것입니다."

> **한 줄 노트** 단순함은 무지가 아닌 신뢰가 주는 선물입니다.

묵상 질문 믿음의 연조가 늘어가면서 점점 단순해지고 있음을 확신할 수 있습니까? 그렇다면 점점 더 하나님을 신뢰하고 있다는 증거입니다.

Aug. 06 기도하는 이유

요 16:26

기도로 하나님께 나아가기 신앙인 앞에는 언제나 십자가가 있습니다. 챔버스는 무엇을 얻기 위해서가 아니라, 그리스도와 하나 되기 위해 십자가를 져야 한다고 말합니다. 이 하나 됨을 가능하게 하는 것이 바로 기도입니다. "기도의 개념은 하나님께로부터 어떤 응답을 얻기 위함이 아닙니다. 기도는 하나님과 온전하게 하나가 되는 것입니다. 만일 우리가 응답을 원하여 기도한다면, 우리는 하나님과의 관계에서 허탈감을 느낄 수 있습니다."

친밀한 관계 속에 있을 때는 기도하고 나서 응답을 재촉하지 않습니다. 우리의 모든 것을 아시는 하나님께서 응답하실 것을 알기 때문입니다. 그러나 이러한 관계가 형성되지 않았을 때, 구하는 분의 성품을 알지 못한 채 드리는 기도는 일방적이고 이기적이며 재촉하는 모습만 있을 뿐입니다. 하나님의 성품과는 관계없이 자신의 요구가 받아들여지지 않으면 거절 받았다는 상실감과 허탈감에 빠집니다. 그러니 오늘 우리가 묵상해야 하는 것은 오히려 '응답받지 못한 기도의 축복'입니다.

기도할 때 중요한 것은 하나님이 우리의 기도에 응답해 주신다는 증거가 아닙니다. '하나님의 은혜' 가운데 살고 있다는 것이 증명되는 것입니다. 그리스도께서 우리를 위해 간구하심으로 우리도 하나님께 직접 기도할 수 있을 만큼 하나님과 친밀해졌습니다. 그리스도의 구속이 우리 삶에 생명력을 주십니다. 하나님과 우리가 하나 되는 놀라운 일입니다. 기도의 응답보다 하나님께 나아가는 것이 더 중요하다는 사실을 기억하십시오. 우리는 기도를 통해 하나님께 점점 더 가까이 나아갑니다. 응답이 아닌 하나님께 나아가기 위해 기도하면 도리어 응답을 경험합니다. '친밀함' 가운데서 깨닫는 것입니다.

기도가 응답되지 않을 때, 그 이유를 다른 사람의 탓으로 돌려서는 안 됩니다. 기도가 응답되지 않았다면, 그 시간을 통해 하나님께서 무언가 가르치고자 하시는 깊은 뜻이 있음을 알아야 합니다. 그 시간을 통해 더 가까이 하나님께 나아가며 친밀함을 더해야 합니다.

한 줄 노트 기도의 가장 큰 유익은 하나님과 하나 되어 친밀함을 누리는 것입니다. 응답은 기도의 부수적인 산물에 불과합니다.

묵상 질문 당신은 기도의 응답으로 인해 기뻐합니까, 기도할 때 느끼는 하나님과의 친밀함에 기뻐합니까?

Aug. 07 내 안에 계신 주님

눅 2:49

주님 내 안에 그리고 주님, 하나님 안에   예수님은 유년 시절, 아버지 안에 계셨습니다. 그 주님이 공생애를 사시면서 포도나무 비유를 통해 "나의 안에 거하라"라고 명령하셨습니다. 주님이 언제나 아버지 안에 거하시는 분이었다면, 주님을 모시고 사는 우리 안에도 아버지께서 거하고 계신지 물어보아야 합니다. "내 안에 있는 아버지의 성전에 주님이 살아 계십니까?" 혹시 장애물을 만났을 때에만 기도하고 있습니까? 하나님께서 내 안에 계시다면 그분의 말씀과 명령이 매 순간 다가옵니다. 그런데 기도할 때만 이런 것을 느낀다면 하나님과의 관계에 문제가 있는 것이 확실합니다. "내 안에 거하시는 실체는 하나님이시며 주의 명령은 순간마다 옵니다. … 주님께서 당신 안에서 당신 대신 살아가실 때 당신의 삶은 생동력 있는 단순한 삶이 됩니다." 아버지의 집에 함께 거하며 일치된 삶을 살 때는 하나님께서 하시는 모든 일이 나의 관심과 일치합니다. 그렇게 되면 하나님이 인도하시는 거룩한 뜻을 찾기 위해 기도하며 하나님께 가까이 나아갈 것입니다.

한 줄 노트 하나님 안에 거하고 있다는 증거는 하나님의 관심과 우리 관심의 일치입니다.

적용   하나님 아버지와 일치된 삶을 살아간다면 당연히 우리에게 자녀의 모습이 나타납니다. "진정한 하나님의 자녀라면 하나님의 자녀답게 계속 주님과 말씀을 나눌 것이며 모든 것이 주의 손으로부터 왔음을 깨달을 것입니다." 영원한 아들이신 주님이 우리 안에 있는 아버지의 집에 거하신다면, 지금 우리가 어떤 환경에서 어떤 일을 당하느냐에 집중할 필요가 없습니다. "이는 당신을 거룩하게 하시려는 하나님 아버지의 섭리 가운데 하나님이 당신으로 하여금 주님과 깊은 관계를 맺게 하시려고 허락하신 일입니다. 따라서 발생되는 모든 일들을 주님의 섭리 가운데 의탁하고, 주님과 완전한 하나 됨을 유지해야 합니다." 주님은 공생애를 사시는 동안 우리와 같은 성정을 가지셨습니다. 그렇게 세상 속에서 역사하셨던 주님이 우리 안에 계실 때, 우리도 이 세상에서 역사하시는 주님을 증거하며 살아갈 수 있습니다. 주님이 살아가셨던 모습이 나의 살아가는 모습 속에서 나오는 것이 바로 성도의 삶입니다.

한 줄 노트 이 세상에서 역사하셨던 주님이 우리 안에 계시면, 우리도 이 세상에 역사하시는 주님을 증거하며 살아갑니다.

묵상 질문 당신의 일상, 가장 하찮은 일들 중에서 성도의 품격을 드러내는 일은 무엇입니까?

Aug. 08 내 안에 계신 하나님의 아들

눅 1:35

주님 내 안에 그리고 주님, 하나님 안에 "만일 하나님의 아들이 나의 이 썩어질 몸 안에서 태어난다면, 주님의 거룩하신 순전하심과 단순하심과 하나님과 하나 됨이 내 안에 드러날 수 있는 기회가 되겠습니까?" 오늘 본문은 이 땅에 오신 예수 그리스도가 '하나님의 아들'이라고 말씀하고 있습니다. "역사적으로 하나님의 아들을 이 세상에 보내실 때 처녀 마리아에게 실제 가능한 일이었다면 모든 성도들에게도 가능한 일입니다." 내 안에 하나님의 아들이 계시다는 말은, 내 안에 계신 아들로 인해 우리도 하나님의 자녀가 된다는 것입니다. 우리는 자녀가 되어 자녀로서의 권세를 행사할 뿐 아니라, 아버지의 얼굴을 맞대어 볼 수 있게 되었습니다. 이제 '나의 삶'이 아니라, 내 안에 계신 그리스도로 말미암아 하나님의 자녀로서의 삶을 사는 영광을 누리게 된 것입니다. 하나님 아버지의 일이 내 삶을 온전히 사로잡으면 우리는 더 이상 상황에 따라 흔들리지 않습니다. 거룩하고, 순전하며, 영원한 하나님의 자녀는 아버지와 연결되어 있습니다.

[한 줄 노트] 하나님의 아들이 내 안에 계시면 우리도 하나님의 자녀가 됩니다. 자녀 된 특권을 누리는 것은 당연한 일입니다.

단순함이 필요합니다 단순함은 삶에 선택지를 두지 않는 것입니다. 내 안에 계신 주님과 하나 되기 위해 세상의 힘과 권력으로부터 벗어나 오직 하나님만을 생각하는 것입니다. 우리가 많은 생각에 사로잡힐 때, 신앙이 무뎌지고 하나님과 멀어집니다. 단순함은 비움과 연결되어 있습니다. 내 안에 그리스도께서 계신다 해도 겸손하게 우리의 마음과 생각을 온전히 비우지 않으면 그분이 드러나지 않습니다. 하나님의 형상이 만들어지기 위해서는 먼저 우리 안에 가득한 생각들을 제거해야 합니다. 또 하나님의 아들이 우리 안에 계시다면, 우리의 내면에서 하나님의 뜻과 목적이 무엇인지 물어야 합니다. "그 목적은 '그리스도의 남은 고난을 그의 몸 된 교회를 위해 내 육체에 채우는' 것입니다. '채운다'는 뜻은 언제나 무엇인가 해야 할 일이 있다는 뜻입니다."

[한 줄 노트] 그리스도께서 우리 안에 계실 때, 우리는 그리스도의 목적을 위해 남은 고난을 채우게 될 것입니다.

[묵상 질문] 지금 하고 있는 일 가운데 "주님이 하시는 일이야!"라고 말할 수 있는 것은 무엇입니까?

Aug. 09 아버지께서 들으시는 기도

요 11:41

아버지를 의식하는 기도 기도의 관건은 '하나님의 아들 예수 그리스도께서 우리 안에 살아서 역사하시는가'입니다. 성령께서 우리 안에 계실 때, 우리는 '성전'이 됩니다. 이런 상태가 되면 하나님 아버지께서 우리 기도를 들으십니다. "우리의 몸은 하나님 아들의 베들레헴입니다. 하나님의 아들이 내 안에서 자신을 드러내실 기회를 얻고 있습니까?" 베들레헴은 하나님이셨던 성자 예수님이 인간의 몸을 입고 역사 속으로 들어오신 장소입니다. 우리가 베들레헴이라는 말은 우리 자신이 바로 하나님의 아들이 구체적으로 나타나고 역사하는 곳이 된다는 뜻입니다. 아들을 보내신 것은 하나님의 은총입니다. 그 아들을 드러내는 것은 우리에게 달린 문제입니다. 하나님께 기도할 특권을 얻었으니 그 기도의 능력을 얻는 것은 우리에게 달렸다는 말입니다. 단순하게 성령님을 의지하여 내 안에 계신 주님과 하나가 될 때, 우리 역시 주님과 동일한 기도를 드릴 수 있을 것입니다.

한 줄 노트 내 안에서 하나님의 아들 예수 그리스도와 하나가 될 때 기도의 특권을 누리게 됩니다.

상식이 아닌 챔버스는 '상식'을 따라 사는 삶은 '영적 침체' 가운데 있다는 증거라고 말합니다. "상식은 하나님께서 인간에게 주신 선물이지만 그분의 아들이 주신 선물은 아닙니다. 그분의 아들이 주신 선물은 초자연적인 감각입니다." 하나님의 아들을 믿는 믿음으로 산다고 말하지만, 결정에 있어 여전히 상식에 의존하고 있다면 그 믿음은 거짓입니다. 믿음은 마음의 중심에 하나님께서 좌정하시도록 의자를 내어드리는 것입니다. 우리의 상식이 의자에서 내려와 초자연적인 주님의 역사가 일어나도록 그 의자를 양도하는 것입니다. "아들은 아버지를 알아보지만 상식은 아버지를 결코 알지 못하며 알 수도 없을 것입니다. 우리의 일반적인 지혜는 하나님의 아들에 의해 변화되지 않는 한, 결코 하나님을 예배하지 않습니다." 우리 마음 중심에 아들이 앉아 계시면 하나님과 하나가 되어 기도하지만, 상식이 앉아 우리를 좌우하면 결코 아버지께 기도하지 않습니다. 생명은 우리의 유한한 육신에 영원하신 아들이 드러나는 것입니다. 온전히 우리 안에 계신 아들을 의존할 때만 매 순간 생명의 역사가 일어납니다.

한 줄 노트 아버지께서 들으시는 기도는 상식이 아니라 우리 안에 계신 아들의 능력으로 구하는 기도입니다.

묵상 질문 내가 드리는 기도는 상식적인 기도입니까, 주님을 의지하는 기도입니까?

Aug. 10 하나님이 어디에 두시든

벧전 4:19

고난을 대하는 태도   "고난을 선택한다는 것은 뭔가 잘못되는 것입니다. 그러나 비록 고난을 의미하더라도(고난임을 알면서도) 하나님의 뜻으로 알고 선택한다면 이때는 매우 다른 의미입니다." 하나님은 성도를 고난으로 인도하시는 분이 아닙니다. 하지만 하나님의 뜻을 행하는 것이 고통스러울 때가 있습니다. 신앙인의 기준은 고난의 유무가 아니라 아버지의 뜻이 되어야 합니다. 예수님께서는 공생애 기간 동안 일관되게 '아버지의 뜻'을 따르는 태도를 보여주셨습니다. 고난 앞에서 취하는 태도는 그 사람이 어떤 사람인지 말해 줍니다. 훈련의 시간을 가치 있게 만드는 것은 피하는 것이 아니라 견뎌내는 것입니다. 챔버스는 자기 연민이 하나님을 대적하는 교만이라고 말해 왔습니다. 하나님이 우리를 고난 가운데 다루실 때 자기 연민에 빠지면, 나를 다루시는 하나님의 손길을 느끼지 못할 것입니다.

> [한 줄 노트] 우리를 어디에 두시든 '하나님의 뜻'을 구한다면 '고통'의 문제로 고민하지 않을 것입니다.

성도의 가치   하나님의 뜻대로 받는 고난이 있습니다. 이때 우리는 사람들에게서 동정을 받으려 하지 말아야 합니다. 주님은 공생애 기간 동안 사람들의 동정을 필요로 하지 않으셨습니다. 사람들은 주님이 당하시는 고난을 이해하지 못하기 때문입니다. 주님께서는 오로지 하나님께로부터 오는 긍휼과 자비를 구하셨습니다. 때로 하나님께서는 사람의 기준으로 볼 때 아무 쓸모도 없는 곳에 성도들을 두십니다. 그러나 성도의 가치는 '유용성'이 아닌 '하나님의 영광'에 달려 있습니다. "예수님께서는 결코 자신의 삶을 얼마나 쓸모 있었는가로 평가하지 않으셨습니다. 주의 백성들이 주님을 영화롭게 하는 곳에 성도들을 두실 뿐입니다. 우리는 그곳이 어디든지 맞다 그르다 판단할 수 없습니다." 성도는 어디에 있든지 하나님을 향해 힘 있게 자라나며 성숙해야 합니다.

> [한 줄 노트] 성도의 가치는 '유용성'이 아니라 '하나님의 영광'에 있습니다.

> [묵상 질문] 고통 중에도 선한 힘이 떠나지 않음을 믿습니까? 하나님이 쓰신다면 무엇도 방해할 수 없음을 기억해야 합니다.

Aug. 11 홀로 서 있을 때

왕하 2:12

홀로 서 있음 하나님께서 이스라엘의 위대한 선지자 엘리야를 데려가실 때, 제자 엘리사에게는 혼자 남겨지는 것에 대한 두려움이 있었기에 스승에게 갑절의 영감을 요구했습니다. 오늘 등장하는 세 곳의 지명은 엘리야가 회오리바람과 함께 하늘로 올라간 후 엘리사가 홀로 서 있어야 했던 장소들입니다.

요단에서 요단강은 엘리사가 엘리야와 함께 기적을 행하며 건넜던 장소입니다. 이제 혼자 기적을 행해야 하는 순간이 왔습니다. "당신이 건널 수 없다고 말하는 것은 아무 소용이 없습니다. … 만일 당신이 믿었던 그 하나님이 정말로 당신의 하나님인지 알기 원한다면 홀로 당신의 요단강을 건너십시오." 홀로 서 있는 자리는 자신이 누구인지 증명할 수 있는 절호의 기회입니다. 홀로 있을 때 하나님을 더 알고, 증거를 얻고, 신뢰하게 됩니다.

여리고에서 엘리사는 요단강을 건너 여리고에서 물의 근원을 치유하는 기적을 행합니다. 홀로 남았으나 스승 엘리야에게 받은 갑절의 영감을 행했습니다. 주의 성령이 그에게 임했고, 하나님이 함께하신다는 증거를 얻었습니다. 삶에서 홀로 남겨지는 순간이 있습니다. 우리를 신뢰하지 못하는 사람들이 증거를 요구할 때도 있습니다. 그 순간이야말로 하나님과 함께함을 보여줄 수 있는 기회입니다.

벧엘에서 엘리사가 벧엘에 올라갔을 때, 그를 놀리던 40명의 아이들이 저주를 받아 암곰 두 마리에게 찢겨 죽는 무서운 사건이 벌어집니다. "당신의 벧엘에서 당신은 당황하여 어쩔 줄 모르게 되지만 바로 그곳이 하나님의 지혜가 시작되는 곳입니다. 궁지에 몰리면 당황하게 되고 정신을 잃기 쉽지만 정신을 차리십시오." 아이들이 놀리는 상황과 이 문장을 연결하기 쉽지 않습니다. 그러나 분명한 것은 하나님께서 엘리사를 붙잡으시고 보호하셨다는 사실입니다. 홀로 남겨진 엘리사는 능력을 받았을 뿐 아니라, 누구도 그를 업신여기지 못하도록 하나님께서 지켜주셨습니다. 이제 하나님을 의지하며 주어진 일을 감당할 수 있습니다.

한 줄 노트 삶과 사역에서 홀로 남겨질 때, 믿었던 사람을 더 이상 의지할 수 없을 때 오로지 하나님의 약속을 의지하며 홀로 서야 합니다.

묵상 질문 당신이 의지하는 엘리야는 누구입니까? 홀로 남겨질 때에 오늘의 묵상을 기억하십시오.

Aug. 12 주님을 향한 신뢰

마 8:26

풍랑 가운데 안식 누리기 두려움과 안식은 반대 개념입니다. 두려움 가운데서 우리는 '아무것'도 아니지만, 안식과 평안 가운데서는 '무엇'이 될 수 있습니다. "하나님은 주의 자녀들이 주님을 향한 확신으로 가득 차기를 바라시며, 어떠한 위기에서도 하나님께서 그들을 보시기에 조금도 변함없이 믿을 만한 자녀들이 되어줄 것을 기대하십니다."

제자들이 풍랑 가운데 두려워했던 이유는 주님을 전적으로 신뢰하지 않았기 때문입니다. 제자들의 문제는 주님을 신뢰하지 않는 것이 아니라 '어느 정도'만 신뢰한 것입니다. 주님과 함께 있으면서도 풍랑이 보이자 주님을 인정하지 않은 제자들을 보시고 주님은 '믿음이 작은 자들'이라며 책망하십니다. 질책하시는 예수님을 보며 제자들이 더 괴로웠을 것입니다. 그렇게 오랫동안 주님과 동행하며 주님의 말씀을 듣고 기적을 보아도 또 실패하는 자신의 모습을 보았기 때문입니다.

반대로 이런 상황에서 주님과 함께 있으며 온전히 신뢰할 때, 주님께 실망이 아닌 기쁨을 안겨드릴 수 있습니다. 현재의 두려움과 미래의 불확실성은 모두 주님을 신뢰하지 않기 때문에 찾아옵니다. "인생에는 폭풍도 없고 위기도 없이 그저 인간의 최선을 다하기만 하는 때도 있습니다. 그러나 위기가 오면 우리가 누구를 신뢰하는지를 당장 드러냅니다." 풍랑 가운데서 주님을 신뢰하며 하나님을 예배할 수 있다면, 고통스러운 시간을 지날 때 주님을 향한 신뢰를 잃지 않을 것입니다. 챔버스는 이러한 안식의 신학을 '성화'라고 말하며 그 의미를 설명합니다. "성화는 하나님 안에서 안식할 수 있도록 역사하는 것이며, 이는 하나님과 하나 됨을 의미합니다."

제자들은 배 안에 주님과 함께 있었지만, 주님과 온전히 하나 되지 못했습니다. 제자들은 주님의 기쁨이 되지 못했습니다. 주님을 온전히 신뢰하지 못했기 때문입니다. 신앙의 놀라운 진리는 우리가 주님 안에서 안식을 누릴 때, 주님이 우리를 가장 기뻐하신다는 것입니다. 하나님을 예배하고 의지하는 법을 배운 성숙한 그리스도인은 위기의 상황에서 하나님을 신뢰하며 바라봅니다. 챔버스는 초보의 영적 체험에서 나와 하나님을 바라보라고 권면합니다.

한 줄 노트 풍랑이 이는 바다 한가운데 서야 누구를 신뢰하는지 분명하게 드러납니다.

묵상 질문 인생의 풍랑 가운데 있습니까? 우리의 모습을 주님이 기뻐하신다고 말할 수 있습니까? 문제는 풍랑이 아니라 신뢰 여부입니다.

Aug. 13 성령의 음성을 들으십시오!

살전 5:19

성령을 소멸하지 않기   우리는 종종 성령을 불에 비유합니다. 그런데 그 성령의 불을 우리가 꺼버릴 수 있습니다. "성령의 음성은 미풍처럼 부드러워서 하나님과 완전한 교통 가운데 살지 않으면 결코 그 음성을 들을 수 없습니다." 우리는 양심의 가책을 통해 성령의 임재를 가장 쉽게 감지할 수 있습니다. 그러나 양심의 가책은 예민하게 준비된 사람들만 느낄 수 있습니다. 예민하게 깨어 있어야 성령의 잔잔하고 조용한 가책을 들을 수 있습니다. 우리가 깨어 있다는 증거는 이렇습니다. "개인적인 간증을 할 때 '구원받은 지가 정말로 꽤 오래되었구나'라고 말하며 과거를 되돌아보아야 한다면 주의하십시오. 당신이 빛 가운데 걸으면 과거를 되돌아볼 필요가 없기 때문입니다." 지금 성령님과 동행하며 앞으로도 성령님의 역사를 기대하는 사람에게는 과거가 중요하지 않습니다. 과거에 붙들려 있지 않다는 증거는 성령님께서 양심의 가책을 느끼게 하실 때 곧바로 멈추어 성령님의 인도하심에 귀를 기울이는 것입니다.

[한 줄 노트] 성령께서 마음에 가책을 주실 때는 당장 멈추고 교정해야 합니다. 그렇지 않으면 성령을 거스르는 것입니다.

성령님과 동행하기   "하나님께서 당신을 위기 상황으로 몰고 가셨다고 생각해 보십시오. 당신이 그 위기를 거의 지나갔지만 완전히 끝내지 않을 경우, 하나님께서는 그 위기를 다시 조성하실 것입니다. … 만일 계속 성령을 거스르면 위기는 더 이상 반복되지 않는 시간이 올 것이고, 이때가 되면 당신은 성령님을 소멸해 버린 것입니다." 여기서 위기는 일상적 위기가 아니라 하나님께서 깨닫게 하시는 사건과 장소입니다. 이 위기 가운데 성령님께 민감하지 않으면 시험은 끝나지 않습니다. 하나님께서 위기를 허락하실 때는 성령의 능력으로 통과해야 합니다. 피해야 할 시험이 있고 이겨야 할 시험이 있습니다. 위기 가운데 버려야 할 것과 붙들어야 할 것을 분별하며 신앙이 성숙해질 것입니다. 하나님께서 위기 가운데로 인도하실 때, 어떤 연민도 갖지 말고 성령님과 동행해야 합니다.

[한 줄 노트] 하나님은 우리의 삶 가운데서 사라져야 하는 것들을 제거하기 위해 우리를 아프게 하셔야만 합니다.

묵상 질문 위기 가운데 머물러 있습니까, 아니면 위기를 '통과'하고 있습니까? 성령님의 음성에 민감해지는 것이 중요합니다.

Aug. 14 성령을 소멸하지 마십시오!

히 12:5

성령을 소멸하는 방법 챔버스는 우리가 아주 쉽게 성령을 소멸시킨다고 말합니다. "주님의 징계를 무시하거나 주님께 꾸지람을 들을 때 낙심해 버리면 됩니다." 하나님께서는 우리를 위기로 인도하시고 시험하십니다. 문제는 이러한 시험을 알아채지 못하는 것입니다. 챔버스는 우리가 '얕은 차원의 성화 경험'만으로 판단하기 때문에 실체를 파악하지 못한다고 합니다. 얕은 차원의 성화는 '쉽게' 신앙생활을 하며 '쉽게' 터득한 얕은 지식으로, 조금 배우고 잠깐 기도하고 이 정도면 됐다고 생각하는 신앙의 단계입니다. 진정한 성화는 험한 파도와 깊은 죄의 유혹을 견디며 만들어집니다. 우리가 성령의 음성에 귀를 기울일 때, 성령님의 견책에 삶을 교정합니다. 성령을 소멸하지 않는 방법은 성령께서 우리에게 말씀하실 때 그 음성을 무시하지 않는 것입니다. 성령께서는 우리가 있어야 할 곳에 있지 않을 때, 그곳이 어떤 곳인지 보여주시고 깨닫게 하십니다. 그때 성령께서 우리를 바로 세우시도록 맡겨드려야 합니다. 오늘의 한 줄 노트는 역설적으로 성령을 소멸하는 방법에 대해 알려드립니다.

`한 줄 노트` 성령께 자신을 맡기지 마십시오! 성령께서 우리에게 말씀하실 때 애써 외면하십시오! 그러면 곧 당신의 삶에서 성령이 소멸될 것입니다.

낙심하지 마십시오 성령을 소멸하지 않기 위해서는 성령께서 우리를 꾸짖으실 때 낙심하지 말아야 합니다. 핑계도, 변명도 말아야 합니다. 나의 생각과 판단은 중요하지 않습니다. 나 자신을 주님께 맡길 준비가 되어 있는가가 중요합니다. 챔버스는 '얕은 차원의 성화 경험'에 의지하면 성령을 쉽게 소멸할 수 있다고 말합니다. "성화는 하나님께서 나를 위해 뭔가 해주시기를 원하는 '내 나름대로의 생각'이 아니라, 오히려 하나님께서 친히 나를 위해 무엇을 하실까에 대한 '하나님의 생각'입니다." "주께서 이와 같이 징계하실 때 그분의 방법으로 하시도록 순응하십시오. 그분으로 당신을 하나님께 올바르게 서도록 하십시오." 하나님의 생각으로 나를 이끌어가기 위해서는 대가가 필요합니다. 그 대가는 성령의 견책을 받아들이는 용기 있는 마음입니다. 성령님께 민감하면, 주님께서는 어떤 희생을 치르더라도 우리를 성화의 단계로 이끌어가실 것입니다.

`한 줄 노트` 진정한 성화란 나에 대한 하나님의 생각이 무엇인지 깨닫는 것입니다.

`묵상 질문` 오늘도 하나님과 동행하기 때문에 세상에서 당황스러운 일을 경험하고 있습니까?

Aug. 15 거듭남의 증표

요 3:7

거듭남과 거룩 거듭남의 전제 조건은 옛 자아가 죽는 것입니다. 자신이 주장하던 모든 것을 죽이고, '예수님의 생명'을 영접하는 것입니다. "이처럼 새롭게 태어난 성도는 의식적으로 회개하고 무의식적으로는 거룩한 삶을 영위합니다." 의식적으로 회개를 경험한 사람은 무의식적으로 거룩한 삶을 살게 됩니다. 거듭남이란 의식적 회개를 통해 무의식적 거룩의 삶을 사는 것입니다.

거듭남과 영접 영접은 인격적으로 주님을 구세주로 인정하는 것입니다. 영접은 내가 거듭났다는 증거이며, 주님을 인격적으로 체험한 지식입니다. 챔버스는 "거듭났다는 것은 내가 예수님을 본다는 뜻"이라고 말합니다. 거듭난 자의 지식은 '내가 본 것'을 이야기하는 것입니다. 삶의 모든 영역이 '예수님 때문에'로 얼룩진다면 거듭난 사람임에 틀림없습니다.

거듭남과 하나님 나라 거듭난 자가 하나님의 나라를 만드는 것이 아닙니다. 거듭나야 하나님이 통치하시는 나라를 깨닫게 됩니다. 거듭난 자는 새 생명으로 하나님의 통치를 구별할 수 있는 능력을 부여받습니다. 우리는 예수님을 바라보며 그분을 통해 일하시는 하나님을 봅니다. 하나님의 일하심은 하나님께서 세상을 통치하신다는 명확한 증거입니다.

거듭난 자는 죄를 짓지 않습니다 "하나님으로부터 거듭났다는 것은 죄를 멈출 수 있는 하나님의 초자연적인 능력을 가지게 되었다는 뜻입니다." 거듭남은 우리 안에 죄를 짓지 않을 수 있는 능력을 부여합니다. "요한일서 3장 9절의 의미는 우리가 죄를 지을 수 없다는 뜻이 아닙니다. 우리 안에 있는 하나님의 생명에 따라 순종하면 우리는 죄를 지을 필요가 없다는 뜻입니다." 완전하신 하나님의 속성이 우리에게서 떠나지 않도록 유지하는 것이 중요합니다. 그렇기 때문에 거듭난 자에게도 매일 하나님의 은혜가 필요합니다. 은혜는 우리가 매일 하나님의 도우심이 필요한 존재임을 고백하게 만들기 때문입니다.

한 줄 노트 의식적으로 회개를 경험해야 무의식적으로 거룩한 삶을 살 수 있습니다.

묵상 질문 거듭난 나에게서 하나님의 속성이 떠나지 않도록 어떤 노력을 하고 있습니까?

Aug. 16 예수님과의 친밀한 교제

요 10:3

마리아: 너무나 슬퍼서 주님을 못 알아볼 때 일곱 귀신에 들려 있던 마리아를 주님께서는 사랑하셨고, 고쳐주셨습니다. 마리아는 주님을 인격적으로 만났습니다. 하지만 그런 마리아도 주님의 죽음 앞에서 떨었고, 부활의 주님을 알아보지 못했습니다. 그러나 부활하신 주님이 그녀를 부르셨을 때, 그 음성을 깨닫고 "주님"이라고 외쳤습니다. 주님을 인격적으로 만났음에도 슬픔이 우리의 눈과 귀를 가릴 때가 있습니다. 그러나 너무 자책하지 마십시오. 단지 주님께서 다시 찾아와 우리를 부르실 때 용기 있게 "주님"이라고 외치십시오.

도마: 고집스러울 정도로 의심할 때 도마는 부활하신 주님을 의심했습니다. 제자들이 부활하신 주님을 만나고 체험한 자리에 도마는 없었기 때문입니다. 그래서 더 고집스럽게 말했는지도 모릅니다(요 20:25). 그러나 주님은 예기치 않은 순간에 도마에게 찾아오셨습니다. 도마에게 홀연히 찾아오신 주님은 우리에게도 그렇게 찾아오실 것입니다. 그러니 고집스러운 자신의 모습에 실망하거나, 누군가의 완고함에 대해 비난하지 마십시오. 주님이 찾아오실 때, 우리도 도마처럼 고백할 것입니다. "나의 주님이시요 나의 하나님이시니이다"(요 20:28).

베드로: 이기심 때문에 주님을 부인할 때 베드로는 주님의 수제자였지만 예수님을 세 번이나 부인했습니다. 그런데 주님은 그런 베드로에게 찾아와 모든 사람이 보는 앞에서 회복시켜 주셨습니다. 베드로는 고백합니다. "내가 주님을 사랑하는 줄 주님께서 아시나이다"(요 21:15). 세 사람 모두에게 부끄러운 모습이 있었습니다. 그러나 주님은 그들을 개인적으로 만나 친밀함 가운데 회복시켜 주셨습니다. 중요한 것은 부끄러운 과거로 인해 침체되는 것이 아니라, 새로운 개인적 친밀함을 회복하는 것입니다. 챔버스가 묻습니다. "당신은 예수 그리스도와 개인적인 사귐의 역사가 있습니까? 제자도의 한 가지 증표는 주님과의 친밀한 연결, 곧 그 어떤 것도 흔들 수 없는 예수 그리스도를 아는 지식입니다."

[한 줄 노트] 부족함에도 불구하고 언제나 우리에게 찾아오시는 주님으로 인해 위로를 받습니다.

[묵상 질문] 주님을 배신하거나 실족했던 순간이 있습니까? 그때마다 찾아오셨던 주님을 생각해 봅시다.

Aug. 17 강요하지 않으시는 주님

눅 18:22

너무나 힘든 말씀   "예수 그리스도께서는 우리가 들어야 하는 많은 말씀을 하시지만 우리는 듣지 않습니다. 우리가 들을 때 그분의 말씀은 놀라울 정도로 힘든 말씀입니다." 주님의 말씀이 힘든 이유는 따르기 어렵기 때문이 아니라 주님이 우리에게 강요하지 않으시기 때문입니다. 아무리 순종하기 어려워도 강제로 요구하신다면 그렇게 힘들지 않을지도 모릅니다. "그분은 결코 속여서 덫에 빠뜨리는 일이 없으십니다. 단지 사람의 귀로 들을 수 있는 가장 심한 말씀을 하시고 그 후 그대로 남겨두십니다." 사람은 누군가 가이드라인을 제시하고 대신 결정해 주는 것을 좋아합니다. 그러나 하나님은 힘든 말씀에 힘든 결정을 하고 순종의 길을 걷는 우리를 기뻐하십시다. 우리의 순전한 마음을 받으십니다. 강요된 순종은 결코 아름다운 헌신을 이룰 수 없음을 기억해야 합니다.

[한 줄 노트] 주님께서 말씀하실 때, 순종은 오롯이 우리의 몫입니다.

강요하지 않으시는 이유   우리는 본문의 부자 청년이 예수님의 말씀을 들은 후 어떻게 되었는지 알 수 없습니다. 그러나 분명한 것은 그가 불같은 열정을 가지고 주님을 찾아왔으나 차갑게 식어서 떠났다는 것입니다. "그는 주님께 불쾌한 마음을 가지고 떠나지 않았고, 오히려 완전히 낙심한 가운데 비통에 잠겨 떠났습니다." 청년은 주님의 말씀을 듣고 반항하지 않았습니다. 단지 그 말씀이 너무 힘들어 주님을 떠나갔습니다. 이것이 주님의 방식입니다. 주님은 아직 준비되지 않은 청년에게 억지로 헌신하도록 강요하지 않으셨습니다. 단지 그 청년의 마음에 가슴이 찢어질 듯한 낙심을 주셨습니다. "주님께서는 주의 말씀이 사람의 마음속에 한 번이라도 들려지면 그 말씀은 조만간 열매를 맺게 될 것을 분명히 알고 계셨습니다." 낙심한 채 주님을 떠나갔지만, 그 말씀이 마음속에서 열매를 맺을 것입니다. 주님은 그 청년을 포기하신 것이 아니라, 그가 돌아오기를 기다리셨습니다. 우리도 주님의 마음을 따라 누군가 들은 주님의 말씀이 심겨져 싹이 나고 열매 맺는 시간을 방해하지 말아야 합니다. 주님께서 우리를 참아주시고 기다리셨던 것처럼 말입니다. 주님께서는 강요하지 않으십니다.

[한 줄 노트] 사랑하기 때문에 '내버려두는 것'이 주님의 방식임을 기억하십시오.

묵상 질문 주님의 말씀에 아직 응답하지 못했습니까? 강요하지 않으시지만 우리의 순종을 원하시는 주님의 마음을 헤아려보십시오.

Aug. 18 — 혹시 '헌신'을 사랑합니까?

눅 18:23

슬픔이 기쁨입니다 "당신은 이러한 경험이 있습니까? 당신의 삶 속에서 남들보다 부요하다고 느낀 부분들—성격, 개인적인 집착, 마음과 생각이 머무는 것들—에 대해 하나님의 말씀이 당신에게 임한 적이 있습니까?" 주님은 우리가 삶에서 가장 집착하는 부분에 대하여, 그 모든 것을 포기하고 주님을 따를 수 있느냐고 직설적으로 물으십니다. 주님은 우리에게 물으시지만 애걸하시지는 않습니다. 부자 청년에게 예수님의 말씀은 슬픔과 낙담이었습니다. 그러나 역설적이게도 우리에게 이런 슬픔과 낙담은 큰 기쁨입니다. 슬픔과 낙담을 경험한 자만이 가장 진솔하게 주님의 말씀에 응답할 수 있기 때문입니다. 이렇게 거대한 슬픔에 직면해 보지 않고 말하는 것들은 때로 피상적이고 가벼운 것이 될 수도 있습니다.

[한 줄 노트] 우리가 느끼는 슬픔이 순종의 시작점이라는 것을 기억하십시오.

실망해도 괜찮습니다 우리의 문제는 주님의 명령이 아닌 우리의 생각에 헌신하기 위해 고민한다는 것입니다. 부자 청년은 전심으로 율법을 지키며 하나님을 위해 산다고 생각했습니다. 그런 일을 통해 영생을 얻으려는 거룩한 소망을 가지고 있었습니다. 그런데 자신이 생각한 헌신과 완전히 다른 주님의 말씀을 듣게 되자 당황스러웠습니다. "당신은 주님보다는 주님이 무엇을 원하실 것이라는 당신의 '생각'에 더 헌신하는 것은 아닙니까? 만일 그렇다면 당신은 당신 속에 슬픔을 자아낼 주님의 거친 말씀을 듣게 될 것입니다." 우리가 주님의 참 제자가 되기 원한다면 내가 궁핍하다는 생각도, 대단하다는 생각도 다 내려놓아야 합니다. 주님께 실망하는 이유는 이런 생각을 내려놓지 못한 채 주님의 음성을 듣기 때문입니다. 그러나 힘든 주님의 말씀을 대하는 순간, 내 헌신이 얼마나 가짜였는지 깨닫게 됩니다. 지금까지 주님께 헌신했다고 여겼던 것들이 결국 '자신의 헌신'을 사랑한 증거가 되니 말입니다. 우리는 '자기 사랑'과 '주님 사랑'을 혼동할 때가 있습니다. 그러니 주님의 거친 말씀으로 슬픔이 찾아왔다면 기뻐하십시오! 바로 거기에서 진정한 그리스도인의 모습을 발견할 수 있으니 말입니다.

[한 줄 노트] 우리의 생각에 대한 헌신과 주님께 대한 헌신은 완전히 다릅니다.

[묵상 질문] 지금 당신의 삶에 '거친 주님의 말씀'이 있습니까? 우리를 낙담하게 만드는 지점에서 찾아봅시다.

Aug. 19 자아의식

마 11:28

자아의식 vs. 예수님 의식 "만일 우리가 주님께 나아가 '자아의식'이 아닌 '예수님 의식'을 갖게 해달라고 간구한다면, 주님께서는 그 기도를 응답하셔서 우리로 주님 안에 거하게 하는 것을 배우게 하실 것입니다." 자아의식은 예수님 의식과 대척점에 있습니다. 우리가 예수 안에서 온전한 삶을 살 때는 자아의식이 존재하지 않습니다. 그리스도께서 우리 삶을 지배하시기 때문입니다.

그런데 하나님과의 관계가 흔들리면 옛사람이 다시 고개를 들기 시작합니다. 자아의식은 우리의 완전함을 흔듭니다. 죄된 본성이 고개를 들면, 하나님의 낯을 피해 숨게 됩니다. 문제의 해답은 우리 속을 주님으로 채우는 것입니다. "내게로 오라"는 주님의 말씀에 순종하여 하루속히 관계를 정립하는 것입니다. 세상에서는 어렵고 힘들 때 정신을 차리라고 말하지만, 신앙인은 위기의 순간에 주님을 바라보라고 말해야 합니다.

챔버스는 주님과의 관계를 파괴하는 것이 '외부로부터 오는 공격'이라고 말합니다. 외부의 공격은 언제든지 누구에게나 찾아옵니다. 문제는 이런 공격으로부터 자신을 어떻게 보호하느냐 하는 것입니다. "그리스도 안에 거하는 당신의 삶을 분리시키려는 것이 있다면, 절대로 방치해 두지 마십시오. 곁길로 빠지는 것을 조심하고 친구 및 환경의 영향이 당신의 삶을 분열하는 것을 주의하십시오. 주님과의 하나 됨을 파괴하여 당신을 분리된 자아로 보게 하려는 것들을 주의하십시오. 영적으로 하나님과 바른 관계를 유지하는 것보다 더 중요한 것은 이 세상에 아무것도 없습니다."

하나 됨을 유지하는 최선의 방법은 주님께 나아오는 것입니다. "내게로 오라!" 주님의 가장 위대하면서도 간단한 명령입니다.

한 줄 노트 엄밀한 의미에서 '자아의식'은 '예수님 의식'과 대척점에 있습니다.

묵상 질문 나를 주님과 멀어지게 하는 '자아의식'은 무엇입니까? 문제를 알면 답도 알 수 있습니다.

Aug. 20 온전한 삶

마 11:28

온전한 삶을 위하여 우리는 평안을 깨는 어떤 것도 허락하지 않고 강력하게 싸워야 합니다. 이 싸움은 혈과 육의 싸움이 아닙니다. "'주님, 제 안에 당신만을 의식하게 하소서.' 이렇게 기도할 때 자아의식은 사라지고 주님께서 당신의 전부가 되실 것입니다. 자아의식이 계속되는 것을 허락하지 마십시오. 그 이유는, 자아의식은 서서히 자기 연민을 발생시키며 자기 연민은 사탄에게 속한 것이기 때문입니다." 계속 자신을 의식하면 스스로의 가치를 가늠하게 됩니다. 챔버스는 자아의식이 계속될 때 자기 연민이 발생하니 주의하라고 말합니다. 우리의 가치를 매기는 분은 인생 전문가이신 하나님이시며, 우리 스스로 가치를 폄하하게 만드는 것은 사탄의 일입니다.

"하나님의 자녀는 그 자신이 곧 하나님의 뜻이기 때문에 하나님의 뜻을 의식하지 못합니다. 하나님의 뜻에서 조금이라도 벗어나게 되면 우리는 묻기 시작합니다. '무엇이 당신의 뜻입니까?'" 공기를 마시고 사는 사람은 산소를 의식하지 못합니다. 산소가 희박한 곳에서야 숨 쉬는 것이 무엇인지 생각합니다. 마찬가지로 우리 역시 하나님과 멀어지고 나서야 하나님의 뜻이 무엇인지 묻습니다.

주님과 일치된 삶을 살 때는 굳이 주님의 뜻을 묻지 않아도 평안함을 누리며 살아갑니다. 그런데 언제부터인가 자꾸 주님의 뜻을 묻기 시작했다면, 주님과의 관계에 커다란 균열이 생긴 것입니다. "하나님의 자녀는 결코 하나님께서 기도에 응답하시는 것을 의식하기 위해 기도하지 않습니다. 그는 하나님께서 언제나 기도에 응답하신다는 것을 평안한 마음 가운데 확신하기 때문입니다." 어제 묵상에서도 언급했듯, '자아의식'은 그리스도인의 삶의 장애물입니다. 자아의식이 있던 자리에 그리스도 의식이 자리 잡아야 합니다. 그리고 그 방법은 오로지 주님께 나아가는 것입니다.

한 줄 노트 우리가 온전한 삶을 살 때, 하나님의 뜻을 묻지 않아도 그분의 뜻대로 살아갈 것입니다.

묵상 질문 당신이 진정으로 원하고, 바라고, 기도하는 것은 무엇입니까?

Aug. 21 눈에 띄지 않는 섬김

마 5:3

완전한 가난 "우리가 자주 듣는 문구인 '예수 그리스도를 돕기 위해 결단하세요'라는 말은 주님께서 절대로 원하지 않으시는 내용을 강조한 것입니다. 주님은 우리에게 항복하라고 하셨고, 주를 돕기 위해 결단하도록 요구하신 적이 없으십니다." 우리의 의지력이나 인격적 아름다움 같은 것을 자랑할 수 없을 때, 오로지 주님께 가난한 마음으로 나아갈 수 있습니다. 내 힘과 능력으로 하나님 나라에 들어갈 수 없음을 절실하게 깨닫는 그 지점에서 우리는 주님의 도움을 요청합니다. 이것이 항복입니다. 모든 일을 주님께 양도하는 것입니다. 주님께 가난함을 고백할 때, 동시에 온전히 은혜를 요청합니다. 완전한 가난을 향해 나아가는 만큼 우리의 신앙이 온전해지고, 주님과 친밀해질 수 있을 것입니다.

한 줄 노트 온전히 주님을 믿고 의지할 때 완전한 가난뱅이가 되어 천국에 들어갈 수 있습니다.

의식하지 않는 상태 챔버스가 말하는 고귀한 신앙의 단계는 의식하지 않고 행하는 단계입니다. 주님의 일을 하면서 '나는 유용한 존재인가'를 생각한다면, 주님의 손길에서 떨어져 나가게 될 것입니다. "그리스도인의 삶은 눈에 띄지 않고 절대로 의식되지 않습니다. 만일 의식된다면 이는 예수님의 손길의 특성인 순수한 아름다움과는 관계가 없는 것입니다." 우리가 하나님을 의식한다면 스스로 드러낼 것도, 자랑할 것도 없습니다. "어떤 사람들이 우리에게 가장 영향을 미치고 있습니까? 스스로 우리에게 영향을 주었다고 생각하는 자들이 아니라 오히려 그런 의식과는 거리가 먼 사람들입니다. 그리스도인의 삶은 눈에 띄지 않고 절대로 의식되지 않습니다." 진정으로 영향력 있는 사람은 스스로 과장하거나 자아가 팽창하지 않습니다. 오히려 눈에 띄지 않고 의식되지 않지만, 인격을 통해 그리스도인의 진짜 영향력이 드러납니다. 눈에 띄지 않는 섬김은 평범하고 순수하며 무의식적인 일상에서의 섬김입니다. "예수 그리스도의 나라의 바탕에는 평범한 것들의 순수한 아름다움이 있습니다." "하나님께서 인정하시는 진정한 아름다운 성품은 언제나 무의식적인 것입니다."

한 줄 노트 진정한 그리스도인의 인격은 남을 의식하지도 않고, 남에게 의식되지도 않는 사이에 누군가에게 스며듭니다.

묵상 질문 사람들을 의식해서 하는 행동이 있습니까? 위선적이지 않도록 주의하십시오. 하나님을 의식해서 하는 행동이 있습니까? 하나님과의 친밀감을 점검하십시오.

Aug. 22 "나는… 그러나 그는"

마 3:11

주님만이 본문의 세례 요한은 자신이 할 수 있는 것과 할 수 없는 것을 잘 알고 있었습니다. 그것을 인정할 때 그는 순종하는 사람이 되었습니다. "정말로 나의 모든 것이 완전히 끝나서 아무것도 할 수 없습니다. 그러나 주님께서 바로 거기서 일하기 시작하십니다." DIY(Do It Yourself)는 소비자가 원하는 물건을 자신의 힘으로 직접 만들어 사용하는 것입니다. 카일 아이들먼 목사는 그리스도인의 여행은 DIY 프로젝트가 아니며, 주님을 따라갈 힘조차 없는 우리이기에 성령을 보내셨다고 말합니다. 따라서 우리는 완전히 끝나 아무것도 할 수 없을 때 성령 세례의 의미를 제대로 알 수 있습니다. 신앙생활에서 "나는 할 수 없는데, 주님은 하실 수 있습니다"라는 고백이 꼭 필요합니다. 주님은 우리가 할 수 있는 일을 하시는 분이 아닙니다. 우리가 아무것도 할 수 없는 곳에서 일을 시작하시는 분입니다. 우리가 무기력함을 깨닫고 주님의 도우심을 구할 때 주님이 일하십니다. 주님이 일하실 때 우리의 모든 잘못이 빛 가운데로 드러날 것입니다. 그러나 준비되어 있지 않다면, 이 모든 순간에 주님이 일하실 수 없습니다.

[한 줄 노트] 예수님을 따르는 삶은 'DIY(Do It Yourself)'가 아닙니다.

회개가 필요합니다 "(의역) 회개란 죄를 깨닫는 것이 아니라, 나의 무가치함을 깨닫는 것입니다. 회개를 통해 아무것도 할 수 없는 존재임을 깨닫게 됩니다." 회개의 순간, 우리에게 무력감이 찾아옵니다. 회개는 방향을 돌이켜 하나님 앞에 서는 것이기 때문입니다. 하나님 앞에 서니 우리 존재가 초라해집니다. 이때 비로소 하나님의 도우심을 구하게 되고, 바로 그 지점에서 주님이 일하기 시작하십니다. 아직 하나님께서 우리 삶에 들어와 역사하지 않으신다면, 진정한 회개가 일어나지 않았다는 증거입니다. "성령 세례를 받은 자의 유일한 의식적 경험은 자신의 절대적인 무가치함을 깨닫는 것입니다." 세례 요한의 고백과 경험이 오늘 우리에게도 동일하게 필요합니다. 우리는 아무것도 아닙니다. 우리가 할 수 있는 일이 없습니다. 이와 같은 깨달음은 절망이 아니라 주님이 새로운 일을 행하시는 지점이 됩니다. 지금 우리는 바로 그 지점으로 나아가야 합니다.

[한 줄 노트] 성령의 영광이 강할수록 나의 무가치함이 더욱 적나라하게 드러납니다.

[묵상 질문] 성령님 앞에서 당신의 무가치함을 경험한 적이 있습니까? 그렇다면 성령님께서 당신을 통해 일하실 것입니다.

Aug. 23 은밀한 가운데 기도하십시오!

마 6:6

집중하기 "예수님께서는 '은밀한 중에 계신 네 아버지를 꿈꾸라'고 하지 않으시고 '은밀한 중에 계신 네 아버지께 기도하라'고 하셨습니다." 꿈은 의지를 가지고 꾸는 것이 아니라, 잠을 자다가 자연스럽게 꿉니다. 그러니 꿈꾸지 말고 기도하라는 말은 '의지적'으로 행동하라는 말입니다. 기도를 방해하는 가장 큰 적은 '방황하는 생각들'입니다. 기도 중 집중하지 못하고 여러 생각이 떠오를 때, 이를 극복하지 못하면 기도에 집중할 수 없습니다. 챔버스는 이를 '정신적 방황', 원문의 표현으로는 '정신적 양털 모으기'라고 말합니다. 양털 모으기는 양들이 지나갈 때 나뭇가지에 걸린 털을 모으는 일을 말합니다. 기도할 때 집중하지 못하면 마치 나무에 걸린 양털을 수고롭게 모으듯이 분주하게 생각이 오갈 수밖에 없으니, 마음을 훈련해서 기도에 집중해야 합니다.

[한 줄 노트] 기도할 때 가장 큰 싸움은 방황하는 생각들을 극복하는 것입니다.

특별한 장소에서 "은밀한 조용한 시간이란 모든 감정의 문을 의도적으로 닫고 하나님을 기억하는 것을 의미합니다. 하나님은 은밀한 가운데 계시며 은밀한 곳에서 우리를 보십니다." 은밀한 곳은 우리가 하나님과 독대하는 시간이자 장소입니다. 은밀함 가운데서 하나님을 바라볼 때, 의심하지 않게 될 것입니다. 그러니 하나님께 집중하며 기도하기 위해서 은밀한 곳으로 들어가야 합니다. 예수님이 '하나님은 은밀한 중에 계신다'고 하신 말씀을 기억하십시오. "그러면 모든 환경의 중심에 언제나 하나님이 계심을 발견하게 될 것입니다. 모든 상황을 가져가 하나님과 대면하는 습관을 기르십시오." 모든 문이 열린 곳에서는 온갖 생각에 사로잡히고 관심이 분산됩니다. 하지만 문을 닫고 은밀한 곳에서 하나님을 만나면 오로지 주님과의 관계 속에 설 수 있습니다. 오롯이 하나님의 말씀 앞에 설 때, 하나님을 중심으로 우리 문제들을 살펴볼 수 있습니다. 이때 우리는 하나님 중심의 삶을 살게 됩니다. "문을 활짝 열고 당신의 아버지께 은밀한 가운데 기도하면 모든 보이는 일들마다 하나님의 임재의 흔적이 남을 것입니다."

[한 줄 노트] 은밀한 곳은 하나님과 독대하는 자리이기에, 모든 문제 가운데 하나님의 다스림만을 기다리는 장소입니다.

[묵상 질문] 당신에게 은밀한 장소는 어디인가요? 오로지 하나님만을 독대하는 은밀한 시간은 언제인가요?

Aug. 24 영적 지침

마 7:9

기도가 응답되지 않을 때   우리의 기도가 응답되지 않는다면, 먼저 하나님과의 관계가 잘못된 것은 아닌지 생각해 보아야 합니다. 어려움을 만났을 때 많이 쓰는 방법 중 하나는 떼를 쓰는 것입니다. 그런데 정당한 근거 없이 떼를 쓴다면 훨씬 나쁜 결과를 가져올 수도 있습니다. 떼를 쓰면서 구하는 것이 정당한지가 중요합니다. "영적 지침"은 기도가 응답되지 않을 때, 그것이 영적으로 무엇을 의미하는지 찾아보라는 뜻입니다. "기도가 응답되지 않았다고 그냥 자리에 앉아 있지 말고 응답되지 않은 이유를 여러 영적 지침을 펼쳐서 찾아보십시오." 영적 축복을 원한다 해도 그것을 얻을 만한 자격을 얻지 못했다면 그 축복 없이 지내야 할 것입니다. 축복의 자격을 얻기까지 기다려야 할 것입니다. 기도가 응답되지 않을 때는 영적 지침을 통해 신앙을 점검하십시오.

> **한 줄 노트** 영적 지침이란, 기도가 응답되지 않을 때 하나님의 자녀로 살지 못한 나에게 이유가 있음을 되돌아보는 것입니다.

착한 자녀 되기   "우리는 하나님께 따지면서 자기 마음대로 행하는 것을 헌신으로 오해합니다." 우리는 기도가 응답되지 않을 때 하나님과의 논쟁을 서슴지 않습니다. 자기 마음대로 행동한 후에 '헌신'이라고 착각하며 하나님께 대들기도 합니다. 기도가 응답되지 않을 때는 하나님과 논쟁할 것이 아니라 영적으로 무엇이 잘못되었는지 살펴보아야 합니다. 우리가 지금 하나님의 좋은 자녀인지 말입니다. 거듭나지 않으면 하나님의 자녀가 되지 못합니다. 거듭난 사람만이 빛 가운데서 하나님의 다스림을 받습니다. 하나님의 다스림을 받지 못하는 사람은 여전히 자기중심적이며 정욕을 구하는 사람입니다. 챔버스는 이러한 잘못된 현상에 대해 지적합니다. "우리 대부분은 기도를 종교적 상투어로 바꾸어버렸습니다. 그래서 기도가 감정의 문제가 되었고 하나님과의 '신비'한 체험이 되었습니다. … 영적 지침을 펴본다면 우리는 무엇이 잘못되었는가를 뚜렷하게 보게 될 것입니다."

> **한 줄 노트** 영적 지침서를 도외시하고 하나님의 자녀로 살지 않으면서 드리는 기도는 소용이 없습니다. 하나님의 자녀로 살아갈 때 비로소 "구하는 이마다 얻을 것이요!"라는 말씀이 우리 안에서 현실이 됩니다.

묵상 질문 당신에게 필요한 영적 지침서는 무엇인가요? 지금 기도의 응답이 없다면 성경을 펼쳐 보십시오.

Aug. 25 성도의 애착

요 15:15

자기 희생   진정한 성도의 애착은 자연적 본성에 대한 애착을 포기하고 주님과 진정한 친구 관계를 통해 열매를 맺는 것입니다. 이와 같은 친구 관계에 있어서 중요한 것은 자신을 내려놓는 일입니다. "모든 것을 내려놓기까지는, 우리는 결코 자기 희생의 기쁨을 알 수 없습니다. 자기 항복은 가장 어려운 일입니다. … 우리가 자신을 완전히 내려놓는 순간 성령은 우리에게 예수님의 기쁨을 맛보게 하십니다." 사랑하는 사람을 위해 무언가 버릴 수 있다면 얼마나 큰 기쁨이겠습니까? 희생한다는 생각이 들지 않는 희생이 진정한 희생입니다. 성령께서 우리 안에 들어오셔서 주님과 친밀해질 때, '자기 희생'은 사랑을 표현하는 '열정'이 됩니다. 희생은 쉽지 않습니다. 그러나 온전한 자기 희생을 통해 하나님의 뜻이 드러나며, 그로 인해 우리에게 찾아오는 참 기쁨은 분명 존재합니다.

[한 줄 노트] 주님과 친밀하다면 '항복'과 '자기 희생'이 그렇게 어렵지 않습니다. 오히려 모든 것을 내려놓는 순간 새로운 기쁨을 맛보게 됩니다.

방해물 제거하기   "자연적인 애착(육적 애착)들이 사랑 안에서 행하는 당신의 삶을 방해하지 못하도록 하십시오. 자연적인 애착(육적 애착)을 제거하려면 그것을 혐오하면 됩니다. 성도의 애착은 주 예수 그리스도여야 합니다." 주님은 우리에게 "너희를 친구라 하였노니"라고 말씀하셨습니다. 주님과의 우정은 새로운 관계를 맺었다는 증거입니다. 새 생명을 가진 자가 주님과 새로운 관계를 맺었다면, 옛 생명과 옛 생활에 대한 애착을 끊어내야 합니다. 옛 삶에 대한 애착을 혐오하고 오로지 주님과 우정을 나눌 때, 풍성한 열매를 맺을 것입니다. 이 새로운 우정에서 우리는 온전히 주님께 헌신하게 됩니다. "주님께 우리의 눈을 고정한 가운데 자기 희생을 치렀을 때, 서서히 그러나 분명하게 주의 빚으시는 역사가 나타나기 시작합니다." 예수 그리스도를 향한 성도의 애착은 자기 희생의 열매를 낳습니다. 자기 희생을 통한 '주의 빚으시는 역사'가 언제 나타날지는 알 수 없으나, 주님은 우리의 죽음을 통해서도 그분의 역사를 이루십니다.

[한 줄 노트] 주님과 친구가 되는 것은 실제적인 일입니다. 우리의 눈을 온전히 주님께 고정하기 위해서는 치러야 할 희생이 있습니다.

묵상 질문 주님과의 친밀함을 위해 당신이 희생한 것은 무엇입니까? 오늘 하루 무엇을 희생할 수 있습니까?

Aug. 26 불안합니까?

요 14:27

평안하신가요? "무지로 인해 마음이 평안할 때가 있습니다." 우리는 지금 무슨 일이 일어나고 있는지, 앞으로 어떤 일이 닥칠지 알지 못합니다. 이런 무지와 무감각 속에서 마음이 잠시 평안할 수는 있습니다. 그러나 삶을 요동치게 하는 사건을 만났을 때, 이런 평안은 곧 사라져버리고 맙니다. 이때 우리 주님께서 평안하라고 말씀하시면 평안해질 것입니다. 문제는 우리가 이런 주님의 말씀을 받아 현실화하는 경험을 했느냐는 것입니다. 인생의 파도 앞에서 평강과 기쁨과 위로를 찾을 수 없다면 진정으로 주님을 바라보고 있는 것이 아닙니다. 주님과 올바른 관계를 가지지 못한 사람은 결코 주님만 바라볼 수 없습니다. 그리고 그 결과는 참담합니다. "만일 어떤 이유이든 예수 그리스도의 얼굴을 바라보지 않는다면, 당신은 불안에 빠지든지 아니면 거짓된 안정감을 취하게 됩니다." 챔버스는 염려와 불안의 상황 가운데서 하나님을 바라보며 평안과 기쁨, 위로를 누리라고 권면합니다. 이러한 지침은 신앙의 선배들을 통해 이미 증명되었습니다.

[한 줄 노트] 진정으로 주님을 바라보고 있다면 인생의 파도 앞에서 평강과 기쁨을 누릴 것입니다.

주님만 바라보기 "당신을 압박하는 문제들 가운데서 지금 예수님을 바라봄으로 평안을 얻고 있습니까?" 그렇다면 우리 안에 평안이 임하는 축복을 경험할 것입니다. 하지만 삶의 파도 앞에서 '염려함으로' 문제를 해결하려 한다면, 주님을 밀어내고 있는 것입니다. 불안에 빠지는 이유는 주님을 바라보지 않기 때문입니다. 그러나 주님을 바라보면 제어할 수 없는 문제 때문에 당황할 필요가 없습니다. "지금 고통스러울 정도로 불안합니까? 하나님의 주권 가운데 허락된 풍랑과 바람으로 마음이 혼란 가운데 있습니까? 당신의 믿음의 반석들을 다 들춰보았지만 여전히 평강과 기쁨과 위로가 없습니까? 마음이 허망합니까? 그렇다면 주 예수님의 평강을 바라보고 그것을 받으십시오." 우리의 관심은 주님을 바라보는 것이어야 합니다. 눈앞에 어떤 고통과 이별, 슬픔이 찾아온다 할지라도 주님을 바라보면 이런 음성을 듣습니다. "너희는 마음에 근심하지 말라!"

[한 줄 노트] 주님을 바라보면 제어할 수 없는 문제로 인해 당황할 필요가 없습니다. 주님께서 다루어가실 것이기 때문입니다.

[묵상 질문] 불안함을 느낀다면, 불안의 이유와 내용을 적어봅시다. 그리고 그것이 주님보다 더 큰 것인지 생각해 봅시다.

Aug. 27 속죄의 표준

요 12:35

살아 있는 신학, 살아 있는 신앙 "당신의 물질적, 도덕적, 영적인 면에서 삶의 모든 부분은 예수 그리스도의 속죄의 표준에 의해 평가되어야 합니다." 그 이유는 '속죄'가 '거룩'을 의미하는 단계로 나아가야 하기 때문입니다. 흔히 이야기하는 신학, 즉 '속죄의 신학'은 가장 현실적이고 실제적인 삶을 통해 그 진가가 증명되어야 합니다. 우리가 교리를 알더라도 행하지 않으면 그것은 '죽은 신학'입니다. 거룩과 성화에 대한 교리를 알고 있다면 현실적인 문제, 즉 삶 속에서 부딪히는 문제에 대해 그 교리대로 행동해야 합니다.

챔버스는 늘 주님과의 친밀함을 고민했고, 순종을 생각했습니다. 친밀함은 그분 안에 거하며 그분과 함께 살고 행동하는 것입니다. 이것이 바로 그분의 뜻을 따라 사는 것입니다. 변화산에서 빛을 보았으면 그 빛에 순종하여 살아가야 합니다. 우리가 순종하지 않는다면 빛은 어둠으로 변할 것입니다. "하나님께서 빛으로 비추어주신 성화 및 여러 문제를 당신이 거부하는 순간, 당신의 영적 생명은 말라비틀어지기 시작합니다. 모든 삶의 영역에서 계속 진리를 삶에 실천하십시오. 그렇지 않으면 당신이 받은 바로 그 빛이 저주가 될 것입니다."

살아 있는 신앙, 살아 있는 신학의 가장 큰 방해물은 과거의 영적 체험으로 잘난 척하는 것입니다. 변화산 체험에 만족하여 삶으로 내려오지 않는 것입니다. 성화는 현실의 삶에서 영적 체험의 경험을 살아내는 것입니다. 체험이 과거에 머물러 있지 않게 하는 것입니다. 과거의 경험과 체험만 생각하며 '자기 만족'에 빠져 있다는 증거는 '영적 게으름'입니다. 현실에서 성화를 이루기 위해 아무것도 하지 않는 것입니다. "자기만족에 빠지는 믿음을 주의하십시오. 그것은 아무리 아름답게 들려도 지옥 구덩이로부터 온 것입니다."

한 줄 노트 그리스도인은 날마다 속죄의 표준에 의해 평가되어야 합니다. 과거의 영광에 머물며 자기만족에 빠진, 그리스도인답지 않은 삶을 살지 않도록 주의해야 합니다.

묵상 질문 당신에게는 변화산의 체험이 있습니까? 그 체험이 과거의 기억 속에 있습니까, 아니면 오늘을 살게 하는 힘이 되고 있습니까?

Aug. 28 기도는 나를 바꿉니다

눅 11:1

성경적 기도   "우리가 기도하지 않을 때 어려움을 당하시는 분은 우리 안에 계신 하나님의 아들의 생명입니다." 거듭났다는 말은 우리 안에 그리스도의 생명이 계시다는 의미입니다. 우리 안에 계신 하나님의 아들에게 영양분을 공급하는 수단이 바로 기도입니다. 따라서 기도하지 않을 때, '기도하지 않는 사람'이 아니라 '그 안에 계신 주님'이 고통을 당하십니다. "우리는 흔히 기도를 자신을 위해 뭔가 얻는 수단으로 생각합니다. 그러나 성경에서 말하는 기도의 개념은 우리가 기도를 통해 하나님 그분을 알게 되는 것입니다." 우리가 성경적 기도를 드리지 못하는 이유는 하나님을 인격적으로 알지 못하기 때문입니다. 이런 사실을 인식할 때, 기도의 내용이 달라지게 됩니다.

[한 줄 노트] 기도는 무언가를 얻는 수단이 아니라 하나님을 알아가는 통로입니다.

기도의 유익   하나님께 구할 때, 우리는 그리스도께 주의 뜻대로 하실 수 있는 기회를 드리는 것입니다. 우리의 문제는 막다른 골목에 가서야 기도한다는 것입니다. 궁지에 몰렸을 때 실체 되시는 하나님을 만날 수 있습니다. 이것이 기도의 유익입니다. 그러니 우리는 어려운 일을 만났을 때, 어린아이처럼 담대히 해결할 수 없는 문제들을 하나님 앞에 아뢰어야 합니다. 이때 실제적으로 하나님을 만날 수 있습니다. 그런 의미에서 고난은 우리에게 유익이 됩니다. 고난이 없었더라면 하나님을 만나지 못했을 테니 말입니다. 우리를 기도하게 만드는 상황이 온다면 그것은 축복입니다. 기도하는 자만이 기도의 유익을 얻기 때문입니다. "기도는 외부적인 것들을 바꾸는 문제가 아니라 사람의 성향을 바꾸어내는 놀라운 기적을 일으키는 역사입니다." 하나님의 생명이 우리 안에 계실 때, 우리가 드리는 기도가 우리의 성향을 바꿉니다. 성향이 바뀐 사람은 바뀐 내용의 기도를 합니다. 처음 기도할 때는 상황이 변해야 문제가 해결될 것이라고 생각했는데, 기도가 기도하는 사람을 바꾸어놓습니다. 그리고 그 사람은 상황을 바꾸는 놀라운 능력을 경험하게 됩니다.

[한 줄 노트] 기도의 유익은 기도가 나를 바꾸는 것입니다. '구하는 이마다 받을 것이요'라는 축복의 말씀이 더 이상 추상적이지 않고, 실제로 다가오는 것입니다.

[묵상 질문] 기도할 때마다 조금씩 변하는 자신을 느낄 수 있습니까? 아니면 여전히 바뀌지 않은 채 동일한 기도를 드리고 있습니까?

Aug. 29 믿음의 싸움

요 11:40

믿음의 시련 상식과 믿음은 엄연히 다릅니다. 상식은 자연적이나 믿음은 초자연적입니다. 믿음은 우리에게 이렇게 묻습니다. "상식적으로는 주님을 의지할 수 없는 상황에서 예수 그리스도를 의지할 수 있습니까?" 우리는 상식과 믿음이 충돌하는 상황들을 맞닥뜨립니다. 인간의 상식으로는 이미 죽어 냄새가 나는 나사로의 무덤 앞에서, 주님은 "네가 믿으면 하나님의 영광을 보리라"라고 말씀하십니다. "상식적인 판단이 '거짓말이 아닐까?'라고 외칠 때에도 용감하게 예수 그리스도의 말씀을 믿고 나아갈 수 있습니까?" 주님과 함께하며 영적으로 깊은 체험을 하는 순간에 믿음을 고백하는 일은 어렵지 않습니다. 하지만 믿음이 필요한 순간은 악령이 가득한 세상에서 살고 있을 때입니다. 믿음이 흔들리는 이유는 자신의 믿음의 체계 위에서 하나님을 생각하기 때문입니다. 올바른 믿음이라고 생각했는데, 어쩌면 우리의 생각과 상식의 틀을 벗어나지 못한 믿음인 것입니다. 이럴 때 우리에게 선택이 주어집니다. 믿음의 시련을 통과하겠는가, 아니면 믿음의 체계가 무너져버린 상황에서 뒤로 물러나겠는가?

한 줄 노트 상식적인 믿음으로 주님을 신뢰할 수 없는 순간이 오면 그 믿음의 진가가 판가름 납니다.

믿음의 시험 시험에는 두 가지 종류가 있습니다. 우리를 넘어뜨리는 유혹으로서의 시험(temptation)과 우리를 성장시키는 시험(test)입니다. 유혹은 물리쳐야 하지만 시험은 이겨서 통과해야 합니다. "믿음은 시련을 거쳐야만 합니다. 그 이유는, 믿음은 오직 시험을 지나야만 인격적으로 소유한 믿음이 될 수 있기 때문입니다." 챔버스는 이 믿음의 시험에서 이길 방법을 제시합니다. "'누구든지 나로 말미암아 실족하지 아니하는 자는 복이 있도다'(마 11:6). 믿음에서 마지막까지 중요한 것은 예수님에 대한 확신입니다. 끝까지 견고하게 주님을 믿으십시오. 당신이 만나는 모든 역경은 당신의 믿음을 자라나게 할 것입니다." 믿음을 가지고 살아가는 모든 여정에서, 믿음은 계속 시험받을 것입니다. 그리고 이 시험의 가장 큰 고비는 죽음입니다. 달려갈 길을 다 간 후에, 마지막 죽음 앞에서 버림받지 않도록 단단하게 주님을 붙잡아야 합니다.

한 줄 노트 믿음이란 말로 다할 수 없을 정도로 하나님을 신뢰하는 것이며, 주께서 우리를 내버려두지 않으시리라는 확신입니다.

묵상 질문 지금 당신에게 온 믿음의 시련은 '유혹(temptation)'입니까, '시험(test)'입니까?

Aug. 30 사역보다 관계가 중요합니다

눅 10:20

사역의 기준   우리는 늘 유용성을 생각합니다. 지금 내 눈에 얼마나 필요한 존재이며 얼마나 사용되고 있는가가 중요합니다. 하지만 하나님은 그것보다 더 중요한 '관계'에 집중하십니다. 지금 우리가 얼마나 쓸모 있는 인간인지보다, 하나님께서 우리를 원하신다는 사실에 기뻐하라는 말입니다. "예수님께서는 성공적인 사역으로 기뻐하지 말고 당신이 주님과 바른 관계에 있는 것으로 기뻐하라고 말씀하십니다." 주님은 사역자들이 '성공적인 사역'이라는 함정에 빠지는 것을 염려하십니다. 하나님께서 우리를 사용하시는 것만으로 기뻐할 수 있다면, 어떻게 사용하실지 조바심을 낼 필요가 없습니다. 하나님의 사람이 사역을 하다 실족하는 경우는 유용성의 척도로 자신을 판단하기 때문입니다. 사역의 기준은 하나님과의 관계입니다. "구원과 성화를 통해 하나님과 바른 관계에 있게 되었다면, 당신이 처한 그곳이 바로 하나님께서 친히 정하신 곳임을 기억하십시오."

[한 줄 노트] 성공적인 사역이라는 '유용성'보다는 하나님이 우리를 사용하고 계심을 아는 '관계'가 더 중요합니다.

세상의 기준   "오늘날의 풍조는 사역을 강조하고 있습니다. 사람들의 유용성으로 그들의 사역의 기초를 삼는 자들을 경계하십시오." 챔버스가 말하는 '오늘날'이 현재와 별반 다르지 않습니다. 대부분의 사람들은 고민 없이 유용성을 좇아갑니다. 그러나 하나님과의 관계를 생각하는 사람에게는 인내가 필요합니다. 우리는 하나님이 하시는 일을 완전히 알지 못하니 기다려야 합니다. 하나님께 쓰임 받고 있음이 분명하다면 결과는 중요하지 않습니다. 하나님의 목적은 우리를 이런 관계 속으로 인도하는 것이기 때문입니다. 사역을 통해 이루려는 목적에 초점을 둘 때 유용성을 생각하게 됩니다. 그러나 어떤 일이든 하나님과 올바른 관계 속에서 하는 것이라면 무슨 염려와 걱정이 있겠습니까? "성도를 인도하는 대상은 하나님이시지 당신의 유용성이 아닙니다. 하나님께서 우리를 통해 하시는 일이 중요한 것이지, 우리가 주를 위해 하는 일이 중요한 것이 아닙니다."

[한 줄 노트] 주님께서 가장 귀하게 여기시는 것은 '무엇을 이루었느냐'가 아니라 '하나님과 친밀한 관계 속에 있느냐'입니다.

[묵상 질문] 당신이 하나님께 얼마나 유용한 사람인지 고민하고 있습니까? 하나님은 오늘도 우리에게 '관계의 친밀함'을 물으시는 분입니다.

Aug. 31 진정한 기쁨

요 15:11

'나의 안에 거하라!' "예수님께서 누리셨던 기쁨은 어떤 기쁨이었습니까? 예수 그리스도와 관련해 '행복'이라는 단어를 쓰는 것은 모독입니다." 가만히 생각해 보면 성경은 우리에게 '기뻐하라'고 하지만 '행복하라'고 하지는 않습니다. '행복'이 주변의 환경과 조건으로부터 느끼는 감정이라면, '기쁨'은 그런 것들과 관계없이 내면에서 느끼는 감정이 아닐까요?

공생애 기간 동안 예수님의 기쁨은 아버지의 일을 행하는 것이었습니다. 주님께서는 자신이 아버지의 일을 하면서 느낀 기쁨을 우리 또한 느끼기를 원하십니다. 이 기쁨은 '충만한 기쁨'입니다. 우리의 사역은 어떤 결과나 유용성이 아니라 아버지와의 친밀함과 관계되어 있습니다. 바로 여기서 기쁨이 찾아옵니다. "풍성한 삶을 사는 것은 건강한 몸이나 외부적 환경에 달려 있지 않습니다. 하나님을 위한 사역이 성공적인 것을 보는 데 있지도 않습니다. 풍성한 삶은 하나님을 완전하게 이해하는 데 있으며 예수님이 하나님과 가지셨던 교통 가운데 있습니다."

하나님과의 바른 관계를 통해 우리는 기쁨을 발견합니다. 어떤 상황에서 무슨 일을 당하느냐보다 지금 있는 자리가 올바르며 풍성함을 향해 가고 있는지가 더 중요합니다. 포도나무 가지에게는 나무에 붙어 있으니 곧 열매를 맺으리라는 소망이 있습니다. 그 소망이 분명할 때, 기쁨이 솟아나게 됩니다.

챔버스는 "당신으로부터 생수의 강이 흐를 것입니다"라고 말합니다. 우리에게서 기쁨이 흘러넘치지만 그 근원은 우리 자신이 아닙니다. 주님으로부터 오는 놀라운 기쁨이 나를 통해 누군가에게 흘러갑니다. "가장 축복이 되는 사람들의 삶은 자신들이 누군가에게 가장 큰 축복이 된다는 것도 의식하지 못하고 사는 것입니다." 생수는 흘러넘칩니다. 굳이 애써서 파지 않아도 솟아납니다. 이것을 우리는 진정한 기쁨이라고 말합니다. 하나님과의 친밀한 관계가 만들어내는 기쁨 말입니다.

한 줄 노트 주님과의 관계에서 오는 것은 '행복'이 아니라 '기쁨'입니다.

묵상 질문 당신에게 행복을 주는 일은 무엇이며, 기쁨을 주는 일은 무엇입니까?

9월

예수님과
동행하고 있습니까?

크고 작은 시험들 가운데 숨고 싶을 때

Sep. 01 거룩이라는 목적

벧전 1:16

하나님의 목표   "삶의 목적이 무엇인지 계속적으로 자신에게 말하십시오. 삶의 목표는 행복이나 건강이 아니라 거룩입니다." 우리에게는 많은 목표가 있습니다. 옳고 선하고 고상한 것을 이루기 위해 많은 노력도 합니다. 그런데 그보다 우리를 거룩하게 만드실 하나님을 영접하는 일이 중요합니다. 하나님과의 관계가 올바르지 않다면 아무리 노력해도 실패하기 때문입니다.

"그분의 한 가지 목표는 성도들(saints)을 많이 만드시는 것입니다." 하나님의 한 가지 목표는 교인이 아니라 얼마나 많은 '성도', 즉 '거룩한 무리'를 만드느냐에 있습니다. 주님이 우리를 구원하시는 이유는 우리가 불쌍하기 때문이 아니라, 본래 거룩을 향해 창조되었기 때문입니다. 그러니 구원 사역은 우리의 본래 모습을 회복하는 것입니다. '속죄'는 그리스도를 통해 하나님과 우리 사이에 완전한 연합을 이루는 것입니다. 거룩함으로 하나님과 연합하는 것입니다.

"자신이나 다른 사람을 향한 동정심을 핑계로 거룩하신 하나님과의 관계를 해치는 그 어떤 행위들도 허용하지 마십시오. 거룩은 당신의 발걸음이 더럽혀지지 않는 것이고, 당신의 혀로 더러운 것을 말하지 않는 것이며, 머리로 더러운 생각을 하지 않는 것을 의미합니다." 동정심은 아름다운 마음이지만, 그것을 핑계 삼아 하나님을 대적할 수 있음을 주의하십시오. 나 자신을 지나치게 용납하여 하나님의 거룩하심이 사라지게 하는 것, 혹은 타인을 너무 생각하고 위하다 보니 하나님의 거룩하심이 훼손됨을 눈감아주는 것을 주의하십시오. 거룩을 지키는 일은 아주 실제적이기에 철저해야 합니다.

챔버스는 거룩을 지키는 일을 이렇게 표현합니다. "모든 삶의 영역이 철저하게 하나님의 심사를 거치는 것입니다." 거룩은 철저하게 하나님의 심사를 거쳐 결국 '나'를 통해 드러납니다. 우리의 행동은 하나님 앞에 철저히 점검받습니다. 그리고 그 행동을 통해 우리가 어떤 존재인지 깨닫습니다. 거룩은 하나님과 나 사이에 주어진 신앙적 관계와 결단의 문제입니다. 거룩이라는 말로 누군가를 판단하기 시작할 때, 하나님의 영역을 침범하고 독선적이며 위선적인 신앙의 길로 들어서게 됩니다. 우리에게는 판단이 아니라 사랑으로 하는 기도가 필요합니다.

한 줄 노트 우리 삶의 목적은 행복이나 건강이 아니라 '거룩'입니다.

묵상 질문 우리의 생각과 말, 행동이 하나님의 심사를 거친다고 자신할 수 있습니까? 우리는 심사대 위에 서 있는 사람처럼 행동하고 있습니까?

Sep. 02 생명을 깨뜨릴 시간

요 7:38

소모되어야 할 생명 주님의 목적은 우리가 주님과 정확하게 같아지는 것입니다. 주님은 가진 모든 것을 흘려보내셨습니다. 죽기까지 우리를 섬기셨습니다. 하나님의 아들이신 주님은 자신의 모든 것을 소모하셨습니다. 그러니 우리도 모든 것을 흘려보내는 것이 마땅합니다. 예수를 믿는 것은 통로로 쓰임 받는 것입니다. "예수님을 믿는다면 우리가 무엇을 얻는 것이 아니라 주님께서 우리를 통해 가장 귀한 것들을 부으시는 것입니다." 그러니 성공은 내가 이룬 무언가의 평가 기준이 되어서는 안 됩니다. 진정한 성공은 하나님께서 우리를 위해 얼마나 부으셨는가에 달려 있습니다. "곧 하나님께서 우리를 아름답고 좋은 포도로 만드시는 것이 아니라 우리를 통해 포도즙을 짜내시는 것입니다." 포도는 자신의 형체를 그대로 유지한 채 아름다움을 뽐낼 수 있습니다. 하지만 포도즙은 완전히 으깨져 형체가 없어집니다. 하나님이 우리를 부르신 목적은 완전히 으깨 주님과 같이 만드시는 것입니다. "믿는 자를 통해 흐르는 생수의 강으로 인해 수없이 많은 다른 사람의 생명들이 끊임없이 새로워질 것입니다. 자기 만족을 추구하는 욕구를 멈추고 모든 것을 주를 위해 쏟아부을 때입니다."

한 줄 노트 으깨진 포도즙처럼 생명을 깨뜨리고 자신을 소모하여 주님을 위해 쏟아질 때, 우리를 통해 생수의 강이 흘러갑니다.

낭비가 아닙니다 오늘 스스로에게 물어야 할 질문이 있습니다. 내가 가진 모든 것, 생명까지도 다 흘려보내는 것이 낭비가 아니라고 확신할 수 있습니까? 주님이 부르신 목적에 따라 우리의 모든 것을 깨뜨려 쏟아붓는 것은 결코 낭비가 아닙니다. 거룩한 낭비를 위해 우리의 생명을 깨뜨릴 때, 하나님은 우리를 사명자로 사용하실 것입니다. 오늘 묵상의 원제는 "희생의 성례전"입니다. '성례'는 우리를 위해 살이 찢기고 피를 흘리신 주님을 기억하는 의식입니다. 우리가 희생하며 생명을 깨뜨릴 때, 그것은 '성례'가 됩니다. 주님이 행하신 일을 기억하고 우리도 그대로 행하는 것입니다.

한 줄 노트 우리의 생명을 온전히 깨뜨리는 헌신이 곧 주님이 행하신 일을 기억하는 성례입니다.

묵상 질문 오늘 주님을 위해 무엇을 깨뜨리겠습니까?

Sep. 03 주님께 부어드릴 수 있습니까?

삼하 23:16

받은 축복을 다시 주님께   "당신의 영혼이 위험할 정도로 당신의 만족만을 위해 그것을 취한다면 당신은 그것을 하나님 앞에서 부을 수 없습니다." 다윗의 삶에 잊을 수 없는 감격적인 일이 있었습니다. 다윗의 부하들은 당시 블레셋의 땅이던 적진 베들레헴에 몰래 들어가 우물의 물을 떠 다윗에게 가져옵니다. 다윗은 그 물을 보고 기뻐하기보다 눈물을 흘립니다. 그리고 부하들의 목숨을 건 충성, 축복의 물을 하나님께 부어드렸습니다. "하나님께로부터 오는 축복으로 당신의 욕구를 채우려 한다면 오히려 그 축복은 당신을 부패하게 할 것입니다. 당신은 그것을 여호와 하나님께 희생제물로 부어드려야 합니다." 부하들이 생명을 걸고 가져온 물을 부은 다윗의 행동은 상식적이지 않습니다. 그러나 놀랍게도 베들레헴 우물의 물이 부어질 때 하나님은 다윗을 놀랍게 사용하셨습니다. 다윗이 그 물을 하나님께 드릴 때, 다윗이 하나님을 두려워하고 부하들을 사랑하는 왕이라는 사실이 드러났습니다. 이것이 바로 하나님이 다윗을 사용하신 이유입니다.

[한 줄 노트] 하나님께로부터 오는 축복을 자신의 욕구를 위해 사용한다면, 그 축복이 우리를 부패하게 만들 것입니다.

받은 축복이 탐욕이 되지 않도록   생명과도 같은 베들레헴 우물물을 여호와의 전에 부어드린 것은 하나님을 향한 다윗의 신앙고백이었을 것입니다. 다윗은 부하들이 떠온 생명과도 같은 물을 받고 생각했을 것입니다. "이는 내가 감당하기에 너무 크고 가치가 있다." 그 순간 우리가 해야 하는 일이 있습니다. "이는 한 사람만을 위한 것이 아니기에 그것을 주님께 부어드려야 합니다. 그러면 이 귀한 것들이 그 주변을 생수의 강으로 넘치게 합니다." 하나님께서 우리에게 주신 축복을 내 안에 머무르게 한다면 탐욕이 되고, 그것은 때로 나와 사랑하는 사람을 위험하게 할 수 있습니다. 반면 주님께서 부어주시는 사랑을 아낌없이 내어놓고 흐르게 할 때 하나님께서는 그 축복을 멋지게 사용하십니다. "(의역) 만일 당신이 받은 축복을 움켜쥐기만 하고 주님께 그 축복을 부어드리지 못한다면, 당신과 가까운 사람들도 그러한 기회를 배우지 못하게 되고 맙니다."

[한 줄 노트] 축복이 내 안에 머물러 탐욕이 되게 하든지, 흘러넘쳐 하나님의 도구가 되게 하든지 선택은 우리의 몫입니다.

[묵상 질문] 하나님께서 부어주신 축복을 묵상합시다. 그 축복은 지금 어디에 머무르고 있습니까?

Sep. 04 온전히 주님의 것이 되십시오!

요 17:6

선교사가 되기 위한 조건 "선교사란 하나님의 영이 다음의 깨달음을 허락하시는 자들입니다. '너희는 너희 자신의 것이 아니라'(고전 6:19). '나는 내 것이 아니라'는 사실을 깨닫고 말하는 것은 영적 성장에 있어서 높은 위치에 이른 것입니다." 주님 앞에 자신을 드리는 것은 주님의 일하심에 동참하는 일입니다. 성령이 이끄실 때, 우리는 하나님의 주권 앞에 자신을 비우고 예수 그리스도께 나아갑니다. 이때 우리는 자신을 드러내지 않습니다. 선교사가 되는 제일 조건은 우리의 능력이 아니라 예수님을 나의 주로 인정하는 것입니다. 주님을 인정한다는 것은 나의 소유권을 그분께 온전히 드렸다는 뜻입니다. 내가 더 이상 내 것이 아니고, 주님의 소유가 되었다는 고백입니다.

[한 줄 노트] 성령께서 이끄신다는 명확한 증거는 하나님의 주권 앞에 나의 소유권을 온전히 내려놓는 것입니다.

주님의 소유가 된다는 의미 부모와 배우자, 형제자매, 심지어 나의 목숨조차 주님과 경쟁 관계가 되어서는 안 됩니다. "나는 부모님께 속하기를 더 원하고 배우자 또는 자신에게 속하기를 더 원할 수 있습니다. 그때 주께서는 '너는 내 제자가 될 수 없다'고 말씀하십니다. 이는 구원받지 못한다는 뜻이 아니라 '주님의 것'이 되지 못한다는 뜻입니다." 주님의 소유가 될 때, 비로소 주님의 제자가 됩니다. 우리가 온전히 주님의 소유가 되면 주님께서 우리를 온전히 책임지실 것입니다. "너는 내 증인이 되리라"는 말씀은 주님을 위해 무언가를 하라는 뜻이 아닙니다. 우리가 주님의 소유가 될 때, 우리 안에서 역사하시는 주님의 영으로 인해 '기뻐하는 존재'로 만드신다는 뜻입니다. 증인은 무엇을 '하는' 존재가 아니라, 그 속에 있는 기쁨이 '드러나는' 존재입니다. 그러니 무언가를 하려고 애쓰기 전에, 하나님과의 친밀감을 유지하는 것이 먼저입니다. 여기에 신앙의 신비가 있습니다. "진정한 선교의 비밀은 '나는 그분의 것이라. 그리고 그분께서 나를 통해 그분의 사역을 이루고 계신다'는 것입니다."

[한 줄 노트] 주님께 쓰임 받기 원한다면, 주님을 위해 무언가 하려고 애쓰기보다 먼저 온전히 '주님의 것'이 되어야 합니다.

[묵상 질문] 당신의 삶을 성령께서 이끄시는 증거는 무엇입니까? 당신이 온전히 주님의 것이라고 말할 수 있습니까?

Sep. 05 깨어 있으십시오!

마 26:40

'함께'가 어려운 이유 본문은 겟세마네 동산에서 제자들에게 하신 예수님의 말씀입니다. 제자들이 주님과 함께 깨어 있지 못했던 이유를 챔버스는 이렇게 말합니다. "구원받은 후 처음 단계에서는 주님과 '함께' 깨어 있지 않고 주를 '위해' 깨어 있을 뿐입니다." 아직 이기적이고 자기중심적인 그리스도인은 단지 자신이 원하는 것을 위해 깨어 기도할 뿐입니다. 모든 순간과 상황 가운데 주님과 함께 깨어 있지는 않습니다. 겟세마네 동산에서 제자들이 주님과 함께 깨어 있지 못했던 이유는 그 상황을 이해할 수 없었기 때문입니다. 주님을 이해하지 못하는 사람들은 주님이 우리와 함께 깨어 계신 것에는 익숙하지만, 우리가 주님과 함께 깨어 있어야 한다는 말을 이해하지 못합니다.

한 줄 노트 나를 위해 깨어 계신 주님만 바라지 말고, 주님과 함께 깨어 있는 내가 되어야 합니다.

성령이 함께하셔야 제자들은 진심으로 주님을 사랑했습니다. 하지만 주님이 하시고자 하는 일을 이해하지는 못했습니다. '자연적 인간'의 한계입니다. 주님을 사랑하고 따랐지만 주님의 슬픔을 이해하지 못한 그들은 동산에서 잠들어 있었고, 십자가 앞에서 예수님을 버리고 도망갔습니다. 제자들의 모습을 통해 우리의 의지나 본성으로 주님을 사랑하고 따르는 데에는 한계가 있음을 깨닫게 됩니다. 제자들은 오순절 성령강림 사건 이후 깨어서 주님께 쓰임 받을 수 있었습니다. 제자들이 오순절 사건 이후 주님과 함께 깨어 있을 수 있었던 이유는 "오직 성령이 너희에게 임하시면 너희가 권능을 받고"(행 1:8)라는 말씀이 이루어졌기 때문입니다. 선교사로 부름 받기 위해서는 주님과 깨어 있어야 합니다. 그리고 성령님의 임재를 통해 주님과 함께 깨어 사는 것이 무엇인지 알아야 합니다. 성령의 임재가 없을 때 우리는 자의적으로 생각하고, 하나님의 뜻을 온전히 이해할 수 없습니다. 성령께서 함께하시지 않으면 우리의 한계를 넘을 수 없습니다. 그러니 주님께서 우리에게 하신 약속을 기억하십시오. "보혜사 곧 아버지께서 내 이름으로 보내실 성령 그가 너희에게 모든 것을 가르치고 내가 너희에게 말한 모든 것을 생각나게 하리라"(요 14:26).

한 줄 노트 성령님이 우리와 함께하셔야 하는 이유는 그분의 인도하심이 없을 때 우리가 자의적으로 생각하고 행동하기 때문입니다.

묵상 질문 당신의 삶에 성령님이 함께하시며 가르치신다는 증거는 무엇입니까?

Sep. 06 축복의 강물

요 7:38

복의 근원이 되는 것 챔버스는 인생을 거대한 강에 비유합니다. 강의 근원이 어디인지, 어디로 가는지 알 수 없으나 주의 충만한 축복을 받으면 우리를 통해 그 축복이 땅 끝까지 이를 것입니다. 그런데 "하나님은 어떤 사람이 세상을 향해 얼마나 위대한 축복인지를 그 사람에게 좀처럼 보게 하지 않으십니다." 우리에게 축복이 흘러넘친다고 해도 그건 우리의 자랑이 아닙니다. 단지 하나님이 우리를 사용하고 계실 뿐입니다. 하나님 앞에서 진정한 그리스도인이 되는 것은 의식하지 않는 순간에도 누군가의 인생을 복되게 하는 것입니다. 그렇다면 우리가 교만할 일도 없습니다. 받은 축복이 우리의 노력이 아니라, 우리 안에 계신 그리스도의 생명으로 인해 일어나는 일이기 때문입니다.

"강은 모든 장애를 극복하면서 승리하는 모습으로 흘러갑니다. 한동안 꾸준히 그 길을 따라 흐릅니다. 그러다가 장애를 만나게 되고 한동안 막힙니다. 그러나 곧 그 장애물을 돌아서 길을 만들고 나아갑니다." 흘러가는 사이 사이에 우리를 돕는 사람도 있고, 커다란 장애물을 만나 삶이 하찮고 쓸모없게 느껴질 때도 있습니다. 하지만 이 모든 과정을 통해 하나님은 우리 인생의 강을 만들고 계십니다. 강물이 흐르다 장애물을 만나면 흐름이 느려지는 듯 보여도 장애물을 돌아 새로운 물줄기를 만들어 흐릅니다. 우리 인생에 장애물은 늘 찾아옵니다. 하지만 성령께서는 그 모든 것을 극복하게 하십니다. 그러니 우리 눈을 장애물이 아닌 믿음의 주요 온전케 하시는 이인 예수께 고정해야 합니다.

"만일 당신이 잊지 않고 근원과 가까이 하고 있다면, 강은 당신을 통해 끊임없이 흘러 그 장애물은 문제도 되지 않을 것입니다." 인생의 장애물과 어려움에 시선을 고정하지 않는 것이 장애물을 극복하는 첫걸음입니다. 성령의 강은 축복의 강입니다. 성령님이 역사하셔서 우리 안에 축복의 강물이 흐르면, 우리를 통해 다른 이들까지 풍족함을 누릴 수 있습니다. 하나님께서 우리에게 주신 가장 큰 축복은 '복의 근원'이 되게 하신 것입니다. 강줄기가 넓어질수록 얼마나 많은 사람들의 영혼에 영적 유익을 끼치겠습니까? 우리를 통해 주의 진리가 흐르는 것만큼 강력한 능력은 없습니다.

한 줄 노트 그리스도인에게 가장 큰 축복은 강줄기가 흘러가듯 세상에 선한 영향력을 끼치는 것입니다.

묵상 질문 당신에게 주신 축복이 강물처럼 흘러가고 있습니까? 그 물이 어디로 흐르고 있는지 생각해 봅시다.

Sep. 07 은혜의 샘물

요 4:14

진정한 축복은 "주님이 보여주시는 그림은 물이 흐르는 도랑이 아니라 생수가 솟는 샘입니다." 본문에서 주님은 우리에게 '영생하도록 솟아나는 샘물이 되라'고 말씀하십니다. 만일 차고 넘치는 샘물이 솟아나지 않는다면 그것은 우리 성도의 책임입니다. 혹시 무언가 흐름을 막고 있지는 않은지, 샘물의 근원이신 주님과 제대로 연결되어 있는지 생각해 보아야 합니다. 목마른 사람은 은혜의 샘에서 믿음이라는 수로를 통해 솟아나는 은혜를 입을 수 있습니다. 수로에 문제가 생기면 더 이상 물이 공급되지 않듯이, 예수 그리스도를 믿는 우리 믿음에 문제가 생기면 나뿐만 아니라 다른 사람들에게도 더 이상 넘치는 은혜를 흘려보낼 수 없습니다. 챔버스는 반복해서 말합니다. 진정한 그리스도인의 복은 개인적 축복이 아니라, 생수가 나에게로부터 흘러넘쳐 누군가에게 복이 전달되는 것입니다. 우리 인생의 가장 큰 축복은 '통로'가 되는 것입니다. 통로는 주님께 '쓰임 받는 인생'입니다.

한 줄 노트 영생하는 샘물이 되리라는 명령은 끊임없이 흘러 누군가에게 복이 되라는 뜻입니다.

생수의 근원 생수가 되는 방법은 주님과의 관계에 있습니다. 주님으로부터 생수를 확실하게 공급받고 있다면 나눌 수 있습니다. '축복의 통로'가 되는 것은 물질이나 경험을 나눈다는 의미가 아닙니다. '그리스도의 생명'이 흘러가게 하는 것입니다. 교회가 세상에 주고자 하는 것은 단순한 도움이 아니라 그리스도의 생명입니다. 누군가에게 선행을 베풀 때, 그리스도의 생명이 없다면 일시적인 도움에 불과합니다. "예수 그리스도를 믿는 당신의 믿음과 그분과의 관계를 잘 지키십시오. 그러면 메마름도 없고 죽음도 없는 가운데 끊임없는 생수가 다른 사람들을 위해 흐를 것입니다." 우리는 종종 내가 누구인지 생각합니다. 그런데 이런 관점으로 스스로를 바라보면 나에게 기대할 것이 별로 없습니다. 내게서부터 흘러가는 샘물의 근원이 보이지 않습니다. 챔버스는 축복의 근원이 되는 것의 의미를 자신에게서 찾지 말라고 말합니다. "하나님 나라 사역의 역사에서 보면, 그 강물은 언제나 보잘것없고 유명하지 않으며 무시당하지만 변함없이 주 예수님께 진실한 사람들로부터 시작됩니다."

한 줄 노트 축복의 통로가 되는 근원이 내가 아니라 그리스도께 있음을 잊지 말아야 합니다.

묵상 질문 당신은 누군가의 생명을 살리는 일에 쓰임 받고 있습니까?

Sep. 08 하나님께 의지한 싸움

고후 10:5

진정한 싸움은 "죄로부터의 구원이란 인간 본성으로부터의 구원을 의미하는 것이 아닙니다." 죄에서 구원받았으니 인간의 본성이 변했으리라는 생각은 흔한 착각입니다. 구원받은 우리에게 본성은 그대로 남아 있습니다. 우리는 스스로 이겨낼 수 있는 것과 하나님의 도우심으로 싸워야 하는 것을 구별해야 합니다. 우리는 죄와 싸울 수 있는 능력이 없습니다. 죄는 예수 그리스도만이 구속을 통해 다루실 수 있기 때문입니다. "오직 하나님께서 우리의 성향을 바꾸시고 우리가 성화의 과정으로 들어가야만 그 싸움은 시작됩니다." 챔버스는 죄에 대해 싸우기보다는 하나님의 구원을 통해 싸워야 한다고 말합니다. 우리가 이미 구원받은 사람들이라는 사실을 기억하십시오. 하나님께서 우리의 성향을 바꾸시면 육에 속했던 삶이 영에 속한 삶을 살기 위해 싸우게 됩니다. 여기에서부터 우리의 싸움이 시작됩니다.

> **한 줄 노트** 죄와의 싸움은 하나님의 영역이요, 죄로부터 구원받은 우리의 싸움은 성화의 삶을 위한 것입니다.

믿음의 선택 "이 일은 결코 쉬운 일이 아니며 하나님께서도 그 싸움이 쉽도록 의도하지 않으셨습니다. 이 싸움은 오직 계속적인 믿음의 선택을 통해 승리할 수 있는 싸움입니다." 선택은 우리의 방향을 정하는 것입니다. 챔버스는 거룩함으로 나아가는 여정에서 우리의 몫은 방향을 바꾸기 위한 의지를 가지는 것이라고 말합니다. "우리의 싸움은 육에 속한 삶을 영에 속한 삶으로 바꾸는 것입니다." 죄 사함을 받은 우리가 계속해서 우리의 자연적인 생각과 논리에 반하는 믿음의 선택을 한다면 어떻게 될까요? 챔버스는 이 선택이 '하나님의 지식을 대항해 날뛰는 주변의 모든 것들에게 적개심을 갖게 할 것'이라고 말합니다. 믿음의 선택은 우리 의지에 달린 문제입니다. 만일 우리가 믿음을 선택하면 하나님을 대적하는 모든 것과 싸워 이기고 타인의 영혼을 구원하는 영광스러운 삶을 살게 됩니다. 반대쪽을 선택한다면 하나님 나라와 관계없는 삶, 영적인 패배자의 삶을 살게 됩니다. 하나님께서는 이미 우리에게 구원을 베풀어주셨습니다. 무엇을 선택하며 사시겠습니까?

> **한 줄 노트** 결코 쉽지 않은 싸움일지라도 믿음을 선택한 자는 그 길을 갈 수 있습니다.

묵상 질문 당신의 삶에서 믿음을 선택하는 것은 구체적으로 어떤 행동을 의미합니까?

Sep. 09 하나님의 뜻에 맞는 사역

고후 10:5

훈련이 필요하다 그리스도께 온전히 순종하기 위해서는 하나님을 대적하는 모든 것과 싸워 이겨야 합니다. 챔버스는 이것을 '성도의 훈련'이라고 합니다. 오늘 묵상은 특히 사역자들에게 얼마나 많은 그리스도인이 훈련되지 않은 상태에서 즉흥적으로 주님의 일을 하고 있는지 신랄하게 묻습니다. 예수님은 공생애 기간 동안 한결같은 기준을 가지고 사셨습니다. 모든 사역이 아버지의 뜻과 일치한지 생각하며 그것을 위해 기도하고 훈련하셨습니다.

챔버스는 지금 교회에서 어떤 일들이 일어나고 있는지 돌아보라고 말합니다. "지금 모든 사역들이 그리스도께 사로잡혀 그분께 순종되도록 훈련하기보다는 생생한 종교적 체험을 위해 즉흥적으로 만들어져서 곧바로 진행되고 있습니다." 종교적 체험을 하는 것과 주님께 순종하는 것은 다릅니다. 종교적 체험에 만족한다면 그저 '아는 것'에 머무를 뿐입니다. 더 이상 알려고 하지 않으며 훈련하지 않습니다. 순종의 훈련이 되지 않은 사역은 '인간 냄새'가 납니다. "참으로 생각할 수 없는 일들이기는 하지만 실제로 발생하는 일이 있습니다. 성도들이 모든 사역을 주님께로 항복시키기보다 전혀 훈련되지 않은 인간의 냄새 나는 속성을 가지고 하나님의 일을 하려고 한다는 사실입니다."

"(의역) 올바른 사역은 언제나 하나님께 순종하는 곳에 있습니다." 올바른 사역을 위해서는 하나님을 잘 알고 그분께 순종하며 열심을 내야 합니다. 순종을 위해서는 올바른 관계를 통해 그리스도와 하나 되는 것이 필요합니다. 이때 훈련의 내용은 우리를 구원하신 주님의 사역에 헌신하는 것입니다. 주님이 가지셨던 생각을 아는 것입니다. 이 모든 것을 철저하게 배울 때, 우리 사역이 즉흥적이거나 인간적인 경향에 빠지지 않습니다.

한 줄 노트 하나님의 뜻에 맞는 사역은 하나님과 일치된 관계로부터 오는 결과입니다.

묵상 질문 주님과 일치된 삶을 살기 위해 어떤 훈련을 하고 있습니까?

Sep. 10 위기가 올 때

요 1:48

예배의 중요성 챔버스는 오늘 묵상에서 예배의 중요성에 대해 말합니다. 우리 인생에는 위기의 순간들이 있습니다. 우리는 종종 이런 위기 가운데 아무 문제가 없으리라고 착각합니다. 하지만 위기가 찾아오면 우리가 어떤 사람인지 제대로 드러납니다. "하나님을 개인적으로 예배하는 관계가 위기를 해결하는 가장 중요한 요소입니다." 평범한 일상처럼 하나님을 예배할 수 없는 상황에서 우리가 어떤 사람인지 드러납니다. 평소에 예배를 통해 하나님의 관계를 지속하지 못했던 사람이라면, 위기 가운데 하나님께서 쓰실 수 없습니다. "하나님을 개인적으로 예배하는 관계가 위기를 해결하는 가장 중요한 요소입니다." 중요한 것은 '위기의 순간'이 아니라, '평소에 어떻게 살아왔는지'입니다. "다른 사람은 모르고 하나님만 아시는 보이지 않는 삶에서 당신이 완벽하게 적격자로 살아왔다면, 어려운 상황이 올 때 하나님께서 당신을 신뢰하실 것이기 때문입니다."

[한 줄 노트] 예배자의 삶을 사는 사람은 위기 중에 자신의 모습을 보게 되고 빛을 발하게 됩니다.

준비된 삶 인생에 위기가 찾아왔을 때, 미리 준비된 사람은 마치 군수품을 준비하고 전쟁을 맞이하는 사람과 같습니다. 챔버스는 이 준비의 핵심에 '개인적 예배의 삶'이 있다고 말합니다. 우리는 종종 지금은 기도할 시간, 성경을 읽을 시간, 제대로 봉사할 시간이 없지만 때가 되면 잘할 것이라고 말하며 미루곤 합니다. 그런데 이러한 핑계가 얼마나 무서운 결과를 가져올지 생각해 보시기 바랍니다. "평범한 날들 속에서 예배하는 삶을 살아오지 않았다면, 실제로 주의 일을 할 수 있는 기회가 왔을 때 당신은 전혀 쓸모없는 자일 뿐만 아니라 당신과 관련된 자들에게 커다란 방해거리밖에 안 될 것입니다." 쓸모없는 인생만큼 비극적인 것은 없습니다. 우리를 붙들어주는 것은 그 중심이 어디에 연결되어 있느냐에 달려 있습니다. 성품은 한순간에 만들어지거나 미래에 만들어지는 것이 아닙니다. 지금까지 살아온 삶이 지금 나의 모습입니다. 성품은 하나님과 연결되어 있는 고리입니다.

[한 줄 노트] 아무도 보지 않는 곳에서 하나님을 예배하는 개인적 삶이 바로 신앙의 모습입니다. 지금 아무것도 하지 않는 사람에게는 그때가 되어도 할 수 있는 일이 없음을 기억해야 합니다.

[묵상 질문] 미래의 성품을 만들기 위해 지금 어떤 개인적 예배의 삶을 살고 있습니까?

Sep. 11 우리 안에 있는 주님의 능력으로

요 13:14

주변 바라보기   주님께서 제자들의 발을 씻겨주신 일은 평범한 일상의 일이었습니다. 챔버스는 늘 일상의 삶에서 성품이 드러난다고 강조합니다. "이는 바로 주님이 행하신 대로 우리가 가장 일상적인 일들을 하려고 할 때 우리 안에 있는 모든 하나님의 능력을 사용해야 한다는 것을 의미합니다." 가장 일상적인 일, 즉 수건을 두르고 누군가의 발을 씻겨주고, 설거지를 하고, 신을 신고 벗는 일 가운데도 하나님의 전능하신 능력을 사용할 수 있습니까?

우리는 종종 '사역'이란 특별한 상황을 선택하는 것이라고 여깁니다. 그러나 우리가 주변의 상황을 선택할 수는 없습니다. 단지 하나님께서 조성해 놓으신 상황에서 무언가를 하는 것입니다. 특별한 상황이 오면 특별하게 행동할 수 있으리라는 착각에서 벗어나십시오. 지금 일상에서 하고 있는 일이 특별한 상황에서도 그대로 드러날 것입니다. 이것이 '성품'입니다.

예수님께서 주변에 있는 사람에게 하신 일을 생각해 보십시오. 그들은 하나님께서 허락하신 사람들입니다. 예수님은 그들의 발을 씻겨 섬김의 본을 보여주셨습니다. 우리 주변에 있는 사람들도 하나님께서 우리에게 허락하신 사람들입니다. 챔버스는 이들을 주의해서 보라고 말합니다. "이들은 바로 당신이 주님께 어떠한 사람이었는가를 보여주는 사람들로서, 이를 알게 될 때 당신은 겸손하게 됩니다. 주께서 '내가 너희에게 어떻게 하였는지 정확하게 그 사람에게 보여주도록 하라'고 말씀하십니다."

우리는 종종 이런 꿈을 꿉니다. "'그래요, 주님. 제가 먼 훗날 선교지에 나가게 되면 그렇게 하도록 하지요.' 이렇게 말하는 것은 한창 전쟁 중에 전쟁 참호 속에서 전쟁 무기를 만들기 시작하는 것과 같습니다." 주님께서 사역을 맡겨주셔야 우리가 무언가를 하는 것이 아닙니다. 평범한 일상에서 주님의 능력을 의지하며 살아가는 사람에게 그저 다른 일을 맡겨주실 뿐입니다. 지금부터 꾸준히 준비하지 않으면 위기가 왔을 때 결코 아무것도 할 수 없음을 기억하십시오. 오늘 기회가 왔을 때 하나님을 의지하며 타인을 섬기고, 일상에서 예배할 수 있어야 합니다.

한 줄 노트   평범한 일상에서 주님의 일을 성실히 수행하는 사람들에게 주어지는 것이 바로 '사역'입니다.

묵상 질문   지금의 일상을 '주님의 일'이라고 말할 수 있습니까? 일상 가운데 주님의 손길이 있습니까?

Sep. 12 영적인 혼돈 속에서

마 10:22

영적인 삶에는 혼란스러운 순간이 있습니다. 하나님께서 우리를 이해할 수 없는 곳으로 데리고 가시는 경험을 할 때입니다. 이러한 과정을 통해 우리 영적인 자아가 성장하고, 하나님이 진정으로 원하시는 것이 무엇인지 깨닫게 됩니다.

주님의 우정이 가려질 때(눅 11:5-8) 주기도문을 통해 예수님께서는 제자들에게 무엇을 구해야 할지 알려주셨고, 아버지가 얼마나 선한 분인지 말씀하셨습니다. 그런데 이 말씀에서는 하늘 아버지께서 우리를 돌보시지 않는 것처럼 느껴집니다. 하나님께서 우리의 기도에 응답하시지 않아 마음에 상처를 받고 영적인 혼돈에 빠지게 됩니다. 챔버스는 권면합니다. "마음을 다하는 진정한 우정에도 구름 낄 때가 있으며 종종 사랑 자체도 더 풍성한 사귐의 축복을 위해 고통과 눈물 속에서 기다려야 할 때가 있습니다." 이러한 영적 혼돈이 찾아올 때, 하나님이 가려져 보이지 않을 때, 그때에도 하나님을 향한 확신을 유지할 수 있느냐가 중요합니다.

주님의 아버지 되심에 그늘이 덮일 때(눅 11:11-13) '하나님의 냉담함'을 경험할 때가 있습니다. 주로 우리 기도에 응답하지 않으실 때입니다. 그러나 하나님을 진정으로 믿는다면 아버지 되심이 보이지 않을 때 더욱 기도해야 합니다. "지금 그늘이 가려져서 하나님 아버지의 얼굴을 볼 수 없더라도 그분께서 왜 이 모든 것을 허락하셨는가를 밝히 드러내고 알려주실 것을 확실하게 믿고 주께 매달리십시오." 우리가 이해하지 못할지라도 하나님은 여전히 선하신 하나님이십니다.

주님의 신실하심에 의혹이 생길 때(눅 18:1-8) 우리는 기도가 응답되지 않을 때 주님의 신실하심에 의구심을 갖습니다. 이러한 혼돈의 순간에 주님을 의지하는 믿음을 가질 수 있느냐가 중요합니다. "하나님께서는 당신이 구하는 특별한 것들보다 당장 해결해야 할 훨씬 더 큰 문제들이 있습니다." 우리에게는 우리의 문제가 가장 중요하지만, 하나님께는 더 중요하고 큰 문제들이 있습니다. 우리의 믿음이 자라면 하나님의 관점을 가지게 됩니다.

> **한 줄 노트** 영적 혼돈은 믿음의 길을 찾아가게 하는 통로입니다.

묵상 질문 주님과의 관계에서 어려움을 느끼고 있습니까? 염려하지 말고 주님께 나아가 당신의 문제를 아뢰십시오.

Sep. 13 의지의 순복

요 17:4

순복은 우리 의지를 하나님께 드리는 것입니다. 그분의 뜻을 따라 살겠다는 결심입니다. "삶의 대단히 많은 중대 국면 가운데 가장 큰 갈림길은 의지의 순복입니다. 하나님께서는 우리에게 순복을 강요하지 않고 우리 스스로 내어맡길 때까지 기다리십니다." 하나님은 강요하지 않으시며 기다리신다는 사실을 기억하십시오. 순복은 하나님께서 베푸신 구원 역사에 대한 우리의 반응입니다.

구원을 위한 순복 구원은 하나님께서 베푸시는 것이지만, 우리가 참된 쉼을 위해 의지를 주님께 드릴 때 '구원의 의미'가 무엇인지 알게 됩니다. 마음이 복잡하여 번민하기 시작했다면 '내게로 오라'는 부르심을 받은 순간입니다. 고민하지 말고 자발적으로 주님께 나아가야 합니다.

헌신을 위한 순복 헌신의 삶을 살기 위해서는 주님을 따라가야 합니다. 여기서 순복은 의지를 넘어서 '나 자신'을 주님께 내어드리는 것입니다. 챔버스는 이러한 관계를 명확히 표현합니다. "'만일 내 제자가 되려면 네 자신에 대한 권리를 내게 맡겨야 한다.' 그 후 그의 남은 삶은 내어맡긴 삶의 표현일 뿐입니다." 완전히 순복한다면 '만일'이라는 상황은 존재하지 않습니다. 헌신을 위한 순복이 주는 가장 큰 축복은 안식입니다.

죽음을 위한 순복 마지막 순복은 죽음을 향해 가는 여정입니다. 그 여정은 주님의 관심을 끌지 못하는 일이 우리에게도 동일하도록 끝까지 묶이는 것입니다. "내어맡긴 후에는 무엇을 해야 합니까? 내어맡긴 후의 모든 삶은 오직 하나님과의 계속되는 사귐을 열망하는 것입니다." 열망이 끝나면 사명도 끝납니다. 우리가 하나님과의 계속적인 사귐을 열망하지 않을 때, 순복은 사라질 것입니다. 우리는 종종 열정적이었던 그리스도인들이 낙담하고 타락하고 버려지는 과정을 봅니다. 순복한 자들은 아직 잡은 것으로 여기지 않고 푯대를 향하여 가는 것같이 살아야 합니다.

한 줄 노트 순복을 취소하지 않도록 끝까지 열망을 붙들어야 합니다.

묵상 질문 당신에게 '순복'은 무엇입니까? 하나님 앞에서 내려놓은 '의지'가 있다면 차분히 적어 봅시다.

Sep. 14 내 논리입니까, 성령의 감동입니까?

고후 11:3

영적 혼돈 가운데서 "당신은 영적 혼돈을 논리적으로 명료하게 설명할 수 없을 것입니다. 그러나 영적 혼돈 가운데 주님의 말씀을 더욱 분명하게 순종할 수 있습니다." 우리의 실수는 영적인 문제를 지적으로 풀기 위해 노력하는 것입니다. 영적 혼돈이 걷히는 순간은 순종을 통해 알 수 있습니다. 순종할 때, 우리 삶에 암흑처럼 보이지 않던 것들이 이해됩니다. 하나님께서 순종을 요구하실 때는 상황을 이해하는 것이 먼저가 아닙니다. 순종을 통해 상황을 이해해야 합니다. 영적인 문제는 논리적으로 이해하려고 하지 말고, 어린아이와 같이 보기 위해 노력해야 합니다(마 11:25). "지적인 문제라면 논리적으로 생각해 낼 수 있을 것입니다. 그러나 영적인 문제는 아무리 생각을 한다고 해도 더 혼란에 빠질 뿐입니다."

[한 줄 노트] 이해하기 때문에 순종하는 것보다, 순종했을 때 이해되는 것이 훨씬 더 많습니다.

혼돈의 이유 "우리의 삶 가운데서 아무리 작은 것이라도 성령의 인도하심에서 벗어난 것을 허락할 경우 그것은 영적 혼돈을 일으키는 데 충분한 원인이 됩니다." 성령의 인도하심과 우리의 생각은 늘 대척점에 서 있습니다. 영적인 일을 논리적으로 생각하면 혼돈에 빠집니다. 영적 혼돈의 순간에 기억해야 하는 것은 순종입니다. 순종의 시간이 오면 영적으로 명확해집니다. 영적 혼돈의 이유가 우리의 타고난 기질 때문이라면, 그 기질을 하나님께 드릴 때 하나님의 뜻을 분별하게 됩니다. 하나님께 우리의 의지를 드리면 삶이 단순해집니다. 단순함은 진실함과 맞닿아 있습니다. 하나님의 낯을 피하려는 시도는 인생을 복잡하게 만들 뿐입니다. "우리가 성령님께 복종하며 타고난 판단력을 완전히 드릴 때, 우리는 그것을 통해 하나님의 뜻을 분별하며 단순한 삶을 살 수 있습니다."

[한 줄 노트] 우리의 판단을 하나님께 드릴 때, 성령께서 하나님의 뜻을 깨닫게 하실 것입니다.

[묵상 질문] 당신의 삶은 얼마나 단순합니까? 단순함으로 인해 담백하고 진실합니까?

Sep. 15 거절해야 할 것

고후 4:2

부끄러운 일 버리기 "당신은 '숨은 부끄러운 일'을 버렸습니까? 빛으로 드러나면 당신의 명예가 훼손되는 일들 말입니다." 만일 우리 마음속에 숨기고 싶은 일들이 떠오른다면 거절해야 합니다. 이런 부끄러운 일들은 지난날 우리 육체를 치장하고자 했던 '죄성'입니다. 이러한 성향은 우리가 계속 경계하지 않으면 언제 고개를 들지 모릅니다. 모든 사람에게는 부끄러운 일과 마음이 숨어 있습니다. 현대인은 그것을 마음에 품고도 자연스럽게 겉을 포장하는 데 익숙합니다. 그러나 우리는 이런 부정직한 모습을 철저하게 거절해야 합니다. 스스로를 더 치장하기 위한 거짓 때문에 결국 "하나님께서 당신을 파멸케 하실 것입니다." 부끄러운 일을 버리는 가장 좋은 방법은 빛으로 나아가는 것입니다. 우리의 빛은 예수 그리스도이십니다. 우리 안에 부끄러운 일을 숨기는 이유는 빛 되신 예수를 마음 가운데 품지 않았기 때문입니다.

한 줄 노트 빛이 우리 안에 들어와 어둠을 밝히면 즉시 수치스러움을 느낄 것입니다.

속이지 않기 "다른 사람들은 당신을 속이면서도 그것이 잘못되었다는 사실을 인식하지 못할지도 모릅니다. 그러나 하나님은 당신에게 한층 높은 차원의 삶을 살라고 요구하십니다. 바로 최상의 주님께 당신의 최선을 드리는 것입니다." 최상의 하나님께 최선을 드리기 위해서는 가능한 최고의 상태를 유지해야 합니다. 그것은 바로 정직입니다. 하나님은 정직한 자의 기도를 들으시고 그 예배를 받으십니다. 불의의 자의 재물보다 정직한 자의 헌신을 귀히 여기시며, 우리가 이루는 성공보다 하나님의 뜻에 순종하여 묵묵히 그 길을 가는 모습을 사랑하십니다. 정직은 사람이 아니라 하나님 앞에서 행하는 것임을 기억하십시오. 사람을 속이고 드러나지 않는 죄를 보면서 하나님도 속일 수 있다는 착각에 빠지면 걷잡을 수 없는 수렁에 빠지게 됩니다. "속임은 당신의 뜻을 관철하기 위해 거짓을 사용하는 것입니다. … 속임으로 다른 사람들을 이끌지 않도록 주의하십시오." 우리는 자신의 뜻을 이루기 위해 하나님의 이름을 빌려 거룩하게 포장하려는 경향이 있습니다. 그러나 하나님은 우리의 마음을 꿰뚫고 계십니다.

한 줄 노트 정직은 사람 앞에서가 아니라 하나님 앞에서 행하는 것입니다.

묵상 질문 하나님을 속일 수 있다고 생각하는 '함정'이 당신 속에도 있습니까? 더 깊은 함정에 빠지기 전에 하나님 앞에서 고백해야 합니다.

Sep. 16 하나님을 향하는 기도

마 6:6

올바른 기도를 위한 세 가지 원칙

은밀성 예수님의 가르침에 따르면 기도는 골방에 들어가 문을 닫고 해야 합니다. 우리는 종종 기도하는 사람으로 보이고 싶은 욕망을 가지고 있습니다. 하지만 기도는 사람에게 보이기 위한 것이 아니라 하나님을 향한 것입니다. 그렇기에 다른 동기를 가져서는 안 됩니다. 기도는 은밀해야 합니다. 다른 사람에게 보이기 위해 해서는 안 된다는 말입니다. "은밀한 기도를 위해 정해 놓은 시간도 없이 당신이 제자의 삶을 산다는 것은 불가능합니다."

단순성 주님은 기도할 때 중언부언하지 말라고 말씀하셨습니다(마 6:7). 중언부언 기도하는 것은 단지 우리가 원하는 것을 아뢰는 초보 단계의 기도를 말합니다. 열심히 말을 많이 한다고 해서 하나님이 우리의 기도를 들으시는 것은 아닙니다. 하나님은 우리의 열심에 감동하는 분이 아닙니다. 기도의 본래 목적은 하나님과 온전한 교제 속으로 들어가는 것입니다. 단순함만큼 교제에 깊이를 더하는 것은 없습니다. 단순하게 기도할 때 우리는 오로지 하나님만을 생각합니다. 하나님만을 생각하면 기도의 내용이 달라질 것입니다.

확실성 주님은 "구하는 이마다 받을 것이요"라고 말씀하셨습니다(마 7:8). 확신 없이 그저 상투적으로 종교적 언어를 사용해 기도하는 것은 문제입니다. 이러한 기도에는 확신이 없습니다. 기도할 때는 확신을 가지고 의지를 다하여 기도해야 합니다. 주님은 "무엇이든지 원하는 대로 구하라"라고 말씀하셨습니다(요 15:7). "그러나 우리가 하나님께 구해야 하는 것은 예수 그리스도께서 계시하신 그 하나님과 조화되는 내용이어야 한다는 사실을 기억하십시오." 진정한 종교는 하나님과의 관계에 있습니다. 신앙의 중심은 늘 사람이 아닌 하나님을 향해야 합니다. 기도에도 진짜 기도와 가짜 기도가 있습니다. 진짜 기도는 하나님을 향한 우리의 마음이 바로 서는 것입니다. 기도는 인간이 하나님께 더 가까이 나아갈 수 있도록 하나님께서 정하신 방법입니다.

한 줄 노트 진정한 기도는 그 기도의 내용이 하나님과 조화되는 것입니다.

묵상 질문 당신의 기도를 점검하십시오. 은밀한 곳에서, 단순하고 확실한 믿음을 가지고 기도하고 있습니까?

Sep. 17 시험의 유익

고전 10:13

시험 이해하기 "시험은 죄가 아니며 우리가 사람이라면 직면할 수밖에 없는 것입니다. 시험을 받지 않는다는 것은 모독을 당하고 있다는 뜻일 수도 있습니다." 역설적이지만, 우리는 시험을 당하며 스스로 얼마나 존귀한 존재인지 알게 됩니다. 우리 인생에 시험이 없다면 시험당할 가치도 없는 존재일 수 있습니다. "외적으로 받는 시험은 그 사람의 내면적 성향, 즉 그 사람이 소유한 인품에 따라 결정됩니다." 우리 각자에게 오는 시련과 어려움이 모두 동일한 시험과 유혹은 아닙니다. 자신의 성향을 제대로 안다면 유혹에 대처하는 태도도 달라질 것입니다.

한 줄 노트 유혹이 찾아온다면, 우리가 유혹 받을 만큼 가치 있다는 증거입니다.

시험이 주는 영적 유익 "시험은 내가 목표로 하는 최상을 실현할 수 있는 지름길을 제시합니다." 우리가 시험에 드는 이유는 그 시험이 약점을 파고들기 때문입니다. 그러니 시험의 본질을 꿰뚫어 볼 수 있다면 우리는 좀 더 빠르고 명확하게 영적으로 성장할 것입니다. 만일 시험에 빠져 있다면, 우리 속에 있는 욕심에 굴복했기 때문입니다. "시험은 우리가 피할 수 있는 것이 아니며, 인생 가운데 반드시 있는 것입니다. 당신이 시험을 당할 때 다른 사람이 받지 않은 시험을 받고 있다고 생각하지 마십시오. 당신이 겪는 것은 모든 인류가 공통적으로 겪는 것입니다." 우리에게 시험이 필수라면, 우리는 최선을 다해 그 시험에 응하는 수밖에 없습니다. "하나님은 우리에게 시험을 면제해 주지 않으십니다. 주님은 시험 가운데서 우리를 구원하십니다." 주님으로부터 온 모든 시험은 각각의 의미가 있습니다. 하나님의 뜻대로 살려고 할 때 겪는 영적인 시험도 있습니다. 이 시험은 우리가 그리스도인으로 살고 있다는 증거입니다. 시험을 통해 우리는 영적으로 성장할 수 있습니다. 유혹을 극복하면 그만큼 우리의 영이 단단해질 것입니다.

한 줄 노트 하나님은 우리의 시험을 면제해 주시는 분이 아니라 시험 가운데 우리를 구원해 주시는 분입니다.

묵상 질문 당신의 기질을 솔직하게 생각해 보십시오. 당신은 무엇에 가장 큰 유혹을 받습니까? 취약한 그 부분에 대해 하나님의 도우심을 요청하시기 바랍니다.

Sep. 18 | 주님께서 당하신 시험

히 4:15

복된 시험이 있습니다 예수님께서 당하신 시험이 우리의 관심을 끌지 못하는 이유는 우리와 예수님의 내적 본성이 다르기 때문입니다. "오직 각 사람이 시험을 받는 것은 자기 욕심에 끌려 미혹됨이니"(약 1:14). 챔버스는 전적으로 다른 두 종류의 시험을 이야기합니다. 야고보서의 시험은 우리가 거듭나기 전에 받는 시험이며 전적으로 '욕심'에 기인합니다. 하지만 거듭난 이후 우리가 당하는 시험은 주님께서 당하셨던 것과 같은 시험입니다.

우리가 누구인지는 시험을 통해 가장 분명하게 드러납니다. 시험을 당해 봐야 우리 안에 무엇이 있는지 알게 됩니다. 예수님을 알기 전과 거듭난 이후 받는 유혹이 동일하다면, 그것은 아직 우리가 온전히 변화되지 않았다는 증거입니다.

"사탄은 거듭난 우리에게 그릇된 일을 하도록 시험하는 것이 아닙니다. 그가 시험하는 것은 하나님께서 거듭남을 통해 우리에게 넣어주신 것, 즉 우리가 하나님께 가치 있는 존재가 될 수 있는 가능성을 잃게 하는 것입니다. 사탄은 우리가 죄를 짓도록 유혹하는 데 그치지 않고 우리의 관점을 바꾸려고 합니다. 오직 성령만이 사탄의 유혹을 간파해낼 수 있습니다." 우리는 잘못된 행동을 하도록 유혹 받는 것이 아니라, 잘못된 존재가 되도록 유혹 받습니다. 거듭남으로 하나님의 '빛'을 향하게 된 인간이 다시 아무것도 아니었던 본래의 자리로 되돌아간다면, 하나님이 주신 가능성을 소멸시키고 말 것입니다.

예수님은 인간의 몸을 입고 오셔서 시험을 통해 받으신 소명을 더욱 분명하게 선포하실 수 있었습니다. 주님은 공생애를 시작하시기 전, '성령에 이끌리어' 광야에 나가 시험을 당하셨습니다. 그리고 '죄를 범치 아니하시고' 그 시험을 통과하셨으며 끝까지 '자신의 본성'을 지켜내셨습니다. 그 이후 주님의 사명이 더욱 분명해졌습니다. 예수님은 시험의 본질을 꿰뚫고 계셨습니다. 우리에게도 동일한 시험이 올 것입니다. 그때 우리도 성령의 도우심으로 시험의 본질을 알아야 하며, 그 시험 가운데 우리의 거듭난 본성을 지켜내야 합니다. 유혹에 쓰러지는 사람들은 거듭나지 않았기 때문이 아니라, 시험 앞에서 거듭난 자신의 본성을 지켜내지 못했기 때문임을 기억하십시오.

한 줄 노트 시험이 올 때, 그 시험을 이겨내는 것이 자신을 지키는 것입니다.

묵상 질문 거듭나기 전 당신에게 시험이 되었던 것은 무엇입니까? 거듭난 삶을 살아가려는 당신에게 찾아오는 시험은 무엇입니까? 이 차이를 안다면 자신을 지킬 수 있지 않을까요?

Sep. 19 예수님과 동행하고 있습니까?

눅 22:28

주님과 함께 시험당함 "우리가 시험받을 때 예수 그리스도께서 우리와 함께하시는 것은 사실입니다. 그러나 우리는 주님께서 시험받으실 때 주님과 함께합니까?" 시험을 당할 때 주님께서 함께하신다는 사실이 참 든든합니다. 그런데 정작 중요한 신앙적 물음은 주님이 시험당하시는 순간에 우리도 주님과 동행할 수 있느냐는 것입니다. 우리는 쉽게 주님과 동행한다고 말합니다. 그러나 중요한 것은 일회적인 동행이 아니라, 어떠한 상황에서도 주님과 동행할 수 있느냐는 것입니다. "예수님께서 당하신 시험들은 그분이 이 땅에서 사시는 동안 계속되었습니다. 그 시험들은 우리 안에 계신 하나님의 아들의 생명에게 계속될 것입니다. 지금 살아가는 삶 가운데서 예수님과 동행하고 있습니까?"

한 줄 노트 지금 주님이 당하셨던 것과 동일한 시험으로 씨름하고 있다면, 주님과 동행하고 있음이 분명합니다.

시험 가운데서도 계속 동행 우리는 하나님이 이끌어가시는 환경에서 자꾸 자신을 보호하려고 합니다. 그러나 상황은 피하는 것이 아니라 직면해야 하는 것입니다. 어떤 상황이든 우리 안에 계시는 주님이 우리를 통해 시험당하실 때 주님과 함께해야 합니다. 거듭난 자가 되어 하나님의 자녀로 살면, 우리 안에 하나님의 아들의 생명이 거하십니다. 따라서 거듭난 자가 당하는 시험은 우리 안에 계신 하나님의 아들이 당하시는 시험입니다. "예수 그리스도의 영예가 당신의 육신의 삶에 의해 좌우됩니다." 우리를 에워싸고 있는 환경이 시험으로 다가오는 상황에서, 우리는 하나님의 독생자 예수 그리스도에게 지속적으로 충성하고 있는지 스스로 물어야 합니다. "당신은 예수님과 계속 동행합니까? 그 길은 겟세마네를 지나고 성문을 지나 영문 밖으로 나아가는 길입니다. 외로운 길이며 아무 발자국의 흔적도 없는 곳까지 이르는 길입니다." 주님과 동행하는 길은 오로지 "나를 따르라"는 음성에 순종하며 가는 길입니다. 기꺼이 '찢겨진 빵과 부어지는 포도주'가 되는 길입니다. 아무도 기억하지 못하고 소중히 여기지 않아도 우리를 부르신 자리에서 기꺼이 '신발털이개'가 되겠다는 결심입니다.

한 줄 노트 어떤 상황에서든 주님과 동행한다면 우리 속에 계신 주님을 명예롭게 지켜내는 것입니다.

묵상 질문 시험을 당할 때, 우리 안에 계신 주님이 시험당하신다는 생각을 해본 적 있습니까? 우리의 시험이 얼마나 귀한지 생각하며 이겨내기를 바랍니다.

Sep. 20 — 하나님을 닮아가는 삶

마 5:48

하나님의 관심과 일치됨 '온전함'이란 하늘 아버지를 따라 우리도 모든 사람에게 관용을 베푸는 것입니다. "주님의 권면은 모든 사람에게 관용하라는 것입니다. … 우리는 이러한 좋고 싫음으로 그리스도인의 삶을 좌우하게 해서는 안 됩니다." 하나님을 닮아가는 것은 하나님의 온전함을 닮아가는 것이요, 그 온전함의 중심에는 '관용'이 있습니다. 하나님을 닮아가는 것은 단지 '좋은 그리스도인'으로 살아간다는 의미가 아닙니다. 주님은 하나님과 일치된 삶이 무엇인지를 보여주셨습니다. "주님께서 우리에게 보여주신 본은 좋은 사람 또는 좋은 그리스도인의 본이 아니라 하나님 자신의 본입니다."

우리는 영적 생활이 '자연적 애착', 즉 자연스레 느껴지는 호감도에 의해 좌우되지 않도록 주의해야 합니다. 누군가를 싫어하거나 좋아하는 감정에 의해 사람을 사귀는 것과 관용의 정도가 영향을 받아서는 안 됩니다. 하나님께서는 자연스럽게 애착이 가지 않는 사람들과도 교제하도록 우리를 부르셨습니다. "제자가 된다는 것은 나의 마음을 다해 다른 사람을 향한 하나님의 관심에 나를 일치시키는 것입니다." 제자의 조건은 하나님의 관심과 일치되는 것입니다. '사랑의 기준'은 '하나님의 사랑'에 근거해야 합니다. 주님이 우리를 사랑한 것처럼 우리도 형제와 자매를 사랑해야 합니다.

하나님을 닮아간다는 것은 우리의 노력을 통해서가 아니라, 하나님의 은혜가 우리 안에서 역사할 때 가능한 것입니다. "그리스도인의 성품이 나타나는 것은 선을 행할 때가 아니라 하나님을 닮을 때입니다." 그리스도인의 삶은 단순히 선을 행하는 데 있지 않습니다. 하나님의 성품이 드러나야 합니다. "우리 안의 하나님의 생명은 하나님의 생명 자체를 나타내려고 할 뿐, 경건해지려고 애쓰는 인간의 생명을 나타내지 않습니다. 그리스도인의 삶의 비결은 그 사람 안에 있는 초자연적인 것이 하나님의 은혜에 의해 자연스럽게 되는 것입니다."

> **한 줄 노트** 하나님의 성품을 닮기 위해 애쓰고, 하나님의 성품이 우리 안에서 드러날 때 '그리스도인'이라 불릴 것입니다.

> **묵상 질문** 당신의 자연적 성품으로 용서가 안 되는 사람이 있습니까? 하나님은 그 사람에게도 관용하라고 말씀하십니다.

Sep. 21 하나님의 종

사 49:5

하나님의 목적은 무엇인가? "우리가 그리스도 예수 안에서 하나님의 택함을 받았다는 사실을 깨달은 후에 가장 먼저 발생되는 사건은 우리의 편견과 편협한 생각들과 국부적인 충성심이 무너지는 것입니다." 하나님의 택하심을 깨닫지 못하는 이유는 죄가 우리 속에 들어왔기 때문입니다. 하지만 하나님의 목적은 조금도 바뀌지 않았습니다. "여호와께서 말씀하시나니 그는 태에서부터 나를 그의 종으로 지으신 이시요"(사 49:5). 오늘 본문은 하나님께 부르심을 받은 이후 나온 이사야의 고백입니다. 하나님의 택하심을 깨달을 때 인류를 향한 하나님의 위대한 목적을 알게 됩니다. 이 놀라운 깨달음 앞에서 우리의 편견과 편협한 생각이 무너져내립니다. 우주적인 하나님의 관점에 비해 개인적인 충성심이 얼마나 하찮은 것이었는지 깨닫게 됩니다.

"선교사는 하나님의 종으로 선택되었으며 그를 통해 하나님은 영광을 받으십니다." 하나님의 목적이 이루어질 때, 하나님은 영광을 받으십니다. 선교사들은 이 세상을 사랑하시는 창조 목적에 쓰임 받도록 마음을 열어야 합니다. 그러나 주의할 것이 있습니다. 우리 주장으로 하나님의 뜻을 가로막아서는 안 됩니다.

놀라운 하나님의 사랑과 목적 앞에서 '너무 엄격한' 요구가 있음을 이해할 수 없을 때도 있습니다. 그러나 세상을 향한 하나님의 구원 계획을 깨달을 때 그 요구를 이해하게 됩니다. "주님은 그분의 종들에게 하나님의 성품 자체를 넣어주셨기 때문에 그들에게 완전한 엄정함을 요구하십니다." 종에게 연단과 훈련의 과정이 필요한 이유는 하나님께서 정결한 사람만을 열매 맺기 위한 종으로 쓰시기 때문입니다. 하나님께 선택받은 우리가 하나님의 목적을 이루도록 예정되어 있음을 잊지 마십시오. 때로 버거운 길을 가고 있을 때, 우리 안에 하나님의 성품과 마음이 주어져 있음을 기억해야 합니다.

한 줄 노트 하나님께서 우리를 택하신 이유는 우리를 통해 하나님께서 영광 받으시기 위함입니다.

묵상 질문 하나님께서 당신을 택하셨음을 확신할 수 있습니까? 그렇다면 하나님 생각으로 모든 것을 볼 수 있기를 기도하십시오.

Sep. 22 순종할 이유

요 13:13

주인 됨의 의미 "주인을 모시는 것과 지배받으며 사는 것은 같은 것이 아닙니다. 주인을 모시는 것은 내가 나 자신을 아는 것보다 더 나를 아시는 분이 있다는 뜻입니다." 우리 주인이신 주님은 우리를 가장 친밀하게 아시고, 우리의 모든 문제를 해결해 주시는 분입니다. '주 되심'의 특징은 순종을 강요하지 않으신다는 것입니다. 늘 우리에게 순종의 선택권을 넘기십니다. 사실 우리에게 주어진 '의지'는 부담스러운 면이 많습니다. 하나님께서 명령하시고 우리가 따라간다면 훨씬 수월할 텐데 말입니다. 그런데 주님은 강요도, 방관도 하지 않으십니다. 그러나 우리에게 주어진 '순종의 자유'는 축복입니다. 우리의 자유로 주께 순종할 때, 우리 삶에서 그분의 다스림이 시작되기 때문입니다.

한 줄 노트 주님은 우리를 다스리시지만, 강요하지는 않으십니다.

진정한 관계 '주'라는 말은 우리가 단순히 지배를 받는 것이 아니라, '사랑'의 관계 속에서 다스림을 받는다는 뜻입니다. 사랑의 관계 속에서 '주 되심'을 이해할 때, 그것은 '순종'을 통해 나타납니다. 지배가 아닌 사랑의 관계 속에서 '순종'이 나옵니다. '순종'은 아버지와 아들처럼 동등한 관계에 기초합니다. 예수님은 동등하나 순종하셨습니다. 그것은 사랑에 기초한 관계입니다. 아버지의 사랑 때문에 기꺼이 고난받으시며 순종하셨습니다. "만일 우리가 지배받고 있다고 생각한다면 우리는 선생이 없는 것입니다. 또한 지배받는 것처럼 예수님을 대한다면 우리는 주님이 원하시는 관계와 거리가 먼 것입니다. 주님께서는 우리가 지배받고 있다는 의식이 없이 우리의 주인이 되시는 관계를 원하십니다." 주님께 순종하는 이유는 그분이 우리를 지배하시기 때문이 아닙니다. 그분이 우리를 사랑하심을 알기에 순종하는 것입니다. 우리가 그분의 완전한 소유임을 믿기에 마땅히 주님께 순종하는 것입니다. 주님의 다스리심에 모든 것을 맡길 때, 우리는 모든 결과에 초연하게 될 것입니다. 우리가 해야 할 단 한 가지 일은 '그분은 나의 주인'이라는 생각을 유지하는 것뿐입니다.

한 줄 노트 순종은 사랑의 관계에서 다스림을 받을 때 자연스럽게 나오는 행동입니다.

묵상 질문 삶의 전반적인 영역에 하나님의 다스리심이 있음을 인정할 수 있습니까? 그 다스림이 순종으로 인해 찾아왔음을 확신할 수 있습니까?

Sep. 23 주의 뜻을 행하기

눅 18:31

변하지 않는 목표 "물론 유용한 사람이 되고 이방인들의 마음을 사야 합니다. 그러나 그것은 선교의 목적이 아닙니다. 선교의 목적은 주의 뜻을 행하는 것입니다." 처음 주님의 일을 시작할 때 생각했던 목표가 시간이 지남에 따라 변할 때가 있습니다. 그러나 그리스도인들에게는 변하지 않는 목표가 있습니다. '그리스도인의 장성한 분량까지 자라나도록' 애쓰며 삶을 마치는 것입니다. 주님의 뜻을 행하는 것은 자기 짐을 지는 것이 아니라, 주인이 실어주는 짐을 지는 것입니다. 하나님을 위해 져야 할 짐을 마땅히 지는 것입니다. 오늘 본문에서 예수님은 제자들과 함께 예루살렘으로 올라가셨습니다. 예루살렘은 예수님이 아버지의 뜻을 따라 십자가를 지시는 절정의 장소였습니다. 주님의 뜻을 이루는 것은 우리도 주님과 함께 절정의 장소에 이르는 것입니다. 그 어떤 것도 예루살렘을 향해 가시는 주님의 발걸음을 막지 못했음을 기억하십시오.

한 줄 노트 주님의 뜻을 행하는 것은 주님이 실어주신 짐을 지고 주님이 가신 길을 끝까지 가는 것입니다.

나도 예루살렘으로 "우리를 통해 하나님의 역사들이 나타날 것이며 이에 사람들이 복을 받게 될 것입니다. 한두 사람은 감사를 표현할 것이요 나머지는 무섭도록 배은망덕할 것입니다. 그러나 그 어느 것도 예루살렘으로 올라가는 우리의 발걸음을 가로막지 못하게 해야 합니다." 예수님처럼 누군가에게 감사와 사랑을 받을 때는 기뻐하십시오. 예수님처럼 누군가에게 조롱을 당하고 핍박을 받으면 주님처럼 묵묵히 그 길을 가십시오. 예수님처럼 누군가에게 배신을 당할 때는 주님처럼 용서하며 그 길을 가십시오. 성도의 삶은 십자가에서 끝나지 않습니다. 주님의 은혜로 영광의 문에 다다를 것입니다. 그러므로 부르심을 받은 우리에게 주어진 최종 목표는 '나도 예루살렘으로 가리라'입니다. 묵묵히 순종하며 그분이 가신 길을 가야 합니다. 예수님의 삶을 지배했던 가장 중요한 가치관은 하나님 아버지의 뜻에 절대적으로 순종하는 것이었습니다. 하나님께서는 오늘도 절대적으로 순종하는 사람을 찾으십니다.

한 줄 노트 우리의 최종 목표는 십자가를 지는 것을 넘어, 십자가로 인해 주님의 은혜 가운데 영광에 이르는 것입니다.

묵상 질문 당신에게 하신 주님의 가장 불합리한 명령은 무엇입니까? 그럼에도 불구하고 순종할 준비가 되어 있습니까?

Sep. 24 준비는 과정입니다

마 5:23-24

Just Go! 오늘 본문은 하나님께 예물을 드리러 가는 도중 형제에게 원망들을 만한 일이 생각난다면, 바로 '가서' 형제와 화목하고 오라고 말합니다. 바로 '가서' 화해하는 것이 사역을 위한 준비과정입니다. 하나님의 일을 위해 쓰임 받는 것은 체험과 열정으로 이루어지지 않음을 명심하십시오. 꾸준히 준비하지 않고 현재의 상태에 머무르는 것은 위험합니다. "젊은 성도들은 희생 정신에 쉽게 매료됩니다. 인간적으로 말해서 우리가 예수 그리스도께 매력을 느끼는 이유는 우리의 영웅 심리 때문입니다." 영웅 심리는 어떤 감정에 휩싸이는 것입니다. 감정으로도 얼마든지 헌신할 수 있습니다. 하지만 우리가 사역해야 하는 현장은 감정이 다 사그라지는 곳일 수 있음을 명심하십시오.

형제와 화목하기 위해 '가라'는 말은 먼저 우리의 마음을 점검하라는 뜻입니다. 이 점검은 스스로의 기준에 의한 것이 아닙니다. "성령께서 당신 안에서 하시는 일은 주님을 섬기기에 도움이 되지 않는 성향을 찾아내시는 것입니다." 하나님의 일을 하고자 하면서도 해결하지 못한 죄의 문제들이 있습니다. 하나님은 사역의 열심보다 우리의 상태를 훨씬 더 중요하게 보시는 분입니다. 우리 속에 아직 준비되지 못한 심령, 죄를 인정하는 것으로는 충분하지 않습니다.

"자신에 대한 당신의 권리를 포기하고 그 어떤 모욕을 당할지라도 당신의 주와 선생 되시는 주님께 기꺼이 순종하겠습니까?" 성령의 인도하심에 따라 순종할 때, 세상은 우리를 이해하지 못할 수도 있습니다. 모욕을 당할 수도 있습니다. 중요한 것은 주님을 향한 우리의 확신입니다. 성령께서 마음속에 생각나게 하셨다면 주저하지 말고 'go' 해야 합니다. 지금 'go' 하는 것이 사역의 준비입니다.

우리는 종종 하나님께 쓰임 받기 위해 큰 것을 포기해야 한다고 생각합니다. 하지만 하나님께서 요구하시는 것은 지금 우리 마음속에 생각나는 작은 것입니다. 그것을 'go' 해야 합니다. 우리가 하나님께 쓰임 받지 못하는 이유는 고집을 부리며 자신의 권리를 포기하지 않는 완고함 때문입니다. 주님의 제자가 되기 위한 조건은 자신의 권리를 포기하는 것입니다.

한 줄 노트 하나님께 숨기는 것이 있다면, 빛 가운데로 나와 당장 '자신의 권리'를 포기해야 합니다.

묵상 질문 하나님께 쓰임 받기 위해 당장 해야 할 'go'는 무엇입니까? 지금 행하지 않는다면 하나님께서 쓰실 수 없습니다.

Sep. 25 — 초자연적인 은혜

마 5:41

또 하나의 Just Go! "예수 그리스도는 제자들이 압제와 불의를 당해도 그들 마음속에는 조그마한 분노를 품은 흔적도 없어야 한다고 요구하십니다. 예수 그리스도께서 그분의 사역자들에게 요구하시는 그 부담은 그 어떤 열정으로도 이길 수 없을 것입니다." 주님의 가르침을 가능하게 하는 것은 우리의 능력이 아니라, 주님과의 인격적 관계입니다. 주님과의 어긋난 관계 속에서는 그 어떤 열정도 잘못될 수밖에 없습니다. 하나님께서 하시는 일을 인간이 할 수 없고, 인간이 할 수 있는 일을 하나님이 대신해 주지 않으십니다.

우리는 산상수훈 말씀이 너무 이상적이라 따를 수 없다고 생각합니다. 우리의 자연적 본성으로 그 말씀을 대한다면 그 말이 옳습니다. 하지만 그리스도께서 우리의 성향을 바꾸셔서 그분의 마음이 우리 안에 들어온다면, 그것은 단순한 이상이 아니라 우리가 실천해야 할 지침입니다. 주님의 말씀을 이룰 수 있는 가능성은 우리의 능력에 달려 있지 않습니다. 오로지 주님의 '택하심'으로 가능해집니다. '택하심'은 전적으로 강권하시는 하나님의 은혜에서 시작합니다. 우리는 그 은혜가 어디서부터 시작되었는지 알 도리가 없습니다. 단지 그 놀라운 은혜가 우리 가운데 역사하고 있음을 알 뿐입니다.

"우리는 주님의 택하심에 불순종할 수는 있지만 우리 스스로 제자로 나설 수는 없습니다." 주님은 우리를 택하셔서 제자로 부르십니다. 이는 우리의 능력이 아니라 전적인 부르심에서 시작됩니다. 그러나 이 부르심에서 주님은 '자발적 순종'을 요구하십니다. 주님은 우리를 강압적으로 이끌어가시는 분이 아닙니다. 주님의 부르심에 올바른 관계를 유지하고자 한다면 그저 'just go' 해야 합니다. 주님은 우리가 가진 역량에 근거해 제자로 부르시지 않습니다. 오로지 명령하실 뿐이고 우리는 순종의 여부를 결정해야 합니다. 부르심에는 필연적으로 십자가가 따라옵니다. 하지만 우리가 십자가를 지기 위해 'go' 할 때, 주님은 십자가를 질 수 있도록 은혜를 베푸십니다. 이 놀라운 관계 속으로 들어가기 원한다면 'just go!' 하십시오.

한 줄 노트 주님의 명령에 순종할 때, 분노의 흔적을 지우시는 하나님의 은혜를 경험합니다.

묵상 질문 지금 순종할 수 있는 일은 무엇인가요? 주저하지 말고 'go' 하시기 바랍니다.

Sep. 26 성령의 예리함에 따라

마 5:23

예민함 "성령께서 아주 사소한 일까지 교훈하실 때 성령의 예리한 감수성을 거스르지 마십시오." 성령의 감수성을 거스르지 않는 방법은 단 하나, 순종입니다. 주님께서 '먼저 형제와 화목하라'고 말씀하셨으면, 오던 길을 되돌아가서 말씀을 따라 행하면 됩니다. 여기에서 우리는 '권리'를 주장해서는 안 됩니다. 얼마나 무시를 당할지, 얼마나 고난을 겪을지도 고려해서는 안 됩니다. "성도의 표시는 그의 권리를 포기하고 주 예수님께 순종하는 것입니다." 우리가 권리를 포기하고 순종하는 것은 져야만 하는 십자가를 짐을 의미합니다. 우리가 성령님의 지시에 예민하게 될 때, 우리에게 주어진 십자가를 지고 갈 수 있음을 명심하시기 바랍니다.

[한 줄 노트] 성도는 주님께서 말씀하실 때 무엇이든 순종해야 합니다.

화해를 위한 순종의 프로세스 오늘 묵상은 실천적인 부분을 제시합니다. 최종 목표인 주님께 예배하는 단계에 이르기 위해서는 밟아야 할 과정이 있습니다. 먼저는 영웅적인 자기희생입니다. 제단에 나아가는 것 자체가 위대한 자기희생을 위한 첫걸음입니다. 둘째는 성령의 예민함으로 마음이 찔리는 것입니다. 부르심을 받았으나 아직 해결되지 못한 어두운 죄의 문제, 방해가 되는 걸림돌을 해결해야 합니다. 성령께서는 마음속에 감추어진 죄를 드러나게 하시고, 이는 아프게 우리를 찌릅니다. 셋째는 성령님의 개입에 잠시 멈춰 서는 것입니다. 올바른 방향으로 가기 위해 잠시 정지하는 것입니다. 멈춤은 적극적인 순종입니다. 자기 의지를 포기하고 양도하는 것이기 때문입니다. 넷째는 말씀에 순종해 잘못을 범한 사람을 찾아가 화해하는 것입니다. 이때 용기가 필요합니다. 누군가를 찾아가 용서를 비는 일은 자신을 완전히 내려놓고 겸손한 마음을 갖게 합니다. 이때 우리 마음은 가난한 상태, 하나님이 일하실 수 있도록 준비된 상태가 됩니다. 마지막으로 "그 후 아무 거리낌 없이 참으로 기쁘고 진실한 마음으로 당신의 예물을 하나님께 바치게 되는 것입니다." 하나님은 우리가 무엇을 드리는가보다, 그것을 드리기에 올바른 사람인가를 물으십니다.

[한 줄 노트] 거리낌이 없는 순전한 마음일 때, 우리가 하나님께 드리는 예물이 진정한 의미를 갖습니다.

[묵상 질문] 지금 화해가 필요하다면, 당신은 화해의 단계 중 어디에 있는지 생각해 보십시오. 하나님은 무엇을 드리는지보다 우리가 어떤 사람인지를 더 중히 여기십니다.

Sep. 27 주님이 주신 아픔

눅 9:57

아픔을 주시는 이유   주님께서 우리에게 아픔을 주시는 데는 분명한 목적이 있습니다. 우리에게 하나님을 섬기는 데 방해가 되는 것이 있다면 그것이 무엇이든지 주님께서 엄격하게 다루십니다. 그러니 "성령이 당신에게 아픔을 주는 주님의 말씀을 생각나게 하시면, 당신은 주께서 당신을 죽기까지 아프게 할 정도로 뭔가 제거해야 할 것이 있다고 확신해도 됩니다." 우리가 신앙생활에 실패하는 원인 가운데 하나는 낭만적인 생각입니다. 주님을 따라 동행한다고 생각하면 행복한 미소가 떠오릅니다. 하지만 온전히 주님을 따라가기 위해서는 발목을 잡는 모든 것을 잘라내야 합니다. 잘라내지 않고 붙들고 있으면, 중요한 순간을 만날 때마다 걸림돌이 될 것입니다. 주님을 따르기로 할 때는 가서 잘라내고 포기할 것이 분명 존재합니다.

한 줄 노트 주님께서 우리를 아프게 다루실 때는 이유가 있습니다. 주님은 누구보다도 우리의 속마음을 정확하게 꿰뚫고 계시는 분입니다.

엄격한 부르심   주님을 따르는 데 있어 가장 중요한 것은 '주님과의 관계'입니다. 다른 어떤 것도 목표가 될 수 없습니다. 부르심의 시작부터 우리는 주님을 따르는 이유를 분명히 해야 합니다. "우리는 예수 그리스도를 향한 충성 대신에 가족들에게 민감한 충성을 앞세워 예수님을 맨 끝에 둡니다. 충성에 갈등이 생길 때 어떤 희생을 치르더라도 예수 그리스도께 순종하십시오." 주님은 '사역'을 핑계로 가족에 대한 의무를 저버리기를 원하시지 않습니다. 하지만 인생에서 반드시 선택해야만 하는 순간이 찾아옵니다. 그때가 되면 우리는 어디에 충성하고 있는지 분명히 해야 합니다. 우리 인생에 아무 문제 없이 완전히 준비된 상황은 없습니다. 주님의 엄격한 부르심은 작별 인사를 할 여유도 주지 않습니다. 주님의 부르심이 확실할 때는 작별의 여지도 없습니다. 부르심은 따라가는 것이지 멈춰 섰다가 다시 갈 수 있는 것이 아닙니다.

한 줄 노트 주님의 부르심은 엄격합니다. 주님께서 부르셨다면, 지금 당신이 누구인지 분명히 해야 하는 순간을 맞이했다는 뜻입니다.

묵상 질문 주님을 따른다고 말하면서 아직 마음속에서 핑계 대고 있는 일이 있습니까? 그 일이 주님을 따르는 데 방해가 되고 있지는 않습니까?

Sep. 28 주님이 나를 바라보실 때

막 10:21

가라고 하시는 이유   주님을 따르겠다고 나온 사람에게는 '무조건적인 일치'가 요구됩니다. 예수 그리스도와 하나 되기 위해 모든 관계를 단절하는 무조건적인 순종이 필요하다는 말입니다. 오늘 본문의 부자 청년 관원은 주님께 매력을 느꼈고, 완전히 일치되고자 하는 열정도 가지고 있었습니다. 또 그는 나름대로 '개인적 거룩함'에 대한 자부심도 가지고 있었습니다. 하지만 주님은 다른 것을 원하셨습니다. "주님은 그 사람이 자기 권리를 다 포기하고 다른 어떤 관계보다 예수님과의 관계를 앞세워 주님과 하나 되려고 하는가를 보십니다." 주님은 주님과 일치된 삶을 살겠다는 사람에게 성화나 구원을 이야기하시지 않습니다. 오로지 주님과의 관계에서 전적으로 일치될 수 있는지 묻고 계십니다.

[한 줄 노트] 주님을 따르기 위해 목숨까지도 미워할 수 있어야 합니다.

사랑하셨기 때문입니다   주님께서 부자 청년에게 그렇게 명령하신 이유는 그를 사랑하셨기 때문입니다. 모든 소유를 팔아 가난한 사람에게 나눠주고 따르라는 말씀은 그 청년을 구원의 삶으로 인도하기 위함입니다. 여기서 주님을 따르는 것이 곧 구원받은 삶을 사는 것이라는 사실에 주목하십시오. "이는 나의 영혼을 구원하기 위해서가 아니라—구원은 오직 예수 그리스도를 완전히 의지함으로 얻을 수 있습니다—예수님을 따르기 위해서입니다. '와서 나를 따르라.' 그 길은 주님이 가신 길입니다." 우리의 초점은 구원이 아니라 주님과의 관계입니다. 구원받기 위해 재산을 포기해야 하는 것이 아닙니다. 하지만 주님을 따르기 위해 재산까지도 포기할 수 있을 때 구원이 임합니다. 우리는 어떤 목적을 이루기 위해 주님을 따르지 않습니다. 하지만 주님을 따르려고 결단하고 순종할 때 모든 것이 따라오게 되어 있습니다. "그에게 보내시는 주님의 시선은, 그가 어떤 사람이나 사물에 뗄 수 없는 애착을 가지고 있다면 아프더라도 그 관계를 끊어내야 한다는 것을 의미합니다." 혹시 하나님과의 관계가 허술한 곳을 찾아 주님이 이런 시선을 보내고 계시다면 우리를 변화시키기 위함입니다.

[한 줄 노트] 어떤 목적을 이루기 위해 주님을 따르는 것이 아닙니다. 주님을 따를 때 우리를 향한 주님의 계획이 이루어집니다.

[묵상 질문] 주님을 따르기 위해 포기해야 할 목록을 적어봅시다. 하나하나 포기하는 순간에 주님이 나를 사랑하신다고 고백할 수 있습니까?

Sep. 29 초자연적인 부르심

고전 9:16

부르심을 어떻게 알 수 있을까요? 하나님께서 우리를 부르시는 손길은 초자연적입니다. 인간의 합리적 이성과 판단을 초월합니다. "한 사람의 삶 가운데서 주의 부르심을 깨닫는 것은 갑작스러운 천둥 번개나 점차적으로 밝아지는 새벽빛같이 올 수 있습니다. 그러나 어떤 방법으로 오든지 말로 표현될 수 없는 뭔가 초자연적인 흐름과 함께 오며 아주 분명한 희열이 동반됩니다." 부르심이 우리의 원함이 아니라 하나님의 택하심으로 일어난다면 하나님의 방법에 전적으로 의존해야 하지 않겠습니까? 부르심은 불가항력적으로 우리에게 찾아온 사명입니다.

한 줄 노트 부르심이 하나님께로부터 왔다면, 우리를 사용하시는 방법 역시 온전히 하나님의 주권에 속합니다. 부르심에는 순종만이 답입니다.

부득불 하나님의 부르심은 우리를 강권적으로 이끌어가시거나, 우리의 자유의지를 무시하는 것이 아닙니다. 택함 받는 것은 하나님의 영역이요, 그 부르심에 대한 응답은 우리 자유의지의 문제입니다. 구원받은 사람에게 가장 큰 은혜는 합당하게 쓰임 받는 것이요, 가장 큰 형벌은 쓰임 받지 못하는 것입니다. 그러므로 구원받은 이에게 자유의지를 어떻게 활용할 것인가는 의미 있는 삶을 향한 중요한 문제입니다. 이 사실을 알고 있는 바울에게 '복음을 전하라는 부르심'은 '부득불' 할 일일 수밖에 없었습니다. 사도 바울 개인에 관한 일이 아니라 하나님의 일이기 때문입니다. "만일 사람이 하나님의 부르심을 받았다면 역경이 와도 문제가 되지 않습니다. 사역을 위한 모든 수고는 결국 하나님의 목적을 드러낼 것입니다." 초자연적인 일에 어떻게 자유의지를 사용하느냐에 따라서 하나님의 목적을 드러낼 수도 있고, 부르심을 외면해 버림받는 화를 당할 수도 있습니다. 우리가 부르심에 순종할 때 하나님과 조화로운 삶을 살아갈 수 있음을 명심하십시오.

한 줄 노트 택함을 받은 자들에게 복음을 전하는 일은 절대로 피할 수 없는 사명입니다.

묵상 질문 당신의 삶에 '부득불' 하지 않으면 안 되는 일이 있습니까? 그렇다면 그것은 당신에게 분명한 사명이 있다는 뜻입니다.

Sep. 30 찢겨진 빵과 부어지는 포도주

골 1:24

포도주가 되려면 "우리는 자신의 영적 헌신으로부터 소명을 만들어냅니다. 그러나 우리가 하나님과 올바른 관계를 갖게 될 때 주께서는 이 모든 것을 옆으로 쓸어버리십니다." 사실 우리에게는 영적으로 헌신하는 부분을 소명이라 생각하는 경향이 있습니다. 그러나 하나님과의 올바른 관계에서 비로소 하나님이 진정으로 원하시는 것이 무엇인지를 발견하게 됩니다. 때때로 지독한 고통을 느낄지라도 바로 그 자리에서 "내가 여기 있나이다, 나를 보내소서"라고 말하게 됩니다. '영적 헌신'이나 '개인의 거룩'은 부르심과 관련이 없습니다.

우리를 향한 주님의 손길을 거부할 때, 부어지는 포도주가 되지 못하고 여전히 포도 알갱이로 남아 있습니다. "주님께서 우리를 으깨시기 위해 우리가 너무나 싫어하는 사람이나 절대로 순복할 수 없는 상황을 사용하실 때 우리는 반대합니다. 우리는 결코 자신의 순교 장면을 스스로 선택해서는 안 됩니다." 포도알이 포도주가 되는 방법은 온전히 으깨지는 것입니다. 본문의 괴로움을 기뻐한다는 말은 기꺼이 으깨어질 각오가 되어 있다는 뜻입니다. 부어지는 포도주가 된다는 말은 우리가 그리스도의 남은 고난에 참여한다는 말입니다.

"당신이 아직 덜 익었는데 만일 하나님께서 당신을 으깨셨다면 그 포도주는 분명히 쓴 맛을 낼 것입니다." 하나님께서는 아무 포도나 으깨시는 분이 아닙니다. 하나님께서 으깨기 시작하셨다면 우리가 지금 '성도', 즉 하나님께 쓰임 받을 준비가 되어 있는 사람이라는 뜻입니다.

'찢겨진 빵과 부어지는 포도주'가 되기 전에 우리는 주의 손에 빚어져야 합니다. 하나님께서 우리를 사용하실 수 있도록 올바른 관계를 유지해야 한다는 뜻입니다. 올바른 관계에 있을 때 우리는 기꺼이 삶을 하나님께 양도합니다. 하나님께서 쓰실 수 있도록 우리의 의지를 드리는 과정을 지나지 않는다면 하나님께서는 우리를 쓰실 수 없습니다. 포도주는 부어져야 유익이 되고, 빵은 찢겨져야 유익이 됩니다. 주님께서 우리를 부르실 때 바로 하나님 나라를 위하여, 다른 사람을 위하여 유용한 존재가 되어 '찢겨진 빵과 부어지는 포도주'가 되어야 합니다.

한 줄 노트 포도주가 되기 원한다면 먼저 으깨져야 합니다. 우리를 으깨시는 주님의 손길을 거부하지 말아야 합니다.

묵상 질문 당신도 기꺼이 '찢겨진 빵과 부어지는 포도주'가 되기를 원합니까? 당신에게서 아직 으깨지지 않은 포도 알갱이는 무엇일까요?

10월

오직 예수님께만 집중하십시오!

삶에서 내려오는 방법을 알아야 할 때

Oct. 01 내려오는 능력

막 9:2

변화산으로 데려가신 이유는 예수님과 함께 변화산에 올랐던 베드로와 야고보, 요한처럼 우리도 영적으로 최고의 자리에 머물렀던 때가 있습니다. 그곳에서 우리는 하나님이 어떤 분이신지를 보았고, 그곳에 머물기를 원했습니다. 하지만 하나님은 우리가 변화산 정상에만 머물러 있기를 원치 않으십니다. 이 영적인 자리는 오히려 우리에게 '시험(test)'이 됩니다. "우리의 영적 삶의 시험은 내려올 줄 아는 능력입니다."

우리의 영적 성장은 영광의 자리에 머무를 때가 아니라 그 자리에서 내려올 때 이루어집니다. "물론 하나님과 변화산 정상에 머무는 것도 위대한 일입니다. 그러나 사람이 그곳에 이르게 되는 이유는, 이 마귀로 가득 찬 세상에 내려와 이 세상의 사람들을 영적으로 들어올리기 위함입니다." 변화산에서 하나님을 만난 이후, 우리는 하나님과 동일한 관점을 가지게 됩니다. 그러나 하나님은 다시 계곡 아래로 우리를 이끄십니다. 신앙인의 삶은 변화산 위에서가 아니라 우리가 사는 세상 속에서 증명되고 증거되어야 합니다.

챔버스는 변화산에 머무르고자 하는 마음을 '영적 이기심'이라 표현합니다. 우리 인생의 특별한 시간을 영원처럼 붙들려고 한다면 정상적인 삶으로 부름 받지 못할 것입니다. 영적 체험을 하고 난 후, 세상으로 내려가신 주님과 함께하지 못한다면 그 영적 체험이 무슨 의미가 있겠습니까? "우리는 변화산 정상에서의 체험, 해돋는 새벽, 아름다움에 대한 애착 등을 위해 지음을 받은 사람들이 아닙니다. … 우리는 오히려 '계곡'을 위해 지음을 받았습니다. … 산 위의 정상은 우리에게 뭔가 가르치기 위한 것이 아니라 우리를 뭔가로 '만들기' 위한 것입니다." 영적 체험의 시간에 우리는 새로운 존재로 거듭나게 됩니다. 새롭게 변화된 우리는 세상으로 내려와 여러 일을 맞닥뜨리고, 그 경험 속에서 점차 그리스도를 닮은 인격으로 변화됩니다. 귀한 영적 체험을 가지고 세상 속으로 내려와야만 하나님의 사람으로 빚어질 수 있다는 사실을 기억하십시오.

한 줄 노트 변화산은 내려오기 위해 올라가는 곳이요, 은혜를 받는 것은 은혜받은 자로 살기 위함입니다.

묵상 질문 당신에게는 변화산의 체험이 있습니까? 그 체험이 변화산 아래서 역사하고 있습니까? 당신의 인격이 이 세상에서 성장하고 있는지 진지하게 물어보십시오.

Oct. 02 계곡에 거할 때

막 9:22

계곡에 머물게 하시는 이유는 　변화산은 '높은 곳'이며, 하나님의 영광을 마주 대했던 장소입니다. 그러나 현실과는 동떨어진 시간과 장소입니다. 실제로 우리 인생은 끊임없는 문제들을 마주하는 곳이니 말입니다. 변화산과 같은 영광스러운 순간에만 머무르고 싶지만, 그 산에서는 하나님의 사람으로 살아갈 수 있는 기회가 없습니다. 우리가 인생을 살아가야 하는 곳은 계곡입니다.
"우리는 정상에서 하나님의 영광을 봅니다. 그러나 그곳에서 하나님의 영광을 위해 '사는 것'은 아닙니다. 오히려 낮은 이 세상에서 우리는 하나님을 향한 우리의 가치를 진정으로 드러낼 수 있고 우리의 충성을 증거할 수 있습니다." 영적인 정상에서 우리는 누구나 알아주는 영웅적인 삶을 살게 될 것입니다. 하지만 주님께서 이 땅 위에서 사셨던 겸손과 섬김의 삶을 살지는 못할 것입니다. 주님을 닮아 주님의 인격을 따라 살 수 있는 곳은 정상이 아닌 계곡입니다. 문제는 주님을 믿는다고 하지만 주님처럼 살기를 원하지 않는다는 것입니다.
믿음이 시험을 통해 증명되는 곳은 계곡입니다. 주님의 제자들은 계곡으로 내려와 자신의 실체를 보았습니다. 자신의 믿음이 얼마나 보잘것없는지를 알았습니다. 좌절을 맛보아야 하나님을 진정으로 믿을 수 있습니다. 그래서 때로 주님은 우리를 좌절의 계곡으로 인도하십니다. 문제 가운데서 주님은 우리의 믿음을 회복시키실 뿐 아니라 강하게 만드시고, 하나님의 사람으로 빚어가십니다. 인생의 문제가 전혀 없는 곳에서는 우리 믿음이 작동하지 않습니다.
우리는 비천한 계곡에서 이런 질문을 합니다. "하나님과 변화산 정상에 있었던 마지막 때에 당신은 하늘의 모든 능력과 이 땅의 모든 권세가 예수님께 속해 있다는 사실을 보았습니다. 그런데 지금은 비천한 계곡에서 의심하는 자가 되는 것은 아닙니까?" 주님은 우리를 계곡으로 이끄시는 분입니다. 주님께서도 내려가는 삶, 낮아지는 삶을 사셨음을 기억하십시오.

한 줄 노트 정상에서는 하나님의 영광을 보고, 낮은 곳에서는 하나님을 믿으며 살아가는 것이 우리의 진정한 가치를 하나님께 보여드리는 것입니다.

묵상 질문 당신에게 영적 변화산은 어디였습니까? 그리고 낮은 계곡은 어디입니까? 지금 그곳에서 하나님의 능력을 증명하고 경험해야 합니다.

Oct. 03 오직 예수님께만 집중하십시오!

막 9:29

능력을 행하지 못하는 이유는 변화산 아래 세상에서는 온갖 문제가 일어납니다. 귀신 들린 아이를 데리고 온 사람은 예수님의 제자들도 예수님처럼 기적을 행하리라 생각했지만, 제자들은 너무나 무능력했습니다. 제자들은 예수님께 왜 자신들은 귀신을 쫓아내지 못했느냐고 물었습니다. 이에 예수님은 '기도' 외에는 이런 기적을 행할 수 없다고 대답하셨습니다. 기도는 주님과의 친밀한 교제 속으로 들어가는 것입니다. 그러나 제자들은 주님과의 관계에 집중하지 못했기에 문제를 해결할 수 없었습니다.

"우리도 주님의 능력에 집중하지 않고 자신의 본성에서 나온 생각들을 가지고 하나님의 일을 하려고 할 때 제자들처럼 무기력한 상태에 머물게 됩니다." 주님의 능력에 집중하지 않고 우리의 본성으로 하나님의 일을 하려고 하면 무기력함을 경험하게 됩니다. 주님의 일을 할 때는 주님께 집중하는 것이 제일 중요합니다. 우리에게는 외부적 변화가 아니라 주님을 향한 집중이 필요합니다. 사역을 감당하다 문제가 생기면 그 문제를 가지고 주님께 나아가야 합니다. 주님은 제자들의 질문에 질책으로 끝내지 않으시고 방법을 가르쳐주셨습니다. 이제 제자들은 주님과 함께 문제를 해결하는 방법을 경험하게 됩니다.

주님께 문제를 가지고 나와 주님과 함께 통과한다면 그 시험은 주님을 영화롭게 합니다. "우리는 독수리같이 날개 치며 오를 수 있어야 합니다. 그러나 내려오는 방법도 알아야 합니다. 성도의 능력은 내려와서 낮아진 가운데 사는 데 있습니다." 낮은 곳으로 내려와야 실제적으로 역사하시는 그리스도를 경험할 수 있습니다. 현실 속에서 직면하는 실제적인 상황들을 그리스도의 빛 안에서 마주하십시오. 그런다면 우리는 모든 상황을 이기게 하시는 주님을 붙들고 영광을 경험하게 될 것입니다.

한 줄 노트 우리가 살아가는 삶의 현장에서 가장 중요한 것은 주님께 집중하는 법을 배우는 것입니다.

묵상 질문 나의 능력으로는 할 수 없지만, 주님을 붙든다면 할 수 있는 것이 무엇인지 생각해 보시기 바랍니다. 기도 외에는 할 수 없는 그것이 무엇인가요?

Oct. 04 비전의 빛 가운데

고전 1:2

깨어짐을 통해 비전을 보는 것과 비전이 이루어지는 것은 차원이 다릅니다. 비전을 보는 곳은 변화산 정상이지만, 비전이 이루어지는 곳은 산을 내려와 살아내야 하는 현실의 계곡입니다. "우리가 본 비전대로 되려면 반드시 우리를 다듬는 충격들이 오게 되는데, 이에 우리는 전혀 준비가 되어 있지 않습니다." 일상을 살아내는 계곡에서 우리는 상처를 경험하기도 합니다. 이것이 깨어짐의 과정입니다. 깨어짐만큼 우리를 하나님과 친밀하게 만들어주는 것은 없습니다. 삶의 터전이 흔들리고 충격을 받아야 든든한 반석이신 주님을 알게 됩니다. 아리고 아픈 금이 생겨야 치유하시는 하나님의 손길을 통해 감사를 배웁니다. 귀하다고 생각하는 것을 잃어봐야 가장 귀한 것이 무엇인지, 그리고 그 귀한 것을 주신 하나님의 사랑을 깨닫습니다. 깨어짐은 우리에게 커다란 은혜입니다.

> **한 줄 노트** 준비되어 있는 자에게 깨어짐은 고통이 아니라 깨달음의 시간입니다.

비전을 알게 되는 때 우리 삶에서 하나님의 목적을 깨닫게 되는 때가 있습니다. 하지만, "그 비전이 현실 속에서 나타나게 될 것인지 아닌지는 우리에게 달려 있지 하나님께 달려 있는 것이 아닙니다." 비전을 주시는 분은 하나님이시고, 그것을 깨닫고 이루어가는 건 우리의 몫입니다. 비전을 깨닫는 사람은 많지만, 비전을 이루는 사람은 많지 않습니다. 하나님께서 하시는 일이 있고, 우리가 해야 하는 일이 있습니다. 우리에게는 정상에서 받은 비전을 현실에서 살아내는 것이 중요합니다. "곧 그 비전의 빛 가운데서 현실적으로 살아감으로 그 비전이 진짜 실체가 되어야 하는 것입니다." 비전은 하나님께서 우리에게 주시는 것입니다. 하찮은 '나'에게 하나님께서 '하라'고 명령하시는 것입니다, 문제는 우리 자아가 주님 앞에 완전히 항복하지 않는 것입니다. 비전의 성취는 온전한 주의 다스림 가운데 이루어집니다. "'나'라는 낮은 자아는 하나님께서 '하라'고 하실 때 언제나 골을 냅니다. 주님의 분노 앞에서 '나'라는 자아가 완전히 시들게 하십시오." 우리를 가장 잘 아시는 그분의 계획 앞에 우리가 복종할 때, 완벽한 하나님의 뜻이 이루어집니다.

> **한 줄 노트** 비전을 주시는 이는 하나님이지만 그 비전을 실체로 만드는 것은 우리의 몫입니다.

묵상 질문 하나님께서 당신에게 주신 비전은 무엇인가요? 그 비전을 이루기 위해 오늘 당신은 무엇을 하고 있나요?

Oct. 05 멸망의 인침

롬 5:12

죄를 바라보는 시각 "성경은 하나님이 한 사람의 죄 때문에 전 인류를 벌하셨다고 말하지 않습니다. 그러나 죄의 기질 곧 '자기 권리 주장'이 한 사람에 의해 전 인류에게 들어왔다고 말합니다." 챔버스의 죄론은 '죄'와 '죄의 경향'을 분리합니다. 그는 인류의 심판이 아담의 죄 때문이 아니라, 그로부터 야기된 '죄의 기질'로 우리가 죄를 짓기 때문이라고 말합니다. 죄가 아니라 죄의 기질이 유전된 것입니다. 따라서 죄 문제의 해결은 우리 속에 있는 죄의 기질을 어떻게 이기는가에 달려 있습니다.

"죄의 성향은 부도덕이나 악행이 아니라 '나는 나 자신의 신'이라는 자기실현의 성향입니다. 이 성향은 예의 바른 도덕적 행동으로 나타날 수 있고, 버릇없는 부도덕한 행동으로 나타날 수 있습니다. 그러나 어떤 경우이든 같은 근본 곧 자기 권리를 주장한다는 점에서는 동일합니다." 죄의 실상은 인간 자신을 하나님의 자리에 놓으려는 경향입니다. 죄의 근본은 자신의 권리를 포기하지 않고 자신을 위해 행하는 것입니다. 우리가 해결해야 하는 것은 이 유전된 죄의 성향입니다.

주님이 도덕적으로 깨끗하고 고상한 사람들을 만나 고쳐주신 것은 그들의 행동이 아니라, 그러한 행동을 하는 '내적 성향'이었습니다. 챔버스에 의하면 "죄는 타고나는 것으로서 사람이 어떻게 할 수 없습니다. 오직 하나님이 구속을 통해 죄를 다루십니다. 하나님께서는 예수 그리스도의 십자가를 통해 죄의 유전으로 저주 아래 놓인 전 인류를 구속하셨습니다. 하나님은 그 어디에서도 사람이 물려받은 죄의 유전에 대한 책임을 묻지 않으십니다."

이러한 죄의 유전자를 가지고 태어난 우리를 구원하기 위해 주님이 오셨음을 알면서도 주님을 거절하기 때문에 우리가 심판을 받는 것입니다. "죄는 타고나는 것으로서 사람이 어떻게 할 수 없습니다. 오직 하나님만이 구속을 통해 죄를 다루십니다." 구속의 은혜는 마치 물이 거슬러 올라가는 것과 같은 이적입니다. 챔버스는 이와 같은 구속의 은혜를 우리가 거절하고 있지는 않은지 묻습니다.

한 줄 노트 문제는 악행이나 부도덕을 행하는 것이 아니라, 스스로 '신'이 되어 자신을 실현하려는 경향입니다.

묵상 질문 당신은 죄를 짓지 않으려고 노력합니까? 아니면 당신 안에 있는 죄의 본성을 그리스도의 은혜로 바꾸기를 원합니까?

Oct. 06 거룩한 유전형질

갈 1:16

중생이 의미하는 것   주님께서 우리를 거듭나게 하시기 위해서는 이런 전제가 필요합니다. "(의역) 주님께서는 우리 모두에게 '나에게는 거룩해질 가능성이 있다'고 당당히 말할 수 있는 유전형질을 내게 주십니다." 주님은 우리에게 거룩함을 가르치실 뿐 아니라, 그 거룩함을 가능케 하는 '유전형질'을 넣어주십니다. 이제 구속의 의미가 분명해집니다. "구속은 예수 그리스도께서 주님 안에 있었던 유전적인 성향을 우리에게 넣어주시는 것을 말합니다."

주님께서 우리에게 가르쳐주신 모든 것은 바로 이러한 전제를 기준으로 하신 말씀입니다. 문제는 우리에게 있습니다. "내 입장에서 결정해야 할 일은 예수 그리스도의 십자가상에서 하나님께서 내리신 나의 죄에 대한 판결에 동의하는 것입니다." 우리 죄에 대한 판결은 죽음입니다. 우리에게는 이 죄를 해결할 능력이 없습니다. 이 판결에 동의하는 순간 우리는 무한한 절망을 경험할 수밖에 없습니다.

그러나 우리 영이 절망을 느끼는 순간, 성령께서 일하시는 시작점이 됩니다. 이제 우리는 '중생(거듭남)의 본질'을 깨닫게 됩니다. "구속의 영적인 기적은 하나님께서 내 안에 새로운 성향을 넣으실 수 있다는 것이요 나는 완전히 새로운 삶을 살 수 있다는 사실입니다." 우리가 완전히 가난해져서 주님만 바라볼 수밖에 없는 지경에 이를 때, 주님은 "너희에게 복이 있다"라고 말씀하십니다. 복 있는 자가 되기 위해서는 그 절박함에까지 이르러야 합니다. 기독교가 역설적인 이유는 '절망'에서 '희망'이 시작되기 때문입니다.

성령께서 우리 안에 역사하실 때, 예수님께서 아버지 하나님께 하셨던 그 순종이 우리 안에서도 일어납니다. 한 사람에 의해 '죄의 성향'이 우리에게 들어왔습니다. 이제 다른 '한 사람'에 의해 성령께서 온 인류에게 들어오셨습니다. 예수 그리스도로 인해 우리도 흠 없는 유전형질, 즉 '중생의 본질'을 가질 수 있게 된 것입니다.

한 줄 노트 주님께서는 절망의 유전형질을 소망의 형질로 바꾸어주셨습니다.

묵상 질문 오늘 당신의 삶에서 가장 절망스러운 부분은 무엇인가요? 그 절망 가운데서 소망의 빛을 발견해야 합니다. 이것이 중생한 자의 고백입니다.

Oct. 07 구원 계획과 개인적 적용

고후 5:21

하나님의 계획 오늘 묵상의 원제는 "화해"입니다. 죄를 '관계'의 문제로 인식하고 해결하는 것입니다. 죄를 이해하는 챔버스의 일관된 관점은 '그릇된 일'이 아닌, '그릇된 존재 상태'로 보는 것입니다. 우리가 경험하는 '죄악들'이란 존재론적으로 죄의 유전을 가지고 있는 사람들의 행위에서 나오는 것입니다. 그러므로 "성경의 계시는 예수 그리스도께서 우리의 몸으로 짓는 죄악을 담당하셨다는 것이 아니라, 사람으로는 어쩔 수 없는 죄의 유전을 담당하셨다는 것입니다."

하나님은 '친아들'을 죄인 되게 하심으로 이 땅의 죄인들을 성도로 바꾸어주셨습니다. 죄의 문제가 해결된 것은 주님께서 우리를 동정하셨기 때문이 아니라, 우리와 같이 되심으로 우리의 죄를 담당하셨기 때문입니다. 하나님의 구원 계획은 우리의 존재를 바꾸어 회복시키시는 것이었고, 결국 주님의 십자가로 우리를 하나님과 연합하도록 하셨습니다. 인간은 죄의 문제를 해결할 수 없습니다. 그러므로 구속의 사건은 전적으로 하나님께서 하신 일이고, 주님은 완벽하게 그 일을 이루어주셨습니다.

"이것을 개인에게 적용하는 것은 각 개인의 문제입니다. 구속의 계시와 한 사람의 삶 속에서 구원을 실제로 경험하고 의식하는 문제는 언제나 구별되어야 합니다." 하나님의 구원 계획은 인류 모두를 향한 하나님의 역사입니다. 하지만 이 구원을 특별한 '나'에게로 향하게 만들 때, 그 구원이 완성됩니다. 구원을 이루는 것은 우리의 의지가 아니지만, 하나님께서 우리에게 베푸신 구원의 은혜를 경험하고 살아내는 것은 우리의 의지를 동반합니다. 챔버스는 오늘 묵상에서 하나님의 구원 계획을 우리 개개인에게 적용하는 것에 대해 말합니다. 여태까지 묵상했던 단어들을 곱씹어 보십시오. '순종', '항복', 그리고 '영적 가난함' 등을 말입니다.

> **한 줄 노트** 하나님의 구원 계획이 가지는 핵심은 일반적으로 계시된 구속을 개인적 삶에서 적용하고 체험할 수 있느냐는 것입니다.

> **묵상 질문** 당신의 삶에 구원의 은혜가 임했음을 고백합니까? 그렇다면 그 구원의 역사가 당신의 삶에서 어떻게 구체적으로 나타날 수 있을까요?

Oct. 08 "내게로 오라"는 말씀 따라

마 11:28

진짜 성도 우리가 진짜 성도라면 '주께 오라'는 말씀이 어떤 걸림돌도 되지 않습니다. 그러나 예수님께로 나아가는 데 조금이라도 주저하고 있다면, 그분을 온전히 삶의 구주로 인정하지 않은 것입니다. 아직도 우리 안에 자아가 살아 있어 온전히 순종하지 않으려는 근거를 가지고 있다는 말입니다. "아무리 작은 영적 완고함이라도 당신에게 남아 있는 한, 당신은 하나님께서 당신에게 큰일을 부탁하실 것이라고 기대합니다. 그런데 주님이 당신에게 하라고 하신 모든 것은 단지 '오라'는 것입니다." 주님께 나아가기 위해서는 '자기 포기'의 고백이 있어야 합니다. 완전히 가난해져서 오로지 주님만을 의지하는 심정이 되어야 합니다. 우리 안에서 어떤 것도 기대할 수 없을 때 '내게로 오라'는 말씀에 순종할 수 있습니다.

한 줄 노트 우리가 진짜 성도라면 '내게로 오라'는 주님의 말씀이 걸림돌이 되어서는 안 됩니다.

주님의 인내 "성령께서는 당신이 주님께로 오는 것을 막는 그 어떤 것이라도 도끼로 그 뿌리를 잘라내야 한다고 알려주십니다. 당신이 이 한 가지를 기꺼이 하기 전에는 절대로 전진할 수 없습니다." 그러나 주님의 초청은 강압적이지 않습니다. "성령께서는 당신 안에 있는 쓴뿌리를 알려주시지만, 당신이 허락하지 않으면 성령께서는 그 쓴뿌리를 제거하지 않으실 것입니다." 주님께서 우리를 부르실 때, 우리는 여전히 우리의 생각과 요구를 가지고 나아갑니다. 그리고 또 아무런 성과 없이 주님을 떠나갑니다. 하지만 그 순간에도 주님은 우리가 주님의 손을 붙들기를 기대하며 인내하고 계십니다. 주님의 배타성은 완고함이 아니라, 끊임없이 우리를 기다리시는 하나님의 마음과 인내를 보여주는 것입니다. 주님의 배타성은 그 어떤 것도 주님과의 관계에 있어서 걸림돌이 되어서는 안 된다는 의미이며, 이미 우리에게 베풀어주신 하나님의 은혜를 소유할 수 있게 하는 놀라운 기회를 부여합니다.

한 줄 노트 하나님은 우리가 기도하는 순간에도 손을 내밀어 붙잡아주시고, 우리가 실망하고 떠나갈 때에도 여전히 손 내밀고 기다리십니다.

묵상 질문 당신은 주님께서 내미시는 그 손을 잡았습니까? 아직 주저하고 있다면 놓아야 할 것에 대해 깊이 묵상해 봅시다.

Oct. 09 삶 가운데 나타나는 속죄

롬 6:13

속죄를 중심으로   우리 스스로는 자신을 구원할 수도, 거룩하게 할 수도 없습니다. 우리가 믿어야 하는 것은 오로지 이 놀라운 속죄를 이루신 분이 예수 그리스도라는 사실입니다. 더 중요한 것은 이러한 사실을 계속적으로 우리의 삶에서 실감하며 살아가느냐 하는 것입니다. "우리에게 가장 필요한 것은 '하는 것'이 아니라 주께서 하신 일들을 '믿는 것'입니다."

그리스도의 구속이 하나의 '체험'이 되어서는 안 된다는 사실에 주의하십시오. 일회적 체험 위에 우리의 믿음을 세우는 것이 아니라, 매일 그 믿음을 새롭게 붙잡는 것이 중요합니다. 믿음은 '체험'이 아니라, 매일 역사하시는 주님을 의지하는 것입니다. "구속은 하나님께서 그리스도를 통해 이루신 위대한 행위입니다. 우리는 자신의 믿음을 그 구속 위에 세워야 합니다."

우리의 기준은 놀라운 '속죄의 행위'에 근거합니다. 우리의 모든 체험을 예수님을 기준으로 평가한다는 의미입니다. 그리스도께서 우리를 구속해 주셨다는 놀라운 은혜와 하나님의 사랑에 기초하지 않는다면, 우리 행위는 결코 하나님을 기쁘시게 할 수 없습니다. 그러나 우리의 거룩이 주님의 거룩에 기초한다면, 하나님께서 베푸신 용서에 따라 우리는 관용할 것이며, 하나님께서 베푸신 은혜에 따라 자비로울 것입니다.

"순종은 속죄에 모든 신뢰를 두었다는 것을 의미합니다. 나는 순종을 통해 초자연적인 하나님의 은혜의 기쁨을 곧바로 체험하게 됩니다." 하나님께서 행하신 놀라운 속죄의 은혜에 의지적으로 동의할 때, 삶에 '순종'이 나타납니다. 이때 누리는 놀라운 기쁨은 순종한 자만이 얻는 특권입니다. 순종은 오로지 그리스도를 통해 하나님께서 이루신 속죄 사건을 믿음으로 고백하는 자만이 기꺼이 할 수 있는 일입니다. 오늘, 우리 신앙에서 점검할 것이 있습니다. "자연스러운 삶을 거부하는 경건을 경계하십시오. 그것은 속임수입니다. 끊임없이 자신을 속죄의 영역으로 인도하십시오. 속죄가 삶 가운데 역사하고 있는지 확인하십시오."

한 줄 노트 참 거룩과 참 경건은 속죄의 삶을 체험하는 자에게서 자연스럽게 묻어나는 것입니다.

묵상 질문 오늘도 속죄의 은혜를 베풀어주신 하나님의 역사에 감동합니까? 그렇다면 여전히 겸손한 하루를 살게 될 것입니다.

Oct. 10 하나님의 진리가 역사할 때

마 11:25

영적 관계와 영적 상태 구별하기　'영적 상태'와 '영적 관계'는 다릅니다. '관계'가 결단으로부터 오는 것이라면, '상태'는 점진적으로 발전하는 것입니다. 순종을 통해 영적 관계에 들어간 사람들은 점점 더 깊은 영적 상태로 들어갑니다. 하지만 순종에 '점진적'이라는 말은 해당되지 않습니다. "하나님은 우리를 죄에서 점차적으로 깨끗하게 하지 않으십니다. 빛 가운데 행하면 우리는 모든 죄로부터 깨끗하게 됩니다. 이것은 순종의 문제로서 순종하는 즉시 관계가 완벽하게 됩니다. 한순간이라도 순종에서 벗어나면 어둠과 죽음이 당장 역사하기 시작합니다." 순종은 결단입니다. 결단의 결과는 명확합니다. 순종하는 즉시 우리는 어둠에서 벗어나 주님을 따라갑니다. 반면 순종을 멈추는 순간 우리는 주님의 길에서 벗어나게 됩니다. 제자의 삶은 어떤 '상태'가 아니라 주님과의 '관계'를 뜻합니다. 점진적으로 따라간다는 말은 존재하지 않습니다. 단지 따를 것이냐 말 것이냐 하는 결단의 문제입니다.

`한 줄 노트` 주님의 제자가 되는 것은 '관계'의 문제입니다. 점차 제자가 된다는 의미가 아니라 지금 순종의 관계에 있느냐는 것입니다.

순종의 깊은 의미　"하나님의 모든 계시는 우리의 순종에 의해 열릴 때까지 봉해져 있습니다. 당신은 철학이나 사고를 통해 그 계시들을 열 수 없습니다. 그러나 순종하는 즉시 섬광이 들어옵니다." 순종하지 않고는 절대로 알 수 없던 일들을 순종할 때 깨닫게 됩니다. 순종은 지식의 문제가 아닙니다. "하나님의 진리는 노심초사한다고 역사하는 것이 아니라 그 안에 빠져들어 갈 때 우리 안에서 역사합니다." 순종은 하나님 안에 흠뻑 빠져드는 것입니다. 순종하는 데는 시간이 걸리지 않습니다. 순종의 지점에 나아가기 위해서는 하나님 안에서 '흠뻑 젖어 있는 시간'이 수없이 필요합니다. 하나님의 놀라운 진리는 순종의 순간에 깨닫게 됩니다. 순종은 거창한 것만을 의미하지 않습니다. 지금 우리 앞에 놓인 아주 작은 것에서부터 순종하십시오.

`한 줄 노트` 순종은 깨닫고 이해할 때까지 기다리는 것이 아니라, 지금 순종을 통해 하나님이 어떤 분이신지를 명확하게 아는 것입니다.

`묵상 질문` 하나님이 하시는 일에 대하여 답답한 것이 있습니까? 그렇다면 지금 순종의 문을 활짝 열기 바랍니다. 하나님의 놀라운 뜻이 당신의 가슴속으로 깊이 들어오게 될 것입니다.

Oct. 11 하나님의 침묵

요 11:6

침묵의 의미 '하나님의 침묵'은 우리가 기도의 응답을 받지 못하는 시간입니다. 하지만 이 침묵의 시간은 우리가 원했던 기도의 응답보다 훨씬 더 유익합니다. 기도는 우리가 원하는 것을 얻어내는 도구가 아니라, 하나님께 더 가까이 나아가기 위한 수단입니다. 챔버스는 아주 도전적인 질문을 던집니다. "하나님께서 당신에게 침묵하실 만큼 당신을 신뢰하십니까? 하나님의 침묵은 큰 의미가 담겨 있으며 하나님의 응답이기도 합니다."

오늘 본문은 우리 주님의 침묵입니다. 마리아와 마르다가 주님께 요청했지만 주님은 아무런 행동도 하지 않으셨습니다. 챔버스는 이런 주님의 행동이 마리아와 마르다를 신뢰했기 때문이라고 말합니다. 주님께서는 당장 보이는 응답을 주지는 않으셨지만, 주님의 일하심을 믿는 사람에게 주님의 침묵은 기도하는 자에 대한 신뢰의 표징입니다.

"만일 하나님께서 당신에게 침묵하시면 주님을 찬양하십시오. 주님께서는 주의 위대한 목적을 향해 당신을 인도하고 계시기 때문입니다. 언제 응답이 나타날 것인가 하는 것은 하나님의 주권에 속한 것입니다." 하나님의 주권을 인정하면 응답의 방법과 시기는 그렇게 중요하지 않습니다. 하나님의 침묵을 받아들이는 순간 우리에게는 확신이 찾아옵니다. 침묵이 곧 우리의 기도를 들으셨다는 증거이기 때문입니다.

이러한 생각을 가지는 순간 우리는 놀라운 축복 속으로 들어갑니다. 하나님께서 우리가 기도하는 대로 축복하실 것임을 확신하기 때문입니다. '침묵' 그 자체로 은혜가 아니라, 침묵을 통해 하나님과 우리 사이가 얼마나 친밀한지 깨닫는 것이 은혜입니다. 중요한 것은 하나님의 침묵을 통해 우리의 기도가 하나님을 영화롭게 할 것을 깨닫게 되었다는 사실입니다.

한 줄 노트 하나님께서 당신에게 침묵하실 때, 그분을 찬양하십시오. 그분의 위대한 목적을 향해 당신을 인도하고 계시기 때문입니다.

묵상 질문 지금 당신의 어떤 기도에 대하여 하나님께서 침묵하고 계십니까? 침묵 속에서 당신은 하나님을 신뢰합니까, 아니면 조바심을 내고 있습니까?

Oct. 12 하나님과 보조를 맞추는 것

창 5:24

고통스러운 일입니다 동행하기 위해서는 보폭을 맞춰야 합니다. "주님과 동행하는 것을 배우려면 언제나 하나님과 보조를 맞추어 걸어야 하는 어려움이 있습니다. 그러나 우리의 보조가 맞추어지면 우리의 삶에서는 하나님의 생명에서만 나타나는 품성이 드러납니다." 하나님의 크심과 우리의 크기가 다르기 때문에 동행에는 당연히 고통스러운 일이 동반됩니다. 챔버스의 말처럼 '훈련과 과정'이 필요합니다. 분명 어려운 일이지만 하나님과 동행하며 누리는 가장 큰 유익은 하나님의 성품이 우리 안에 드러나는 것입니다. 하나님과의 동행이 이루어지면, 우리의 인격은 특정한 순간이 아니라 일상적인 삶에서 드러나는 모습으로 평가될 것입니다. 일상에서는 늘 자신의 모습을 포장할 수 없기에 동행을 위한 훈련이 필요합니다.

> **한 줄 노트** 하나님과 동행하는 사람의 큰 축복은 그를 통해 하나님의 성품이 드러나는 것입니다.

순종을 통해 가능한 일입니다 예수님이 공생애 기간 동안 하나님과 동행하실 수 있었던 이유는 '순종'하셨기 때문입니다. 하나님과 보조를 맞추는 일은 애당초 힘든 일입니다. "우리가 세 걸음을 걷기도 전에 주님은 벌써 앞서가시는 것을 발견하기 때문입니다." "하나님과 보조를 맞춘다는 것은 다름 아닌 주님과의 연합을 의미합니다." 주님과 동행하기 위해서는 주님께 맞추는 훈련이 필요합니다. 우리는 이 훈련의 과정을 '연단'이라고 표현합니다. 연단의 과정을 통해 우리는 하나님의 뜻이 무엇인지 어렴풋하게나마 깨닫게 됩니다. "영적인 진리는 지적인 논리에 의해 배우는 것이 아니라 주어진 상황 가운데 순종을 통해 배우게 됩니다." 성령님의 인도하심 가운데 순종하면 상황을 보는 우리의 관점이 바뀝니다. 순종하지 않으면 관점은 변하지 않습니다. 관점이 변하지 않으면 하나님의 계획이 우리 마음속에 들어오지 못합니다. 하나님과의 동행은 올바른 관계 속에서 친밀감을 가지게 되었다는 의미입니다. 그러나 이런 순종의 자리로 나아가는 것은 일회적 사건 혹은 영적인 체험으로 이루어지는 것이 아님을 명심하십시오. 하나님과의 동행은 꾸준한 훈련과 포기가 계속되는 것입니다.

> **한 줄 노트** 동행은 일회적 사건이 아니라, 계속되는 친밀함과 관계로 이루어집니다.

묵상 질문 하나님과 동행하기 위해 당신은 지금 어떤 순종을 하고 있습니까? 혹시 순종하지 않으면서 하나님과 동행하려고 애쓰지는 않습니까?

Oct. 13 하나님과 교제한 이후에

출 2:11

우리의 꿈이 하나님의 비전이 되는 과정 모세는 하나님께 부르심을 받기 전, 민족이 당하는 고통을 보고 정의감에 불타올라 애굽 사람을 죽였습니다. 하지만 하나님은 모세에게 있었던 그의 개인적인 정의감을 사용하지 않으셨습니다. 오히려 정의감으로 겪어야 했던 40년간의 광야 시간을 지나고 나서야 모세를 부르셨습니다. "처음에 모세는 자신이 백성을 구원할 사람이라고 깨달았지만 그는 먼저 하나님에 의해 훈련되고 연단 받아야 했습니다. 그는 개인적인 면에서 볼 때 옳았지만 하나님과의 교제를 배우기 전까지는 그 사역을 감당할 수 있는 사람이 아니었습니다."

하나님께서 우리를 개인적으로 부르신 것은 분명합니다. 그러나 그것만 가지고는 우리를 사용하지 않으십니다. 오히려 개인적 부르심의 좌절을 통해 하나님과 인격적인 관계가 형성될 때, 그 부르심이 더욱 빛나도록 사용될 수 있습니다. 좌절의 시간에 하나님과의 개인적 만남의 시간이 찾아옵니다. 그때 하나님께서 비전을 다시 한번 상기시켜 주십니다. 이렇게 우리와 하나님 사이의 인격적인 관계가 형성되는 것입니다. "우리는 하나님을 위한다고 하면서 내 마음대로 개인적으로 노력하는 것이 무례한 것임을 배워야 합니다." "자신의 개인적인 노력은 하나님과의 인격적인 관계에 의해 불이 붙어야 합니다."

우리는 하나님께로부터 비전을 받을 때 'something', 무엇인가 될 것이라고 기대합니다. 그러나 그 비전에 착수하는 순간 40년 광야 생활과 같은 'nothing', 아무것도 아님을 경험하는 시간이 옵니다. 그제야 배우는 것이 있습니다. 주님이 나에게 원하시는 것은 주님이 나의 'everything', 모든 것이 되어주신다는 사실을 깨닫는 것입니다. 자신의 개인적인 면에 집중해 비전을 실현하려고 하면 하나님과 보조를 맞출 수 없습니다. 모세가 그랬던 것처럼, 우리의 인생은 좌절의 시간을 통해 하나님과의 인격적 만남과 성숙으로 나아갑니다.

> **한 줄 노트** 하나님과의 친밀한 교제를 통해서만 개인적 꿈이 하나님의 비전으로 사용될 수 있습니다.

묵상 질문 'something', 'nothing', 'everything' 중 당신은 지금 어느 단계에 있습니까?

Oct. 14 증인 된 삶

마 28:18-20

기억해야 할 핵심 "선교를 해야 하는 근본 이유는 믿지 않는 자들의 필요 때문이 아니라 예수 그리스도의 권위로 그분이 우리에게 명령하셨기 때문입니다." 선교는 우리의 계획을 이루는 것이 아니라, 하나님의 계획에 우리가 온전히 쓰임 받는 것입니다. 우리 자신이 아니어도 하나님은 여전히 일하십니다. 주님의 명령에 순종해야 하는 이유는 그래야 하나님의 계획에 쓰임 받을 수 있기 때문입니다.

말씀이 우리 안에 살아 있지 않으면 일생 동안 증인의 삶을 즐거워하기란 불가능한 일입니다. "주님은 우리가 가지 않으면 이방인들을 잃을 것이라고 말씀하시지 않습니다. 단지 '그러므로 가서 모든 족속을 가르치라'고 말씀하십니다." 우리가 주님의 일을 하지 않는다고 해서 주님의 계획이 망가지지는 않습니다. 단지 주님은 우리를 당신의 계획 속에 부르시고 해야 할 일이 무엇인지 말씀하실 뿐입니다.

주님의 계획에 합당하게 쓰임 받기 위해 우리는 무엇보다 주님이 어떤 분이신지 알아야 합니다. 주님은 먼저 '내게로 오라'고 말씀하십니다. 주님께로 나아가는 것만이 주님을 만나고 주님과 교제하는 비결이기 때문입니다.

"예수님은 예루살렘과 유대와 사마리아로 가라고 하지 않으시고 모든 곳에서 '내 증인이 되라'고 하셨습니다. … 어느 곳에 있느냐 하는 것은 중요하지 않습니다. 하나님께서 우리를 어디로 보내실 것인가를 친히 계획하십니다." 주님께서 보내시는 곳은 우리가 원하는 특정한 곳이 아닙니다. 진정한 선교의 핵심은 우리가 명백하게 하나님의 계획에 쓰임 받고 있는가 하는 것입니다. 나의 계획은 중요하지 않습니다. 하나님께서 내게 주시는 사명을 이루는 것이 핵심임을 명심하십시오.

한 줄 노트 선교의 핵심은 하나님께서 보내시는 곳으로 달려가는 것입니다.

묵상 질문 당신의 생각은 지금 어디에 머물러 있습니까? 하고 싶은 계획에 매달려 있습니까, 아니면 하나님께서 보내시는 곳을 바라보며 기도하고 있습니까?

Oct. 15 선교 메시지의 핵심

요일 2:2

'구속'은 값싼 은혜가 아닙니다   그리스도인이 세상에서 조롱받는 이유는 속죄의 교리, 즉 죄 용서를 값싼 은혜로 전락시켜 버렸기 때문입니다. "선교 메시지의 핵심은 그리스도의 친절함이나 선하심도 아니며 하나님이 우리 아버지 되심을 드러내주신 것도 아닙니다. 그리스도의 생명으로 우리 죄를 사해 주신 것입니다."

챔버스가 말하는 선교사는 모든 영역에서 그리스도인으로 살아가는 사람들을 총칭하는 말입니다. 그리스도께서 우리를 위해 베푸신 속죄의 은혜가 얼마나 가치 있는지를 깨닫는 사람들입니다. 단순한 선행이나 친절함은 우리가 처한 상황에 따라 달라질 수 있습니다. 그러나 그리스도께서 우리 죄를 위해 생명을 버리셨음을 안다면, 선교사로서 우리가 해야 할 일은 이 모든 것을 뛰어넘는 일들입니다. 하나님께서 우리에게 베풀어주신 구속의 은혜는 우주적입니다. 세상 모든 사람을 사랑하는 것입니다. 이 구속의 메시지는 우리가 가지고 있는 온갖 편견을 뛰어넘게 해줍니다. 그러므로 선교사는 "자신의 견해가 아니라 오직 '하나님의 어린양'을 선포해야 합니다."

기독교 신앙에 있어 가장 위대한 '구속의 사건'이 '모든 인류'를 위한 것임을 분명히 하는 것은 선교에 있어 중요한 근거가 됩니다. 그리고 우리는 그 '모든 인류'에게 나의 견해가 아닌 하나님의 어린양을 선포해야 합니다. 나에게 악한 사람이라고 할지라도, 내 견해가 아닌 하나님의 어린양을 선포해야 합니다. 하나님께서 우리 각자에게 베풀어주신 놀라운 은혜가 있습니다. 하지만 복음은 이 모든 것을 뛰어넘습니다. '세상 죄를 지고 가는 어린양'을 전하는 것이 복음의 핵심입니다.

한 줄 노트 우리가 선포해야 하는 메시지는 개인적인 경험이 아닌, 모든 사람을 향해 베푸신 하나님의 놀라운 은혜입니다.

묵상 질문 구속의 은혜가 나 자신을 넘어 혐오하고 품지 못하는 사람에게도 임해야 한다는 사실을 인정하고 확신할 수 있습니까?

Oct. 16 기도가 열쇠입니다

마 9:38

기도해야 하는 이유   "선교 문제를 해결하는 열쇠는 하나님의 손에 있습니다. 그 열쇠는 기도이지 사역이 아닙니다." 선교의 핵심 메시지는 국지적인 관심이나 인간의 의견이 아니라 '구속의 사건'입니다. 이 구속과 구속의 은혜를 베풀어주시는 하나님의 마음이 무엇인지 깨닫게 해주는 것이 기도입니다. 기도하지 않으면 하나님이 원하시는 것이 눈에 들어오지 않습니다. 기도하지 않는 사역은 종종 자가당착에 빠집니다. 하나님의 일을 한다고 항변하지만 점점 더 하나님과 멀어집니다. 기도는 우리로 하여금 주님께 집중하게 만들고, 왜 주님이 우리를 부르시는지 깨닫게 합니다.

"그리스도인은 예수 그리스도의 것으로 부름을 받은 자요, 그의 '주인'보다 높지 않으며, 자신이 하려는 일을 예수 그리스도께 지시하는 사람이 아닙니다. 주님은 다른 특별한 일로 부르지 않으십니다. 그분은 '주님 자신에게로' 부르십니다." 주님이 우리를 부르시는 이유는 분명합니다. 순종하라는 부르심입니다. 다시 말하면, 우리는 순종하지 않으면서도 얼마든지 자의적으로 주님의 일을 할 수도 있다는 것입니다. 기도하는 이유는 우리에게 순종할 능력이 없기 때문입니다.

주님의 일을 하는 가장 좋은 방법은 주님께 나아가는 것입니다. 주님께 나아가면 주님께서 우리를 부르신 이유를 명확하게 말씀하십니다. 우리의 문제는 주님께 나아가지 않으면서 '주님을 위해' 일한다고 생각하는 것입니다. 주님께 나아가지 않고 하는 일들은 사실 주님의 일이 아니라 '우리의 일'인 경우가 많습니다. "그러므로 추수하는 주인이신 주님께 기도하십시오. 그러면 주께서는 상황을 섭리하셔서 당신을 일꾼으로 내보내실 것입니다."

한 줄 노트 "기도가 아침의 열쇠가 되고 저녁의 자물쇠가 되게 하십시오." - 매튜 헨리

묵상 질문 기도하며 자의적인 생각들을 내려놓고 있습니까? 기도할 때 주님 앞에 가까이 나아가는 자신을 발견하고 있습니까?

Oct. 17 기도는 사역이고 의무입니다

요 14:12

기도해야 하는 이유 "기도는 더 위대한 사역들을 위해 우리를 준비시키는 것이 아닙니다. 기도 자체가 '더 위대한 사역'입니다." 우리는 자꾸 기도를 사역을 위한 준비쯤으로 생각하며 기도의 능력을 평가절하합니다. 하지만 기도 자체가 사역이라고 생각한다면, 이미 우리 안에서 하나님의 역사가 이루어지고 있음을 깨닫게 될 것입니다. 기도할 때 우리 안에서 일어나는 구속의 기적은 우리가 드린 '기도의 수고'로 맺은 열매가 아니라 그리스도의 고난으로 인한 구속의 역사입니다. 중요한 것은 기도를 통해 우리 안에서 구속의 열매가 계속 유지된다는 것입니다.

"기도는 전투입니다." 전투는 우리가 선택한 장소에서 우리가 원하는 방법대로 조정하는 것이 아닙니다. 지금 있는 곳이 전투의 자리이기에 바로 그곳에서 기도해야 합니다. "하나님께서 당신을 어디에 두시든지, 어떤 상황에서라도 언제나 주님께 끊임없이 호소하며 기도하십시오. '너희가 내 이름으로 무엇을 구하든지 내가 시행하리니.'" 우리가 하나님께 쓰임 받는 일, 더 위대한 일을 위해 준비되는 가장 좋은 방법은 지금 있는 그 자리에서 기도하는 것입니다.

"우리는 흥분되지 않으면 기도하지 않으려고 하는데, 이는 영적 이기심의 가장 강한 표현입니다." 우리는 간절히 원하는 것, 혹은 흥미를 자극하는 것이 없으면 기도하려고 하지 않습니다. 챔버스는 이를 '영적 이기심'이라고 말합니다. 관심이 온전히 자신에게만 집중되어 있는 것입니다. 하나님의 관심이 아니라 자신의 관심에 따라 하는 기도는 전적으로 이기심에서 나옵니다.

우리는 종종 하나님의 지시를 행하는 것이 사역이라고 생각합니다. 기도는 이러한 우리 생각보다 훨씬 위대합니다. 기도를 통해 하나님이 원하시는 것을 구할 수 있기 때문입니다. 일꾼이 일을 하는 것은 그리 대단하지 않습니다. 그러나 일꾼이 주인의 생각을 구현해 내는 것은 아주 스릴 있는 일입니다. 주님이 원하시는 결과를 가능하게 하는 일은 기도하는 성도들을 통해 이루어집니다. 기도가 위대한 것은, 그저 주님께서 가르쳐주신 대로 기도했을 뿐인데 기도하는 자들을 통해 놀라운 결과가 나타나기 때문입니다.

> **한 줄 노트** 기도는 더 위대한 사역을 위한 준비가 아니라, 그 자체로 '더 위대한 사역'입니다.

묵상 질문 스릴을 느끼는 일을 위해 기도합니까, 아니면 기도할 때 역사하시는 하나님으로 인해 스릴을 느낍니까?

Oct. 18 · 내가 사랑하고 헌신할 분, 예수님

요삼 1:7

헌신한다는 의미 우리는 하나님의 뜻과 마음을 전하는 도구가 되어야지, 우리가 원하는 것을 전하기 위해 하나님을 도구로 삼아서는 안 됩니다. "다른 사람에 대한 주님의 관심에 당신을 맞추어야지, 다른 사람에 대한 당신의 관심에 주님을 맞추면 안 됩니다." 주님은 우리에게 '주님의 양'을 먹이라고 맡겨주셨습니다. 우리의 관심으로, 우리가 원하는 양을 만드는 것은 주님의 명령이 아닙니다. "예수 그리스도를 향한 충성은 내 마음속에 하나님의 사랑을 부으신 성령으로 인해 구속의 초자연적인 역사가 내 안에서 역사하는 것입니다." 참된 헌신은 성령께서 부어주신 하나님의 사랑으로 인해 나옵니다.

우리는 종종 성령의 역사를 잠깐 나타났다 사라지는 어떤 능력, 즉 '안개'와 같은 것으로 생각합니다. 하지만 우리가 주님께 충성하고 헌신하는 것은 성령님의 역사가 우리 안에 살아 있기 때문임을 잊지 말아야 합니다. "선교 헌신의 핵심은 이 세상에 살면서도 세상 그 어느 것에도 마음을 두지 않고 오직 주님께만 마음을 두는 것입니다." 우리가 주님께 마음을 두면 주님은 우리의 마음을 붙들어주십니다. 우리가 주님께 연결되어 있다면 다른 외부적인 것들에 마음이 흔들리지 않을 것입니다. 그러나 역설적이게도 만일 우리가 세상에 대한 애착을 갖지 않기 위해 의식적으로 애를 쓰고 있다면, 그것은 지금 온전히 주님께 마음을 드리지 않았다는 증거입니다.

선교사의 진정한 헌신과 충성은 온 마음이 주님께 집중되어 인격적으로 열려야만 가능합니다. 챔버스는 '인격적'이라는 말을 자주 사용합니다. 하나님께서 우리에게 원하시는 헌신은 일방적이거나 강압적이지 않다는 말입니다. 인격적이라는 말은 '동등한 관계'에서 복종하는 것, 즉 '순종'을 의미합니다. "주께서 하나님 나라를 세우기 위해 보내시는 사람들은 평범한 사람들이지만, 성령의 역사에 의해 주님께 온전히 헌신된 사람들입니다."

한 줄 노트 하나님은 우리 일의 도구가 아닙니다. 선교사는 하나님의 일에 도구로 쓰임 받는 사람입니다.

묵상 질문 당신은 하나님의 일을 위해 보내심을 받은 도구라는 확신이 있습니까? 아니면 아직도 나의 일을 이루기 위해 하나님께 기도하고 있습니까?

Oct. 19 유용성보다 인격적 관계를 중시하십시오!

요 18:36

유용성이 아닙니다   세상은 자기들의 잣대로 우리의 일을 판단합니다. 하지만 하나님의 관심은 '유용성'이 아닌 '관계'에 있습니다. "제자들이 할 일은 그들의 선생이신 주님과 같아지는 것입니다, 예수 그리스도의 나라의 핵심은, 주님과의 인격적 관계에 있지 공적으로 사람들에게 얼마나 유용한가에 있지 않습니다."

"오늘날 주 예수 그리스도의 가장 큰 원수는 사역의 실리성입니다." 사람들은 자꾸 하나님의 나라를 보여달라고 말합니다. 눈에 보인다는 것은 결과가 얼마나 효과적인지와 관련이 있습니다. 하지만 주님께서는 하나님 나라가 '우리 안에' 있다고 말씀하십니다. 하나님 나라는 우리가 보는 대로 평가할 수 있는 것이 아닙니다. "보이는 활동으로 바쁜 기독교 사역자는 사람들의 눈에 띄지만 삶의 능력은 그 사람의 생명의 가장 깊은, 보이지 않은 곳에 있습니다." 진정한 기독교인의 능력, 교회의 영향력, 신학교 같은 기관의 탁월성은 우리 눈에 보이는 실질적 활동에 근거하는 것이 아니라, 하나님과 얼마나 깊은 관계 속에 있느냐에 달려 있습니다.

실용적 관점에서 보면 하나님께 푹 빠지는 관계의 시간을 '낭비'라고 생각할 수 있습니다. 하지만 우리가 하나님의 근본적인 구속의 은혜와 사랑에 빠져 있지 않다면, 어떤 일이 닥쳤을 때 견디지 못하고 부러질지도 모릅니다. "하나님께 푹 빠져드는 시간은 비록 실용적이지 않아 보여도 하나님께 뿌리를 내리고 기초를 다지는 것이기에, 어떤 일이 발생할지라도 주님께 진실될 것입니다."

유용성보다 인격적 관계를 중시하는 것은 예수 그리스도와 완전히 하나 됨을 추구하는 것입니다. 성경을 통해 하나님께 푹 빠져들어 말씀에 뿌리내리고 기초를 다진다면, 주님과 인격적인 관계 속에서 더욱 풍성히 교제하며 살아갈 수 있습니다.

한 줄 노트 우리에게 필요한 것은 실용적 관점에서는 이해되지 않는 '거룩한 낭비의 시간'입니다.

묵상 질문 삶에서 하나님과의 관계를 위한 '거룩한 낭비'의 시간을 구별하여 갖고 있습니까?

하나님의 뜻을 나의 뜻으로

Oct. 20

살전 4:3

거룩해지려면 하나님께서 우리를 부르신 이유는 단순히 구원받은 자가 아니라, 하나님을 따라 거룩한 자로 만드시기 위함입니다. '구속'은 하나님이 우리를 위해 베푸신 역사이지만, '거룩'은 우리의 의지적인 결단을 통해 이루어집니다. 그러나 '거룩'은 우리의 의지와 순종이 '구속'에 기초를 둘 때 이루어지는 것이지, 결코 스스로의 노력에만 근거하지 않습니다. "문제는 '하나님께서 나를 거룩하게 하실 것인가'가 아니라 '하나님의 뜻을 나의 뜻으로 삼을 것인가'입니다." 거룩은 하나님의 뜻을 우리의 뜻으로 삼을 때 시작됩니다. 우리는 오로지 빈손으로 주님께 나아가 주님의 거룩하심을 받아야 합니다. 그때 구속의 역사가 우리 안에 일어납니다. 죄, 세상 염려, 우리의 방식, 잡념 등 양손에 가득한 짐을 내려놓고 빈손으로 주님께 나아갈 때, 우리를 채우시는 주님을 경험하게 됩니다. "'빈손 들고 갑니다.' 분명한 믿음으로 예수 그리스도를 당신의 거룩으로 받아들이십시오."

> **한 줄 노트** 빈손 들고 주께 가오니 십자가의 보혈로 우리를 구속하셔서 거룩하게 하소서!

거룩의 증거 챔버스는 거룩의 표징으로 '겸손'을 말합니다. 거만한 거룩은 존재하지 않습니다. "이 거룩은 가슴을 치는 회개와 말로 표현할 수 없는 수치와 전적 타락에 대한 깨달음에서 옵니다." 전적으로 타락한 인간이 기대할 수 있는 것은 오로지 하나님의 은혜밖에 없습니다. 하나님을 깨닫는 순간, 하나님이 내 안에서 구원과 거룩을 완성하셨음을 알게 됩니다. "거룩은 나를 예수 그리스도와 하나 되게 하고, 주님 안에서 하나님과 하나 되게 합니다." "절대로 결과로 나타나는 것을 원인으로 두지 마십시오." 우리는 종종 자신의 거룩함으로 하나님께 나아가려 하고, 거룩한 행위로 구원을 얻을 수 있다고 생각합니다. 그러나 하나님의 은혜가 아니고서는 하나님 앞에 나아갈 수 없습니다. '거룩'은 원인이 아닌 결과임을 기억하십시오. 거룩이 결과로서 나타나는 것임을 알 때 순종과 섬김, 기도가 뒤따라옵니다. 그리고 이 모든 것으로 인해 말로 표현할 수 없는 감사와 찬양이 지속될 것입니다.

> **한 줄 노트** 거룩한 성도가 결코 교만하지 않은 것은 거룩이 구속의 결과임을 알기 때문입니다.

> **묵상 질문** 노력해야 '거룩함'을 얻을 수 있다는 부담감을 가지고 있습니까? 우리 안에 구속의 역사가 일어나면 거룩 때문에 고민하지 않을 것입니다.

Oct. 21 하나님의 은혜가 필요합니다

유 1:20

충동을 주의하십시오 "충동적인 행동은 거듭나지 않은 본성의 특징입니다." 우리 신앙의 문제는 말씀을 따라 움직이지 않고, 아직 거듭나지 못한 자연적인 본성을 따라 사는 데서 기인합니다. 모든 사람에게는 '자연적인 욕망'이 있습니다. 모든 피조물에게 주어진 속성인 욕망이 있는 것 자체가 죄는 아닙니다. 그러나 욕망대로 살면 죄를 짓게 됩니다. 하나님의 말씀대로 산다는 뜻은 성령의 인도하심을 따라 '말씀으로' 우리 속에 있는 자연적 욕망을 다스리며 산다는 의미입니다. "성령의 저지는 곧바로 우리 자신의 어리석음을 느끼게 하며, 그러면 우리는 즉시 자신을 변호하려고 합니다." 성령님이 우리 안에 역사하시면 우리는 무엇을 잘못했는지 깨닫게 됩니다. 우리의 어리석음을 깨닫게 하는 성령의 방법은 양심의 가책으로 괴롭게 하는 것입니다. 성령은 죄를 깨닫게 하는 능력이 있습니다. 성령께서 우리 마음을 근심케 하심이 구원의 과정임을 기억하십시오. 회개는 성령께서 우리 죄를 깨닫게 하실 때 찾아옵니다. 회개는 필연적으로 우리를 근심케 합니다. 그러나 이 근심은 우리를 성령과 친밀해지게 합니다. 성령님은 근심 속에서 성령을 구하는 사람에게 임하시고 동행하십니다.

> **한 줄 노트** 성령으로 인해 마음에 근심이 찾아왔다면 구원의 여정 속에 있다는 증거입니다.

제자의 삶 제자로서의 삶은 특별한 순간에 일어나는 충동적인 일이 아니라, 매 순간 주님과 동행하는 일입니다. "위기를 견뎌내는 데 우리는 매 순간 하나님의 은혜를 필요로 하지 않습니다. … 그러나 매일 24시간을 성도로 살아가는 데에는 하나님의 초자연적인 은혜가 필요합니다." 특별한 순간, 은혜가 충만하고 비전으로 가슴이 뜨거운 순간에 성도의 삶을 사는 것은 그렇게 어렵지 않습니다. 하지만 아무도 알아주지 않는 지루한 일상 가운데 믿음을 지키며 살기 위해서는 정말 '특별한 은혜'가 필요합니다. "우리는 평범한 일들 속에서 예외적인 존재가 되어야 합니다. 곧 시장 거리에서 거룩해야 하고 일반적인 사람들 가운데서 거룩해야 합니다." 우리를 특별하게 만드는 것은 '상황'이 아닙니다. 어떤 존재로 살아가느냐 하는 것입니다. 하나님께서는 일상에서 준비된 삶을 살지 못하는 사람을 특별한 위기의 상황에 사용하실 수 없습니다.

> **한 줄 노트** 거룩한 사람은 평범한 일상 속에서 예외적인 존재로 살아갑니다.

묵상 질문 오늘 당신에게 찾아온 근심은 성령님으로 인한 근심입니까, 세상에 의한 염려입니까?

Oct. 22 성령의 증거하심

롬 8:16

흥정하지 마십시오 챔버스는 우리의 가장 위험한 태도가 성령님과 흥정하려는 경향이라고 말합니다. "우리는 하나님께서 우리에게 시키시는 일을 수행하기 전에 증거를 원합니다. '왜 하나님은 자신을 보여주지 않으실까?' 주님은 그렇게 하실 수 없습니다. 그 이유는 당신이 완전히 주께 내려놓지 않는 한, 당신 자신이 주님의 증거를 방해하기 때문입니다." 사실 주님의 일을 할까 말까 고민하는 것 자체가 이미 우리 안에 믿음이 있으며 하나님의 존재를 의심하지 않는다는 뜻입니다. 문제는 우리 믿음이 하나님께서 하시는 일을 수용하지 못하는 것입니다.

하나님 앞에 자신을 온전히 내려놓고 양도하지 않는 한, 성령님께서 우리 삶에 확실하게 증거하시지 않습니다. 우리가 원하는 확실한 증거를 얻는 방법은 두 손 들고 주님께 온전히 나아가는 것입니다. "당신이 구속에 근거해 당신을 내려놓고 주제넘게 따지지 않는 즉시 하나님께서는 증거를 주십니다. 당신이 논리와 주장을 내려놓자마자 하나님께서는 주께서 이루신 일들을 증거하십니다." 우리는 증거를 보여주시면 믿고 따르겠다고 말하지만, 성령께서는 먼저 모든 것을 내려놓고 따르라고 말씀하십니다. 주님께서 우리를 구원하시는지, 사용하시는지 알고 싶다면 모든 것을 내려놓고 온전히 주님께 나아가야 합니다.

주님께 온전히 내려놓는 사람에게 보이는 증거가 있습니다. "성령은 주님의 구속을 증거하십니다. 성령은 다른 그 어떤 것도 증거하지 않으십니다." 우리는 자꾸 우리의 이해와 상식, 논리를 증명해 달라고 요구합니다. 우리가 원하는 것을 얻기 위해 기도합니다. 하지만 성령은 오로지 '주님의 구속'을 증거하실 뿐입니다. 성령님이 우리의 이성과 상식을 증거하는 분이라고 착각한다면 우리는 점점 더 어두운 혼란에 빠지게 될 것입니다. 진실한 기도는 자신의 주장을 내려놓고 성령의 인도하심을 구하고 바라는 것입니다. 그러나 여전히 우리의 상식을 구하고 있다면, 성령님은 어떤 증거도 우리에게 보여주지 않으실 것입니다.

한 줄 노트 상식으로 성령의 증거를 이해하려고 하지 마십시오. 성령의 역사는 의지를 내려놓을 때 보이기 시작합니다.

묵상 질문 당신은 증거를 보여달라고 기도합니까, 하나님 앞에서 나를 내려놓게 해달라고 기도합니까?

Oct. 23 편견을 주님께 맡기십시오!

고후 5:17

편견의 문제   편견의 사전적 정의는 '공정하지 못하고 한쪽으로 치우친 생각'입니다. 우리가 가지고 있는 신앙의 편견이 있습니다. "우리는 절대로 하나님께서 다른 사람을 대하듯이 자신을 다루실 것이라고 생각하지 않습니다." 하나님께서 우리를 다른 사람과는 다르게 다루시고, 독특한 생각을 지지해 주시리라는 착각입니다. 그러나 이는 지극히 주관적인 편견입니다. 하나님은 우리 생각에 지지를 보내시는 분이 아니라, 하나님의 생각으로 우리를 바꾸어가시는 분입니다. 영적 훈련은 하나님께서 우리의 생각을 다루어가시는 과정입니다. 하나님의 관심은 우리가 어떤 생각으로 하나님께 나아오느냐가 아니라, 무조건적으로 항복하느냐에 있습니다. 하나님께서는 우리의 생각을 지지하시기보다 잘못된 생각을 계속해서 제거해 나가십니다. 기도의 목적은 우리의 소원을 이루는 것이 아니라, 하나님의 뜻을 발견하는 것입니다. 오늘 묵상의 원제, "전혀 아니었어!"는 우리 편견이 제거될 때 할 수 있는 고백입니다.

[한 줄 노트] 하나님께서 우리의 모든 생각을 지지하시리라는 편견을 버리십시오. 기도는 나를 하나님의 생각으로 바꾸어가는 것입니다.

편견 극복하기   편견을 극복하기 위해서는 성령께서 우리 안에 오셔서 우리를 새롭게 창조하셔야 합니다. 편견이 사라지면 생각이 바뀌고 사물을 대하는 태도가 바뀝니다. "오직 한 가지 방법은 옛사람이 사는 것을 조금도 허락하지 않는 것입니다. 그리고 오직 하나님을 향해 단순하고 완전한 믿음을 갖는 것입니다. 이것은 하나님의 축복보다는 오직 하나님 그분만을 원하는 믿음입니다." 편견을 가지고 있을 때는 원하는 것이 많습니다. 하나님께 기도한다고 하면서도 하나님이 주시는 축복에만 관심이 집중되어 있습니다. 그러나 이제 '하나님만 원하는 믿음'을 가지게 된다면 어떤 일이 발생한다 할지라도 흔들리지 않고, 염려하며 주저앉지 않습니다. "그 이유는 세상이 볼 수 없는 하늘에 계신 우리 아버지를 우리는 현실적으로 신뢰하기 때문입니다."

[한 줄 노트] 하나님을 전적으로 신뢰할 때 우리 안에 있는 편견이 사라집니다.

[묵상 질문] 당신의 믿음이 어떤 일 때문에 흔들립니까? 혹시 편견 때문은 아닙니까? 흔들리는 일에 대하여 하나님을 신뢰하십시오.

Oct. 24 그리스도인의 관심

고후 2:14

그리스도인의 세계관 "그리스도인은 예수님 안에서 이미 완전한 승리를 얻었기에 승리를 얻는 방법을 말하는 것은 부끄러운 일입니다. '승리자'(예수님)께서 우리를 온전하게 사로잡으셨기 때문에 언제나 주님의 승리 외에 다른 관심이 없어야 합니다. 우리는 이미 주를 통해 승리자 이상의 존재들이 되었습니다." 그리스도인은 방법을 배우는 사람이 아니라, 이미 얻은 승리를 선포하는 사람이 되어야 합니다. 바울은 이 승리를 쟁취한 후, 성취를 선포하는 사람이 되었습니다. 그가 선포한 것은 항상 우리를 이기게 하시는 하나님이었습니다.

하나님의 일을 하는 사람이 가져야 하는 관점, 즉 세계관은 자신이 할 수 있다고 생각하는 한에서 '거의' 최선을 다하는 사람이 되는 것이 아닙니다. 하나님의 사역자는 '최상'이 되어야 합니다. 하나님이 최상이시기 때문입니다. 그러므로 사역자들이 유지해야 하는 관점이 있습니다. "우리는 그리스도의 승리를 전 세계에 알리기 위한 행군에 사로잡힌 자들입니다. 하나님의 전시장에 진열된 전시품이 아니라 예수 그리스도의 승리를 알리기 위한 사명에 나의 삶이 완전히 사로잡혀 있다는 사실을 드러내기 위해 이곳에 있습니다."

우리의 관심은 오로지 승리를 선포하는 것이어야 합니다. 스스로 주님을 위해 외로이 싸우고 있다고 생각하지 마십시오. 예수님을 위해 마지막 요새를 지키고 있다고도 생각하지 마십시오. 우리는 이미 승리 가운데 있습니다. 중요한 것은 이 믿음과 확신을 가지고 있느냐는 것입니다. 이 믿음이 우리 삶 가운데서 역사하고 있느냐는 것입니다. 승리하신 그리스도는 승리하는 삶의 비결을 가르쳐주셨습니다. 이제 우리는 그분이 하신 일이 얼마나 위대한지 선포해야 합니다. 그분이 우리에게 최고의 존재로 다가오셨고, 최상의 것을 가르쳐주셨음을 알려야 합니다.

한 줄 노트 이미 승리 가운데 있음을 알면서 사는 것이 그리스도인의 마땅한 가치관입니다.

묵상 질문 세상을 바라보는 당신의 관점은 무엇입니까? 승리의 눈으로 세상을 보고 있습니까?

Oct. 25 하나님의 목적과 소명대로

고전 9:22

부서져야 할 생각들   "그리스도인 일꾼은 하찮은 일들 가운데서도 하나님의 고결한 사람이 되는 법을 배워야 합니다. '내가 다른 곳에 있었더라면 얼마나 좋았을까!'라고 탄식하지 마십시오." 우리는 늘 특별한 곳에서 특별한 사명이 주어지면 특별한 사람이 될 수 있다고 착각합니다. 하지만 우리 모두는 하나님 앞에서 특별할 것이 없는 아주 평범한 사람임을 잊지 마십시오. 우리는 하나님께서 주신 사명이 무엇이든, 그것을 가슴으로 받아들이고 그 소중함을 느끼며 살아갈 때 특별해집니다. 스스로의 선택으로 하나님께 쓰임 받을 수 있다는 생각을 버려야 합니다.

"당신이 하나님을 택한 것이 아니라 하나님께서 당신을 택하셨습니다. 하나님께서 택하셨기에 그분이 원하시는 대로 우리를 굽히시고 깨뜨리시고 빚으십니다. 왜 주님께서 이 일을 하시는지 우리는 모릅니다." 하나님께서 우리를 택하시고, 하나님이 원하시는 대로 굽히시고 깨뜨리시고 빚으시는 목적은 단 한 가지입니다. '이 사람이 내 사람이다'를 알리기 위해서입니다. 우리가 하나님의 목적과 소명대로 사용되기 위해서는 이 의식이 절대적으로 필요합니다. "내가 하나님의 사람이다!"

하나님의 일꾼이 되는 것은 우리의 선택이 아닙니다. 오로지 하나님께서 선택하시고, 우리는 그 선택에 항복하며 나아가야 합니다. 하나님은 택하신 자를 그대로 두시지 않습니다. 하나님은 당신의 것으로 만들어 기어이 사용하시는 분이기 때문입니다. 만일 삶에서 깨어지는 아픔과 짓이겨지는 고통을 당하고 있다면, 택하심 가운데 있음이 분명합니다. 하나님께서는 하나님의 방법으로 우리를 다루어가실 것입니다. 그러니 그 다스림에 나를 맡겨야 합니다. 영원히 깨어져야 할 것이 있음을 늘 기억하며 자신을 하나님께 맡겨야 합니다.

한 줄 노트 하나님께서 우리를 택하셨다는 사실은 하나님의 방법으로 깨뜨리시고 빚으심을 기억하도록 만들어줍니다.

묵상 질문 하나님께서 당신을 선택하셨습니까? 그렇다면 그 선택 앞에 당신은 무엇을 내려놓았습니까?

Oct. 26 보냄 받은 자

요 20:21

선교사란? "예수님께서 아버지에 의해 보냄을 받은 것같이 선교사는 예수 그리스도에 의해 보냄을 받은 자입니다. 선교사의 마음에 있어야 하는 가장 중요한 것은 사람의 필요가 아니라 예수님의 명령입니다." '하나님을 위해 일하는 것'은 예수님의 명령을 따르는 것이지 자기 마음대로 하고 싶은 일을 하는 것이 아닙니다. 종은 주인의 명령을 그대로 행하는 사람입니다. 종은 수고했다고 칭찬받을 필요가 없습니다. 마땅히 행해야 할 일을 했기 때문입니다. 많은 선교사가 하나님의 일을 하면서 상처를 받습니다. 내면에서 주님의 일이 아니라, 자신의 일을 하면서 평가받기를 원하기 때문입니다. "선교사의 이상은 주님께 충성하여 하나님 나라의 계획을 추진하는 것이어야 합니다." 중요한 것은 달려갈 길을 다 간 후에 우리를 보내신 주님께서 우리를 어떻게 평가하시느냐는 것입니다. 사람의 이야기에 일희일비하지 마십시오. 사람의 평가가 당신의 사역을 결정하지 않습니다.

한 줄 노트 선교 사역은 결과가 아닌 충성의 과정을 사는 것입니다.

선교 사역의 제1 목적 "선교 사역에서 가장 위험한 것은 하나님께서 주신 소명이 사람들의 필요에 의해 희석되는 것입니다. 그래서 사람을 향한 동정심이 예수님에 의해 보냄을 받은 의미를 완전하게 압도해 버립니다." 사람을 긍휼히 여기고 선행을 베푸는 것이 나쁜 일은 아닙니다. 하지만 그 일만을 위해 하나님이 우리를 부르신 것은 아닙니다. 선행은 하나님의 부르심을 받지 않은 세상 사람도 할 수 있는 일이기에 '사명'이라고 부르지 않습니다. 선교 사역의 가장 중요한 목적은 '가서 모든 민족을 제자로 삼으라'고 말씀하신 그리스도의 명령에 충실하는 것입니다. 하나님께서 귀하게 쓰시는 사람은 하나님의 지혜로 하나님이 원하시는 일을 하는 사람입니다. 하나님의 지혜를 사용하는 사람은 자신의 뜻을 이루려는 마음도, 칭찬받으려는 마음도 없습니다. 오로지 그분을 의지해 그분이 하신 일을 드러낼 뿐입니다. 그렇기에 그들을 통해 사람의 지혜와 공로가 아닌, 하나님의 지혜와 영광이 드러납니다.

한 줄 노트 선교사의 마음에는 사람의 필요가 아닌 예수님의 명령이 있어야 합니다.

묵상 질문 지금 당신은 하나님의 명령을 이루는 것이 중요합니까, 당신의 뜻을 이루는 것이 중요합니까?

Oct. 27 선교사의 열정과 도전

마 28:19-20

무엇을 하는가? 주님의 지상 명령은 '가서 모든 민족을 제자로 삼으라'는 것입니다. 그러나 내가 먼저 제자가 되지 못하면 누구도 제자로 만들 수 없습니다. 사역을 잘해야 제자가 되는 것이 아닙니다. 예수님께서는 제자들을 둘씩 짝지어 보내신 후, 성공적으로 사역을 마친 제자들에게 이렇게 말씀하셨습니다. "이때 예수님께서 '사역이 성공했다고 기뻐하지 말라. 가장 큰 기쁨은 너희들이 나와 바른 관계를 맺는 것이어야 한다'고 말씀하셨습니다. 선교에서 가장 중요한 요소는 하나님의 부르심에 충성하는 것입니다." 선교사들에게는 간혹 하나님께로부터 온 열정이 아니라 자신의 열정으로 사람을 변화시키려고 노력하는 경향이 있습니다. 하나님의 성품을 닮아가도록 가르치는 것이 아니라, '내 성품'을 닮은 사람들로 만들려는 것은 열정은 있으나 잘못된 태도입니다.

> **한 줄 노트** 내가 먼저 진정한 제자가 되지 않는다면, 절대 다른 사람을 제자로 만들지 못할 것입니다.

끝까지 품어야 하는 것 선교의 사명을 가지고 살아가는 우리에게 주님께서 끊임없이 요구하시는 것은 '결과물'이 아닙니다. 아직도 주님과 인격적인 관계를 친밀하게 유지하고 있느냐는 것입니다. 선교 사역의 실패는 결과물이 미흡하기 때문이 아니라 주님과의 관계가 깨지기 때문입니다. "'내가 능히 이 일 할 줄을 믿느냐'(마 9:28)라고 주님은 계속 물으십니다. 그리고 이 질문은 우리가 직면하는 모든 개인적 상황에 다 적용됩니다. 한 가지 위대한 도전은 '나는 나의 부활하신 주님을 아는가?' 하는 것입니다." 결국 나의 믿음이 가장 중요합니다. 주님의 말씀을 믿기에 흔들리지 않는 믿음이 필요합니다. 주님의 부르심을 믿지 못하고 주님의 방법이 어리석게 보인다면, 우리는 인간적인 수단을 사용하고자 하는 유혹을 받게 될 것입니다. 우리의 수단을 사용하는 순간, "하늘과 땅의 모든 권세를 내게 주셨으니 그러므로 너희는 가라"(마 28:18-19)라는 주님의 명령은 자취를 감추게 될 것입니다. 우리는 믿음을 확증해야 하는 위기의 순간 앞에 설 때가 있습니다. 이 결단의 때가 오면 우리가 하나님께 쓰임 받을 수 있을지 결정됩니다.

> **한 줄 노트** 주님의 부르심을 온전히 신뢰하지 못하면 주님이 하시는 일이 어리석게 느껴집니다.

묵상 질문 지금 당신에게 일어나는 일을 생각해 보십시오. 당신이 원하는 일이 일어나지 않는다고 주님의 신실하심을 의심하고 있지는 않습니까?

믿음에 의한 칭의

Oct. 28

롬 5:10

믿음이 아니라 믿음입니다 "나는 믿음 때문에 구원받은 것이 아닙니다. 내가 구원받았다는 사실을 믿음으로 깨닫는 것입니다." 우리가 구별해야 할 것이 있습니다. '우리의 믿음' 때문에 구원받는 것이 아니라, 우리가 믿음으로 '구원받았다는 사실'을 깨닫게 된다는 것입니다. 구원은 하나님께서 이루신 일이요, 우리가 믿음으로 그 구원이 임합니다. 그리스도께서 우리를 위해 죽지 않으셨다면 구원은 없었을 것입니다. 또한 우리는 "회개로 구원받은 것이 아닙니다. 회개는 하나님께서 그리스도 예수 안에서 이루신 일을 깨달은 증표입니다."
"신앙적 위험은 원인이 아니라 결과를 강조하는 데 있습니다." 우리의 순종과 거룩함 때문이 아니라, 그리스도께서 우리를 위해 죽으셨기 때문에 하나님과 올바른 관계를 맺을 수 있음을 알아야 합니다. 결국 구원과 속죄 교리의 핵심은 우리의 행위나 노력, 의지로 구원을 이루는 것이 아님을 아는 것입니다. 그때 우리는 그 어떤 교만한 모습도 하나님 앞에서 갖지 못할 것입니다. 오로지 하나님께서 행하신 구원의 역사를 성령님을 통해 깨닫게 될 때, 감사와 찬송이 있을 뿐입니다. 그리고 그 모든 것을 행하신 하나님께 순종하며 나아가는 것입니다.
하나님의 구원이 인간의 논리로 설명할 수 없기에 믿음이 필요한 것이지, 믿음으로 구원이 이루어지는 것은 아닙니다. 주님의 구속으로 우리가 거듭나는 것은 죄인의 믿음이나 회개 때문이 아니라, 이 모든 것에 앞서 행하신 하나님의 놀라운 역사 때문입니다. "성도들의 칭의와 성화가 절대적으로 안전한 이유는 하나님 자신 때문입니다. 우리는 스스로 칭의 및 성화를 이루어내려고 하면 안 됩니다."
구원에 관해 인간은 어떤 권리도 주장할 수 없습니다. 구원을 이루는 일은 단지 '믿음'으로 가능합니다. 믿음은 하나님께서 이루신 구원의 역사를 나의 것으로 만드는 신비로운 역사입니다. 하나님은 놀라운 구원의 역사를 베풀어주셨을 뿐 아니라, 우리의 의지를 존중하시어 결단하게 하시고 순종할 수 있는 기회를 주셨습니다. 이제 우리는 "다 이루었다"라는 주님의 말씀에 "예, 제가 믿습니다"라고 대답해야 합니다. "믿음이 아니라 믿음이다!"라는 말이 이해가 되십니까? 믿음으로 구원받는 것은 아니지만, 믿음으로 구원받는다는 것을 말입니다.

한 줄 노트 순서를 명확히 해야 합니다. 회개했기 때문에 의로워지는 것이 아니라, 주님께서 행하신 일로 의롭게 되는 것입니다.

묵상 질문 혹시 자신의 공로를 자랑하고 있지 않습니까? 믿음조차도 공로가 되지 않게 하십시오.

Oct. 29 대속의 의미

고후 5:21

대속의 의미 우리는 흔히 '대속'을 하나님의 아들인 예수 그리스도께서 우리를 불쌍히 여기셔서 우리를 위해 죽으신 것으로 생각합니다. 하지만 성경은 예수님이 동정심이 아니라, 우리와 하나가 되심으로 우리의 죄를 담당하셨다고 증거합니다. "곧 주님은 죄가 되신 것입니다. 우리의 죄악은 예수님의 죽음 때문에 사라집니다. 주님의 죽음은 아버지께 대한 주님의 순종의 결과이지 우리를 향한 동정심의 결과가 아닙니다." 하나님께서 우리를 받으시는 이유는 오직 주님께서 우리를 위해 죽으셨기 때문입니다. 예수님께서 우리를 위해 죽지 않으셨다면, 우리의 헌신이나 순종은 하나님 앞에서 아무런 의미가 없습니다. 우리의 헌신이나 순종은 '원인'이 아니라, 대속의 '결과'임을 잊지 말아야 합니다.

성경은 예수님께서 세상의 죄를 지기 위해 오셨다고 말합니다. 이 대속의 결과로 하나님 아버지의 사랑을 우리가 깨닫게 됩니다. 그런데 모든 사람이 이 사랑의 계시를 깨닫는 것은 아닙니다. 오로지 예수님을 구세주로 믿는 자들에게만 해당됩니다. "예수 그리스도께서는 자신에 대해 절대로 아버지를 보여주는 분으로 말씀하지 않으시고 오히려 걸림돌이라고 말씀하셨습니다(요 15:22-24)." 예수님께서 '걸림돌'이 되신다는 말은, 예수 그리스도의 대속의 은혜가 이미 선포되었기 때문에 그것을 믿지 않는 사람들은 심판을 받게 될 것이라는 뜻입니다. 주님의 대속은 모든 사람을 위한 것이었고, '나'는 바로 이 주님의 죽음과 일치됨으로 죄로부터 구원함을 얻게 됩니다.

"대속은 두 가지 뜻이 있습니다. '하나님이 죄를 알지도 못하신 자로 우리를 대신해 죄를 삼으신 것'과 '우리로 하여금 하나님의 의가 되게 하려 하신 것'입니다. 그러내 내가 내 안에 그리스도가 조성되도록 결단하지 않으면 그리스도의 사역의 효력이 내게 나타나지 않습니다." 구속은 오로지 하나님께서 모든 인간을 위해 행하신 놀라운 일입니다. 그리스도의 구속 사역이 우리 안에서 효력을 나타냄으로 우리는 순종의 삶을 살게 되었습니다. 우리 삶과 의지를 오로지 하나님께 드릴 때, 우리를 거룩한 삶으로 인도하실 것입니다.

한 줄 노트 하나님께서 우리를 받으시는 유일한 이유는 순종과 헌신 때문이 아니라 예수님께서 우리를 위해 죽으신 대속의 사건 때문입니다.

묵상 질문 당신은 그 놀라운 대속의 은혜를 거부하고 있지는 않습니까? 입으로 말하지만 마음으로 받아들이지 못해 은혜를 누리지 못하는 것은 아닙니까?

Oct. 30 상식과 믿음

히 11:6

믿음의 의미 "상식과 상반되는 믿음은 광신입니다. 믿음에 상반되는 상식은 이성주의입니다. 믿음의 삶은 이 두 가지를 바른 관계로 인도합니다." 믿음과 상식은 대립적이지 않습니다. 믿음 안에서 이 둘은 올바른 관계를 가지게 됩니다. 상식이 자연적 세계와 연결되어 있다면, 믿음은 영적 세계와 연결되어 있습니다. 그러니 예수님의 말씀은 믿음의 눈으로 보아야 하는 계시입니다. 계시는 상식이 닿을 수 없는 영역입니다. 하지만 믿음이 증명되는 곳은 우리가 살고 있는 현실의 영역입니다. 그러므로 "믿음의 실체가 현실로 드러나려면 믿음은 시험을 거쳐야 합니다."

상식을 뛰어넘는 하나님의 섭리는 어떠한 상황도 변화시키는 능력이 있습니다. 믿음은 상식이 작동하는 현실에서 나타나는 하나님의 능력입니다. 그러므로 믿음은 비상식적인 것이 아니라 상식을 초월하는 것입니다. 믿음은 비이성적인 것이 아니라, 이성을 초월하는 하나님의 역사가 실제적으로 일어나는 것입니다. 그러므로 "하나님께서는 상식적인 삶의 모든 영역에서 주님의 진리를 보여주십니다. 따라서 우리가 믿는 하나님을 실질적 경험 가운데 증거할 수 있습니다. 믿음은 언제나 예수 그리스도를 최우선에 두는 놀랍도록 활동적인 원칙입니다."

"이론적이며 추상적인 믿음을 개인의 믿음으로 만들려면 '가끔'이 아니라 '항상' 싸워야 합니다." 하나님께서는 우리의 믿음을 단련시키시기 위해 이러한 싸움의 상황으로 우리를 밀어 넣으십니다. 이러한 상황 속으로 들어가야 비로소 우리의 믿음이 실제가 되기 때문입니다. 예수님을 제대로 알기 전에는 믿음이 항상 추상적일 수밖에 없습니다. 하지만 "나를 본 자는 아버지를 보았다"라고 말씀하시는 주님의 음성을 듣고, 그 말씀을 믿는 순간 하나님의 능력이 우리 가운데 무한하게 나타날 것입니다.

한 줄 노트 믿음은 하나님과 올바른 관계를 맺는 것이며, 우리의 믿음을 통해 하나님께서 일하실 수 있는 기회를 드리는 것입니다.

묵상 질문 오늘 어떤 삶으로 믿음을 증명하겠습니까?

Oct. 31 오직 믿음으로 걷기

마 17:20

믿음으로 살기 "우리는 믿음에 의해 아무것도 얻을 수 없습니다. 믿음은 우리를 하나님과 바른 관계를 맺게 하는 것이며, 하나님께 우리의 믿음을 통해 일하실 수 있는 기회를 드리는 것입니다." 물론 믿음이 어릴 때는 보상이 중요합니다. 하지만 믿음이 자라게 되면, 우리의 소원이 아닌 하나님의 소원을 우선하게 됩니다. 하나님은 우리가 축복만을 누리는 삶을 살도록 내버려두시지 않습니다. 끊임없이 우리를 흔들어서 믿음의 삶을 살도록 인도해 가십니다. 오히려 믿음만을 가지고 살아가는 방법을 배울 수 있도록 우리에게 주신 축복을 거두어가시기도 합니다. 하나님은 우리와 바른 관계를 맺기 원하시기에 축복에 머무르게 하지 않으시고 시험으로 이끄십니다.

[한 줄 노트] 하나님이 원하시는 것은 축복을 누리는 데 만족하는 것이 아니라 믿음의 삶을 사는 것입니다.

믿음의 구별 챔버스는 "본질상 믿음은 시험을 거쳐야 합니다"라고 말합니다. 이 시험의 시간을 통해 마음속에서 하나님의 성품을 이해하게 되고 신뢰하게 됩니다. 삶에는 일상적인 시련과 믿음의 시련이 있습니다. 일상적인 시련은 괴롭고 힘들지만 우리의 믿음을 시험하지는 않습니다. "성경에서 말하는 믿음은 하나님의 성품과 모순되는 불의하고 악한 상황 가운데서도 하나님을 믿는 것입니다. '하나님께서 나를 죽이시더라도 여전히 나는 주를 의지하리라'(욥 13:15). 이것이 성경 전반에 걸쳐서 말하는 가장 고상한 믿음의 고백입니다." 믿음의 시련은 하나님을 믿는 우리가 받아들이기 힘든 상황을 만나는 것입니다. 그때는 이성이 아닌 믿음이 필요합니다. 하나님을 온전히 신뢰하지 않고는 지나갈 수 없는 때입니다. 하지만 그 시간을 통해 인격적으로 하나님과 교제의 시간을 가질 때, 진정한 신뢰가 형성됩니다. "하나님께서 우리를 구원해 주실 것입니다. 그리 아니하실지라도 우리는 여전히 하나님을 신뢰할 것입니다." 이러한 믿음의 고백은 어떠한 상황을 맞이하더라도 주님과 동행하게 합니다. 시험을 만나지 않는다면 우리가 진정한 믿음을 가지고 있는지 알 수 없을 것입니다.

[한 줄 노트] 믿음으로 걷는 것은 하나님과 올바른 관계를 통해 그분을 온전히 신뢰하는 것입니다.

[묵상 질문] 당신의 믿음을 점검하십시오. 당신은 받은 축복을 더 중요하게 생각합니까, 아니면 축복을 주시는 하나님을 더 생각하고 신뢰합니까?

11월

복음의 진리에 반응하십시오!

이 세상을 지배하는 사탄의 세력과 맞설 때

Nov. 01 나는 주님의 것

고전 6:19

부름 받음의 의미 "예수 그리스도의 고통 안에서 사귐을 가지게 된 그리스도인들에게는 '세상 속에 또 다른 세상'과 같은 사생활이란 것이 없습니다." 우리가 주님의 것이 되는 순간, 사생활은 존재할 수 없습니다. 주님과 교제하며 살아야 하니 말입니다. 더 적극적으로 말하자면 주님은 우리의 사생활을 깨뜨리셔서 하나님의 도구가 되게 하십니다. 우리의 몸이 성전이 되면 우리를 통해 세상이 하나님을 만나게 됩니다. 챔버스는 하나님께서 우리를 거룩하게 하기 위해서가 아니라, '복음의 도구'로 쓰기 위해 부르셨다고 여러 번 강조합니다. 복음의 도구가 되기 위해서는 기꺼이 '찢겨지는 빵과 부어지는 포도주'가 될 각오가 되어 있어야 합니다. 때로 우리 인생과 아무 상관없어 보이는 일들이 일어나곤 하지만, 그 일을 통해 하나님은 우리를 복음의 도구로 사용하기를 원하십니다. 우리 인생은 하나님께서 쓰실 때 가장 가치 있는 삶이 됩니다.

`한 줄 노트` 가장 고귀한 인생은 하나님께 쓰임 받는 인생입니다.

주님께 뿌리를 두기 주님과 함께하는 것은 반석이신 주님께 뿌리를 두는 것입니다. 주님께 부름을 받을 때, 우리에게 고통이 찾아옵니다. 주님께서 우리를 쓰시기 시작할 때, 우리 안에 깨져야 하는 것이 많기 때문입니다. 하지만 반석이신 주님께 뿌리를 두고 있으면 어떤 일이 발생해도 참을 수 있습니다. 주님께 부름 받은 인생의 목적은 고통을 피하는 것이 아니라, 고통을 통해 하나님과의 교제의 문을 여는 것입니다. 주님께 뿌리를 두지 못하면 삶의 고통 앞에서 대부분 쓰러지고 맙니다. 고통이 찾아올 때 자기 연민에 빠지면 헤어 나올 수 없습니다. 주님께서는 깨어지는 고통 가운데 우리를 붙드시고 살리기를 원하십니다. 고통을 당할 때는 우리가 일어나야 할 때이고, 빛을 발해야 할 때이고, 주님이 우리를 쓰시는 때입니다. 성도의 삶에서 고통을 당할 때, 그것을 피하거나 자기 연민에 빠지는 것이 아니라 그 의미를 생각해야 합니다. "만일 하나님께서 고통받은 마음을 통해 주의 목적을 이 땅에 이루신다면 당신의 마음을 아프게 하신 하나님께 감사하십시오."

`한 줄 노트` 고난이 축복임을 깨닫는 것은 그리스도인의 특권입니다.

묵상 질문 지금 당신을 아프게 하는 것은 무엇입니까? 주님께서 일어나 빛을 발하라고 말씀하십니다.

Nov. 02 주님을 사랑하고 그분께 순종합니까?

요 14:15

제자도에 대한 올바른 해석 "주께서는 우리가 무엇을 해야 하는지 아주 강하게 말씀하시지만 절대로 강제로 시키지 않으십니다. 우리는 주님과 하나가 된 마음 가운데 주님께 순종해야 합니다." 예수님께서는 제자의 도에 대해 말씀하실 때 '만일'이라는 말을 사용하셨습니다. 원하지 않으면 따라올 필요가 없다는 것입니다. 하지만 진정으로 주님을 따르기 원하는 사람은 자신을 포기해야 합니다. 자신의 권리를 주님께 양도해야 합니다. 챔버스는 "아무든지 나를 따라오려거든 자기를 부인하고"(눅 9:23)라는 말씀을 이렇게 해석합니다. "이는 영원한 신분이 아니라 우리의 현실 속에서 주님께 가치가 있는 사람이 되는 비결을 말씀하신 것입니다." 한 번의 결단으로 제자의 신분을 얻는 게 아닙니다. 매 순간 올바른 결단과 끊임없는 순종을 통해 제자의 삶을 살아야 합니다. 사랑의 대상에 대하여 그 어떤 것도 주님과 경쟁하지 않도록 하십시오. 그러면 주님의 사랑이 다음 사랑을 아름답게 인도해 주실 것입니다.

[한 줄 노트] 먼저 주님을 사랑하는 사람의 행동은 절대 잘못되지 않습니다.

명확한 기준 "주님께서는 우리에게 규율을 주신 것이 아니라 주님의 기준을 명확하게 하신 것입니다." 그 기준은 바로 주님과의 '사랑의 관계'입니다. 만일 우리가 주님을 사랑한다면 주님께서 하신 말씀을 주저하지 않고 행할 것입니다. 주님께서 하신 말씀에 조금이라도 주저하고 있다면, 이는 우리가 주님을 온전히 사랑하지 않는다는 증거이자 주님의 경쟁 대상이 우리 앞에 있다는 뜻입니다. 그 경쟁 대상은 바로 '자기 사랑'입니다. 챔버스는 주님이 우리에게 강압적인 순종을 요구하지 않으신다고 계속해서 말합니다. 나의 순종을 통해 이 땅의 많은 사람이 복을 받고 구원을 받게 된다는 사실을 기억하십시오. "만일 내가 예수 그리스도께 순종하면 하나님의 구속은 나를 통해 다른 사람의 삶에 흘러가게 될 것입니다. 그 이유는 순종의 행위 뒤에는 전능하신 하나님의 '실체'(그리스도)가 계시기 때문입니다."

[한 줄 노트] 순종하는 자는 하나님의 뜻을 알고, 그 순종을 통해 누군가에게 축복의 통로가 됩니다.

묵상 질문 당신의 순종을 가로막는 '자기 사랑'은 무엇입니까? 하나님보다 더 사랑하는 것이 있다면, 그것이 순종의 장애물입니다.

Nov. 03 예수님의 종

갈 2:20

주를 위하여   예수님의 종이 되는 것은 누가 강요할 수도, 도와줄 수도 없습니다. "이 말씀은 나의 독립을 내 손으로 부수고 최상의 주 예수님께 순복하는 것을 의미합니다. 아무도 나 대신 이 일을 할 수 없습니다." 그리스도와 함께 살기 위해서는 그리스도의 십자가에 나를 못 박아야 합니다. 완전한 순종을 위해서는 내 안에 살아 있는 독립성이라는 껍데기가 깨어져야 합니다. 그리스도와 함께 못 박히고 그리스도가 내 안에 사시는 단계가 되면 마음속에 갈등이 없을 것입니다. 주님의 종은 주님을 위해 삽니다. 주님은 동등한 관계에서 나오는 자발적인 순종을 원하십니다. 이 상태는 온전히 우리 자신이 십자가에서 죽지 않으면 시작될 수 없습니다. 이 자발성은 십자가에서 온전히 죽은 내가, 내 안에 계신 주님으로 인해 진정한 충성에 이르는 것입니다. "자아의 부서짐이 있었습니까? 그렇지 않다면 모든 것이 거짓 경건입니다. 내가 결정해야 하는 단 한 가지는 포기이기 때문입니다. 예수 그리스도께 순복하겠습니까? 자아가 부서지든 상관하지 않겠습니까?"

자아가 부서진다는 것은 이상이나 자아실현을 내려놓겠다는 '의지'를 의미합니다. 의지적으로 자신의 의지를 내려놓을 때, 초자연적인 사건이 실제화됩니다. 내 안에서 그리스도께서 사시고, 내 안에 계신 그분을 위해 살게 되는 것입니다. 챔버스는 이를 '기독교의 열정'이라고 표현합니다. "기독교의 열정은 마음을 다해 나의 권리를 포기하고 예수 그리스도의 종이 되는 것입니다. 그렇게 하기 전에는 아직 성도로서의 삶을 시작한 것이 아닙니다."

"하나님의 부르심을 듣는 학생이 일 년에 한 명만 있어도 하나님의 '성경대학'이 존재하는 충분한 이유가 될 것입니다." 하나님의 일에 쓰임 받는 사람은 많이 배우고 많이 이룬 사람이 아닙니다. 하나님께서는 오직 하나님의 부르심에 자기를 포기하는 사람을 취해 일하십니다. 예수님께서 택하셨던 제자들은 '나를 따르라'는 주님의 명령에 순종한 사람들이었습니다. 주님께 쓰임 받고 싶다면 하나님께서 사용하시도록 우리를 내어드려야 합니다. 우리가 원하는 미래가 아닌 하나님이 쓰실 미래를 기대해야 합니다.

한 줄 노트 자아가 깨어지고 부서질 때, 비로소 성령의 증거가 우리 안에 나타납니다.

묵상 질문 하나님의 부르심으로 인해 무엇을 포기했습니까? 포기한 것을 분명히 말할 수 없다면 아직 주님의 제자로 쓰임 받기에 합당하지 않은 상태입니다.

Nov. 04 복음의 진리에 반응하십시오!

약 4:8

반응에 따라 챔버스는 계속해서 하나님께서 강압적이지 않으시다는 사실을 강조합니다. 하나님은 우리가 진리에 대해 반응할 수 있는 기회를 주시는 분입니다. "물론 책임은 각 개인에게 달려 있는 것이고, 당신이 다른 사람 대신 반응할 수는 없습니다. … 복음의 메시지는 언제나 사람이 반응하도록 인도합니다."

성경은 미련한 자가 십자가의 복음에 반응하지 않는다고 말합니다. 세상은 자신의 상식과 논리로 판단을 내립니다. 하지만 하나님이 하시는 일은 인간의 한계를 뛰어넘습니다. 반응은 어떤 기회가 주어졌을 때 선택할 수 있는 가능성입니다. "하나님의 진리가 당신의 영혼에 임했을 때 그 진리에 반응하십시오. 그렇지 않으면 그 진리는 그냥 떠내려가게 됩니다." 세상에는 복음을 들을 기회조차 없는 사람들이 분명 있습니다. 우리는 그들이 어떻게 될지 명확하게 알지 못합니다. 하지만 한 가지 분명한 사실은 복음을 접한 우리가 반응하지 않는다면 하나님의 구원의 진리가 떠나가 버린다는 사실입니다.

그렇다면 우리가 진리의 복음에 한 번 반응하면 모든 문제가 해결될까요? 복음에 반응하는 순간 복음의 역사가 우리에게 나타나고, 우리 영혼을 자유하게 합니다. 그러나 모든 것이 해결되지는 않습니다. 연약한 우리는 이 세상에서 다시 후퇴하고, 다시 말씀대로 살아가기 위해 노력합니다. 그렇게 살다가 또 쓰러집니다. 그렇다면 우리는 더 이상 이런 잘못을 되풀이하지 않을 때까지 계속해서 복음에 반응해야 합니다.

복음이 우리를 변화시킬 때, 올바른 반응은 지속적인 회개입니다. 넘어지고 다시 일어서는 과정을 통해 그리스도의 모습으로 느리지만 확실하게 변합니다. 성경에서 주님은 우리에게 '오라'고 말씀하십니다. 이는 '관계를 맺자'는 의미입니다. 주님과 관계를 맺는 순간 주님께서 우리를 붙잡아주십니다. 결국 우리가 복음에 반응하는 것은 일회적인 사건이 아니라 지속적인 결단입니다. 계속해서 주님께 연결되어 있을 때, 주님께서 우리를 붙잡으시고 세상의 악한 세력으로부터 지켜주십니다.

한 줄 노트 주님의 진리가 임할 때, 그 진리에 반응하면 주님의 능력이 우리를 붙들어주십니다.

묵상 질문 하나님과의 관계가 과거의 일입니까? 오늘도 지속적인 관계 안에서 살고 있습니까?

Nov. 05 주님의 고난에 동참합니까?

벧전 4:13

인생의 질문 "당신이 하나님께 쓰임 받기 위해서는 하나님께서 당신에게 전혀 의미 없는 많은 경험들을 하게 하실 것입니다. 그러나 그러한 경험은 당신을 주님께 유익하게 만듭니다." 이 세상은 우리가 이해할 수 없는 일로 가득 차 있습니다. 그러나 우리가 이해하지 못하는 모든 일을 통해 하나님께서는 합력하여 선을 만들고 계십니다. 그래서 우리는 하나님이 선하시다고 고백합니다.

한 줄 노트 하나님의 선하심을 믿는 자에게 이 세상은 늘 기대와 소망으로 가득 차 있습니다.

인생의 해답 고난이라는 문제의 해답은 그리스도께서 보여주셨습니다. 예수님이 이 땅 위에서 당하셨던 고난은 늘 하나님과 연결되어 있었습니다. '하나님의 뜻대로' 고난을 당하셨다는 뜻입니다. 우리의 고난이 유익하기 위해서는 우리도 그리스도와 연결된 상태에서 고난을 당해야 합니다. 주님께서 우리의 인생을 다루실 때, 주님께 매달려 있는 존재가 된다면 어떤 상황 가운데서도 생명력을 잃지 않을 수 있습니다. 우리 신앙의 목표는 고난을 이기는 것이 아니라 고난을 통해 하나님께서 우리에게 하시는 말씀을 이해하는 것입니다. "교회사를 보면 많은 사람들이 예수 그리스도의 고난에 동참하는 것을 회피해 왔습니다. 인간들의 쉬운 지름길로 하나님의 명령을 수행하려고 했습니다. 그러나 하나님의 방법은 언제나 고통의 방법으로서 '길고 먼' 길로 가게 하시는 것입니다." 하나님의 길은 결코 쉽지 않습니다. 그러나 어려운 길에만 하나님의 뜻이 있다는 말은 아닙니다. 쉬운 길만 찾는 사람에게 하나님의 뜻이 보이지 않는다는 말입니다. 고난 앞에서 모든 것을 이해할 수는 없습니다. 그러나 하나님의 인도하심에 기꺼이 자신을 맡길 수 있는 이유는 그분에 대한 믿음 때문입니다. 믿음은 '현재의 이해'에 바탕을 둔 것이 아닙니다. 하나님을 믿는 사람은 고난을 지난 후 이렇게 고백할 것입니다. "우리는 다소간 오해 가운데 그 고난을 지날 것입니다. 그러나 우리가 밝은 장소로 나아왔을 때 이렇게 말할 것입니다. '하나님께서 나를 보호하고 계셨는데, 왜 나는 몰랐을까!'"

한 줄 노트 온전히 자신을 맡기는 사람에게 고난은 하나님을 이해하는 통로가 됩니다.

묵상 질문 지금 겪는 고난을 설명할 수 있습니까? 중요한 것은 이해와 설명이 아니라, 하나님 안에 있느냐는 것입니다.

Nov. 06 내가 처한 상황 속에서

요 11:26

믿음이 있습니까? 하나님께서는 우리가 믿음을 소유할 수 있도록 문제를 통해 훈련시키십니다. 예수님은 신실한 나사로, 마리아, 마르다의 가정에 '죽음'이라는 문제를 던져서 그들이 믿는 것이 진정 무엇인지 테스트하셨습니다. '믿음'의 문제는 추상적인 것에서 구체적인 것으로, 제삼자의 입장이 아닌 지극히 주관적인 관계에서 분명하게 드러납니다. 일반적인 사건이 나에게 일어날 때, 가장 친밀한 가운데서 주님을 만나게 됩니다. 주님의 능력이 직접 나의 삶에서 '믿음을 통해' 증명되도록 프로그램이 가동됩니다. 그리고 주님께서는 "이것을 네가 믿느냐?"라고 물으십니다. "당신을 의심케 하는 시련들은 무엇입니까? 마르다처럼, 미래만을 향했던 당신의 믿음이 당신이 처한 상황 속에서 당신을 사로잡는 말씀으로 인해 주님을 향한 인격적인 믿음으로 바뀌었습니까?"

> **한 줄 노트** 일반적인 사건이 나의 일이 될 때, 그 일을 통해 나의 믿음이 드러납니다.

이것이 믿음입니다 '무엇'을 믿느냐에 따라 우리 믿음은 좌우됩니다. "믿는 것은 전적으로 맡기는 행위를 의미합니다." 우리는 자신이 믿는 것에 모든 것을 맡깁니다. 그러니 우리가 하나님을 믿는다고 하면 전적으로 하나님께 맡기는 것을 의미하지 않겠습니까? "그리스도와의 친밀한 관계에 나 자신을 맡기면, 영적으로 주님을 의지하며 오로지 그분의 지배를 받기로 결심합니다." 마르다에게 물으셨던 주님은 우리에게도 똑같이 물으실 것입니다. 주님께서 우리와 얼굴을 맞대고 물으실 때, 우리도 마르다처럼 자연스럽게 믿음을 고백하게 될 것입니다. 그리고 주님을 마주하면 이 믿음이 숨 쉬는 것처럼 자연스러운 것임을 알게 될 것입니다. 이것이 믿음의 프로그램입니다. 믿음의 과정은 고난이라는 매개체를 통해 우리에게 다가옵니다. 스스로 해결할 수 없는 고난의 문제를 직면하기 전까지는 좀처럼 진지하게 주님을 마주하려 하지 않기 때문입니다. 제삼자의 입장에서 쉽게 이야기했던 믿음이 얼마나 부끄러운 고백이었는지도 깨닫게 됩니다. 지금 고난 중에 있다면 혹시 내가 처한 상황이 믿음의 프로그램으로 이끄시는 하나님의 계획은 아닌지 돌아보십시오.

> **한 줄 노트** 당신의 삶이 지금 믿음의 프로그램 속에 있다면 잘 통과해야 합니다.

묵상 질문 지금 처한 상황 가운데 믿음으로 생각하고, 결정하고, 행동할 수 있는 것은 무엇입니까? 지금 당장 그렇게 하십시오.

Nov. 07 성령 대신에 나서지 마십시오!

롬 8:28

기도로 인도하심 고난의 가장 큰 문제는 우리가 다 이해할 수 없다는 것입니다. 그러나 "성도의 삶에 발생하는 상황들은 하나님에 의해 정해진 것입니다. 성도의 삶에 우연이란 없습니다. 하나님은 섭리 가운데 당신이 전혀 이해할 수 없는 그러한 상황으로 인도하십니다." 이해할 수 없는 상황은 우리를 기도로 인도합니다. 이해할 수 없는 상황과 장소에서 모든 것을 아시는 성령님께 기도할 때, 성령께서 우리를 위해 중보 기도를 시작하십니다. 단지 우리의 환경과 문제를 주의 보좌 앞으로 가져가기만 한다면 우리 안에 계신 성령님께서 우리를 위해 친히 간구하십니다. 하나님께서는 우리가 이해할 수 없는 일들이 일어나는 곳에서 우리를 기도의 용사로 부르십니다. "하나님은 이렇게 하심으로써 자신의 자녀인 성도들이 전 세계를 위해 기도하게 하십니다." 기도는 하나님께서 정하신 일을 바꾸는 것이 아니라, 하나님께서 하시는 일에 도구가 되어 쓰임 받는 것입니다. 중보 기도는 우리를 하나님 나라의 일꾼으로 만들며, 이해할 수 없는 상황들이 어떻게 합력하여 선을 이루는지 고백하게 하는 가장 강력한 수단입니다.

한 줄 노트 우리가 이해할 수 없는 일을 만날 때, 중보 기도로 이끄시는 하나님의 섭리를 깨닫습니다.

중보 기도를 통해 우리는 인간 편에서 하는 일과 성령께서 하시는 일을 구별해야 합니다. 우리가 할 수 있고, 해야 하는 일은 명확합니다. 우리가 처한 상황과 만나는 사람들을 위해 중보하는 것입니다. 우리가 성령이 거하는 전이라는 사실을 기억하십시오. 중보 기도로 그 사람들과 상황을 하나님 앞에 인도하면 성령께서 중보 기도를 시작하십니다. 우리가 중보 기도를 시작할 때, 모든 상황은 하나님의 손에 맡겨지고 드려진 바 됩니다. 각자 처한 상황에서 누군가를 위해 기도하니 모든 기도가 동일할 수는 없습니다. 그러나 중보 기도를 통해 얻는 유익이 있습니다. 우리가 중보 기도할 때, 우리 안에 계신 성령님께서도 각각의 특별한 상황 가운데 중보 기도를 시작하십니다. 그러니 "이러한 중보 기도가 없다면 누군가 영적으로 기갈하게 될 것입니다."

한 줄 노트 우리가 누군가를 위해 중보 기도할 때, 성령께서 그 사람을 위해 기도하신다는 사실을 기억하십시오.

묵상 질문 당신은 오늘 누구를 위해, 어떤 상황을 위해 중보 기도하고 있습니까?

Nov. 08 성령의 간구

롬 8:26

기도의 능력 기도에는 타의 추종을 불허하는 능력이 있습니다. "우리는 성령에 의해 기도의 힘을 얻는 것을 깨닫습니다. 우리는 성령 안에서 기도하는 것이 무엇인지 압니다. 그러나 종종 우리는 성령께서 우리가 말할 수 없는 기도로 우리 안에서 기도하신다는 사실을 깨닫지 못합니다." 우리가 중보 기도를 시작할 때, 성령께서도 우리 안에서 중보 기도를 시작하십니다. 성령께서는 우리가 말로 표현할 수 없는 것을 간구하십니다. 하나님께서는 우리가 의식하는 기도를 넘어서 성령께서 우리를 위해 하시는 중보 기도의 내용을 들으십니다.

우리가 기억해야 하는 중요한 사실이 있습니다. 성도의 몸은 하나님의 전이며, 성령께서는 하나님의 전에 거하십니다. 예수님께서는 성전을 정화하셨던 것처럼, 하나님의 전에서 자신의 이익을 위해 장사하는 자들을 허락하지 않으십니다. "성령께서도 당신이 당신의 몸을 자신의 편의를 위해 사용하는 것을 허락하지 않으실 것입니다." 성전에 대해 예수님께서 하신 말씀을 기억하십시오. "내 집은 기도하는 집이라 일컬음을 받으리라 하였거늘 너희는 강도의 소굴을 만드는도다 하시니라"(마 21:13).

성도의 몸이 성전이라면 우리 몸을 어떻게 사용해야 할지는 자명합니다. "우리 몸이 성령의 전인 것을 인식하고 있습니까? 그렇다면 우리는 주를 위해 우리 몸을 더럽혀서는 안 됩니다." 우리 몸이 더럽혀지면 성령께서 우리 안에 거하실 수 없습니다. 기도의 능력이 우리 안에서 나타날 수 없습니다. 기도의 능력을 위해 우리는 할 수 있는 한 스스로를 더럽히지 않도록 노력할 책임이 있습니다. 의식적으로 자신을 지키면, 우리가 의식하지 못하고 알지 못하는 부분을 성령께서 '말할 수 없는 탄식'으로 기도하시며 책임지십니다.

기도의 영역에는 하나님이 하시는 일과 우리가 해야 할 일이 있습니다. 우리가 해야 할 영역이 '우리의 능력'을 의미하지는 않습니다. 하지만 하나님의 능력이 나타날 수 있도록 통로가 되는 것은 우리가 해야 할 일입니다. "성령께서는 우리가 전혀 알 수 없는 무의식적인 부분을 돌보시겠지만, 우리의 의식적인 삶의 영역을 지키는 것은 우리의 책임입니다."

한 줄 노트 중보 기도가 능력을 가지려면, 중보 기도를 하는 우리의 몸이 거룩한 성전이 되어야 합니다.

묵상 질문 성령이 거하실 수 있는 거룩한 전이 되기 위해 어떤 노력을 하고 있습니까?

Nov. 09 복음의 중심은 예수 그리스도입니다

골 1:24

주님만이 드러나는 것 오늘 말씀은 '사역자'를 대상으로 하는 말씀처럼 보이지만, 사실 모든 그리스도인에게 유용한 말씀입니다. 챔버스는 '그리스도의 구속과 일치되는 사역'을 여러 번 언급합니다. '그리스도의 구속'은 하나님께 온전히 순종하심으로 자신을 내어드린 주님의 십자가입니다. 챔버스는 이러한 사역을 다음과 같이 표현합니다. "그 일꾼의 인격이 뛰어나 다른 사람에게 영향을 미친다는 뜻이 아니라 그 일꾼의 삶의 요소들을 통해 그리스도의 실체가 다른 사람에게 임한다는 뜻입니다."

'뛰어난 인격'으로 영향을 미친다는 말은 순수한 복음이 아닌 다른 것으로 무언가를 하려는 시도를 의미합니다. 우리도 종종 자신의 장점, 능력, 유용한 방법을 복음의 능력보다 앞세우려는 유혹에 노출됩니다. 그러다 보면 자연스럽게 우리가 하는 사역을 통해 사람에게 관심을 받으려는 욕망을 가지게 됩니다. 그러나 우리가 관심과 칭찬을 받는 만큼 그리스도의 구속이 가려집니다. 진정한 그리스도인의 사역은 그리스도의 인격이 가려지지 않도록 하는 것입니다.

'희생적 봉사'란 나를 온전히 내어드리는 것입니다. 모든 권리를 주님께 양도하는 것입니다. 온전히 그분의 도구로 사용되도록 나를 내어드릴 때, 성령께서 일하실 수 있음을 기억해야 합니다. "인간적 매력으로 사람을 끄는 것은 복음의 선포와는 무관하기 때문에 복음이 역사할 수 없습니다. 만일 누군가 자신의 인격으로 사람을 끌면, 그의 호소력은 그의 인격에 있습니다. 그러나 그가 주님과 하나가 되면 사람을 끄는 것은 그가 아니라 예수 그리스도이십니다. 위험은 언제나 사람이 영광을 받으려는 데 있습니다."

이와 같은 처절한 고민을 가지고 사도 바울은 골로새에 있는 성도들에게 편지하며 다짐하고 또 다짐했습니다. 챔버스 역시 사람들이 그를 영광스럽게 대우하려 할 때마다 자신이 할 일은 그리스도의 남은 고난을 채우는 것, 즉 '희생적 봉사'임을 잊지 않으려고 몸부림쳤을 것입니다. 나를 지키는 유일한 길은 이런 위대한 고민이 살아 있게 하는 것입니다. 이 고민이 늘 우리의 가슴 깊은 곳에서 들려야 합니다.

한 줄 노트 하나님의 일을 하면서 사람들에게 인정과 칭찬을 받으려는 유혹에 넘어가지 마십시오.

묵상 질문 하나님의 일을 하는 나의 마음속에 자랑하고 싶은 것은 무엇인가요? 자랑만큼 하나님이 가려진다는 것을 생각하십시오.

Nov. 10 하나님과의 일치

살전 3:2

하나님의 목적에 사용되는 삶 거듭난 그리스도인이 되어 거룩하게 사는 사람들의 특징은 '자신을 위한 목표'가 아니라 '주님의 목표'를 위해 산다는 것입니다. "그 이유는 하나님께서 성령에 의해 당신의 목적이 아닌 주님의 목적을 위해 당신을 취하셨기 때문입니다." 하나님의 목적을 아는 것은 그분과의 교제 속에서 그분이 일하시는 방법을 깨닫는 것입니다. 하나님의 계획과 우리의 계획이 일치되는 지점에 이르면, 더 이상 자신의 계획을 말하면서 '하나님께서 나를 이러한 일로 부르셨다'고 자랑하지 못할 것입니다. 우리의 목적은 나의 소명을 이루는 것이 아닙니다. 이 세상을 향한 하나님의 목적을 위해 나를 사용하시도록, 온전히 자신을 하나님께 양도하는 것입니다. 이때 하나님과의 진정한 우정, 즉 '관심의 일치'가 시작됩니다.

"이후로 당신의 행로는 주님께 속한 것이므로 당신은 당신의 가는 길을 결코 이해할 수 없습니다." 우리가 하나님을 따르고 삶을 전적으로 양도하는 것은 그분을 믿기 때문이지, 우리가 이해했기 때문이 아닙니다. 특히 고통 가운데서는 그분의 뜻을 따르기가 쉽지 않습니다. 그러나 모든 것을 통해 선을 이루시는 분임을 믿기에 순종하는 것입니다. 하나님께서 만들어가시는 일이 언제나 나의 계획보다 위대하다는 사실을 믿으니, 기꺼이 나의 생각을 하나님께 양도할 수 있지 않겠습니까?

"삶의 목표는 나 자신이 아니라 하나님을 위한 것이어야 함을 배워야 합니다. 하나님께는 그분의 위대한 계획이 있으며 그분은 그 입장에서 우리를 사용하십니다. 주께서 내게 원하시는 모든 것은 주님을 신뢰하는 것입니다." 하나님과의 일치 가운데서, 이제 우리가 원하는 것을 아뢰며 하나님을 방해하지 말아야 합니다. 우리에게 필요한 것은 주님께서 선을 이루신다는 확실한 믿음입니다. 하나님과의 일치 속에서, 자신을 버리고 하나님을 바라보는 것은 체념이 아니라 가장 강한 용기입니다. 나에게 주어진 인생을 하나님께 양도할 때, 하나님이 일하기 시작하신다는 사실을 기억하십시오.

한 줄 노트 나는 나의 길을 알지 못하지만, 그분이 선하게 인도하심을 믿기에 신뢰하며 살아갈 수 있습니다.

묵상 질문 내 인생의 사막 한가운데 길을 내시는 하나님을 믿습니까? 나의 능력이 아닌 그분의 능력이 나를 붙잡아주심을 믿습니까? 인생의 최선은 그분의 뜻을 이루는 것임을 믿습니까?

Nov. 11 "지금은 아니고 나중에"

창 22:2

지금 "하나님의 명령은 '지금'이지 '나중'이 아닙니다. 이 부분에서 우리가 가장 많이 논쟁합니다. 우리는 어떤 일을 하는 것이 옳다는 것을 알지만 지금 당장 하지는 않겠다고 말합니다." 아브라함의 위대함은 하나님의 명령을 미루지 않았다는 것입니다. 아브라함은 놀랍게도 '단순하게', 이 명령에 대해 가족과도 상의하지 않았습니다. 챔버스는 이런 아브라함의 행동을 "최고의 등정"이라고 말합니다. 하나님께 순종하는 데 주변의 것이 방해가 되지 않도록 결정하고 산에 오른 것이 바로 아브라함의 믿음을 보여주는 최고의 등정이라는 것입니다. 우리는 이해가 되지 않는다는 이유로 하나님의 명령을 '나중에' 따르려는 경향이 있습니다. "하나님께서 보여주시는 정상에 오르는 것은 나중에 할 수 있는 일이 아닙니다. 지금 당장 해야 합니다. 희생은 현실 속에서 드려지기 전에 나의 의지 안에서 먼저 드려져야 합니다." 아브라함은 하나님의 명령을 실천하기 위해 마음속에서 의지적으로 결심했습니다. 그러나 결심하지 못하고 조언을 구하는 사람은 자꾸 지체하게 됩니다. 어쩌면 누군가에게 책임을 미루기 위해 그렇게 행동하는지도 모를 일입니다.

> **한 줄 노트** 누군가에게 조언을 구하지만, 실제로는 하나님을 의지하지 않기 때문일 때가 많습니다.

하나님이 함께하십니다 챔버스는 "하나님을 위해 스스로 선택한 희생 제사를 언제나 경계하십시오"라고 말합니다. 스스로 자초하는 희생은 하나님의 뜻을 이루는 것이 아니라 자기 연민을 부르는 하나의 질병이 될 수도 있습니다. 하나님을 위한 희생이라는 명예를 안고 자만심에 빠질 수도 있습니다. "만일 하나님께서 달콤한 잔을 주시면 은혜로 마시고 쓴 잔을 주시면 주님과 함께 마시기 바랍니다." 아브라함이 했던 '최고의 등정'은 하나님께서 허락하신 시련에 대해 아무런 변명도 하지 않은 것입니다. 그는 하나님이 어떤 분이시고, 왜 이런 일을 하시는지 판단하지 않았습니다. 고난의 시간을 건널 때는 섣부르게 하나님을 판단하기보다 '견디는' 것이 더 중요합니다. 하나님께서 시련의 과정을 명령하셨다면, 그 길을 하나님께서 함께 걷고 계십니다. 이 과정을 통해 아브라함은 '여호와 이레의 하나님'을 고백하게 되었습니다.

> **한 줄 노트** 지금 하고 있는 일이 하나님의 목적과 동일하다면, 그것이 '최고의 등정'입니다.

묵상 질문 당신은 아브라함처럼 최고의 등정을 할 준비가 되어 있습니까?

Nov. 12 거듭남 이후의 변화

고후 5:17

진정한 거듭남 "구원의 체험이란 당신의 실제 삶에서 모든 것이 정말로 바뀐 것을 의미합니다. 당신은 더 이상 과거에 사물을 보던 대로 보지 않습니다. 당신의 소망은 새롭게 되었으며 옛것들은 힘을 잃었습니다." 이러한 거듭남의 증거는 '세계관'의 변화입니다. 거듭난 사람은 하나님의 관점으로 세상을 봅니다. 그러니 하나님의 소망이 자신의 소망이 됩니다.

거듭남의 진실성을 가리는 시금석은 '가치관의 변화'에 달려 있습니다. 아직도 옛것을 추구하고 살아가면서 거듭났다고 말한다면 이는 거짓입니다. 우리가 진정으로 거듭났다면, 그 모습을 발견하고 나 자신이 가장 놀라야 합니다. "만일 당신이 거듭났다면 성령은 그 변화를 당신의 실제 삶과 생각 가운데 나타내실 것이며, 위기가 찾아왔을 때 당신은 당신 안에 일어난 놀라운 변화로 인해 가장 놀라게 될 것입니다."

"나는 고린도전서 13장의 빛 가운데 설 수 있습니까? 아니면 손을 저으며 당황스러워합니까? 성령에 의해 내 안에 이루어진 구원은 나를 완전히 자유롭게 합니다. 하나님께서 빛 가운데 계심같이 내가 빛 가운데 행하는 한, 주님께서는 내게 책망할 것을 보지 못하십니다." 진정한 거듭남으로 새로운 피조물이 되었다면, 내 안에 계신 성령님께서 역사하고 계심이 분명합니다. 그러한 삶을 살고 있다면 주님께 책망받을 만한 일이 없을 것입니다.

그러나 사도 바울조차 가장 열정적으로 하나님의 일을 할 때 자기 안에 있는 죄성으로 고민했습니다. 즉, 하나님께 책망받을 것이 없다고 해서 완전한 것은 아닙니다. 성령의 조명 아래 우리가 얼마나 부족한 사람인지 깨닫고 고민하며, 성령의 도우심을 요청해 자유를 누려야 합니다. 거듭난 사람이 자신의 죄성을 보지 못하는 것이야말로 하나님께 책망받을 일입니다. 흥미로운 역설입니다. 거듭난 자가 자신의 부족함을 볼 때, 도리어 하나님께 책망받을 만한 것이 없게 됩니다. 하나님은 우리에게 '완전'을 요구하지 않으시며, '완전을 향해' 나아가는 새로운 피조물이 되기를 원하십니다.

한 줄 노트 빛 가운데 있는 사람만이 자신의 잘못된 모습을 보고 괴로워할 수 있으며, 우리는 이러한 고민을 통해 구원에 이르는 장성한 분량까지 성장합니다.

묵상 질문 당신의 삶에서 거듭남의 증거는 무엇입니까? 자신의 죄성이 보여 괴롭습니까? 그렇다면 지금 당신이 빛 가운데 있다는 증거입니다.

Nov. 13 믿음과 체험

갈 2:20

기분에 휘둘리지 않기 진정한 믿음이 있다면 우리는 기분이나 환경에 휘둘리지 않을 것입니다. 믿음이 있다고 하면서 관념 가운데 살아가고 있다면 진정한 믿음이 아닙니다. "기분이란 기도한다고 없어지는 것이 아닙니다. 발로 차버려야 떠납니다."(5월 20일 묵상) "기분과 싸워 이겨서 자신을 주 예수님께 완전히 드려야 합니다. 보잘것없는 사소한 체험에서 나와 주님께 온전히 헌신하십시오." 진정한 믿음은 싸우는 것입니다. 진정한 믿음을 실천하기 위해 기분에 굴복하지 말아야 합니다. 기분이 우리 신앙의 태도가 되지 않게 주 예수님께 모두 맡기는 것이 기분과 싸워 이기는 방법입니다. 하나님께서는 아들 예수 그리스도를 보내주셨고, 십자가의 고통과 죽음을 통해 우리를 구원하셨습니다. 이러한 사실을 믿고 있는 우리가 어떻게 자신의 공로를 주장하며, 자신의 희생을 자랑하며 하나님 앞에 설 수 있겠습니까? 기분에 휘둘리지 않고 사는 것은 믿음으로 사는 것입니다.

한 줄 노트 믿음이 있는 사람은 기분에 휘둘리지 않습니다. 믿음은 십자가의 공로를 의지해 담대히 주 앞에 설 수 있는 능력이기 때문입니다.

믿음으로 살기 믿음으로 살기 위해서는 일회적인 체험에 의지해서는 안 됩니다. 구원의 은혜는 한 번이면 족하지만, 믿음으로 살기 위해서는 계속적인 훈련의 과정이 필요합니다. "우리는 계속적으로 예수 그리스도를 믿는 믿음에 힘을 다해야 합니다. 기도회나 책 속의 예수 그리스도가 아니라 성경의 예수 그리스도입니다. … 우리의 믿음은 우리의 체험이 아니라 체험을 주신 분께 있어야 합니다." 우리의 체험은 그 체험을 주신 주님을 향한 믿음이 온전할 때 진정한 의미를 가집니다. 체험에 만족하면 그 체험을 붙잡고 안주하지만, 체험을 주신 분께 집중하면 그분과 동행하기 위해 치열하게 세상과 싸우며 살게 될 것입니다. 그렇다고 체험을 하찮게 여겨서도 안 됩니다. '믿음'이 없이 그리스도를 체험할 수 없습니다. 믿음이 없이 주님을 우리 마음속에 모실 수도 없습니다. 중요한 것은 이 믿음이 계속되어야 한다는 사실입니다.

한 줄 노트 체험이 믿음의 바탕이 될 수는 없습니다. 체험은 단지 믿음이 있다는 증거일 뿐입니다.

묵상 질문 체험에 만족하면서 주님을 따르는 삶을 등한시하고 있지는 않습니까?

Nov. 14 — 하나님의 계획을 발견하십시오!

창 24:27

성령님께 민감하기 "하나님과 깊게 하나가 되면 주님께 나를 어떻게 인도해 달라고 끊임없이 간구할 필요가 없게 됩니다." 챔버스는 하나님의 인도하심을 구하는 것이 하나님과 동행하고 있지 않다는 증거가 될 수도 있다고 말합니다. 우리가 하나님의 자녀라면 하나님께서 원하시지 않는 일을 할 때, 성령께서 민감하게 지적하시고 깨닫게 하실 것입니다. 하나님과 우리의 일 사이에 '갈등'을 경험하는 것입니다. 챔버스는 이를 '성령의 경고'라고 표현합니다. 하나님의 인도하심을 구하는 것은 하나님의 자녀로 구별된 사람들이 성령님께 민감한 상태가 되어 살아가는 것입니다. "만일 성령으로 거듭난 후에도 주님께 이렇게 저렇게 나를 인도해 달라고 간구하는 것은 경건을 포기하는 것입니다." '에벤에셀', 즉 '여기까지 인도하셨다'는 고백은 지금까지 하나님의 인도하심 가운데 있었다는 말입니다. 하나님은 이런 고백을 통해 영광 받기를 원하십니다. "만일 우리가 하나님으로부터 거듭난 사람이라면 지난 날을 돌아볼 때 우리에게 놀라운 섭리가 있었던 것을 알 수 있습니다. 그래서 우리는 하나님께 영광을 돌리게 됩니다."

[한 줄 노트] 하나님과 동행하는 것은 매 순간 하나님의 뜻을 묻는 것이 아니라, 묻지 않아도 하나님의 마음에 맞는 행동을 하는 것입니다.

일상의 훈련 챔버스는 '영적 훈련'을 강조합니다. 거듭난 성도의 삶에도 훈련이 필요합니다. 우리 주변의 우연과 같은 일들도 '하나님의 계획'을 발견하기 위한 훈련입니다. 성령에 민감한 삶을 살아가는 데 있어 세심하게 주의를 기울여야 하는 곳은 교회가 아니라 세상입니다. 성령님께 익숙해지면 하나님께서 일하시는 방식을 보게 됩니다. "세상의 눈으로 볼 때 주님은 일관성이 없으신 분입니다. 그러나 그분은 하나님 아버지를 향해 변함없는 일관성을 유지하셨습니다. 성도의 단 한 가지 일관성은 원칙이 아니라 신령한 생명입니다." 하나님의 계획을 모른 채 자신이 믿는 바를 확신하는 태도를 주의하십시오. 자신의 확신이 얼마나 빗나갈 수 있는지를 안다면, 우리는 성령께 민감하기 위한 훈련을 게을리 하지 않을 것입니다.

[한 줄 노트] 영적 민감성은 하나님을 얼마나 아느냐에 달려 있습니다.

묵상 질문 성령님께 민감함으로 살아가고 있습니까, 아니면 자신의 확신에 따라 살아가고 있습니까?

Nov. 15 성숙한 성도의 삶

요 21:21-22

하나님과 하나 됨   우리는 좋은 의도를 가지고 남의 일에 관심을 가집니다. 그러나 고통당하는 사람을 돕는다고 말하지만, 섣부른 간섭 때문에 하나님의 섭리를 방해할 때도 있습니다. "만일 당신이 영적으로 침체되어 있다면 절대로 그 상태에 머물지 말고 하나님의 임재 가운데로 나아가 영적 침체의 이유를 발견하십시오. 아마도 당신은 당신이 다른 사람의 삶에 간섭했기 때문에 영적 침체에 빠지게 된 것을 발견하게 될 것입니다." 영적으로 침체될 때는 하나님과 다른 길을 가고 있을 때입니다. 우리가 진정으로 누군가를 위한다면, 먼저 우리 자신이 하나님과 바른 관계를 유지해야 합니다. 그렇게 되면 하나님께서는 우리를 축복의 통로로 사용하셔서 다른 사람에게 진정한 도움이 되게 하실 것입니다. 성도의 성숙은 하나님께서 우리를 사용하시는 상태가 되는 것입니다.

한 줄 노트 누군가를 위해 유익한 삶을 살고 싶다면, 섣부르게 충고하기보다 스스로 하나님과 올바른 관계에 있는지 먼저 확인하십시오.

성숙한 상태   "성숙한 삶은 무의식적으로 살아가는 어린아이 같은 삶입니다. 우리가 하나님께 온전히 드려지면 그분께 쓰임 받고 있다는 의식마저 들지 않습니다." 진짜 순종하는 자녀는 의식해서가 아니라, 무의식적으로 당연하게 행합니다. 우리가 하나님 앞에 '찢겨진 빵과 부어지는 포도주'가 되기를 원하면서 의식적으로 무언가를 한다면 아직 미성숙한 상태입니다. 자신을 희생한다고 생각하니 교만해지거나 연민에 빠집니다. 진정으로 성숙한 상태가 되면 '희생 의식'이 사라집니다. "성도는 의식적으로 성도가 되는 것이 아닙니다. 다만 의식적으로 하나님을 의지할 뿐입니다." 삶에서 늘 하나님을 의지하고 살아간다면 무의식적으로 '성도'가 되는 것입니다. 오로지 하나님만을 믿고 순종하며, 우리의 삶을 양도해 자연스럽게 성도의 모습이 드러나게 해야 합니다. 이 상태에서 우리는 다른 사람에게 간섭하지 않을 것입니다. 주님은 오로지 우리가 주님과의 신실함 가운데서 조용히 따라오기를 원하십니다.

한 줄 노트 성도가 되려고 의식하지 않아도 성도로 사는 방법은 언제나 하나님을 의지하며 사는 것입니다.

묵상 질문 당신의 상태는 어떠합니까? 순종하려는 노력도 중요하지만, 무의식적으로 하나님께 순종하는 삶이 된다면 얼마나 좋을까요?

Nov. 16 — 하나님의 능력만 드러내십시오!

고전 10:31

인간적인 요소 제거하기 "성육신의 위대한 기적은 평범한 유년시절로 이어집니다. 변화산상의 위대한 기적은 귀신 들린 골짜기에서 사라집니다. 부활의 영광은 해변에서의 아침 식사로 이어집니다." 하나님의 위대한 계시가 나타나는 곳은 우리의 일상입니다. 챔버스는 우리 신앙의 오류를 계속 지적해 왔습니다. 신앙인들의 잘못된 영웅심은 '놀라운 경험'을 사모하도록 만들었습니다. 하지만 진정한 믿음의 영웅은 "보는 사람도 없고 조명도 없으며 아무도 관심조차 보여주지 않는 때 매일 하나님을 영화롭게 하며 지내는 것"입니다.

영웅심은 모든 사람에게 인정받기 원하는 마음입니다. 하지만 우리가 진정으로 신실한 그리스도인이라면 다른 사람들이 알아볼 수 없는 상태일 것입니다. 이 상태에서 오로지 성숙한 성도들을 통해 하나님의 능력만이 드러납니다. 그러기 위해 필요한 것은 우리의 단순한 결심이나 의지가 아닙니다. 우리의 의지조차 전적으로 성령님께 양도해야 합니다. 이런 '영적 훈련'은 나의 의지와 영역이 점점 줄어들고 성령님의 비중이 높아지는 것입니다. 성숙한 성도는 위대한 일을 위해 부르심을 기다리는 사람이 아니라, 가장 보잘것없는 삶을 통해 하나님의 영광이 드러나도록 쓰임 받는 사람입니다. "우리를 가장 철저하게 인간적으로 만드시고 또한 전혀 사람들의 눈에 띄지 않으면서 동시에 주님의 것으로 만드시는 분은 우리 안에 계신 성령이십니다."

성도의 목표는 성공이 아닌 언제나 하나님께 신실한 삶입니다. 사역자들의 진정한 목표는 하나님의 영광을 드러내는 것입니다. 하나님의 영광을 위해 산다면 자신의 의가 나타나지 않아도 괜찮다고 여겨야 합니다. 하나님과 올바른 관계에 있을 때에는 하나님의 관점이 중요합니다. '하나님과의 올바른 관계'가 증명되는 곳은 우리의 실제적인 삶과 인간관계임을 기억하십시오. "성도의 삶의 평가는 성공이 아니라 현실적인 인간의 삶에서의 신실함입니다. 우리는 사역에서의 성공을 목표로 삼으려고 하겠지만, 진정한 목표는 우리의 삶을 통해 하나님의 영광을 드러내는 것이어야 합니다."

한 줄 노트 성도의 삶은 하나님의 영광을 드러내는 데 목적이 있어야 합니다. 자신이 모든 사람보다 작은 자임을 인식하며 섬기고 사랑하는 자리에 있을 때, 성화의 진보가 일어납니다.

묵상 질문 하나님의 일을 하면서 누구도 당신의 의를 알아주지 않을 때, 상처받지 않고 묵묵히 견디며 일할 자신이 있습니까?

Nov. 17 주님밖에 없습니다!

창 22:16-19

영원한 목표   오늘 묵상은 신앙인이 최종적으로 도달해야 하는 순종의 목표가 무엇인지 설명합니다. "'어떠한 대가를 치르고 어떤 길을 갈지라도'라는 뜻은 하나님께서 우리를 목적지로 인도하시는 길에서 자신의 선택이 전혀 없다는 뜻입니다." 우리는 순종을 선택의 문제라고 생각했습니다. 그러나 진정한 순종은 우리가 선택할 여지가 없는 곳에서 이루어집니다. 이때 '즉각적인 순종'이라는 말의 의미를 생각하게 됩니다.

"하나님께서 내 안에 있는 하나님의 본성에 말씀하신다면 그분께 어떠한 질문을 할 가능성도 없습니다." 자꾸 질문하는 이유는 이해가 되지 않기 때문입니다. 하나님이 하시는 일을 받아들일 수 없기 때문입니다. 하지만 우리가 도달해야 하는 순종의 지점은 주님께서 우리에게 오라고 하실 때 올 수 있고, 함께 가자고 하실 때 갈 수 있는 단계입니다. 아브라함이 이삭을 데리고 모리아 산을 올랐던 순종은 수십 년 동안 믿음의 삶을 살았던 아브라함에게서 나타나는 모습입니다. 즉, '순종의 훈련'을 통해 그 자리에 있는 것입니다.

순종의 훈련이 필요한 이유가 있습니다. 순종을 통해 하나님의 약속을 깨닫고 쓰임 받을 수 있기 때문입니다. "하나님의 약속들은 우리가 순종에 의해 하나님의 성품을 이해할 때까지는 우리에게 전혀 가치가 없습니다. 우리가 매일 365일 성경 안에서 뭔가를 읽어도 순종하지 않는다면 우리에게 아무 의미가 없습니다." 우리가 순종할 때, 하나님께서 무엇을 의미하시는지 깨닫게 됩니다. 흔히 이해하면 순종하겠다고 말하지만, 순종해야 이해가 됩니다.

"우리 삶 속에서의 순종을 통해 '아멘'이라고 하나님의 약속에 대답할 때, 그 약속이 우리의 것이 됩니다." 앤드류 머레이는 순종이란 마치 비어 있는 찻잔과 같다고 말합니다. 찻잔이 깨끗하게 비어 있어야 좋은 차를 채울 수 있듯이, 우리도 자기를 비우고 하나님께 온전히 맡기는 순종을 통해 하나님의 약속을 복으로 받을 수 있습니다. 순종과 약속의 관계는 명확합니다. '예'로 순종하고 하나님의 약속에 대하여 '아멘'으로 대답하면 그 약속이 이루어집니다. 우리도 이러한 순종의 단계로 나아가는 영적 훈련을 게을리하지 말아야 합니다.

한 줄 노트 하나님을 신뢰하는 자만이 하나님의 약속에 '예'라고 대답합니다.

묵상 질문 하나님의 축복된 약속을 받을 준비가 되어 있다고 자신할 수 있습니까? 약속을 담기 위해 마음속에 있는 불순물을 버렸습니까?

Nov. 18 진정한 자유함

요 8:36

개별성과 인격성 개별성이란 인간이 가지고 있는 특성으로, 성령님의 인격과 반대되는 개념입니다. 반면에 인격성은 성령님에 의해 주어지는 새로운 본성을 의미합니다. "개인적인 교만이 남아 있으면, 그 교만은 언제나 '나는 할 수 없어'라고 말합니다. 한편 인격적 본성은 절대로 '나는 할 수 없어'라고 말하지 않고 단지 계속 뭐든 흡수합니다."

본문 말씀은 참 자유를 얻는 방법이 인간의 개별성에 있지 않다고 말합니다. 하나님은 우리를 창조하실 때, 무한한 잠재력을 가진 존재로 만드셨습니다. 이는 우리 능력에 의해서가 아니라 하나님을 의지하고 나아가는 존재가 될 때 가능합니다. 하지만 죄와 개별성은 무한한 능력을 제한합니다. 그러니 우리가 자유로운 존재가 되기 위해서는 타락한 본성과 죄로부터 우리를 구원해야 합니다.

"우리가 할 일은 자신을 개별성으로부터 구원하는 일입니다. 즉, 우리의 자연적인 삶을 하나님께 드려 희생제물이 되게 함으로써 그 삶이 순종에 의해 영적인 삶으로 변화되어야 합니다." 본성이 죽을 때, 우리는 비로소 순종의 희생제물이 됩니다. 이제 내가 사는 것이 아니라 주를 위한 삶으로 나아갑니다. 이때 우리는 완전한 자유함을 얻습니다. 더 이상 제한적인 인간의 개별성이 우리를 얽매지 않습니다. "자연적 개별성은 다 부서지고 인격적 본성이 주님과 연합되어 있습니다."

"하나님께서는 자연적인 삶과 관련해 우리를 훈련시키지 않으십니다. 우리가 자신을 훈련해야 합니다. 하나님은 우리의 모든 이론과 생각을 사로잡지 않으십니다. 우리가 해야 합니다." 하나님께서는 우리를 강압적으로 인도하지 않으시는 분입니다. 우리가 매일 십자가에서 주와 함께 죽는 훈련을 해야 합니다. 우리가 십자가 위에서 죽으려 하지 않는다면, 주님의 십자가 죽음은 우리에게 아무 의미도 없을 것입니다. 하나님께서 우리에게 자유를 주셨지만, 그 자유를 얻기 위해서는 우리가 매일 결단해야 합니다. 우리는 매일 죽는 삶을 통해 진정한 부활의 삶을 알게 됩니다. 진정한 자유는 내가 죽고 온전히 주님과 하나 될 때 찾아옴을 기억하십시오.

한 줄 노트 진정한 자유는 그리스도 안에서 무엇이든 할 수 있다는 고백입니다.

묵상 질문 그리스도 안에서 당신이 매일 '죽는다'고 말할 수 있는 것은 무엇인가요?

Nov. 19 　성령에 의해 책망받을 때

요 16:8

용서의 진정한 의미　"성령에 의한 죄의 책망은 땅 위의 다른 어떠한 관계보다 단 한 가지 관계만을 고려하게 하는데, 바로 주님과의 관계입니다." 챔버스는 후회와 진정한 회개의 차이를 말하며, 성령님의 책망 후에는 하나님의 은혜를 늘 생각하며 겸손을 유지하라고 권면합니다.

"심지어 하나님께서 그를 용서하신다고 할지라도 그 사람은 하나님보다 더 강한 정의감을 갖고 자신을 용서할 수 없을 것입니다. 그러나 하나님은 용서하십니다." 성령께서 우리 마음 깊숙이 무서운 죄성을 깨닫게 하실 때 두려움이 찾아옵니다. 하나님께서 그 죄를 용서하신다고 해도, 우리 속에 있는 정의감이 그것을 받아들이지 못할 정도입니다. 그만큼 우리 죄를 무섭게 책망하실 것이라는 말입니다.

그럼에도 불구하고 하나님은 우리를 용서하십니다. 우리가 용서받는 이유는 하나님의 사랑 때문이 아니라 구속의 십자가 때문입니다. 하나님의 사랑이 나타난 곳은 갈보리 언덕의 십자가입니다. 우리를 향한 사랑으로 하나님께서는 독생자를 골고다 십자가의 희생제물로 주셨습니다. 그 사랑으로 인해, 우리에게 주신 십자가로 인해 우리는 용서를 받습니다. 십자가는 하나님의 공의가 실현되었다는 명백한 증거입니다.

용서의 중요한 의미는 구원을 받고 천국을 누리는 데 그치지 않습니다. "용서는 내가 죄사함을 받아 다시 새로운 관계에 들어갔다는 뜻입니다. 즉, 그리스도 안에서 하나님과 하나가 되었다는 뜻입니다." 하나님과 새로운 관계를 갖는 것은 기적입니다. 거룩하지 못한 우리가 거룩하신 주님의 성품에 맞게 변화되는 것은 기적입니다. 용서받을 때, 사실은 그 죄가 얼마나 큰지 알기에 가슴이 찢어지도록 회개하는 것이 바로 용서와 회개의 본질입니다. 진정한 용서로 들어가기 위해 회개할 때, 얼마나 애통한 마음으로 우리의 죄를 하나님께 내어놓고 힘들어했는지 생각해 보십시오. 진정으로 용서받은 우리가 주님과의 새로운 관계 속에서 살기 위해 얼마나 몸부림쳤는지 생각해 보시기 바랍니다.

한 줄 노트　성령께서 우리의 죄를 책망하실 때, 그 아픔이 클수록 진정한 용서를 경험합니다.

묵상 질문　용서를 경험한 우리는 주님과의 새로운 관계 속에서 구체적으로 어떻게 살고 있습니까? 참 자유를 누리기 위해 진정으로 애통했던 경험이 있습니까?

Nov. 20 하나님이 사용하시는 근거

엡 1:7

은혜는 값진 것입니다   하나님은 세상을 사랑하셨기 때문에 죄를 용서하신 게 아닙니다. 하나님은 이 세상을 사랑하사 세상의 죄와 악을 없애기 위해 독생자를 주셨습니다. 만일 하나님이 세상을 사랑하사 죄를 용서하셨다면 말이 되지 않습니다. 어떻게 하나님과 원수인 세상을 하나님이 사랑하셔서 용서하실 수 있겠습니까? 논리적으로 하나님이 먼저 하신 일은 이 세상의 죄를 없앤 것입니다. 하나님은 우리를 사랑하셔서 죄를 용서하신 것이 아니라, 공의를 행하시기 위해 아들로 하여금 하나님의 원수가 되게 하시고 십자가 죽음으로 우리 죄를 용서하신 것입니다.

하나님은 '공의의 하나님'이시기에 우리 죄를 눈감아 주시지 않습니다. 하나님께서는 '우리'를 사랑하셨고, 죄의 문제를 해결하셔야 했습니다. 이 모순을 해결하는 유일한 방법은 누군가 이 죄를 '대신 담당'하게 하는 것입니다. "하나님께서 주의 은혜 가운에 죄를 용서하시고 우리를 다시 새롭게 세우실 수 있는 유일한 근거는 그리스도의 십자가밖에 없습니다."

하나님께서는 어마어마한 대가를 치르셨고, 이로 말미암아 용서가 가능해졌습니다. 우리가 쉽게 받아들이는 용서는 갈보리의 엄청난 고통을 전제로 합니다. 용서가 단순히 하나님의 사랑 때문이 아님을 알 때, 용서의 가치를 깨닫게 됩니다. 그 용서를 귀하게 생각할 때, 우리 삶이 성화로 나아가게 됩니다. 속죄 없이 용서를 말할 수 없습니다. 사랑과 공의를 만족시키기 위해 '십자가의 죽음'은 꼭 필요했고, 이는 하나님의 아픔을 동반하는 일이었습니다.

"죄사함의 기적과 비교할 때 성화의 체험은 아주 작은 것입니다. 성화는 단지 우리의 죄사함을 우리의 삶 가운데서 놀랍게 표현하는 것입니다. 인간의 가장 깊은 곳에서 감사의 마음이 일어나게 되는 것은 하나님께서 나의 죄를 사해 주셨다는 사실 때문입니다." 이 속죄의 사건을 깨닫는 순간 하나님의 사랑에 사로잡히게 됩니다. 하나님께 값비싼 대가는 결코 우리에게 값싼 것이 될 수 없습니다. 하나님의 아픔과 희생을 뼈저리게 느끼지 못하고 '사랑'만을 강조하면 싸구려 은혜가 됩니다. 하나님의 아픔이 나의 아픔이 될 때, 값진 은혜의 삶을 살게 됩니다.

한 줄 노트 구속의 은혜가 값지게 느껴질수록 우리는 더욱 거룩한 삶으로 나아가게 됩니다.

묵상 질문 우리의 어떤 죄를 용서하시기 위해 하나님의 아들 예수 그리스도께서 십자가의 고통을 당하셨을까요?

Nov. 21 예수 그리스도의 죽음

요 17:4

아버지의 마음은 "예수 그리스도의 죽음은 역사 속에서 하나님의 마음을 실현한 것입니다. 예수 그리스도를 순교자로 볼 수 있는 여지는 없습니다. 그분의 죽음은 막을 수 있었던 것인데 발생한 것이 아닙니다. 주님께서 이 땅에 오신 목적은 죽기 위한 것이었기 때문에 반드시 일어날 수밖에 없었습니다." 순교란 우리가 선택할 수 있는 것입니다. 하지만 예수님의 죽음은 그런 선택의 여지가 없었습니다.

갈보리 십자가만이 우리의 용서를 가능하게 했다면, 하나님이 우리의 아버지이시기 때문에 우리를 용서하셨다고 말하지 마십시오. 이렇게 말한다면 우리는 갈보리 십자가를 제대로 이해하지 못한 것입니다. "만일 하나님께서 죄를 용서하신다면 이는 그리스도의 죽음 때문입니다. 하나님은 그분의 아들의 죽음 외에 다른 방법으로 사람을 용서하실 수 없습니다."

예수님께서는 전적으로 그분의 죽음으로 우리 구세주가 되셨습니다. "하나님의 사랑에 대한 잘못된 견해로 인해 하나님의 거룩함을 경시하거나 무시하는 것은 예수 그리스도에 의해 주어진 하나님에 관한 계시와 맞지 않습니다." 우리를 향한 동정과 연민으로 예수님께서 십자가를 지셨다고 생각하지 마십시오. 이는 하나님의 공의에 대항하는 것입니다. 예수님의 십자가는 이미 작정하신 하나님의 계획에 의해 이루어진 일입니다. 하나님 아버지의 마음이 가장 명확하게 표현되어 나타난 것이 십자가입니다.

"그 저주의 엄청난 의미를 우리 편에서 깨닫는 것이 죄에 대한 책망이며, 이와 함께 우리는 부끄러움과 회개의 선물을 받게 되는 것입니다." 십자가는 단순한 동정이 아니라, 우리 속에 있는 죄를 주님께서 얼마나 미워하셨는지를 보여주는 사건입니다. 십자가의 죽으심으로 주님께서 저주를 받으신 것은 우리 속에 있는 죄에 대한 엄청난 책망입니다. 이로 인해 우리가 회개를 선물로 받게 된 것입니다. 갈보리 십자가는 우리를 사랑하시되, 우리 속에 있는 죄를 주님께서 얼마나 미워하셨는지 보여주신 분명한 사건입니다.

한 줄 노트 십자가는 단순한 동정이 아니라, 죄에 대한 하나님의 마음이 얼마나 무서운지 보여주는 것입니다.

묵상 질문 당신 안에 있는 가장 심각한 죄는 무엇입니까? 그 죄를 하나님께서 미워하신다고 생각해 본 적 있습니까?

Nov. 22 비천함과 심오함

고전 10:31

함부로 판단하지 않기   우리는 늘 위대한 일을 통해 위대한 사람이 되기를 꿈꿉니다. 하지만 이내 깨닫습니다. 하나님 앞에서는 어떤 위대한 일도, 어떤 하찮은 일도 존재하지 않습니다. 오늘 본문은 이분법적으로 생각하고 있던 교인들을 향한 사도 바울의 권면입니다. "하나님께 헌신한다는 뜻은 비천해지는 것을 거부한다는 뜻이 아닙니다. 오히려 당신이 비천하지 않다는 인상을 다른 사람에게 보여주려는 것은 당신이 영적으로 교만하다는 확실한 증거입니다. 당신 안에 다른 사람을 향한 경멸이 생기는 것을 주의하십시오." 비천함과 심오함을 구별하는 일은 하나님의 영역입니다. 우리가 하나님을 대신해 구별하려는 시도는 명백한 영적 교만입니다. 주변에 쉽게 잔소리를 하고 남을 꾸짖는 사람을 가만히 보면, 하나님의 기준이 아니라 자신의 판단 때문일 때가 많습니다. 중요한 사람처럼 보이고 싶은 욕망입니다. 하지만 주님께서는 말구유에 누인 갓난아기로 이 땅에 오셨음을 기억하십시오.

> **한 줄 노트** 우리는 비천함과 심오함을 구별하려 하지 말고, 현재 맡은 일에 성실해야 합니다.

하찮은 것이 심오합니다   우리 신앙의 문제는 하찮은 것과 심오한 것을 구별하려는 시도들입니다. 하찮음은 약하거나 깊이가 없다는 뜻이 아닙니다. 예수님께서도 우리가 하찮게 여기는 일들(걷고, 먹고, 말하는 등)을 하시면서 하나님의 아들로 이 땅에서 사셨습니다. 올바른 신앙인이라면 "하찮은 것들을 바르게 대하며 살아야 안전합니다. 표면적으로는 상식적인 방법으로 평범한 삶을 살지만 하나님께서는 하찮은 일들을 통해 심오한 것들을 더해 주십니다." 우리가 하찮은 일을 무시하고 심오한 일만 찾는다면 가장 하찮은 우리의 평범한 일상에서 그리스도인처럼 행동하기가 쉽지 않을 것입니다. 누구도 우리를 알아주지 않는 곳에서 하나님께 사용되는 것, 누군가를 위해 필요한 존재가 되는 것처럼 귀한 일은 없습니다. 누군가 나를 고귀하게 여겨주지 않아도 하나님께서 필요로 하시는 일에 쓰임 받는 것이 귀한 일임을 알아야 합니다.

> **한 줄 노트** 가장 하찮은 일상에서 그리스도인처럼 행동하는 것이 가장 심오한 그리스도인으로 사는 방법입니다.

> **묵상 질문** 당신이 하고 있는 일 중에 가장 귀한 일과 가장 하찮은 일은 무엇입니까? 하나님께서도 동일하게 구별하실까요?

Nov. 23 경계해야 할 것들

시 123:3

주의해야 할 네 가지 첫째는, 우리의 마음을 지키는 것입니다. "우리의 마음 자세는 강력한 영향력을 행사하는데 우리 영혼 깊숙이 침투해 우리를 하나님으로부터 멀어지게 하는 원수가 되기도 합니다." 자신의 꾀를 의지하면 하나님과 멀어져 원수가 될 수 있습니다. 자신을 온전히 내려놓지 않으면 순종하지 않으려고 합니다. 하나님은 순종하지 않는 사람을 억지로 들어 쓰시지 않습니다.

둘째는, 염려하지 않는 것입니다. 염려는 언제든지 찾아오지만 염려할지, 염려하지 않을지의 결정은 우리에게 달려 있습니다. 염려는 우리로 하여금 하나님의 관심에서 멀어지게 하는 힘이 있습니다. 염려가 찾아오면 하나님이 보이지 않기 때문입니다.

셋째는, 자신을 변호하지 않는 것입니다. 우리는 하나님의 일을 하면서 자꾸 자신이 옳다는 것을 증명하려고 합니다. 물론 하나님의 일을 하며 억울할 수는 있습니다. 그러나 하나님의 뜻을 이루기 위해서 기꺼이 자신을 변호하지 않아야 합니다. "자신을 변호하려는 성향은 하나님을 향한 믿음을 파괴합니다. '나는 설명해야 해. 사람들이 이해할 수 있도록!' 주님은 아무것도 설명하지 않으셨습니다. 주님은 오해들이 저절로 해결되도록 내버려두셨습니다." 억울함을 호소하는 일은 현재 자신의 자리에서 안전함을 추구하고자 하는 행동입니다. 우리는 사람의 인정을 받기 위해서 부름 받은 것이 아니라, 하나님께 온전히 쓰임 받기 위해 부름 받았다는 사실을 기억하십시오.

넷째는, 영적으로 다른 사람의 죄를 발견한 후에 비난하지 말아야 합니다. 우리는 옳고 그름을 분별하는 지혜가 커다란 능력이라고 생각합니다. 분별이 잘못된 것은 아니지만, 분별로 누군가를 비난하기 시작하면 하나님과의 교제가 차단됩니다. 하나님께서 우리에게 이러한 지혜를 주신 이유는 비난이 아닌 중보 기도를 위해서라는 사실을 기억해야 합니다. "그리스도인이 반드시 경계해야 할 것이 있는데, 그것은 하나님께 대한 우리 믿음의 상태라기보다 그리스도인으로서 마음 자체가 손상을 입는 것입니다." 마음의 점검은 좋은 그리스도인으로 살아가는 데 가장 필요한 덕목입니다.

한 줄 노트 우리 마음이 주님을 향하고 있는지 예민하게 살필 때, 그리스도의 영광이 우리 안에서 빛납니다.

묵상 질문 오늘 묵상을 통해 깨달은, 당신의 마음에서 가장 경계해야 할 것은 무엇입니까?

Nov. 24 당신의 눈은 어디를 향합니까?

시 123:2

영적 누수 "종의 눈이 주인에게 고정되어 있듯이 우리의 눈은 하나님을 향해 고정되어 있어야 합니다." 영적 균열이 일어나는 원인은 우리 눈이 주님을 향하지 않기 때문입니다. 우리에게 일어나는 영적인 문제는 내적으로 잘못된 생각에서 시작됩니다. 이는 "평범하고 겸손한 사람으로 살았어야 하는데 너무 지나치게 신앙생활을 한 것 같아. 너무 높은 곳에 서서 하나님처럼 되려고 했던 것 같아"라고 생각하는 것입니다. 가만히 생각해 보면 스스로 만족해서 더 이상의 영적 노력을 하지 않으려는 모습이 보입니다. 영적으로 가장 위험한 일은 더 이상 노력하지 않는 것입니다. 영적으로 깨어 있는 상태를 유지하는 것은 '종의 의식'입니다. 종으로서 올바른 생각은 스스로 주인 의식을 가지지 않는 것입니다. 언제든지 깨어 있어 주인의 음성을 들을 준비가 되어 있는 상태입니다. 혹시라도 지금 종의 의식이 사라지지는 않았는지 우리의 영적 상태를 점검해야 합니다.

[한 줄 노트] 신앙의 본질은 하나님 앞에서 교만하게 주인 의식을 갖는 것이 아니라, 늘 '종의 의식'을 갖는 것입니다.

치료 방법 영적 누수를 치료할 수 있는 방법은 인간의 견해를 의지하지 않는 것입니다. 스스로 겸손하게 평가하는 것처럼 보이게 하는 것, 그리고 다른 사람들이 겸손하게 충고하는 것처럼 들리는 말에 현혹되지 말아야 합니다. 우리는 늘 겸손을 가장한 교만, 세상의 기준과 판단이라는 위험에 노출되어 있습니다. 그러나 우리 영적 상태는 하나님을 온전히 의지하는 상태에서 유지됩니다. 더 이상 하나님을 의지하지 않아도 되겠다는 생각이 들면, 우리 눈은 자연스럽게 자기 자신과 세상을 향하게 됩니다. 우리 삶에서 영적으로 누수가 일어날 때, 우리 생각이 더 이상 하나님을 의지하지 않으려 할 때 "time out!"을 외쳐야 합니다. 무엇이 잘못되었음을 감지하는 순간 즉각 치료가 일어나야 합니다. "영적 쇠약이 발생할 때마다 즉시 치유하십시오. 당신과 하나님 사이에 뭔가 끼어들어 왔다는 사실을 인식하십시오. 그리고 당장 그 관계를 재조정하십시오." 관계에 문제가 생겼다는 명백한 증거는 핑계가 생기는 것입니다. 영적 누수가 발생했다면 즉시 멈춰 하나님을 바라보십시오. 하나님을 바라보는 것이 영적 치료 방법입니다.

[한 줄 노트] 우리 인생에 문제가 생겼다면 즉시 가던 길을 멈추고 하나님을 바라보아야 합니다.

묵상 질문 혹시 지금이 당신의 삶에서 "time out!"을 외쳐야 할 때는 아닙니까?

Nov. 25 영적인 일관성의 비결

갈 6:14

영적 점검 사도 바울이 오늘 본문과 같은 고백을 할 수 있었던 이유는 그의 밑바닥에 아주 강하고 견고한 믿음의 일관성이 있었기 때문입니다. 영적 일관성은 하나님께 기반을 두고 어떤 외적 환경에도 영향을 받지 않는 것입니다. "우리는 대부분 외적인 일관성에 더 많은 관심을 가지고 있기 때문에 영적인 일관성을 유지하지 못합니다." 외적 일관성은 우리가 거듭나기 전 중요하게 생각한 것입니다. 거듭난 뒤에도 우리가 되고 싶고, 하고 싶은 일을 위해 하는 노력입니다. 하지만 우리가 무엇을 하든지, 우리를 위해 십자가를 지신 구속의 은혜를 잊어버린다면 어느 순간 자신의 욕망에 사로잡혀 뭔가를 열심히 하고 있는 자신을 발견하게 될 것입니다. 사도 바울의 고백처럼 심령 깊은 곳에서 '십자가 외에 자랑할 것이 없다'는 영적 일관성을 유지한다면, 우리 삶은 쉽게 흔들리지 않을 것입니다. 언제부터인가 십자가가 아닌 외적인 것에 대해 자랑하고 싶은 마음이 든다면 영적 상태를 점검해 보십시오.

[한 줄 노트] 우리 안에 십자가 외에 자랑할 것이 없을 때, 영적 일관성이 유지됩니다.

문제의 열쇠 "당신이 믿는 바를 당신 자신에게 전부 다시 말해 보십시오. 그 후 믿는 바를 가능한 많이 제거하고 오직 그리스도의 십자가의 기반으로 돌아가십시오." 문제 해결을 위해 정직하고 솔직하게 하나님 앞에서 내면을 들여다보십시오. 내가 믿고 있는 것은 무엇인지, 하나님을 믿으면서도 내가 의지하고 있는 또다른 것은 무엇인지 살펴보십시오. 결국 우리가 자랑하는 것, 우리 믿음의 근거가 '십자가'라 고백할 수 있어야 합니다. 우리의 영적 근거는 오로지 십자가입니다. "십자가는 세상의 역사에서 볼 때 가장 사소한 사건입니다. 그러나 성경의 관점에서 보면 이 세상의 모든 제국들보다 더 중요합니다." 사도 바울은 말합니다. "하나님께서 전도의 미련한 것으로 믿는 자들을 구원하시기를 기뻐하셨도다 … 우리는 십자가에 못 박힌 그리스도를 전하니"(고전 1:21-23). 여기에 기독교의 핵심이 있습니다.

[한 줄 노트] 우리의 가르침에서 하나님의 십자가상에서의 비극을 깊게 묵상하지 않는다면 아무런 열매가 없습니다. 이러한 가르침은 하나님의 능력을 사람에게 전달하지 못합니다.

묵상 질문 십자가를 묵상하며 살아갈 때 당신에게 방해가 되는 한 가지는 무엇인가요?

Nov. 26 영적 능력의 집중

갈 6:14

오직 십자가   십자가를 묵상하지 않을 때 우리는 영적 집중력을 잃습니다. 십자가를 묵상하지 않는 시도들은 어느 순간부터 우리의 시선을 하나님에게서 빼앗아 자신을 향하게 만듭니다. 이를 방지하기 위해 챔버스는 권면합니다. "당신의 삶 속에 나타나는 여러 영적 증상에 개인적인 관심을 갖기보다는 순전한 영으로 하나님의 비극이었던 십자가를 생각하십시오." 우리는 구속의 원인과 결과를 구분할 줄 알아야 합니다. '거룩'은 구속의 결과이지 원인이 아닙니다. 우리의 거룩으로 구속을 이룰 수 있다고 생각한다면 교만해질 것입니다. 또 십자가를 믿을 때 나타나는 현상만을 이야기한다면 진정한 십자가의 의미와 은혜를 망각하게 될 것입니다. "십자가의 효력으로 나타나는 결과는 구원과 성화와 치유 등입니다. 그러나 이러한 구속의 결과들을 선포하지 않고 예수 그리스도와 그분의 십자가에 못 박히심을 선포해야 합니다." 우리가 선포해야 할 복음의 핵심은 십자가입니다. 십자가가 사라진 곳에 영적 능력은 존재하지 않습니다.

[한 줄 노트] 우리는 십자가 구속으로 인한 결과가 아니라 십자가를 선포해야 합니다.

영적 능력   "오늘날 교회는 연약함으로 인해 비난받고 있습니다. 그 비난은 정당합니다. 그러한 연약함의 단 한 가지 이유는, 영적 힘의 근원인 십자가를 향해 집중하지 않았기 때문입니다. 갈보리의 비극 및 구속의 의미를 깊게 생각하지 않았던 것입니다." 주님께서 선포하시는 하나님의 나라는 영광 중에 이루어지는 것이 아니라, 십자가를 통해 이루어집니다. 이 세상을 바꾸는 능력은 세상과 같은 권력이 아니라, 십자가에서 대속물로 당신의 목숨을 드림으로 일어나는 역사입니다. 이 세상을 변화시키는 능력은 십자가에서 시작됩니다. 십자가를 보지 못하고, 십자가로 인해 나타나는 결과에만 초점을 맞춘다면 '능력'이 아닌 '현상'만을 경험할 뿐입니다. 우리는 십자가가 능력임을 믿고 있습니까? 십자가의 능력으로 역사하실 하나님을 기대합니까? 기꺼이 내가 십자가를 지면 생명의 역사가 일어나리라는 사실을 의심하지 않습니까?

[한 줄 노트] 우리는 영적 능력의 가장 위대한 곳, 즉 십자가를 향해 집중해야 합니다. 모든 능력이 거하는 십자가를 접할 때에야 그 능력은 흘러가기 시작할 것입니다.

[묵상 질문] 당신의 신앙은 지금 십자가를 향하고 있습니까? 아니면 십자가로 인해 나타나는 현상들에 집중하고 있습니까? 깊은 신앙의 정수는 십자가를 묵상할 때 시작됩니다.

Nov. 27 영적 능력의 성별

갈 6:14

성별해야 할 것들 챔버스가 늘 이야기하듯 '성별'은 우리의 일이요, '성화'는 성령을 통해 하나님께서 우리에게 주시는 선물로 하나님 자신이 하시는 일입니다. 그러면 영적 능력을 위해 우리가 해야 하는 성별은 무엇일까요?

첫째, 세상을 등지지 않으면서도 자신을 거룩하게 성별하는 법을 알아야 합니다. "주님은 금욕주의자나 은둔주의자도 아니셨습니다. 그분은 결코 사회로부터 자신을 분리시키지 않으셨습니다. 그럼에도 그분의 마음은 언제나 이 세상에 있지 않았습니다. 그분은 사람과 사회로부터 멀리 떨어져 계시지는 않았으나 언제나 다른 세계를 살고 계셨습니다." 일상을 살아가지만 우리의 관심은 이 세상이 아닙니다. 이 세상에 살고 있지만, 이 세상에 속하지 않은 하늘나라의 백성으로 살아가는 긴장관계를 잘 유지하는 것이 참된 신앙생활입니다.

둘째, 일상적인 것을 멀리해야 영적인 힘을 쌓을 수 있다는 착각을 버려야 합니다. 주님께서는 우리가 세상에 살면서 죄악에 빠지지 않는 능력을 소유한 사람이 되기를 원하십니다. 그러나 문제는 "성령께서는 죄의 권능으로부터 수많은 사람들을 해방시켜 주셨는데, 그들의 삶에는 여전히 자유함도 없고 충만함도 없습니다." 현재 우리 신앙은 어쩌면 '종교 생활'을 위해 세상과 등지라고 가르치고 있는 것은 아닐까요? 진정한 영적 능력은 이 세상에 살면서 이 세상에 속하지 않게 사는 것입니다.

셋째, 우리의 마음을 하나님의 관심사에 맞춰야 합니다. 이는 영적인 힘을 구별하여 드리는 데 방해가 되는 그 어떤 것도 허용하지 않는다는 의미입니다. 이 세상에 속해 있지만 우리의 관심은 오로지 하나님을 향해야 합니다. "성결은 우리가 해야 할 일이요, 우리를 거룩하게 하시는 일은 하나님께서 하실 일입니다." 우리는 오로지 관심을 하나님께 맞추도록 성별하면 됩니다. 그러면 하나님께서 우리를 거룩하게 구별하실 것입니다. "복잡한 문제를 해결하는 방법은 '예수 그리스도께서 이러한 일에 대해 관심을 가지고 계실까? 아니면 예수님과 반대 입장에 있는 악한 영들이 관심을 가지고 있는 그러한 종류는 아닐까?' 하고 질문해 보는 것입니다."

한 줄 노트 우리가 세상에서 구별된 삶을 살면 하나님께서 우리를 거룩하게 하십니다.

묵상 질문 세상에서 살아가는 당신의 관심은 어디를 향해 있습니까? 이 세상에서 하나님의 나라를 바라보며 살고 있습니까?

Nov. 28 영적 가난을 아는 지식

롬 3:24

꼭 알아야 할 것 챔버스는 '영적 빈곤함'이 우리의 축복이라고 말합니다. 영적으로 가난해지지 않으면 하나님을 향한 갈망이 생기지 않기 때문입니다. 우리가 아무것도 할 수 없는 상태에서는 오로지 하나님의 은혜만을 구하지만, 우리가 뭔가 할 수 있다고 생각하면 깊은 곳에 숨어 있는 교만이 고개를 들고 나타납니다. 인간의 교만은 절대로 빈손으로 선물을 받으려 하지 않습니다. 사도 바울이 깨닫게 된 은혜가 바로 오늘 본문 말씀입니다. "하나님의 은혜로 값 없이 의롭다 하심을 얻은 자 되었느니라"(롬 3:24). "우리가 반드시 깨달아야 하는 것은 우리 자신의 노력을 통해서는 하나님으로부터 아무것도 얻어낼 수도, 받아낼 수도 없다는 사실입니다. 우리는 하나님께로부터 모든 것을 선물로 받든지, 하나님 없이 우리가 직접 하든지, 이 두 가지 선택밖에는 없습니다."

"가장 위대한 영적인 축복은 우리가 영적으로 가난하다는 것을 아는 지식입니다." 하나님의 은혜는 은혜가 필요한 자에게만 임합니다. 스스로 풍족해서 하나님께 구할 은혜가 없는 사람에게는 그 은혜가 아무 소용이 없습니다. 하나님 없이 살 수 있다고 생각하는 사람을 위해 하나님께서 하실 수 있는 일은 아무것도 없습니다.

영적으로 가장 갈급한 상태가 되어야 성령님이 임하십니다. 목마른 사슴이 시냇물을 찾는 것과 같은 갈급함이 있어야 생수를 맛볼 수 있습니다. 하나님의 본성이 우리 속에서 역사하시는 일은 오로지 성령님을 통해서만 가능합니다. 하나님의 본성이 우리 가운데 역사하시면 우리가 스스로 할 수 없었던 일, 우리가 다다를 수 없었던 초월적 단계로 올라가게 됩니다. 오로지 영적으로 빈곤한 상태가 될 때, 성령께서는 우리를 초월적인 풍성한 세계로 인도하십니다.

한 줄 노트 영적으로 얼마나 빈곤한 존재인지 고백하는 순간, 내 안에서 하나님의 손이 역사하시는 축복을 경험하게 됩니다.

묵상 질문 당신은 지금 영적 빈곤함을 얼마나 느끼고 있습니까? 목마른 사슴이 시냇물을 찾듯이 갈급한 심정으로 하나님을 구하고 있습니까?

Nov. 29 진정한 예수 없는 경건을 주의하십시오!

요 16:14

진정한 경건 우리가 그렇게 강조하는 '기도와 묵상' 역시 그리스도의 죽으심과 연결되어 있지 않다면 단지 겉모습의 경건일 뿐입니다. "성경에서 말하는 그리스도인의 체험은 주 예수 그리스도의 인격을 향해 우리의 인격으로부터 나오는 열정적인 헌신과 관련됩니다. 주 예수 그리스도의 인격과 상관없는 경건의 모양이나 경험은 다 거짓입니다." 진정한 경건은 그리스도의 인격이 우리를 통해 나타나고 증거되는 것입니다. 우리는 신앙의 연수, 혹은 경건의 시간이 아니라 그리스도의 인격으로 인한 성품의 변화에 관심을 가져야 합니다.

예수님의 사역은 명확하게 두 가지 방향을 향했습니다. 하나는 하나님의 말씀을 모르는 자들을 향한 긍휼의 마음이고, 다른 하나는 말씀에는 정통하지만 하나님의 마음을 모르는 사람들에 대한 질책입니다. 당시 예수님이 질책하셨던 바리새인들의 문제는 틀린 말을 하는 것이 아니라, 말한 대로 살지 않는 것이었습니다. 이들은 경건의 내용을 모르지 않았습니다. 경건한 삶을 살지 않았을 뿐입니다. 복음의 본질이 존재하지 않는 경건은 '텅 빈 경건'입니다. 진정한 경건은 행위에만 있지 않습니다. 그 속에 복음의 본질이, 예수 그리스도의 인격이 담겨 있습니다.

예수님을 단순히 우리가 배워야 하는 경건의 모범쯤으로 생각하는 태도를 주의하십시오. 진정한 경건은 거듭난 자의 삶을 통해 나옵니다. 그리스도의 생명을 나누는 중생의 체험과 고백, 그리고 그러한 거듭남으로 인해 세상에 속하여 있으나 하늘나라의 삶을 사는 모습이 나타나야 합니다. 주님의 삶은 상징적인 모범으로 여겨질 것이 아니라, 우리를 통해 그분의 삶이 드러나야 합니다. 우리가 온전히 성령께 자신을 맡길 때, 성령님께서 우리를 진리로 인도하실 것입니다. "성령님은 예수님께서 무엇을 하셨는지 그 의미를 내게 알려주시고, 특히 예수님께서 나를 위해 객관적으로 이루신 일들을 내 안에서 주관적으로 적용하십니다."

한 줄 노트 하나님 아버지의 마음을 알려고 하지 않으면서 겉으로 경건하게 살려고 애쓰는 '텅 빈 경건'을 주의해야 합니다.

묵상 질문 당신이 추구하는 것은 경건의 모양입니까, 아니면 경건의 능력입니까?

Nov. 30 하나님 앞에서의 겸손

고전 15:10

겸손처럼 들리지만 실상은 교만 챔버스는 묵상을 통해 스스로 '거듭났는지' 물어보라고 말합니다. 그런데 종종 겸손한 척하며 이렇게 대답하는 사람들이 있습니다. "나는 거룩하다고 말할 수 없습니다. 그래서 참신자라는 생각이 들지 않습니다." 이런 말은 일견 사람들 앞에서는 겸손하게 들릴지라도 실제로는 하나님께 대항하는 완고한 마음입니다. 계속해서 자신의 불가능을 말한다면 하나님을 모독하는 것입니다. 하나님은 우리를 구속하셨다고 말씀하시는데, 겸손을 가장한 우리 자아가 하나님의 능력을 인정하지 않는 것입니다. 우리의 부족한 모습과 죄 많은 심령을 인정하는 것은 괜찮습니다. 이러한 가난한 마음에 하나님의 은혜가 임하기 때문입니다. 하지만 하나님의 은혜가 임한 후에도 똑같은 말을 반복하고 있다면, 자신의 아집으로 하나님의 은혜를 거부하고 있는 것입니다. 나에게 주신 은혜를 헛되지 않게 하는 것은 그 은혜를 받아들이는 것입니다. 속죄의 은총을 베푸신 인격적인 하나님을 인정하는 것입니다.

[한 줄 노트] 사람들에게 겸손하게 들리는 말이, 실상은 하나님을 대적하는 교만이 될 수 있습니다.

교만처럼 보이지만 실상은 겸손 반면 사람들에게는 교만하게 들릴지 모르지만 하나님 앞에서 진정으로 하는 겸손한 고백이 있습니다. "'하나님, 감사합니다. 저는 제가 구원받았음을 알며 거룩해진 것도 알고 있습니다.' 이러한 고백은 하나님 앞에서 참으로 겸손한 자세입니다. 그 이유는 이러한 고백은 조금도 자신을 의지하지 않고 오직 주님만이 신실하심을 인정하는 말이기 때문입니다." 우리가 하나님 앞에 선다는 것은 하나님만을 생각하고, 하나님의 관점으로 살아간다는 것입니다. 하나님 앞에 서는 것이 가장 중요한 일이라면, 사람들의 평가를 두려워하지 말아야 합니다. 하나님과의 관계가 제일 중요하다면, 기꺼이 덜 중요한 것을 포기할 수 있어야 합니다. 하나님 앞에서 겸손한 사람이 교만하게 보이는 이유는 자존감이 높아졌기 때문입니다. 하나님께서 우리를 매 순간마다 지지하고 계심을 믿기 때문입니다. 이와 같은 확신으로 인해 하나님 앞에서의 겸손이 때로 사람들에게 교만하게 보이는 것입니다.

[한 줄 노트] 겸손은 하나님과 우리 관계의 엇나간 매듭을 푸는 단초가 됩니다.

[묵상 질문] 자신이 스스로 생각하는 것보다 훨씬 나쁜 죄인이라고 생각해 본 적이 있습니까? 그래서 당신이 생각하는 것보다 하나님의 사랑을 훨씬 많이 받고 있음을 믿으십니까?

12월

하나님의 평강이 임하십니까?

의심과 불안으로 성령을 따르기 힘들 때

Dec. 01 율법과 복음

약 2:10

율법 제대로 알기   "율법(도덕법)은 우리 인간의 연약함을 조금도 고려하지 않습니다. 유전으로 물려받은 죄성 및 인간의 약함을 고려하지 않고 언제나 완전한 도덕을 요구합니다." 율법의 특징은 언제나 완벽하고 변함이 없으며 어떤 자비도 없는 것입니다. 오로지 그 법에 의해 사람을 판단하고 구속할 뿐입니다.

영적으로 살아 있으면 우리의 죄가 보입니다. 그리고 그 죄를 다루는 율법으로 인해 우리에게는 아무런 가능성도 존재하지 않습니다. 율법의 기능은 분명합니다. 율법으로 인해 가려져 있던 죄가 선명하게 드러납니다. 하지만 그 죄로 인해 나는 죽을 수밖에 없는 존재가 됩니다.

율법은 우리로 하여금 죄를 깨닫게 하고, 죄로 인해 죽게 만듭니다. 그런데 이런 율법으로 말미암아 우리는 하나님의 은혜, 즉 그리스도의 십자가가 필요하다는 고백을 하게 됩니다. "죄의 가책은 율법으로 인한 두려움과 절망을 가져옵니다. 이제 자신의 인생은 '죄 아래 팔린'(롬 7:14) 것을 알게 됩니다. 죄악된 사람이 하나님과 바른 관계를 맺는 것도 불가능하다는 것을 인정하게 됩니다. 이때 하나님과 온전한 관계를 맺을 수 있는 유일한 길이 보입니다."

이제 우리는 복음의 필요성을 인식하게 됩니다. 하지만 죄의 무서움을 알고 예수님의 십자가를 바라보게 되었다고 해서 관계가 완벽하게 회복되거나 순종하게 될 것이라는 생각은 버리십시오. 하나님은 우리에게 율법을 따르지 않을 수 있는 선택권을 부여하심으로 율법에 능력을 부여하십니다. 여기에서 '순종'이 아주 중요한 역할을 합니다. "그러나 하나님의 뜻을 따르기로 할 때 율법으로부터 오는 모든 강박이 사라집니다. 마음을 다해 주님을 순종하기로 선택할 때 하나님께서는 주의 모든 전능하신 능력으로 가장 멀리 있는 별과 바다의 마지막 모래알까지도 동원하여 우리를 도우십니다." 율법이 아닌 복음을 하나님께 간구하십시오. 그리고 순종하는 삶을 살기로 결심하십시오. 이때 우리는 율법에서 죽고 복음으로 살아나게 됩니다.

한 줄 노트 우리의 죄가 적나라하게 드러나는 것은 축복입니다. 우리에게 십자가가 필요함을 깨닫게 되기 때문입니다.

묵상 질문 혹시 당신이 행하는 불의한 일을 '하나님의 은혜'라는 이불로 덮어놓고 애써 무시하고 있지는 않습니까?

Dec. 02 그리스도인의 완전

빌 3:12

진정한 거룩 제대로 알기   챔버스 당시에도, 그리고 지금도 사람들은 '거룩'을 오해하는 경향이 있습니다. "최근 거룩 운동은 하나님께서 그분의 박물관에 놓아두실 특별히 거룩한 부류들을 만들어내시는 것처럼 잘못 강조하는 경향이 있습니다. 만일 이런 식의 개인적 거룩의 개념에 빠져든다면 당신 삶의 궁극적 목적은 하나님이 아니라 당신의 삶에 나타나는 소위 '하나님의 일들'이 될 것입니다."

'거룩'이 우리의 삶에서 만들어지는 어떤 것이라고 생각한다면, 자꾸 우리 삶에 일어나는 일로 거룩을 증명하려고 하지 않을까요? 종종 예수를 잘 믿는다면서, 아프거나 병드는 것이 하나님의 뜻이 아니라고 주장하는 사람도 있습니다. 경건한 삶을 살면 하나님께서 눈에 보이는 일들을 통해 증명해 주셔야 하니 말입니다. 그러나 아들도 십자가에 달리게 내어주신 분이 왜 우리만 고통을 피하게 하시겠습니까? 그리스도인의 완전함은 경건함의 결과로 나타나는 것들에 초점을 맞춰서는 안 됩니다.

진정한 거룩은 이런 것입니다. "하나님께 중요한 것은 당신이 진정으로 예수 그리스도와 살아 있는 관계를 맺고 있는가 하는 것입니다. 건강할 때나 병들었을 때나 상관없이 진실로 주님께 당신 자신을 완전하게 맡겼는가 하는 것입니다." 진정한 관계 속에 있을 때는 어떤 것으로 증명하려 하지 않습니다. 상황이 어떤지 중요하지 않습니다. 그리스도인의 완전은 결코 사람이 완벽해지는 것이 아닙니다. 상황이 완벽하기 때문에 오는 것도 아닙니다. 하나님과 올바른 관계 속에 있을 때 나타나는 완전함입니다.

그리스도인의 완전은 우리의 삶을 통해 다른 사람들이 하나님을 향한 갈망을 갖도록 합니다. 그리스도인의 완전은 '나의 유용성'이 가려지고 하나님이 이끄시는 곳으로 끌려가는 것입니다. 하나님은 우리를 자신의 거룩함을 자랑할 수 있는 곳에 놓아두시지 않습니다. 그러니 그리스도인의 완전을 원한다면 주께서 원하시는 대로 우리를 사용하실 수 있도록 나를 온전히 맡겨야 합니다.

한 줄 노트 오로지 하나님께만 유용한 존재가 되는 것이 그리스도인의 완전입니다.

묵상 질문 당신은 거룩함의 증거를 누군가에게 보이려고 합니까?

Dec. 03 사람의 힘이 아니라 성령의 능력으로

고전 2:4

복음을 전할 때 주의해야 할 것 오늘 묵상은 우리가 복음을 전할 때 저지르기 쉬운 두 가지 오류를 지적합니다. 첫 번째 오류는 우리의 지식을 의지하는 것입니다. 사도 바울은 아레오바고에서 이방인들과 논쟁하며 복음을 전했습니다. 그는 철학적 지식과 현란한 수사학을 이용해 말씀을 전했지만, 좋은 열매를 거두지 못하고 그곳을 떠나게 되었습니다. 하나님께서 우리에게 주신 은사와 경험이 하나님께 쓰임 받는 것은 사실입니다. 하지만 그런 것들이 성령의 능력을 대신할 수는 없습니다.

"복음을 선포할 때 복음의 능력을 확신하는 대신에 구원의 방법에 대한 당신의 뚜렷한 지식을 의지한다면 당신은 사람들이 실체 되시는 주님께로 오는 것을 막는 것입니다." 설교자에게는 설교의 기술이 아니라 설교할 때 역사하시는 성령님에 대한 기대가 필요합니다. 복음을 전할 때에는 상대방의 영혼 안에서 역사하실 하나님을 기대해야 합니다. 그때 하나님께서 그의 영혼 안에서 생명을 창조하실 것이기 때문입니다.

두 번째 오류는 우리의 체험으로 주님의 구속을 대신하려는 경향입니다. 복음의 내용이 빠진 간증은 우리를 '광신'으로 이끌고 변질시켜 갑니다. "만일 당신의 믿음을 체험에 둔다면, 주변에서 일어나는 일들이 언제든지 당신의 믿음을 흔들어놓을 것입니다. 그러나 그 어떤 것도 하나님 또는 구속의 실체를 흔들 수 없습니다."

복음을 전하는 데 있어 우리의 가능성이나 능력을 의지해서는 안 됩니다. "당신이 진정 실체 되시는 그리스도 안에 뿌리를 내리면 아무것도 당신을 흔들지 못합니다. … 예수 그리스도와 인격적인 교제를 가지는 한, 당신은 다시는 흔들리지 않을 것입니다." 우리의 마음과 감정은 언제나 유동적입니다. 하지만 하나님의 인격을 믿을 때, 우리는 오로지 그분이 하시는 일을 신뢰할 수 있습니다. 하나님과의 인격적 교제는 우리로 하여금 그분이 하시는 일에 기꺼이 나의 의지를 양도하게 하고, 그분이 쓰실 수 있도록 나의 손과 발을 온전히 내어드릴 수 있게 합니다.

한 줄 노트 변하는 상황이나 감정에 마음을 두지 말고, 늘 인격적인 하나님을 신뢰해야 합니다.

묵상 질문 오늘 당신이 의지하는 것은 무엇인지 정직하게 생각해 봅시다. 당신의 재능과 계획으로 살아갑니까, 아니면 성령의 능력으로 살아갑니까?

Dec. 04   영적 싸움

계 2:7

싸워야 할 대상 세 가지   오늘 묵상 글은 우리가 싸워야 하는 대상을 세 가지 영역으로 아주 명확하게 나누어 설명합니다.

첫 번째, 건강한 육체를 위하여   "외부의 병균에 대항해 나의 신체가 충분히 이길 수 있는 저항력이 있으면 신체는 건강합니다." 백신이란, 약한 병균을 신체 속에 넣어 항체를 만드는 것입니다. 작은 싸움을 통해 큰 싸움에서 이길 수 있도록 훈련하는 것입니다. 즉, 건강한 사람이 되기 위해서는 신체 안에서 병균과 싸울 수 있는 대항력을 키워야 합니다. 이 싸움이 끝나면 삶도 끝납니다. 정신적인 영역에서도 어느 순간 게으름이나 안일함에 대항하여 싸우지 않게 됐다면 생명력을 잃었다는 증거입니다.

두 번째, 도덕적 건강을 위하여   챔버스는 부도덕한 것들과 싸워 이기려면 도덕적인 근육이 있어야 한다고 말합니다. 근육을 키우기 위해서는 운동을 통해 근육이 파열되는 아픔을 감수해야 합니다. 운동의 강도와 무게를 더해갈수록 근육은 점점 커집니다. 도덕적 영역에서도 마찬가지입니다. "싸우는 순간은 우리가 도덕적인 결정을 내려야 하는 때입니다. 저절로 덕이 생기는 것이 아닙니다. 싸워 이겨야 합니다." 세상을 거슬러 싸우려는 용기가 있을 때, 우리는 세상의 죄에 대해 결정을 내리게 됩니다. 이러한 결정이 반복되며 도덕적 근육이 생깁니다. 더 큰 싸움이 올 때 감당할 수 있도록 도덕적 근육을 키워야 합니다.

세 번째, 영적 건강을 위하여   영적인 삶을 산다는 것은 이 세상의 불의한 일에 대해 싸우는 사람이 된다는 뜻입니다. 영적 싸움의 기술은 '이겨놓고 싸우기'입니다. "그러면 이제는 오히려 원수를 만나는 것이 기쁨이 됩니다. 거룩은 나의 본성과 예수 그리스도 안에서 표현된 하나님의 법과의 균형입니다." 우리 삶에 영적 싸움이 찾아올 때는 담대하게 싸워야 합니다. 그 싸움이 기쁨인 이유는 이기는 자에게 주시는 낙원의 열매가 있기 때문입니다. 싸움의 과정에는 상대방에게 맞는 아픔도 있습니다. 붙잡고 씨름하며 힘을 쓰는 고통도 감내해야 합니다. 그러나 놀라운 사실은 싸움을 할수록 우리 영이 강해진다는 것입니다.

한 줄 노트 싸움은 아프고 힘겨운 것이지만, 이긴 자의 기쁨이 있기에 싸우는 것입니다.

묵상 질문 당신은 오늘 육적으로, 도덕적으로 그리고 영적으로 건강해지기 위해 싸움을 할 준비와 각오가 되어 있습니까? 이겨놓고 싸운다는 것을 기억하십시오.

Dec. 05 성령의 전

창 41:40

우리 몸이 성전이 된다는 것 "나는 하나님 앞에서 주님의 다스림에 내 몸을 굴복시켜야 할 책임이 있습니다." 왜 우리는 자신의 몸을 굴복시켜 하나님의 다스림에 두어야 할까요? 하나님의 은혜는 우리의 노력으로 얻는 것이 아니라, 구속의 은혜를 통해 주어진 것입니다. 그러므로 구원은 점진적인 노력이 아니라 일회적인 사건으로 우리에게 찾아온 것입니다. 그러나 그 구원의 삶을 사는 것은 우리의 의지에 달렸습니다. 우리가 주님의 다스림 가운데 있다는 말의 진정한 뜻은 이것입니다. "단지 내가 해야 할 일은 하나님께서 내 영혼 속에 이루신 일을 나의 삶에 이루는 것입니다."

구원이 우리의 삶을 통해 나타나는 것은 우리의 책임입니다. 이러한 삶은 추상적인 영역이 아니라 실제적인 영역에 나타나야 합니다. '구속'이란, 하나님께서 당신의 아들을 내어주심으로 우리를 십자가의 핏값으로 사신 것입니다. 그러니 이제 내 몸은 나의 소유가 아니라 하나님의 소유, 즉 '성전'이 된 것입니다.

"하나님은 우리 몸을 성령의 전으로 삼으셔서 우리로 하여금 우리 몸을 관리하게 하셨습니다. 나아가 우리의 생각과 감정까지도 다스리게 하셨습니다. 따라서 우리는 우리 몸에 대해 책임을 져야 하며, 비정상적인 욕심에 우리 몸을 굴복시켜서는 안 됩니다." 사도 바울은 엄격하게 자신의 몸을 쳐서 복종케 하지 않으면 늘 빠져나갈 핑곗거리를 가지고 있는 연약한 인간의 모습을 보았습니다. 하지만 자신이 '하나님의 전'임을 분명하게 인식한다면 엄격하게 자신의 몸을 다루지 않겠습니까? 주님은 십자가의 구속으로 우리를 죄의 종에서 '하나님의 것'으로 바꾸셨습니다. 십자가의 구속을 우리 삶에서 구체적으로 살아내는 방법은 우리 몸으로 하나님의 성전이 되게 하는 것입니다.

"바울은 '그러므로 형제들아 내가 하나님의 모든 자비하심으로 너희를 권하노니 너희 몸을 하나님이 기뻐하시는 거룩한 산 제물로 드리라'(롬 12:1)고 말합니다. 결국 나의 몸에 관한 모든 율법은, 내 몸은 '성령의 전'이라는 이 한 가지의 계시로 요약됩니다."

한 줄 노트 십자가의 구속은 우리의 몸을 죄의 종에서 하나님의 것, 즉 '성전'으로 바꾸어주신 것입니다.

묵상 질문 당신의 몸이 성전이라면 당신의 몸에 무엇이 존재해야 하며, 당신의 몸을 통해 어떤 일들이 행해져야 할까요?

Dec. 06 하나님과의 언약 관계

창 9:13

구름 속의 무지개   구름 속의 무지개는 '믿음'이 무엇을 의미하는지 생각하게 합니다. "사람들은 자신이 원하는 뭔가를 하나님께서 주셔서 그것이 자신의 손안에 있을 때까지 하나님을 믿으려 하지 않습니다. 오직 원하는 것이 자기 손안에 있는 것을 눈으로 볼 때에야 '나는 하나님을 믿습니다'라고 말합니다. 그러나 그것은 믿음이 아닙니다." 무지개가 언약이 된 것은 찬란한 하늘에 펼쳐진 무지개이기 때문이 아니라, 구름 속에 가려진 무지개가 하나님의 약속이 됨을 믿기 때문입니다. 이제 중요한 것은 하나님과 우리 사이에 맺어진 언약이 무슨 의미가 있느냐는 것입니다.

"하나님의 뜻은 사람들이 하나님과 도덕적인 관계를 맺는 것입니다. 이 목적을 위해 하나님의 언약들이 있습니다." 하나님은 우리에게 강요하지 않으십니다. 오로지 우리가 의지적으로 순종할 때, 우리를 하나님의 계획 가운데 사용하시는 분입니다. 이 의지적 결단을 내리는 데 하나님께서 주신 언약이 큰 도움이 됩니다. 하나님의 언약을 붙들 때, 우리는 담대하게 의지적 결단을 내리게 되며, 우리가 하나님과 언약 관계에 있음이 드러납니다.

언약 관계는 우리를 무척 능동적으로 만듭니다. 하나님의 언약을 보고 신뢰하는 관계가 되었으니 말입니다. "하나님께서 인간과 언약을 맺기 위해 스스로 나아오신 것처럼, 사람도 주님과의 언약을 위해 스스로 나아가야 합니다." 성경에서 언약은 하나님과 인간 사이의 동등함에서 이루어지는 것이 아닙니다. 하나님께서 우리에게 제시하시고, 우리가 따를 것인지 말 것인지를 결정하는 것입니다. 하나님과의 언약 관계는 철저하게 믿음에 의지합니다. 하나님께서 먼저 언약을 제시하셨기 때문입니다.

인간은 자신의 눈에 보이고 손에 잡혀야 하나님을 믿으려 합니다. 하지만 하나님께서는 구름 속의 무지개를 언약으로 선포하셨습니다. 그러므로 "내가 정말로 하나님의 언약을 믿고 모든 것을 내려놓은 가운데 하나님과 진실한 관계를 맺을 때 나의 공로의식 및 인간적 요소들은 사라지게 됩니다. 단지 하나님과 연합된, 흘러넘치는 완전한 느낌만 있습니다. 그러면 모든 것이 평강과 기쁨으로 변화됩니다."

한 줄 노트 하나님의 언약은 구름 속에 가려진 무지개와 같습니다.

묵상 질문 지금 하나님의 언약을 붙들고 있습니까? 구름 속에 있는 무지개를 확신합니까?

Dec. 07 죄의 책망과 뼈아픈 회개

고후 7:10

회개는 구원의 시작 "죄의 책망은 사람에게 충격을 주는 희귀한 일들 중 하나로, 하나님을 이해하는 관문입니다." 성령께서 우리 안에 들어오시면, 무섭게 죄를 책망하십니다. 양심이 죽어 있는 사람은 자신의 죄를 인식하지 못합니다. 하나님을 민감하게 의식하지 못하고 살아갑니다.

회개와 용서를 경험하면 우리 안에 새로운 삶과 새로운 관계가 형성됩니다. "자신의 죄에 대해 책망을 받고 죄의식을 느끼는 사람은 이제 사람과의 관계가 아니라 하나님과의 관계로 고통을 당하게 됩니다." 그런데 이러한 고통은 복이 있습니다. 이 고통은 죄로 인한 근심으로부터 오기 때문입니다. 그리고 그 죄에 대하여 자신이 얼마나 무기력한 존재인지 깨닫게 될 때, 애통하는 마음으로 하나님의 도우심을 구하게 되니 말입니다.

거룩은 '선을 행함'과 관계있는 것이 아니라, 전적으로 하나님의 사죄의 은총에서 시작됩니다. "오직 용서받은 사람만이 거룩한 사람입니다. 그는 자신이 용서함을 받았다는 사실을 하나님의 은혜로 말미암아 과거와는 정반대의 사람이 됨으로써 증거합니다." 진정한 회개는 단순히 과거에 자신이 행한 일에 대한 '후회'에 그치는 것이 아닙니다. 하나님 앞에서 "나는 죄인입니다"라고 고백하는 것입니다. 나는 본질적으로 죄인이기 때문에 어떤 가능성도 없음을 시인하는 것입니다. 이런 의미에서 '회개'는 천국으로 들어가는 현관이 됩니다.

죄에 대한 책망이 일어나는 마음속에서 비로소 하나님 아들의 생명이 형성됩니다. 거룩은 마음속에서 역사하시는 아들의 생명으로 인한 결과입니다. "새 생명의 존재는 의식할 수 있는 회개와 의식할 수 없는 무의식적인 거룩으로 나타납니다. 무의식적인 회개 또는 의식적인 거룩으로 나타날 수는 없습니다." 가슴을 치는 의식적인 회개 없이 그리스도인이 되었다는 생각은 착각입니다. 의식적인 회개를 지나야 철저하게 달라지는 삶으로 변화됩니다. 의식적인 회개 없이 의식적으로 거룩하려고 하는 사람에게 나타나는 모습은 위선입니다. 눈물로 뼈아픈 회개를 아직 경험하지 못했다면 어둠 가운데 있는 것입니다. 우리에게 그 회개가 있는지 반드시 점검해야 합니다.

한 줄 노트 의식적인 회개 없이 의식적으로 거룩한 삶을 추구하는 것은 '위선'입니다.

묵상 질문 당신에게는 의식적인 회개의 경험이 있습니까? 그렇지 않다면 청교도들의 기도처럼 회개의 눈물을 구하십시오!

Dec. 08 오직 한 문

히 10:14

하나님이 공정하신 이유   첫째, 하나님은 우리가 단지 죄에 대하여 슬퍼한다고 해서 그 죄를 용서하시지 않습니다. "우리가 죄에 대해 회개했다는 사실 때문에 죄사함을 받았다고 생각한다면 이는 하나님의 아들의 피를 발로 짓밟는 것입니다. 하나님께서 우리의 죄를 용서하시고 영원토록 그 죄악을 기억하지 않으시는 유일한 이유는 바로 예수 그리스도의 죽음 때문입니다." 죄 사함의 결과는 기쁨입니다. 그런데 이 기쁨은 그리스도의 죽음을 통해 찾아옵니다. 그리스도와 함께 죽을 때, 우리는 그리스도와 함께 사는 놀라운 기쁨을 맛보게 됩니다.

둘째, 하나님은 예수님이 우리의 죄 용서를 위해 간청한다고 해서 그 죄를 용서하시지 않습니다. 우리가 진정으로 용서받기 위해서는 진정으로 십자가 죽음을 받아들이고, 그 죽음과 하나가 되어야 합니다. "우리가 누구이며 어떤 사람인지는 중요하지 않습니다. 다른 방법이 아닌 예수 그리스도의 죽음에 의해 우리가 하나님께 돌아가게 되었다는 것이 가장 중요합니다." 주님께서 우리에게 주신 '십자가'를 인정하지 않고 죄의 문제를 해결할 방법은 없습니다.

셋째, 하나님은 우리의 옳지 않은 것을 '옳다'고 선언하심으로 죄를 용서하시지 않습니다. 하나님은 우리 안에 없는 거룩함을 창조하셔서 우리를 거룩하게 만드시는 분입니다. 십자가에서 주님과 함께 죽을 때, 우리에게 새로운 본성이 만들어집니다. "하나님께서 정당하게 악한 자를 구하시려면 오직 그 악한 자를 선한 자로 만들면 됩니다." 하나님의 정당한 능력이란 악한 우리를 선하게 여겨주는 것이 아닙니다. '속죄'란 거룩하지 못한 우리가 회개하고 용서를 구할 때, 우리를 거룩하게 만드시는 놀라운 역사입니다. 하나님께서는 우리를 새롭게 창조하시고 기쁨으로 받으시는 분입니다.

하나님의 공정한 능력은 오직 '한 문'을 향합니다. 우리가 하나님께로 나아가는 것은 유일하게 예수 그리스도를 통해서만 가능합니다(요 14:6). 주님께서 분명하게 '이것이 길이다'라고 선언하셨으니, 우리는 그분의 능력을 사용하기 위해서 그분에게로 들어가야 합니다.

한 줄 노트 하나님의 공정함은 오로지 예수 그리스도를 통해 죄 사함의 길을 만들어놓으신 것입니다.

묵상 질문 당신은 지금 주님의 길에 서 있습니까, 아니면 자신의 길을 걷고 있습니까?

Dec. 09 자기 부인

갈 5:24

'자기 부인'은 자신의 권리를 포기하는 것 하나님께서는 모든 인간에게 자연적인 '욕망'을 주셨습니다. 욕망 자체가 죄는 아니나, 욕망대로 사는 것은 죄가 됩니다. "자연적인 삶은 죄악된 것이 아닙니다. 우리는 죄에 대해 대적해야 하고 그 어떠한 모양이라도 죄와 관련해서는 안 됩니다." 우리가 하나님의 자녀라면 자연적 본성으로 인해 죄에 빠지지 않도록 대항해야 합니다.

"우리에게 문제는 죄를 포기하는 것이 아니라 자신에 대한 권리를 포기하는 것입니다." 완전한 구원을 우리의 의지로 이룰 수 있는 것은 아니지만, 구원받은 자의 삶을 살아가는 것은 의지와 관련되어 있습니다. 우리의 문제는 하나님께 순종하려는 의지를 포기하려는 것입니다. 자연적 본성은 하나님과 대적하는 교만의 성향입니다. 하나님께서는 구속을 통해 이러한 자연적 본성과 싸울 수 있는 권리를 주셨습니다. 십자가에 자신을 못 박는 순간 우리는 가장 치열한 영적 전쟁의 중심부로 들어갑니다. 이제 우리에게 하나님께 순종하는 것과 자연적 본성에 굴복하는 것을 분별할 수 있는 능력이 주어졌습니다.

"그 누구도 흉악한 죄에 대해 옳다 그르다고 논쟁하지 않습니다. 그러나 우리는 자신들이 보기에 좋고 옳은 것 때문에 논쟁합니다. 즉, 최선에 가장 많이 도전하고 최선을 미워하는 것은 '좋은 것'입니다." 문제는 우리 육체의 본성이 좋게 여기는 것들로 인해 십자가에 대항할 때가 많다는 것입니다. 이는 아직 '자신의 권리'를 포기하지 않았기 때문입니다. 아직도 내 안에 내가 살아서 자기를 주장하기 때문입니다. 이것이 예수님께서 주님을 따라오는 많은 무리를 향해 '제자의 도'를 말씀하신 이유입니다(눅 14:33).

'자기 부인'은 자신이 가진 권리를 부정하는 것입니다. 내가 그리스도와 함께 십자가에 못 박히지 않는 한, 여전히 하나님으로부터 독립하려는 자아가 살아 있음을 명심하십시오. 하나님께서 우리에게 베풀어주신 구속의 은혜는 결단을 통해 이루어집니다. "만일 결단을 통해 자연적인 삶을 희생시키지 않으면 초자연적인 삶이 결코 우리 안에서 자연스럽게 될 수 없습니다. 거기에는 왕도가 없습니다."

한 줄 노트 하나님 앞에 온전히 순종하지 못하는 이유는 '죄' 때문이 아니라 '좋은 것' 때문일 수 있음을 잊지 마십시오.

묵상 질문 하나님 앞에서 당신이 포기해야 할 욕망은 무엇입니까? 혹시 그 욕망을 당연한 자신의 권리로 생각하며 붙들고 있지는 않습니까?

Dec. 10 자연적인 것의 희생

갈 4:22

억지로 하는 것이 아닙니다 챔버스는 '자연적인 것'과 '영적인 것'을 구별하며, 이스마엘을 자연적인 아들의 결과물로, 이삭을 영적인 아들의 결과물로 비유합니다. "바울은 갈라디아서 4장에서 죄의 문제가 아니라 자연적인 것과 영적인 것과의 관계를 다루고 있습니다. 자연적인 것은 오직 희생에 의해 영적인 것으로 변화됩니다." 인간적인 기준으로 볼 때, 몸종에게서 얻었다고 해도 첫 아들을 포기하게 하시는 하나님의 명령이 잘 이해되지 않기도 합니다. 그럼에도 불구하고 이는 영적인 것과 자연적인 것이 현실에서 공존할 수 없음을 분명하게 보여 주고 있습니다. "자연적인 것의 희생은 하나님의 작정이 아니라 하나님의 허용하시는 뜻입니다. 하나님의 작정은 자연적인 것이 순종을 통해 영적인 것으로 변하게 하는 것이었습니다." 모든 것에는 순서가 있습니다. 육적인 것을 먼저 희생하지 않고 영적인 희생을 하는 것은 불가능합니다. "성화는 죄로부터의 구원 및 그 이상을 의미합니다. 성화란 어떠한 대가를 치르더라도 하나님께서 구원해 주신 나 자신을 마음을 다해 다시 주께 드리는 것입니다."

> **한 줄 노트** 육적인 것을 포기하지 못하는 사람은 영적인 희생의 단계로 나아갈 수 없습니다.

괴리가 아닌 연합 그리스도인의 삶은 자연적인 삶을 영적인 삶으로 변화시키는 것입니다. "하나님께서는 자연적인 삶을 위해 우물물이 터지게 하시고 그 삶을 오아시스로 인도하실 것입니다." 자연적인 삶이 영적으로 변해가는 과정에서 우리는 틀림없이 훈련과 시련의 시간을 지나게 됩니다. 이때, 우리가 희생해야 하는 것은 '하나님의 작정'이 아니라, '허용하시는 뜻'입니다. '하나님의 작정'은 변하지 않는 하나님의 계획과 목적이며, '허용하시는 뜻'은 하나님의 목적을 이루어가시는 데 우리를 사용하시는 방법입니다. 즉, 우리는 순종함으로 하나님의 목적에 합당하게 쓰임 받을 수도 있고, 의지적으로 불순종함으로 하나님의 뜻에 대항할 수도 있습니다. 챔버스는 '허용하시는 뜻'을 맞이할 때가 '훈련의 시간'이라고 말합니다. 훈련은 우리를 강하게 만듭니다. 이 시간을 통해 우리는 자연적 욕망에 굴복하지 않고 점점 더 영적인 헌신에 가까워지게 됩니다.

> **한 줄 노트** '허용된 의지'가 '하나님의 뜻'을 거부하지 않을 때, 우리의 삶은 더 이상 거룩한 부분과 세속적인 부분으로 나뉘지 않습니다.

묵상 질문 오늘 당신의 삶에서 제거해야 할 자연적 욕망은 무엇입니까?

Dec. 11 개별성을 깨뜨리십시오!

마 16:24

개별성이란? 챔버스가 추구하는 '순종의 삶'은 인간이 가지고 있는 자연적인 '개별성'을 넘어서, 성령께서 주시는 '인격성'으로 변화되는 훈련의 시간을 지나는 것입니다. 우리를 이 훈련으로 인도하실 때, 하나님께서는 결코 강압적으로 일하지 않으시며 '인격적' 관계를 중시하십니다. "개별성은 한 인격체를 껍질처럼 보호하기 위해 창조된 것입니다. 그러나 인격적인 생명이 하나님과 관계를 맺기 위해서는 개별성을 뚫고 나와야 하며 이때 개별성은 제거되어야 합니다." 개별성에는 자신만의 독특한 개성과 욕망이 있습니다. 본래 하나님이 창조하실 때 인간의 본성은 하나님께 영광을 드리도록 계획되었지만, 죄로 인해 타락한 개별성은 이러한 본성에 반합니다. 그런 의미에서 우리가 가지고 있는 '개별성'은 제거되어야 합니다. 믿음을 방해함으로 순종의 장애물이 되기 때문입니다. 주님을 따르기 위해서는 자신의 주장을 버리고 종의 마음으로 그분을 믿고 의지해야 합니다.

> **한 줄 노트** 개별성의 껍질에서 나온다는 것은 자신의 권리를 포기하고 순종할 자세를 갖는다는 의미입니다.

인격성이란? 개별성의 본성은 매우 자기중심적입니다. 개별성을 가지고는 절대로 믿을 수 없습니다. 하지만 우리 안에 있는 영은 믿지 않을 수 없도록 합니다. 그러므로 하나님의 영이 우리 안에 역사하실 때 각별히 주의해야 합니다. "성령께서 역사하실 때 자신을 돌아보십시오. 성령께서는 분명 당신이 개별성을 양보해야 하는 자리까지 몰고 가실 것입니다. 이때 '나는 할 수 없어요'라고 하든지 아니면 성령님께 항복해야 합니다." 성령께서는 정직하게 우리의 개별적 본성이 어떠한지 보도록 하십니다. 그때 우리의 인격성이 성령님께 순종하면 개별성의 껍질이 깨지고 우리 안에 있는 생명을 보게 됩니다. 개별성이 가지는 이기심을 하나님께 내려놓을 때, 우리는 하나님과 연합하게 됩니다. 그때 비로소 우리 안에 참 생명이 자라날 기회를 얻게 됩니다.

> **한 줄 노트** 지극히 자기중심적인 개별성이 깨어지지 않으면 순종하는 삶을 살 수 없습니다. 성령께서는 우리를 '자기 부인'의 자리로 인도하십니다.

묵상 질문 당신의 내면에서 주장하는 소리를 들으십시오. 그 외침은 '자기주장'입니까, '자기 부인'입니까?

Dec. 12 인격적 본성

요 17:22

개별성과 인격성의 차이 "마치 개별성이 자연인의 특성인 것처럼 인격적 본성은 영적인 사람의 특성입니다. 주님은 결코 개별성이나 자주성으로 정의될 수 있는 분이 아니요, 오직 인격적 본성으로만 설명됩니다." 묵상 원문에서는 "…merged with another person"이라는 표현이 사용됩니다. 이는 구분할 수 없을 정도로 하나가 됨을 의미합니다. 성령을 받은 사람은 자신이 아닌 하나님의 영광을 드러내는 삶을 삽니다.

개별성은 자신의 개성을 표현하는 개별적 혹은 이기적 본성입니다. 하지만 '인격성'은 하나님의 사랑 혹은 하나님의 영이 임할 때, 변화된 본성이 다른 사람과의 관계를 통해 나타나는 것입니다. 주님은 언제나 다른 사람과 관계없는 '독립적 개별성'이 아닌, 우리가 사는 세상 속에서 하나님과 하나 되어 어떻게 살아야 할지 말씀하십니다. 주님의 관심은 이 세상에서 '나' 하나 잘 되는 것이 아니라, '하나님 나라'를 이루기 위해 우리를 변화시키는 데 있습니다.

그렇다면 우리의 개별적 본성이 어떻게 인격적 본성으로 변화될 수 있을까요? "만일 당신이 당신 자신에 관한 권리를 하나님께 양도한다면 당신의 인격적 본성의 실제적인 참된 속성이 하나님께 당장 응답할 것입니다." 우리가 하나님과 인격적 관계를 맺기 위해서는 '권리 포기'가 우선되어야 합니다. 그때 하나님께 순종하려는 주님의 자발적 의지가 우리 속에서도 나타납니다. 하나님의 의지와 우리의 의지가 하나 되는 것입니다. 이때 우리의 개별성은 뒤로 감춰지고 새로운 본성이 드러납니다.

그렇다고 우리의 '개별성'이 사라지는 것은 아닙니다. "예수 그리스도께서는 인격적 본성을 자유롭게 하시며 개별성을 승화시키십니다." 즉, 주님께 우리의 인격을 맡기면 우리의 개별적 속성이 변화된다는 것입니다. 이제 오늘 묵상의 마지막 문장이 이해가 될 뿐 아니라, 전체 주제가 명확하게 와닿습니다. "승화의 요소는 사랑이요, 예수님을 향한 인격적 헌신입니다. 사랑이란 나의 인격적 본성이 다른 인격적 본성과 친교를 나누게 되면서 자신을 다 쏟아붓는 것입니다."

한 줄 노트 자신의 권리를 포기하고 주님의 인격이 우리 안에 역사하실 때, 우리의 개별성은 사라지는 것이 아니라 승화됩니다.

묵상 질문 당신 안에서 개별성의 껍질이 깨어지고 승화된 증거, 즉 "주님의 인격은 이러한 것이다!"라고 말할 수 있는 것이 있습니까?

Dec. 13 중보 기도의 본질

눅 18:1

중보 기도란? 오늘 챔버스는 중보 기도의 본질에 대해 다시 이야기합니다. "중보 기도란 당신의 기도 대상 및 당신이 처한 상황을 하나님 앞에 가져가 주님께서 그 사람 또는 상황에 대해 어떤 입장을 취하시는지 그 음성을 듣는 것입니다. … 중보 기도는 하나님의 입장에 당신 자신을 두려고 하는 것입니다."

또 챔버스는 중보 기도자의 올바른 자세에 대해 말합니다. "중보 기도 사역자들은 언제나 하나님과 보조를 맞추며 하나님과의 실제적인 교통 가운데 머물기를 힘써야 합니다." 즉 하나님보다 앞서지 않고, 지금 하나님이 하시는 일을 보면서 기도하는 것입니다. 우리는 하나님께서 고난을 통해 어떤 일을 행하실지, 우리를 어떻게 훈련시키실지 모릅니다. 단지 우리가 해야 하는 일은 그 상황을 하나님께 가지고 나오는 것입니다. 그러면 성령께서 우리를 위해 말할 수 없는 탄식으로 기도해 주실 것입니다. 그러므로, "우리의 사역은 하나님과 친밀한 관계를 유지하는 가운데 모든 상황을 하나님께 아뢰는 것입니다."

챔버스는 '중보 기도에는 함정이 없다'고 말합니다. 중보 기도는 하나님과 우리 사이를 온전한 관계로 인도하기 때문입니다. 하나님의 마음을 가지고 성령님의 도우심을 구하는 기도이기 때문입니다. "중보 기도를 할 때 꼭 주의해야 할 점이 있는데, 대상자가 '일시적으로' 회복되도록 기도해서는 안 됩니다. 그가 온전히 하나님의 생명과 연합하도록 기도해야 합니다." 중보 기도는 기도하는 대상이 단순히 잘 되거나 당면한 문제를 해결하는 데 초점을 맞추는 것이 아니라, 지금의 시간을 통해 하나님과 연합하도록 돕는 것입니다. 아무리 기도한다 해도 예수 그리스도의 구속을 의지하지 않는다면 새로운 생명의 변화를 기대할 수 없습니다. 구속의 은혜와 능력만이 죽어가는 영혼에게 새로운 창조의 역사를 일으킬 수 있음을 기억하시기 바랍니다.

한 줄 노트 중보 기도는 하나님의 입장에 당신 자신을 두는 것입니다.

묵상 질문 당신에게는 중보 기도 대상자가 있습니까? 기도하면서 그 사람들을 판단하고 있습니까, 아니면 하나님께로 인도하고 있습니까?

Dec. 14 하나님의 평강이 임하십니까?

요 14:27

평강을 경험하는 법

첫째, 어려움에 직면했을 때   우리 인생에는 문제들이 끊임없이 찾아옵니다. 중요한 것은 그 문제들 가운데서 어떤 신앙적 태도를 가지는가 하는 것입니다. 그러한 순간이 찾아왔을 때, 우리를 구해 주는 것은 자신의 권리를 포기하고 하나님을 온전히 의지하는 자세입니다. "우리가 두 가지 목적 곧 자신과 하나님을 동시에 섬기려 하면 언제나 곤경에 빠집니다. 오직 하나님만 온전히 의지하는 자세를 가져야 합니다. 이러한 자세를 취하면 거룩한 삶을 사는 것이 전혀 어렵지 않게 됩니다."

둘째, 기다리는 자에게 주어지는 평강   평강을 얻는 가장 좋은 방법은 순종하며 기다리는 것입니다. "우리가 하나님께 순종할 때마다 하나님께서 도장을 찍어주시는데, 그 인은 바로 이 세상이 줄 수 없는 예수 그리스도의 평강, 그분의 측량할 수 없는 평강입니다." 오로지 성령께서 우리 안에 역사하실 때, 올바른 결정을 하게 됩니다. 올바른 결정이 우리를 평안으로 인도합니다. 그리스도인의 삶은 '평안'을 찾아 사는 것이 아니라, '옳은 것'을 선택하며 순종하는 삶입니다. 평안은 우리의 능력으로 얻을 수 있는 것이 아니라, 주님께서 우리에게 주시는 것입니다.

셋째, 의심이 생기는 이유   지금 평강을 누리지 못하고 있다면 마음속에 '의심'이 있다는 증거입니다. 의심의 문제는 '순종의 장애'가 됩니다. "문제가 발생하는 이유는 영혼을 깨우고 하나님의 계시에 놀라게 하기 위함입니다." 하나님은 늘 문제들을 통해 우리를 하나님의 나라로 인도해 주십니다. 우리가 하나님께 순종하는 데 문제가 있다면, 그 문제로 인해 더 큰 평안과 기쁨을 누릴 수 있습니다. 우리에게 그 문제를 해결할 능력이 있기 때문이 아니라, 그 문제 가운데 하나님께서 하실 일을 믿으며 그 하나님을 기대할 수 있기 때문입니다. 또 다른 문제를 만날 때마다 하나님은 우리 인생을 점점 더 위대하게 만들어가십니다. 문제를 거듭하여 만날수록 하나님께서 행하실 놀라운 일에 대한 기대감도 더욱 커져갈 것입니다.

`한 줄 노트` 가장 위대한 인생은 늘 '기대감'을 가지고 사는 인생입니다.

`묵상 질문` 문제가 찾아왔을 때 평안을 구합니까, 아니면 순종의 삶을 위해 기도합니까?

하나님께 인정받으려면

Dec. 15

딤후 2:15

노력해야 하는 이유 챔버스는 하나님께 순종하고 쓰임 받기 위해 치열한 인생을 살았습니다. 그에게 '찢겨진 빵과 부어지는 포도주'가 되는 것은 하나님께 쓰임 받기 위해 꼭 통과해야 하는 과정이었습니다. 그는 영적 진리를 표현하기 위해 열심히 노력하는 것 역시 포도주가 되기 위해 으깨어지는 과정으로 보았습니다.

"마음에 받아들인 진리를 수고를 통해 자신의 것으로 만들지 않은 사람은 아직 단 위에 서서 진리를 선포할 자격이 없습니다." 구속의 은혜를 깨닫는 순간, 사적인 삶을 포기하고 우리를 지으신 하나님의 목적에 합당한 삶을 살게 됩니다. 그런데 만일 이러한 진리를 제대로 선포하기 위해 노력하지 않고 자격을 갖추지 못한다면 누군가의 축복을 방해하는 사람이 될 것입니다. 오늘 우리에게 주는 도전입니다. "당신이 믿는 것에 대해 분명하게 표현할 수 없으면 그럴 수 있을 때까지 노력하십시오."

우리는 흔히 '고난이 유익'이라고 말합니다. 고난 속에서 우리는 우리가 믿는 하나님이 어떤 분이신지 구체적으로 경험하게 되고, 그것을 표현할 수 있게 됩니다. "포도 열매가 으깨어지는 하나님의 고난의 잔을 받으십시오. 당신의 표현이 체험에서 나올 수 있도록 노력하십시오. 그리하면 그 표현이 다른 사람에게 큰 힘을 주는 귀한 포도주가 될 날이 올 것입니다."

이 과정을 통해 우리는 하나님의 도구가 됩니다. 그리스도인의 가장 큰 복은 '축복의 통로'가 되는 것입니다. 우리가 훈련하고 연구하는 이유는 사람들에게 새로운 정보나 지식을 전달하기 위해서가 아닙니다. 복음을 들어도 이해하지 못하는 사람들을 바라보며 안타까운 마음으로 진리를 전달하기 위해 애쓰는 것입니다. 성경 공부를 하면서 지식을 쌓고 그 수준에 머무는 것을 주의하십시오. 그 지식을 자랑하지만 의미를 깨닫지 못하고 말씀대로 살지 않는 것을 두려워하십시오. 말씀대로 살다 보면 새로운 체험을 하고, 그것이 우리 삶에 간증이 됩니다.

한 줄 노트 말씀을 전할 자격을 갖추고 그 말씀을 전한다면 누군가를 위해 축복의 통로로 쓰임 받고 있는 것입니다.

묵상 질문 말씀을 전하는 자의 사명을 감당하기 위해 어떤 수고와 노력을 하고 있습니까? 그렇지 못한 자신에 대해 안타까운 마음을 갖고 있습니까?

Dec. 16 하나님 앞에서의 씨름

엡 6:13, 18

올바른 씨름 챔버스는 하나님 앞에서 기도하는 것을 '씨름'이라고 표현했습니다. 중요한 것은 씨름을 제대로 하는 것입니다. '하나님과 씨름'하는 것과 '하나님 앞에서 씨름'하는 것을 구별할 줄 알아야 합니다. "절대로 기도로 하나님과 씨름한다고 말씀하지 마십시오. 이러한 표현은 비성경적인 것입니다." 야곱이 하나님의 뜻을 가로막는 일을 하지 않았다면 처절하게 씨름하며 하나님을 설득하고 애원할 일도 없었을 것입니다. 하나님 앞에서 당장의 불의한 일과 씨름하지 않고, 나중에 하나님과 씨름하는 것은 어리석은 일입니다. "하나님을 막다가 불구자가 되지 마십시오. 대신 하나님 앞에서 우리를 넘어뜨리는 것과 씨름함으로써 주님을 통해 승리자가 되십시오." 참다운 제자는 하나님 앞에서 씨름하는 사람입니다. 누군가를 위해 기도할 때, 먼저 거룩하고 온전한 사람이 되지 못한다면 그 기도는 역사하지 않습니다. 하지만 우리가 먼저 하나님 앞에서 씨름하는 삶을 살 때, 우리의 기도는 역사하는 힘을 발휘할 것입니다.

한 줄 노트 하나님과 씨름하지 말고, 하나님 앞에서 불의한 일과 싸우며 씨름하십시오.

올바른 구별 올바른 씨름을 위해서는 올바른 구별이 선행되어야 합니다. 챔버스는 두 개의 단어를 구별해야 한다고 말합니다. '하나님의 자명하신 뜻'과 '허용하시는 상황'입니다. 하나님께서 정하신 규칙과 섭리는 변하지 않습니다. 하지만 이 섭리 가운데서 우리는 늘 선택의 순간을 맞이합니다. 이것이 '허용하시는 상황'입니다. "즉, 하나님의 자명하신 뜻은 결코 바뀔 수 없는 반면 하나님의 허용하시는 상황은 하나님의 섭리 가운데서 우리에게 허락되는 것입니다. 이 허용된 상황 속에서 우리는 하나님 앞에서 씨름해야 합니다." "하나님께서 허용하시는 상황은 하나님의 자녀들이 자신들을 나타낼 수 있는 기회입니다." 삶에서 무언가를 결정하기 위해 하나님 앞에서 씨름해야 하는 순간을 맞이했다면 기뻐하십시오. 이 씨름을 통해 우리는 하나님의 자녀로서 적절한 결정을 하고 올바른 행동을 하게 될 것이니 말입니다. 하나님 앞에서 씨름하는 자만이 하나님의 능력을 체험하고, 하나님의 영광스러운 역사에 동참하게 됩니다.

한 줄 노트 하나님 앞에서 씨름하는 것을 게을리해서는 안 됩니다. 씨름은 예수님을 믿고 따르는 것이 결코 쉽지 않음을 말해 줍니다.

묵상 질문 당신은 지금 하나님과 씨름하고 있습니까, 하나님 앞에서 씨름하고 있습니까?

Dec. 17 새 생명을 창조하는 구속

고전 2:14

복음의 역사가 일어나도록 '구속'은 우리의 일이 아니라, 전적으로 하나님께서 우리에게 베푸시는 은혜입니다. 우리가 복음을 전하는 진정한 의미는 사람들로 하여금 구속의 필요성을 느끼도록 하는 것입니다. "대부분의 사람들은 스스로 도덕적인 양심을 가지고 있고 그 양심을 지킨다고 생각합니다. 따라서 복음의 필요성을 전혀 느끼지 못합니다." 하나님은 우리가 자기 의지를 내려놓고 스스로 하나님 앞에 나오기를 원하십니다. 우리의 의지로 복음의 은혜를 구할 때, 우리를 구원하시기 위해 예수 그리스도를 십자가에서 죽게 하신 하나님의 구원의 목적이 우리에게서 이루어집니다.

복음을 전할 때 가장 중요한 것은 구속의 은혜를 구하는 자유의지를 일으키는 것입니다. "우리의 체험을 전파하면 사람들은 관심을 갖습니다. 그러나 구속의 필요성을 느끼지는 못합니다. 오직 예수 그리스도가 높여질 때, 성령이 주님을 필요로 하는 의식을 창조합니다." 구속의 역사가 일어나기 위해서는 구속의 필요성을 느껴야 합니다. 그러나 자신의 체험을 간증한다면 사람들의 관심과 영광을 자신이 차지하게 됩니다. 체험은 믿음을 증명하는 하나의 도구일 뿐이지 복음의 본질이 아님을 명심하십시오.

우리가 전하는 복음에 '구속의 역사'가 살아 있어야 합니다. 구속의 은혜로 우리 안에 새로운 생명이 창조되면, 구속의 역사가 일어나 '새 생명의 필요'를 채워주십니다. 새 생명의 필요가 채워지면 우리는 새로운 피조물이 됩니다. 영적인 삶과 하나님을 향한 선한 의지가 시작됩니다. 선한 의지를 가지는 것은 어떤 '완성'이 아닙니다. 하나님 앞에서의 '씨름'이 시작된 것입니다.

새로운 생명이 창조되기 전에는 우리의 의지가 '하나님과 씨름'하려고 합니다. 하나님이 예정하신 목적에 맞서기 때문입니다. 하지만 새로운 생명은 하나님의 예정된 목적을 이루기 위해 '하나님 앞에서 씨름'합니다. 세상의 악과 싸우고, 자신의 의지를 포기하기 위해 씨름합니다. 단지 하나님을 가까이하려는 의지만 살아 있다면, 우리의 의지로 행하는 일이 바로 순종이 될 것입니다.

한 줄 노트 우리에게 선한 의지가 생겼다면 이제 하나님 앞에서 악한 것들과 싸우고 씨름할 용기를 가지게 되었다는 뜻입니다.

묵상 질문 당신이 복음을 전할 때 그리스도의 구속이 나타납니까? 아니면 자신의 체험을 전하며 자신을 드러내려고 합니까? 우리가 전하는 것은 오직 구속의 복음입니다.

Dec. 18 예수님께만 충성합니까?

롬 8:28

충성에 대한 세 가지 시험

첫째, 우리는 모든 상황 가운데서 하나님께 충성하는가? 특별한 상황이 올 때, 우리의 충성이 시험을 받습니다. 특별한 상황이란 우리가 원하지 않는 고난의 순간이며, 예상하지 않았던 일로 인해 우리의 계획이 어그러질 때입니다. 특별한 상황은 우리의 충성심을 시험하는 '시금석'이 됩니다. "만일 그 특별한 고난의 상황에서 하나님을 예배할 줄 안다면, 하나님께서는 주님이 원하시는 때에 순식간에 그 상황을 바꾸실 것입니다." 하나님께 충성을 다하는 것은 모든 것을 이해하기 때문에 순종하는 것이 아닙니다. 오로지 하나님께서 모든 것을 주관하시고 인도하신다는 확신이 있기 때문에 순종하는 것입니다.

둘째, 우리의 사역이 충성을 방해하고 있지는 않은가? 챔버스는 하나님이 진정으로 원하시는 것은 '사역'이 아니라 '관계'임을 많이 강조했습니다. "많은 사람들이 일, 봉사, 다른 여러 가지 것들에 충성하지만 정작 예수 그리스도께 충성하지 않는 사람들이 많습니다." 주님을 위해 일하느라 너무 바빠서 주님을 바라볼 시간이 없을 때, 우리의 충성이 방향을 잃습니다. 사실 주님은 그 일을 하는 순간 함께 그 자리에 있기를 원하시는데 말입니다. "심지어 주님께서는 세상이 아닌 바로 그리스도인 사역자들에 의해 더욱 완강하게 왕위로부터 폐위되고 있습니다. 하나님은 사람을 축복하는 기계가 되어버렸고, 예수 그리스도는 일에 중독된 일꾼들을 위해 일해야 하는 머슴이 되어버렸습니다."

셋째, 신실한 종이 되었는가? 주님을 향한 충성을 측정하는 중요한 척도 중 하나는 '신실한 종의 태도'가 있느냐는 것입니다. 신실한 종은 주님이 쓰시는 데 불편함이 없어야 합니다. 종의 신실함은 주인을 얼마나 신뢰하느냐에 따라 판가름 납니다. 진정한 종의 태도에 대하여 챔버스는 이렇게 말합니다. "우리가 하나님을 위해 일한다는 생각을 버리고 더욱 주님께만 신실함으로 그분이 우리를 통해 주의 일을 하시도록 하십시오."

> **한 줄 노트** 진정한 충성은 우리가 하고 있는 사역이 아닌, 주님과의 관계에 기반한다는 것을 잊지 말아야 합니다.

묵상 질문 당신의 삶과 사역이 신실하다는 증거는 무엇입니까? 혹시 사역의 우상인 '성공'을 찾고 있지는 않습니까?

Dec. 19 거짓 평화를 부수시는 주님

마 10:34

엄격함　　오늘 묵상은 사람들에게 복음을 전할 때 엄격하게 대해야 할 필요성을 말합니다. 결론부터 말하면, 복음을 전할 때 사람들에게 엄격하게 대하는 것과 하나님께서 역사하시도록 맡기는 것 사이의 균형을 유지해야 한다는 말입니다.

첫째, 엄격하게 대해야 합니다.　　주님의 온유함은 단순한 연약함이 아닙니다. 우리를 비참하게 만들고 깨뜨려서 진정한 온유함이 필요함을 깨닫게 하시는 것입니다. 복음을 전할 때는 그들의 마음속에 어떤 문제가 있는지 명확하게 볼 수 있도록 해야 합니다. "그 사람 마음속 깊은 곳에 있는 복음을 대항하고 싶어하는 뿌리를 볼 수 있어야 합니다. 사람들은 하나님의 축복을 원하지만 그들의 뿌리까지 변화를 요구하는 복음에 대해 견디지 못합니다."

둘째, 주님의 방식으로 대해야 합니다.　　"복음을 증거할 때 듣는 사람으로 하여금 어떤 곳으로 피할 수 없이 그 메시지를 적용할 수밖에 없도록 하십시오." 주님은 하나님의 말씀을 전할 때, 피할 수 있는 여지를 주시지 않았습니다. 복음은 우리에게 선택하라고 말하지 않고 '결단'하라고 촉구합니다. "이때 그들은 '우리는 절대 그렇게 온전한 사람이 될 수 없습니다'라고 말할 것입니다. 그러면 당신은 '예수님은 당신들이 그러한 완전한 사람이 되어야 한다고 말씀하십니다'라고 대답해야 합니다." 복음을 전하는 우리가 담대할 수 있는 이유는 복음을 전하는 우리의 능력이 아니라, 복음이 그 사람 안에서 역사하기 때문입니다. 복음은 하나님을 믿고 의지하는 자들이 선포하는 것입니다.

셋째, 거짓 평화를 깨뜨려야 합니다.　　진정한 온유함은 모든 죄를 들춰내고 치유합니다. 본문 말씀의 '검'은 복음의 필요성을 느끼도록 거짓된 자아를 깹니다. 거짓된 평화는 '착각'입니다. "예수님께서는 이러한 거짓 평화를 부수기 위해 검을 들고 이 세상에 오셨습니다. 오직 참된 평화는 하나님과 인격적 관계를 맺을 때에만 가능합니다." 진정한 관계를 맺기 위해서는 깨어지는 시간들이 필요합니다. 진정한 관계는 아프지만 회개라는 내적 싸움과 치료의 과정을 지나야 합니다. 그때 용서와 화해의 과정을 통해 새로운 평화에 이르게 됩니다.

한 줄 노트　회개의 고통을 통과하지 않고는 새로운 평화에 들어설 수 없습니다.

묵상 질문　말씀의 검이 당신의 가슴을 깊이 찌르고, 그로 인해 애통하며 회개한 경험이 있습니까? 참된 평화는 아픈 회개와 어려운 화해의 과정을 지나서 옵니다.

Dec. 20 십자가 없는 위로는 착각입니다

요 12:32

오직 십자가 복음의 핵심은 왜 예수님께서 십자가에서 죽으셔야 했는지 그 이유를 분명하게 전하는 것입니다. 사실 복음을 전하는 것보다 불쌍한 사람을 따뜻한 마음으로 돌보는 것이 훨씬 쉽습니다. 하지만 하나님께서는 우리를 동정심을 베푸는 자로 부르신 것이 아님을 명심해야 합니다. "인간들이 필요로 하는 모든 것이 따스한 동정이라면 그리스도의 십자가는 하나의 웃음거리일 뿐 전혀 필요가 없는 것입니다. 그러나 이 세상이 정작 필요한 것은 '약간의 사랑'이 아니라 근본적인 수술입니다." 챔버스는 우리가 십자가를 올바로 전하기 위해서는 먼저 그 십자가를 알고 고백해야 한다고 말합니다. 우리가 십자가를 통해 하나님과의 깊은 관계를 유지하지 못한다면, 절대로 그 십자가를 전하지 않을 것입니다. 십자가가 나의 죄를 사하고 자유하게 했으니, 그 십자가를 전해야 합니다. 우리가 해야 하는 일은 십자가에 달리신 예수 그리스도의 실체를 보여주는 것입니다.

[한 줄 노트] 십자가를 전하기 위해서는 내 안에 십자가에 대한 올바른 고백이 있어야 합니다.

올바른 사역자 사역자의 역할은 오직 십자가에 달리신 예수님을 전하고 보여주는 것입니다. "하나님께 더욱 귀히 쓰임 받으려면 그 어떤 일보다도 예수 그리스도와의 관계를 깊게 하는 일 외에는 없습니다." 하나님과의 올바른 관계 속에서 우리가 하나님의 동역자가 될 때, 하나님께서 예수님을 통해 하셨던 속죄의 사역을 감당하게 됩니다. 복음을 전하면서 사람들이 죄를 깨닫게 하고, 그 죄를 위해 십자가에서 돌아가신 예수님을 소개하는 것입니다. "따라서 하나님의 동역자는 인간적 사랑으로 사람을 기쁘게 하려는 자가 아니라 상대의 영혼을 복음으로 수술하려는 자여야 합니다." 누군가의 죄를 무섭게 지적하는 것이 쉽지 않습니다. 하지만 수술하는 사람은 칼을 들고 상처를 도려내는 일을 합니다. 하나님의 동역자는 하나님이 인간의 죄를 꿰뚫어 보셨던 것처럼, 사람들의 심령을 깊이 볼 수 있어야 합니다. "그러려면 성경에 깊은 조예가 있어야 합니다. 그래야 진리를 힘차게 말할 수 있고 두려움 없이 성경 말씀을 적용할 수 있습니다."

[한 줄 노트] 하나님의 일을 하는 사역자는 하나님과 올바른 관계 속에서, 하나님과 동일한 관심을 가지고, 하나님과 동역자가 되어 복음을 전하는 사람입니다.

[묵상 질문] 당신의 마음속에 복음을 전하고자 하는 열정이 있습니까? 그렇다면 당신은 그 복음을 전하기 위해 잘 준비되어 있다고 생각합니까?

Dec. 21 주님보다 체험을 더 좋아합니까?

고전 2:12

체험의 근원 챔버스는 우리의 체험을 신앙의 본질로 오해하는 것을 경계합니다. "실체는 구속 자체이지 구속으로 인한 신앙 체험이 아닙니다. 그러나 구속을 나의 의식이 받아들일 수 있는 언어로 표현할 때까지는, 나 자신에게 아무 의미가 없습니다." 체험이란 실체는 아니지만, 우리가 믿는 것이 무엇인지 표현하게 만들어줍니다. 문제는 체험에 사로잡혀 실체를 잃어버리는 것입니다. "구속에 의해 발생된 체험의 증거는 언제나 '나'라는 존재가 잊혀지는 것입니다. 그래서 자신의 체험을 더 이상 실체의 근원으로 오해하지 않고 오직 그 체험들을 발생시킨 진정한 실체에 관심을 모으는 것입니다." 우리가 진짜 구속의 체험을 했다면, 체험이 아니라 우리 안에 계신 그리스도를 드러내게 될 것입니다. 구속을 경험하는 순간 예수께서 우리 삶의 주인이 되셨으니 말입니다. 주인이시며 근원 되시는 예수 그리스도를 드러내지 않는다면 우리의 체험이 아무런 의미가 없음을 명심하십시오.

[한 줄 노트] '체험'은 우리의 구속을 표현하는 데 진정한 의미가 있습니다.

당신이 믿는 것은? 하나님께서는 여러 가지 모양으로 믿음을 체험하도록 하십니다. 그런데 그 체험을 '주관적인 체험'으로 가두면, 우리의 테두리 안에 성령님을 가두는 것이 되고 맙니다. 챔버스는 제대로 된 믿음을 갖기 위해서는 이런 질문을 던져야 한다고 말합니다. "예수 그리스도께서 당신의 체험의 주가 되십니까? 아니면 당신은 당신의 체험을 예수님보다 앞세웁니까?" 주님은 우리 체험보다 훨씬 크신 분입니다. 믿음이 제대로 자라게 되면 체험보다 그 체험을 주신 주님만을 확신하게 될 것입니다. 체험을 의지하는 신앙은 계속해서 다른 체험을 구하게 됩니다. 기적을 베푸시는 하나님을 신뢰하지 못하면, 기적과 체험은 늘 불완전한 믿음일 수밖에 없습니다. "믿음 자체를 확신하는 믿음은 이미 참된 믿음이 아닙니다. 오직 하나님을 확신하는 믿음만이 유일한 참된 믿음입니다."

[한 줄 노트] 우리가 붙들어야 하는 것은 믿음이 아닙니다. 하나님은 우리의 믿음보다 훨씬 크신 분입니다.

[묵상 질문] 당신은 지금 자신의 믿음을 붙들고 있습니까, 아니면 믿음의 근원이 되시는 하나님을 바라보고 있습니까?

Dec. 22 의지의 항복

요 6:44

불가항력적 은혜와 자유의지 "믿음은 지적인 행위가 아니라 오직 나 자신을 진정으로 하나님께 드리는 도덕적 행위입니다. 하나님만을 의지하고 나 자신을 하나님께 철저히 던지겠습니까? 주께서 말씀하신 바에 인생을 걸겠습니까? 만일 그렇게 한다면 우리 존재는 하나님의 보좌처럼 확고한 실체 위에 든든히 서게 될 것입니다." 챔버스는 복음을 전할 때 '의지의 문제'를 다루어야 한다고 말합니다. 믿음은 단순히 감정적인 문제가 아니라 믿으려는 '의지'이기 때문입니다. 복음을 듣고 반응하는 것은 전하는 사람의 설득력에 넘어가는 것이 아니라, 하나님의 음성 앞에 자신을 내어드리고 의지를 항복하는 것입니다. 의지의 항복은 이제부터 나 자신을 확신하지 않고 하나님을 신뢰하겠다는 결심입니다. 믿기 위해서는 의지로 과거의 가치관과 습관으로부터 자신을 분리해야 합니다. 의지는 단순한 감정의 문제가 아니라 뼈를 깎는 수고를 동반합니다.

믿음에 있어서 '의지'는 절대적으로 중요한 요소입니다. 하지만 그 의지를 작동하는 데까지 이끄는 것은 온전한 하나님의 은혜입니다. 우리를 이끄시는 하나님의 놀라운 은혜는 우리와 하나님 사이에 인격적 관계를 요구합니다. 하나님의 은혜는 '의지'를 행사하는 자리로 우리를 인도합니다. 하지만 하나님은 우리에게 의지를 행사하도록 강요하지 않으시며, 인격적인 관계 속에서 우리의 의지를 물으십니다. 우리가 의지를 행사할 때, 하나님과 어떤 인격적 관계를 맺고 있는지 드러날 것입니다.

하나님의 은혜와 자유의지는 대립이나 양자택일의 문제가 아니라, 우리를 이끄시는 하나님의 섭리 가운데서 자연스럽게 인격적 관계를 맺어가는 과정입니다. 하나님의 이끄심과 우리의 의지는 이런 상호 보완적인 역할을 합니다. "하나님의 기적에 이끌려 우리는 하나님과 관계를 갖게 되는데, 이때 우리는 믿으려는 '의지'를 행사해야 합니다. 그러면 우리는 하나님과 어떤 관계를 맺었는지 알게 되고 그 엄청난 기적을 지적으로도 이해하기 시작합니다."

한 줄 노트 하나님의 은혜와 의지는 상호 보완적인 역할을 합니다. 하나님의 이끄심이 없다면 우리의 의지는 아무 소용이 없습니다.

묵상 질문 당신은 하나님과 인격적 관계에 있다고 확신할 수 있습니까? 그렇다면 당신의 자유의지가 제대로 작동하고 있는 것입니다.

Dec. 23 그리스도의 죽음과 하나 되는 서약

갈 6:14

구속의 은혜로 사는 것   챔버스가 늘 강조했듯이 하나님께서 베풀어주신 구속의 은혜는 우리에게 강압적으로 임하지 않습니다. 우리 의지는 구속의 은혜를 받아들일 수도 있고 거부할 수도 있습니다. 이 선택의 문제를 챔버스는 이렇게 말합니다. "제자도의 가장 위대한 특권은 주님의 십자가 아래에서 서약할 수 있다는 점입니다. 이 서약은 죄에 대한 죽음을 뜻합니다. 예수님과 함께하든지 당신 안에 있는 죄를 놓지 않든지 둘 중 하나를 하십시오."

불가항력적인 은혜는 우리에게 늘 '가능성'입니다. 하지만 의지적 결단이 없다면 가능성은 언제까지나 가능성에 머물 뿐입니다. 의지적 결단이 일어난 후에야 비로소 우리의 '옛 자아'가 죽었다는 것도 알게 됩니다. "당신의 '옛 자아'가 그리스도와 함께 죽었다는 증거는 당신 안에 있는 하나님의 생명이 당신으로 하여금 놀라울 정도로 쉽게 그리스도 예수의 음성에 순종할 수 있도록 한다는 점입니다."

순종이 어려운 이유는 우리 속에서 의지적 결단이 일어나지 않기 때문입니다. '구속'에 참여한다는 것은 우리를 위해 십자가에서 죽으신 주님과 함께 우리의 옛 자아가 죽고 주님과 함께 사는 것입니다. 이제 우리 안에서 옛 사람이 죽고 새로운 생명이 역사합니다. 새 생명이라는 말은 우리 안에서 주님의 생명과 내 자아가 연합되었다는 의미입니다. 완전한 삶과 의지의 변화, 그래서 순종이 자연스러워지는 것입니다. 이 모든 일은 내 안에서 새로운 생명이 시작되었기 때문에 가능합니다(갈 2:20).

주님의 제자의 삶에는 '그리스도의 죽음과 하나 되는 서약'이 반드시 요구됩니다. 죄에 대한 죽음을 십자가 아래에서 서약하고 결단하는 것, 그것이 바로 제자도의 가장 위대한 특권입니다. 오늘 우리가 중요하게 새겨야 할 것이 있습니다. 주님의 구속에 진정으로 참여하는 일의 참된 의미를 아는 것입니다. 우리는 처음 예수님을 구주로 고백했던 감격을 가지고 있습니다. 그런데 그 감격을 누리는 것이 목적이 되어서는 안 됩니다. 구원의 기쁨이 일회적인 사건으로 끝나는 것이 아니라, 주님과 일치된 삶을 통해 매일매일 역사하시는 주님을 경험하는 것이 삶의 목적이 되어야 합니다.

> **한 줄 노트** 제자의 삶은 '그리스도의 죽음과 하나 되는 서약'에서 시작합니다.

묵상 질문 당신은 한 번이 아닌, 매일 매 순간 부르시는 '와서 죽으라'는 말씀에 대하여 반응하고 있습니까?

Dec. 24 감추어진 생명

골 3:3

구속의 은혜로 사는 것　"성령은 하나님 안에 그리스도와 함께 감추어진 우리의 새 생명이 얼마나 진실하고 영원토록 안전한 것인지를 증거하십니다." '감추어진 생명'이란 주님의 구속으로 인해 완전히 새롭게 된 자아를 말합니다. 감추어졌다는 것은 자신의 권리를 주님께 내어드렸다는 의미입니다. 이제는 내가 사는 것이 아니라, 내 안에 그리스도께서 사시는 것입니다. '나'는 더 이상 드러나지 않습니다. 오늘 묵상의 핵심은 이 감추어진 생명이 귀하고 복되다는 것입니다.

그리스도인이 두려워하는 것이 있습니다. 구원받은 주의 백성이 죄악으로 가득 찬 세상에서 어떻게 하나님의 자녀로 살아가느냐는 것입니다. "우리는 거룩한 삶을 사는 것이 가장 위태로운 삶인 것처럼 말합니다. 사실 거룩한 삶을 사는 것은 가장 안전한 삶을 사는 것입니다. 그 이유는 전능하신 하나님께서 우리의 거룩한 삶에, 그리고 그 삶의 뒤편에 계시기 때문입니다." 우리가 거듭난 자로 하나님과 올바른 관계를 가지고 있다면, '거룩한 삶'을 사는 것이 가장 쉽고 안전한 인생이 될 것입니다. 우리 안에 계신 성령님의 인도하심을 받는 것보다 안전한 것이 어디 있겠습니까?

감추어진 삶은 안전합니다. 가장 확실한 인생을 살게 합니다. 우리는 종종 그리스도인으로서 빛 가운데 사는 것을 부담스러워합니다. 만일 그런 느낌으로 살고 있다면 아직 참 생명이 우리 안에 있지 않다는 증거입니다. 새로운 생명을 가진 우리가 거룩한 자로 살아가는 것이 불편하지 않아야 정상입니다.

챔버스는 '마음에 근심하지 말라'는 말을 의심해 보라고 말합니다. 주님께서 평안을 주겠다고 하셨는데도, 주님이 우리 안에 계시는데도 평안하지 않다면 뭔가 잘못된 것이니 말입니다. 주님은 감추어진 생명이 있는 자에게 '평안'을 약속하셨습니다. 세상이 줄 수도, 알 수도 없는 평안을 주겠다고 약속하셨습니다. 많은 사람이 평안과 진리를 찾아 헤매지만, 여전히 불안합니다. 왜냐하면 생명의 근원 되시는 하나님의 품 안에 자신을 던지지 않기 때문입니다.

[한 줄 노트] 하나님 없이 살아보려고 애쓰는 삶은 불안정합니다. 하나님과 바른 관계를 가지고 살면 큰 평강이 우리 안에 찾아옵니다.

[묵상 질문] 당신은 평안합니까? 당신은 하나님 품 안에서 안전합니까?

Dec. 25 주님의 탄생과 우리의 거듭남

사 7:14

주님이 우리에게 오심 강림(advent)은 역사 속으로 들어오신 주님을 표현하는 말입니다. "그분은 역사 속에서 나오신 것이 아니고 외부로부터 역사 속으로 들어오신 것입니다." 예수님은 인간의 몸을 입고 세상에 태어나셨지만, 인간의 역사 속에 갇혀 계신 분이 아닙니다. 그분은 참 하나님이시기 때문입니다. 그러므로 하나님이 이 땅에 오신 것은 역사 속으로 들어오신 것입니다.

역사 속에 오신 주님이 우리와 관계를 가지려면 필연적으로 다음 질문을 던져야 합니다. "그분은 외부에서 내 안으로 들어오십니다. 당신은 개인적인 희생을 하나님의 아들을 위한 '베들레헴'이 되게 한 적이 있습니까?" 예수님께서 태어나신 곳이 바로 베들레헴의 마구간이었습니다. 우리가 '베들레헴'이 된다는 말은, 우리 안에서 그리스도의 생명이 태어난다는 뜻입니다. 이것은 육신의 방법이 아니라 초자연적인 방법을 통해 일어나는 것입니다.

초자연적인 역사로 그리스도가 우리 안에서 새로운 생명을 시작하는 '거듭남'의 증거는 이러합니다. "거듭남의 특징은 내가 나 자신을 완전하게 하나님께 드릴 때 그리스도께서 내 안에 조성되는 것입니다. 그리스도께서 내 안에 형성되는 순간, 그리스도의 속성이 나를 통해 역사하기 시작합니다." 그리스도의 속성은 죽기까지 하나님께 순종하여 십자가를 지신 것입니다. 그러한 그리스도의 속성이 우리 안에서 새롭게 만들어진다면 우리도 하나님께 온전히 순종하게 됩니다. 죽기까지 십자가에서 순종하신 주님의 모습이 우리 안에서도 나타납니다.

우리가 아무리 거듭났다고 우겨도, 그리스도께서 행하신 구속의 역사가 나타나지 않는다면 거듭난 것이 아닙니다. 거듭남은 우리가 어떤 '완전체'가 된다는 의미가 아닙니다. 온전히 순종하기 위해 내 안에서 내적 싸움이 시작되었다는 것입니다. 하나님과 씨름하는 것이 아니라, 새로운 의지로 하나님 앞에서 악한 것들과 싸우기 시작하는 것입니다. 챔버스는 이 구속의 사건이 우리 육체 가운데 나타나는 것이 거듭남이라고 말합니다. 바로 이것이 그리스도께서 우리 안에 계시다는 증거입니다.

한 줄 노트 구속에 의해 하나님께서 우리 몸에 계시기 때문에 그리스도의 속성이 나타나는 것, 그것이 바로 거듭남입니다.

묵상 질문 오늘 성탄절을 맞이하여 당신에게는 '나도 베들레헴이 되었다'라고 고백할 만한 믿음과 간증이 있습니까?

Dec. 26 빛 가운데 거하면

요일 1:7

죄로부터의 자유로움 "죄에 대해 의식적인 차원에서 자유함을 느끼는 것과 속죄에 의해 죄로부터 구원받는 것을 혼동해서는 안 됩니다." 구원받은 사람은 자신 안에 있는 죄의 속성을 알게 됩니다. 그러나 '속죄'가 우리를 죄의식으로부터 자유롭게 하는 것은 아닙니다. 오히려 '속죄'를 경험한 사람들은 죄를 예민하게 의식하게 됩니다. 죄에 대해 싸우는 것은 더 이상 우리가 죄의 지배하에 있지 않다는 뜻이며, 이는 죄로부터 구원받은 사람에게 임하는 증거입니다.

구원받은 성도는 빛 가운데 살아갑니다. 빛 가운데 살아가면 아주 미세한 죄도 그 정체가 드러납니다. 이전에는 죄에 대하여 두려움을 가졌으나, 이제는 담대히 죄를 대하게 됩니다. 왜냐하면 그리스도의 피가 우리를 모든 죄에서 깨끗하게 하실 것이라는 믿음을 가지고 있기 때문입니다. 기억하십시오. 죄에 대해 민감한 것은 죄의 지배하에 있는 것이 아니라, 성령님의 인도 아래 살고 있다는 가장 명확한 증거입니다.

성령께서 우리 안에 역사하시면 주님의 속죄가 의식적인 영역과 무의식적인 영역에서 모두 적용됩니다. 이제 내 기준이 아니라, 하나님의 빛 앞에서 보게 되는 것입니다. "하나님께서 빛 가운데 계신 것같이 만일 우리가 빛 가운데 거하면, 내 양심의 빛이 아니라 하나님의 빛 가운데 거한다면, 아무것도 감출 수 없는 그 상태에서 놀라운 계시를 보게 될 것입니다." 거듭난 그리스도인은 빛 가운데로 걸어갑니다. 이 빛은 내 의식 속에서 죄가 무엇인지에 대한 지식을 가져다줍니다. 이 빛이 내 속에서 역사할 때, 거룩하지 않은 것들에 대한 미움이 함께 오게 됩니다. "내 안에서 역사하시는 하나님의 사랑은 나로 하여금 내 안에 거룩하지 않은 모든 것에 대한 성령의 미워하심으로 그것들을 미워하게 만듭니다." 하나님의 사랑은 우리로 하여금 죄를 미워하게 만듭니다. 성령께서 죄를 미워하시기 때문입니다. '빛'은 아주 상징적인 의미를 가지고 있습니다. 하나님 자신이 바로 빛이시기 때문입니다. 빛은 치료하는 광선입니다. 하나님의 사랑의 빛이 모든 것을 새롭게 하시기 때문입니다. 이것이 우리가 빛 가운데 거해야 하는 이유입니다.

한 줄 노트 빛이 되시는 하나님 안에 거할 때, 보지 못하고 깨닫지 못했던 모든 죄에 대하여 민감해집니다.

묵상 질문 당신은 죄에 대하여 얼마나 민감합니까? 죄에 대한 기준이 당신의 판단입니까, 아니면 성령께서 깨닫게 하시는 것입니까?

Dec. 27 영적 전쟁의 승리

렘 4:1

영적 전쟁의 특징 "영적 전쟁의 성패는 외부 환경에 의해 결정되는 것이 아니라 하나님 앞에서 우리의 의지라는 비밀스러운 장소에서 판가름됩니다." 영적 전쟁은 하나님의 영에 사로잡힌 자들이 하는 싸움입니다. 하나님의 영이 우리 안에 없을 때는 이 싸움에서 절대로 승리할 수 없습니다. 승리의 가능성은 오로지 하나님께만 있습니다. 하지만 이 승리를 가능케 하는 것은 우리의 '의지'에 달려 있습니다. "영적 전쟁이 몇 분이 걸릴지 또는 몇 년이 걸릴지는 하나님께 달린 것이 아니라 내게 달려 있습니다. 그러나 이 의지의 전쟁은 하나님 앞에서 나 홀로 치러야 합니다." 의지의 영역에서 벌어지는 영적 싸움은 '홀로 하나님과 함께' 하는 것입니다. 전쟁은 하나님께 속한 것입니다. 영적 전쟁에서 승리하는 비결은 내 힘으로 무언가를 하는 것이 아니라, 하나님과의 관계를 바로 세워 동행하는 것입니다.

[한 줄 노트] 영적 전쟁은 하나님 앞에서 홀로 싸우는 것입니다.

싸움의 순서 "영적 전쟁에서 이기지 못한 이유는 먼저 외부 세계와 싸워 이기려고 했기 때문입니다. 먼저 하나님과 동행하십시오. 하나님 앞에서 이 싸움을 먼저 치르십시오. 하나님 앞에서 이 싸움을 단 한 번에 영원히 해결하십시오." 영적 싸움을 하기 위해서는 먼저 영적 싸움을 할 수 있는 자격을 얻어야 합니다. 그 자격은 하나님과 친밀한 관계를 회복하는 것입니다. 친밀함은 하나님과 우리 사이에 새로운 관계가 시작되었음을 의미합니다. '의지로 의지를 양도'하는 것입니다. 우리가 의지를 하나님께 내어드리는 것은 일상 속에서 쉽게 일어나는 일이 아닙니다. "하나님은 가끔 우리를 삶의 극한 상황으로 이끄십니다. 그곳은 삶의 가장 큰 분기점이 있는 지점입니다." '분기점'은 우리의 의지가 어떻게 쓰임 받을지 결정되는 지점입니다. 우리는 극한 상황에서 하나님께 쓸모없는 게으른 자로 살아가든지, 하나님께 쓰임 받으며 하나님을 영화롭게 하는 자가 되든지 결정됩니다. "최상의 주님께 당신의 최선을 드리십시오!" 이 말은 우리의 의지를 하나님께 온전히 드림으로 영적 싸움에서 승리하는 자만이 할 수 있습니다.

[한 줄 노트] 하나님께서 극한 상황으로 인도하실 때는 우리의 의지를 사용해야 하는 순간이 찾아온 것입니다.

묵상 질문 오늘도 당신이 맞이하는 영적 전쟁에서 '이겨놓고 싸운다'는 믿음이 있습니까?

Dec. 28 교만과 완고함을 버리십시오!

마 18:3

회심은 계속되어야 합니다 "주님의 이 말씀은 처음 거듭날 때에도 해당되는 진리이지만 우리의 인생 가운데서도 계속 적용되어야 하는 진리입니다. 곧 우리는 어린아이와 같이 언제나 하나님을 의지해야 합니다." 일반적으로 어린이에게는 자기보다 힘이 세거나 믿을 만한 사람을 의지하려는 경향이 있습니다. 우리가 하나님을 믿고 회심했다는 증거는 더 이상 자신을 의지하지 않고 하나님을 의지하게 되었다는 것입니다. 이러한 의지는 일회성으로 그치지 않고, 계속해서 어린아이와 같은 상태로 유지되어야 합니다.

'회심'은 자연적인 삶에서 영적인 삶으로 돌아서는 것입니다. 자연적 상태에서는 자신을 의지하고 자신의 뜻에 따라 살았지만, 영적인 상태에서는 성령님의 명령에 순종하며 살아갑니다. "자연적인 것과 영적인 것의 관계는 계속적인 변형이 필요한 부분입니다. 이것이 우리가 목표로 삼아야 하는 한 가지입니다." 계속적인 회심은 매일 '새사람을 입는 것'입니다. 상황이 변화무쌍해도 성령님은 여전하시며, 주님의 구원도 변하지 않습니다. 상황이 변했다고 자꾸 고개를 들고 나타나는 자연적 본성이 우리를 다스리지 않도록 해야 합니다. 우리의 자연적 본성이 매일 새롭게 됨으로써, 하나님께서 우리를 다스리시도록 계속해서 회심해야 합니다. 매일 우리의 삶이 회심하지 않는다면 하나님께서는 그렇게 살지 못한 우리의 삶에 분명히 책임을 물으실 것입니다. 기억하십시오. "영적인 삶의 장애는 우리가 계속적으로 변화되지 않는 점에 있습니다."

챔버스는 우리의 계속적인 변화를 가로막는 요소로 '완고함과 교만'을 이야기합니다. "우리는 인간의 교만과 완고함을 신성화시켜 잘못된 이름을 붙입니다. 하나님께서 인간의 완고함을 결점으로 보실 때 우리는 그 완고함을 '힘'이라고 부릅니다." 교만과 완고함이 우리 안에 남아 있는 한, 우리는 절대로 하나님께 순복하지 못합니다. '의지로 의지를 내려놓는다'는 말은 자신의 교만과 완고함을 하나님 앞에 완전히 내려놓는다는 뜻입니다. 우리의 의지로 의지를 내려놓기 위해서는 매일 새사람을 입어야 하며, 매 순간 계속적으로 회심해야 합니다.

한 줄 노트 계속적인 회심이 우리를 계속적인 순종으로 인도합니다. 이때 성령께서 우리 삶을 다스리시기 시작합니다.

묵상 질문 당신은 하나님 앞에서 어린아이와 같이 되기를 원합니까? 부끄러워하지 말고 어린아이처럼 하나님을 의지하는 모습으로 살아봅시다.

Dec. 29 참된 제자입니까?

요 6:66

실족하지 않으려면   성경을 보면 예수님을 따르던 많은 무리 중 어떤 사람들은 주님을 떠나갔고, 어떤 사람들은 계속해서 주님을 따랐습니다. "하나님께서 당신에게 원하시는 바를 말씀을 통해 성령으로 비전을 주시면 당신의 마음과 영혼은 감격하며 흥분합니다." 예수님을 따랐던 무리는 자신의 필요를 채워주시는 주님의 기적에 열광했고, 자신이 원하던 꿈을 예수님을 통해 이룰 수 있다고 생각했습니다. 하지만 주님의 비전이 자신의 것과 다르자 그들은 실망하기 시작했습니다. 예수님께 실족하고 떠나간 사람들은 주님께서 주시는 비전을 자신의 것으로 삼지 않고, 자신의 비전을 고집한 사람들이었습니다. "주께서 주신 하늘의 비전에 불순종할 때, 당신의 마음은 예수 그리스도와 어울릴 수 없는 세상적 관점의 노예로 전락합니다." 이런 실족은 때로 비교에서 시작됩니다. 실족하지 않으려면 하나님께서 우리에게 주신 비전을 붙들고 빛 가운데로 담대하게 걸어가야 합니다. 실족하지 않으려거든 이 말을 명심하십시오. "다른 사람의 비전과 자신의 것을 비교하거나 세상 사람들의 비전을 판단해서는 안 됩니다. 그들의 비전은 하나님과 그들 사이의 문제일 뿐입니다."

[한 줄 노트] 하나님의 비전이 우리의 가슴을 뛰게 할 때, 우리는 주님의 제자라고 말할 수 있습니다.

제자가 되려면   제자가 되는 것은 옛것으로부터 벗어나 새로운 심령이 되어 주님을 따르는 것입니다. 주님을 따르는 데 가장 큰 방해가 되는 것 중 하나는 옛것에 대한 추억입니다. 성경은 우리에게 주님을 따르는 기준을 아주 분명하게 제시합니다. 자기를 부인하고 자기 십자가를 지지 않으면 주님을 따를 수 없다고 말입니다. 제자가 되기 위해서는 주님께서 우리에게 말씀하신 진리의 기준에 반응해야 합니다. 진리가 무엇인지 알게 된 후로는 절대로 이전과 같을 수 없습니다. "진리를 알게 되면 예수 그리스도의 참된 제자로 더욱 앞으로 나아가든지 뒤로 물러나 포기하는 자가 될 수밖에 없습니다." 주님의 부르심 앞에서 우리는 땅에 속한 사람으로 살든지, 하늘에 속한 사람으로 살든지 결정해야 합니다.

[한 줄 노트] 참된 제자가 되는 것은 하나님의 부르심 앞에서 결단하는 것입니다.

묵상 질문 당신의 지금 상태는 참된 제자입니까, 아니면 주님을 떠나갔던 무리 중 하나입니까?

Dec. 30 새 생명으로 사십시오

시 87:7

회개와 거듭남을 통해 새 생명으로   새 생명으로 사는 것은 거듭난 삶을 사는 것이요, 거듭남은 '회개'를 통해 시작됩니다. "주님은 절대로 우리의 자연적인 덕을 이리저리 뜯어고치지 않으십니다. 주님은 우리 내면에서 전인적인 '새사람'을 만드십니다." 거듭남은 훈련으로 되는 것이 아니라 새로운 생명으로 태어나는 것입니다. 챔버스가 말하는 '영적 훈련'은 거듭나기 위한 것이 아니라, 거듭난 자가 거룩하게 살아가기 위해 필요한 것입니다.

자연적인 덕이란 하나님께서 우리에게 주신 성품과 같은 것입니다. '새 생명'으로 산다는 것은 우리가 가지고 있는 이러한 자연적인 덕을 발전시켜 나가는 것이 아닙니다. 새 생명이 우리 안에서 역사할 때, 우리는 우리 안에 있었던 자연적인 덕을 신뢰할 수 없음을 깨닫게 됩니다. "하나님께서 우리 안에 역사하시는 증거는 자연적인 덕에 의지하지 않도록 만드시는 것입니다. 자연적인 덕들은 타락한 인간들에게 남아 있는 것들이지 우리가 추구하는 약속들이 아닙니다."

하나님께서는 우리가 하나님의 은혜를 의지하지 않고, 우리 안에 있는 자연적인 덕을 의지하는 것을 슬퍼하십니다. 하지만 우리가 그리스도의 새로운 생명으로 살아갈 때, 우리 속에 있는 자연적인 덕을 세우시고 사용하십니다. "하나님은 우리의 자연적인 덕을 자라나게 해서 그것을 승화시키시는 것이 아닙니다. 이러한 자연적인 덕은 결코 예수 그리스도께서 원하시는 수준의 근처도 오지 못합니다. … 그러나 우리가 육신적 삶의 모든 부분을 하나님께서 우리 안에 심으신 새 생명과 조화를 이루게 할 때, 하나님께서는 주 예수님이 가지신 덕을 우리 안에서 드러내실 것입니다."

우리 안에 그리스도의 생명이 시작되었을 뿐, 우리 안에 창조된 본성은 그대로 존재합니다. 그러나 우리의 본성대로 사는 것이 아니라 우리 안에 계신 그리스도의 생명에 권리를 양도할 때, 그 본성은 그리스도의 생명과 조화를 이루게 됩니다. 거듭난 본성을 통해 그리스도의 덕이 드러나게 되는 것입니다. 모든 영역에서 그리스도의 덕이 드러나기 시작할 때, 우리 안에 새 생명이 있음을 확신하게 됩니다.

한 줄 노트 새 생명으로 사는 것은 우리 안에 계신 그리스도로 인해 새롭게 된 생명으로 사는 것입니다.

묵상 질문 당신의 삶을 새롭게 만드는 것은 무엇입니까? 당신의 노력이 아닌, 그리스도로 인한 변화임을 확신할 수 있습니까?

Dec. 31 과거와 현재와 미래의 하나님

사 52:12

하나님의 보장

과거로부터의 보장: "하나님은 이미 지난 것을 다시 찾으시느니라"(전 3:15).
과거의 하나님은 우리의 죄와 실수를 용서하신 분입니다. "지난 해의 죄악들과 실수들에 관한 기억이 현재 하나님의 은혜를 누리는 것을 방해하기 쉽습니다. … 하나님은 그러한 과거의 기억을 허락하셔서 미래를 위한 영적 거름이 되게 하십니다." 하나님은 우리가 실패했던 그 지점에서 우리를 보호하고 계신 분입니다. 물론 우리는 똑같은 실수를 되풀이하지 않기 위해 최선을 다해야 합니다. 그렇지만 과거의 실수를 만회해 주신 하나님을 생각할 때, 안전함 가운데서 현재를 지나고 미래를 맞이하게 됩니다.

미래를 향한 보장: "여호와께서 너희 앞에서 행하시며"(사 52:12).
이사야 말씀은 이스라엘 백성이 비록 실패했고 죄로 인해 넘어졌지만 여호와께서 친히 그 백성을 호위하시겠다는 약속의 말씀입니다. 주님께서 이렇게 우리에게 미래를 보장해 주시기 때문에 쓰라린 실패의 기억에도 불구하고 미래를 새롭게 시작할 힘을 얻습니다. 우리 하나님은 과거까지 치유하심으로 우리를 새롭게 하시는 분이십니다. 챔버스는 하나님의 속성을 분명하게 말합니다. 하나님은 우리에게 약속하시며 그 약속을 신실하게 지키시는 분입니다. "우리가 다시 넘어져 실패하는 것을 막기 위해 우리를 돌보시겠다는 말씀입니다."

오늘을 위한 보장: "너희가 황급히 나오지 아니하며"(사 52:12).
과거는 다시 돌아오지 않습니다. 그러나 하나님께서는 과거가 후회 가운데 남지 않도록 이미 과거를 보장해 주셨습니다. 미래를 향한 건설적인 희망을 주심으로 약속하셨습니다. 과거에는 넘어졌지만 미래에는 우리를 돌보시겠다는 것입니다. 이것이 우리에게 현재의 보장이 됩니다. "이제 바꿀 수 없는 과거는 주님의 손에 의탁하고 주님과 함께 다가오는 미래를 향해 전진하십시오."

한 줄 노트 지금까지 지나온 삶을 돌아보십시오. 우리의 삶을 보장해 주셨던 하나님은 오늘도, 그리고 내일도 우리를 붙잡아주실 것입니다.

묵상 질문 하나님을 믿는 믿음으로 믿음을 보이겠노라 각오하며 새로운 한 해를 맞이하시기 바랍니다.

하나님의 시선
ⓒ 김병삼

1판 1쇄 2024년 12월 10일
1판 3쇄 2024년 12월 30일

지은이 김병삼
발행인 조애신
편집 이소연
디자인 임은미
마케팅 전필영
경영지원 전두표

발행처 도서출판 토기장이
주소 서울시 마포구 동교로 71-1 2F
출판등록 1998년 5월 29일 제1998-000070호
전화 02-3143-0400
팩스 0505-300-0646
이메일 tletter77@naver.com
인스타그램 togijangi_books_

ISBN 978-89-7782-536-9

- 이 책은 저작권 법에 따라 보호를 받는 저작물이므로 무단 전재와 무단 복제를 금합니다.
- 이 책의 전부 또는 일부를 이용하려면 반드시 저자와 도서출판 토기장이의 동의를 받아야 합니다.

도서출판 토기장이는 생명 있는 책만 만듭니다.
"우리는 진흙이요 주는 토기장이시니 우리는 다 주의 손으로 지으신 것이니이다" (이사야 64:8)

하나님의 시선
ISBN 978-89-7782-536-9 (03230)